彼 得 · 鲍 德 温

作品系列

# The Politics
# of Social Solidarity

*Class Bases of the European Welfare State, 1875-1975*

# 福利大博弈

## 欧洲福利制度的百年激荡
## （1875—1975）

[美] 彼得·鲍德温 著　珍栎 译

生活·讀書·新知 三联书店

**图书在版编目（CIP）数据**

福利大博弈：欧洲福利制度的百年激荡：1875—
1975 /（美）彼得·鲍德温著；珍栎译. —北京：生
活·读书·新知三联书店，2023.9
ISBN 978-7-108-07569-7

Ⅰ.①福… Ⅱ.①彼… ②珍… Ⅲ.①福利制度－历
史－欧洲－ 1875-1975 Ⅳ.① D57

中国版本图书馆 CIP 数据核字 (2022) 第 250993 号

责任编辑　胡群英
装帧设计　康　健
责任印制　李思佳
出版发行　生活·讀書·新知 三联书店
　　　　　（北京市东城区美术馆东街 22 号　100010）
网　　址　www.sdxjpc.com
图　　字　01-2019-5414
经　　销　新华书店
制　　作　北京金舵手世纪图文设计有限公司
印　　刷　河北品睿印刷有限公司
版　　次　2023 年 9 月北京第 1 版
　　　　　2023 年 9 月北京第 1 次印刷
开　　本　880 毫米 × 1230 毫米　1/32　印张 14
字　　数　287 千字
印　　数　0,001 − 4,000 册
定　　价　69.00 元
（印装查询：01064002715；邮购查询：01084010542）

谨此纪念布尔吉特·鲍德温（Birgit Baldwin，1960—1988）

# 中文版总序：国家的全球史

历史学家是关注局部地区的人。他们沉浸在狭窄的主题中，在档案上花费数年，钩沉索隐，并得出精心构造的准确结论，很少涉猎其研究主题之外的领域。大多数人只研究一个国家，许多人仅仅研究一个地区或一座城市，他们聚焦于一个具体的主题深耕厚植，不遗余力地研究一个狭窄话题，认为自己能够完全理解它。

大多数历史学家既不试图对他们研究的具体主题进行归纳，也不试图从中得出更具普遍性的结论。而诸如社会学、政治学以及人类学等其他社会科学，则致力于从具体研究主题中提取出人类或社会发展的一般规律。历史学家抵制这种超出他们研究范围的诱惑。

然而，历史不仅仅是书写小而具体的问题，它可以从大小不同的任何层面来进行研究。传记研究的是一个人的故事，这是最小层面的历史，也有史家研究小村庄和某个中等大小的区域，更有很多史籍着力于讲述世界各大洲的历史，这是真正意义上的全球史。所以对于一个人而言，他既能写出大不列颠棉花史，也能写出全球棉花史。[1]

从方法论上来说，微观历史与宏观历史几乎没有什么区别。除了层面的大小之外，史家所做的工作大同小异。他们都在讲述随着时间的推移而发生的变化。他们的故事中通常隐含着一种因果关系，解释为什么事情会发生，为什么战争会爆发，为什么经济发展会滞后，等等。但是，无论层面是大是小，故事都是按时间顺序展开的，通过讲述发生了什么事情来解释事情何以会发生。

大历史和小历史、微观史和全球史，其规模的差异大于其方法的差异。如果一个人要写一系列涵盖整个世界的微观历史，他必须长生不老且无所不知。但即便有机会能做到这一点，这又有什么意义呢？它就像文学家豪尔赫·路易斯·博尔赫斯（Jorge Luis Borges，1899—1986）所著故事里比例尺为一比一的地图那样，每张地图都仅仅是和它所描绘的地区一样大而已。[2]这就提出了一个问题，如果地图与世界大小相等的话，那么绘制它们又有什么意义呢？我们并不需要一张地图定位距离我们家门口只有五英尺*远的地方，而是需要利用它导航至城市另一端的某个位置，看看一个国家比另一个国家大了多少，或者知道我们向东将要飞到哪里。使用这些地图的所有方式都涉及抽象化解读，亦即不需要去这个地区亲身体验，就可以对整体情况有一个大概了解。对于一部全球性的微观史而言，它仍然没有解决抽象概括的问题。例如，它回答不了为什么英格兰会首先发生工业革命的问题。相反，它只是让我们详细了解了兰开夏郡的工厂以及地球上以农为本的其他地方的发展情况。

大历史对诸多地方事件进行提炼，归纳其本质或者至少是相关联的因素。这也适用于全球的、跨国的以及相互联系的、错综复杂的历史，这些历史超越了一个地方的界限，跨越了人为或自然的边界而构建出新的联系网络。[3]最明显的是，某些历史涉及的主题本质上是跨越国界的，比如殖民主义、帝国、奴隶制、工业化、资本主义、社会主义和现代化等，其他诸如外交政策、战争、移民、国际文化影响等领域就更不用说

---

\* 　1英尺约为0.3米。——编者注

了，这当中更为常见的还有流行病。

18世纪和19世纪出现了许多大部头、多卷本的历史学著作，包括爱德华·吉本（Edward Gibbon，1737—1794）的《罗马帝国衰亡史》，以及利奥波德·冯·兰克（Leopold von Ranke，1795—1886）关于17世纪英格兰的著作，还有关于四百年教皇史的著述，等等。这些都是历史学家们付出了惊人努力的名著。论著所展现出来的宏大规模证明了作者的创作能力、读者的耐心，以及他们共有的文化自信：相信可以在一个合理的阐释框架内描绘出波澜壮阔的历史故事。然而，到了20世纪，随着历史学行当的专业化和职业化，多卷本的大历史就很少出现了。相对于那些较为偏重于抽象理论的作品而言，传记的篇幅总是更长。出版商可以指望读者安静地坐着阅读一部长达800页讲述个人历史的有趣作品，但却不能指望他们阅读同样一部大篇幅描述某个大陆发展史的著作。如今，出版物中多卷本的作品比较少见，有的话通常也都是团队合作的成果，它们通常以主题汇编的论文集形式出现，比如菲利普·阿利埃斯（Philippe Ariès，1914—1984）和乔治·杜比（Georges Duby，1919—1996）合作编写的《私人生活史》（*History of Private Life*）等。

然而，在最近一段时间，历史著作在写作规模和描述范围上都有所提升。今天的历史学家可以利用互联网上的巨量内容，并借助文字处理和搜索引擎等程序，高效率地完成超大规模的工作。最近的一些书就证明了作者的耐力以及他们利用数字资源的能力。于尔根·奥斯特哈默（Jürgen Osterhammel）所著的《世界的演变》用1200页展示了19世纪的全球史纲，放在以前，出版商可能会把它分成好几卷。*塞缪尔·科恩

---

\* 《世界的演变》英文版为厚厚一大册，由普林斯顿大学出版社出版。中文版推出时拆分为三册。——编者注

（Samuel Cohn）的巨著《流行病：从雅典瘟疫到艾滋病时代的仇恨和同情》涵盖了一个狭窄但跨越了两千多年的话题。对于近代世界的流行病问题，他阅读了大量以数字化方式呈现的各类报纸，这在数字化时代之前是不可能做到的。

# 大历史

在我的史学研究生涯中，我也曾尝试撰写大历史。这些作品较少描写一个国家或更小的地方层面的细节，而是衡量研究对象的总体特征——眺望景观，而非深挖泥土。接下来我将介绍我的八部研究成果，它们中的六部均已被译成了中文。

第一部书名为《罪与罚：世界历史上的犯罪、法律与国家》（*Command and Persuade: Crime, Law, and the State across History*），它追溯了法律作为国家打击犯罪的主要工具和控制公民的重要手段的演变过程。该书梳理了法律从古埃及、古代中国、古希腊和古罗马到今天的发展历程，强调了国家颁布和执行法律、惩罚罪犯的时间要比人们想象中的晚得多。古希腊和古罗马时代有基层法院系统，甚至也有一些维持治安的人员。不仅如此，即便是中国历史上的大一统王朝，也将大部分实权下放给了宗族团体和乡里。但是，国家一旦开始实实在在地颁布和执行法律——总体而言，欧洲是在中世纪的某个时候——它就再也不会回头了。具体表现就是国家开始从家庭和乡里收回执法权，通过颁布法规、执行法规、调查违法行为并对其进行惩罚的程序，介入针对各种行为的约束和管理中。

从那以后，律法的数量和被定义为违法行为的数量从未停止增长。当然，非法行为的界定也已发生巨大变化。比如，针对妻子和孩子的暴力行为一度曾被容忍，而现在是要受到惩罚的。新技术的出现和经济的发展需要新法规的支持。随着精细繁复的金融系统的建成，银行欺诈也被视为犯罪了。但是，除了这种明显的外界推动力之外，界定犯罪行为的范围和程度有所增加也是原因之一。越来越多的行为被认定是犯罪，比如犯罪未遂。犯罪未遂就曾将意图、计划和阴谋犯案等举动等同于犯罪行为本身而加以定罪，使得当时犯罪数量一下子就增加了两倍。与此同时，共谋犯的类型也扩大了。现在，法律诱导了更多处于犯罪边缘的人成为一级罪犯，思想和其他精神活动也越来越多地被定义为与身体行为同等的犯罪。

奇怪的是，这种法律的全球扩张与社区正在进行的社会化进程是并行的。控制其成员的行为一直是公民社会的任务之一。1939年，诺伯特·埃利亚斯（Norbert Elias, 1897—1990）在他非常有影响的作品《文明的进程》中，描述了他所认为的文明进程。他指出，经过几个世纪的努力，习惯粗俗的乡下人逐渐变成了自我控制且遵守社会规则的公民，适应了现代城市拥挤难熬的生活。慢慢地，攻击性本能和桀骜不驯的行为被纳于个体的理性控制。人们逐渐学会了压抑自己的愤怒，调节自己的身体冲动，控制自己的性欲，把自己变成一个干净、谨慎、守时、礼貌、体贴的公民。

但是，国家也越来越多地介入这一领域。现在，它废除了地方的法律法规，在其领土上施行统一的法律，剥夺了社区早先的权力。它深入至家庭，保护孩子和妻妾们免受传统父权制下家庭权威的侵害。它登记婴儿的出生，并要求儿童接受最低标准的教育和相关福利。它禁止使用童工，禁止父母干涉子女的婚姻，并将达到法定年龄的子女正式从其父亲的权力中解放出来，使之完全成为国家的子民。

随着几个世纪以来人类文明的不断发展，我们自律和自控的标准也在逐渐提升。国家垄断了暴力，没收臣民手中的武器，如果臣民相互殴斗就惩罚他们。这样做导致的结果是令人吃惊的。在过去的几个世纪里，像英格兰这样的国家谋杀率已经下降了一半。与五百年前相比，今天的英格兰人被谋杀的可能性只有1%。我们慢慢地变成了平和、自律、有节制和讲卫生的生物种群，我们确实也有必要成为这样的生物，因为只有这样我们才能在拥挤的现代环境中彼此接近。但是，如果我们能够自我开化的话，为什么还需要国家对我们制定更加正式的法律呢？难道一种形式的社会控制还不够吗？为什么我们两者都需要呢？这是我在全球史研究的尝试中提出的一个大问题。

我的另外一部书《西方国家都一样？——欧洲与美国之间的17个差异》（ *The Narcissism of Minor Differences: How America and Europe Are Alike* ）在地理上涉及的范围极其广阔。同为工业化国家，欧洲国家和美国通常被认为是截然不同的。资本主义市场为美国定下了基调，自由贸易和个人自由是其政治意识形态的核心。与欧洲相比，美国存在福利制度不够完善、医疗体系覆盖面有限、失业保险少得可怜、私人机构在教育中扮演着重要角色、劳工监管极少等特点。在此两相对比之下，欧洲被视为美国的对立面。但是，对大西洋两岸的这种比较通常都是在特定的欧洲国家和整个美国之间进行的。通常情况下，当我们比较社会政策时，北欧尤其是斯堪的纳维亚地区，会被视为美国的参照物；而当我们比较卫生系统时，参照对象有时会是英国；但在比较劳动关系时，参照对象有时又会选择德国。南欧和东欧地区则很少出现在这样的比较中。

欧洲和美国地域辽阔，二者内部各地区的差异，丝毫不逊色于它们彼此之间的差异。如果我们考虑整个欧洲，而不是挑选最具代表性的参照国家，二者之间的对比会是什么样子呢？为此，本书选取了一系列可量化的指标来比较美国和欧洲地区的许多国家。从这一宏大视角来看，这种对比显示出和此前研究大不相同的特征。首先，美国和欧洲之间的差异变得不再那么明显了。例如，地中海国家在政府执行和管控不力方面以及基本的社会政策方面更像美国，而不像北欧。其次，欧洲内部的差异之大超出了通常看法。这不仅适用于西欧，还尤其适用于南欧与北欧，而当我们把欧盟的东欧新成员国包括进来，差异性就更加明显了。这些国家明显比西欧更支持自由市场，宗教信仰更加虔诚，文化上也更为保守。

当然，欧洲和美国之间仍存在差异，只不过这种差异并没有传统观点所认为的那么大。少数明显的差异在过去确实存在过，但那时美国还只是一个蓄奴国家，并由此产生出种族主义和黑人下层阶级。高居不下的谋杀率和监禁率是美国为数不多的与任何欧洲国家都截然不同的地方之一，其他的差异其实都并不是那么明显。

## 比较历史

历史也可以跨越一个国家的疆域，在漫长的时间长河中留下并不太多的记录。历史学家可以明确地将各个国家进行比较。他们比较各国政府在处理共同问题时所采取方法的异同，来分析超越一国经验、更具普遍性的规律。不同于实验科学，历史学家无法对过去进行修补，不能保持一个因素不变，然后观察结果如何不同，但这并不意味着历史学本身是非科学的。并非所有的科学都是实验性的，有些需要借助于观察，很多需要着眼于处理那些不可重复的历史，比如地质学、进化生物学、宇宙学、人类学以及发展心理学的某些方面。像其他观察科学一样，历史学家又希望能从其材料中提取怎样的规律或普遍性法则呢？

19世纪中期，约翰·斯图亚特·密尔（John Stuart Mill，1806—1873）提出了一种逻辑，通过这种逻辑，我们可以将因果因素与巧合因素区分开来，即一致性和差异性的方法。[4]亦即如果导向某一特定结果的各种实例只有一个共同因素，那么这可能就是原因。相反，如果两种案例中只有一种案例出现了相关的发展，且这两种案例除了一个方面之外其他都是相似的，那么这种例外的情况很可能就是原因。当然，这两种方法实际上都不能证明被认定为因果关系的因素，还需要进一步的实证研究。但是，它确实缩小了可能是因果因素的范围，分离出那些最值得探索的因素。[5]

以上就是我在另外一部书《福利大博弈：欧洲福利制度的百年激荡（1875—1975）》（*The Politics of Social Solidarity: Class Bases of the European Welfare State, 1875-1975*）中所运用的逻辑。为什么西方一些工业化国家会比其他国家发展出更复杂、更慷慨的福利制度呢？在某些工业发展和财富积累具有相当可类比性的国家中，社会政策差异也很大。有些国家，如英国，拥有一套国家体系，所有公民都自动加入了政府资助的医疗体系。有些国家，如欧洲大陆的大多数国家，则有强制性医疗保险，由政府和公民出资，覆盖到了所有人。与此同时，美国却没有全民医疗保险，社会医疗保险只覆盖到了极端贫穷者以及老年人群。养老金制度在覆盖面和福利方面也存在很大差异。教育也或多或少地依赖私人提供。有些国家没有私立大学，有些国家则有很多。住房政策也各不相同。与西班牙或意大利等国相比，英国政府在建筑物和所有权方面的参与度要高得多。

如何解释这种差异？所有工业化经济体都有年龄大的、生病的、失业的、年龄小的、需要教育的公民等。各国面对的这些问题都是相同的，但为什么它们的反应却如此不同呢？

一种常见的解释是工人阶级及其政治代表左翼的力量。工人是最弱势的社会群体，是最需要福利国家进行再分配的群体，因此是福利国家的主要支持者。在工人势力强大的地方，福利国家就兴旺发达。在他们面临来自资产阶级及其中间派和右派政党激烈反对的地方，社会政策就举步维艰。这似乎解释了为什么斯堪的纳维亚地区的福利制度发达，法国和德国的不那么发达，而美国的仍然明显不够慷慨。在斯堪的纳维亚地区，代表组织起来的工人的社会民主党一直敦促实行团结的社会政策，但是在其他地方，反对的力量更强大。

但在有些国家，工人及其联盟却没有发挥出类似的主导作用。当将这些国家包括在内时，左翼政治主导的逻辑还能够成立吗？《福利大博弈》对这个问题进行了全新的审视，它不仅考察了斯堪的纳维亚地区的国家，还将它们与法国、德国和英国进行了比较。当我的研究视角指向更为广阔的地理范围时，一种更加宽泛的社会团结逻辑得以呈现，它不仅依赖工人，也依赖其他社会群体。在某些情况下，为了实现团结的社会政策，甚至必须与工人及其代表进行斗争。

人们认为工人都是支持高福利政策的，因为社会的逻辑是：他们是最需要帮助的群体。但事实证明，这种逻辑不仅适用于工人，也适用于其他群体。那些认为自己经济实力较弱、需要从更有钱的群体获得帮助的阶层，自然希望分摊负担，因为他们预料到其得到的帮助将超过他们所做出的贡献。不过，工人并不总是社会最弱势的群体，也不是唯一对再分配和团结感兴趣的群体。现代福利国家始于19世纪末的德国，当时的宰相奥托·冯·俾斯麦（Otto von Bismarck，1815—1898）创建了社会保险制度，帮助工业化时代的工人们应对疾病、衰老和残疾。这些福利项目的资金部分来自工人的工资，还有一部分来自雇主和国家的税收。其他群体，如农场主、工匠、技工、店主和白领员工，则不包括在内。

与德国相比，19世纪晚期的斯堪的纳维亚仍然是一个较落后的农业地区。当时这里还没有重工业、大工厂以及焦躁不安的工人阶级。当北欧各国政府首次考虑社会政策时，他们必须考虑更广泛的社会群体，而不仅仅是工人。斯堪的纳维亚福利制度的一个典型特征是普惠性。福利制度不仅覆盖工人，而且覆盖所有公民，不论其职业或阶级。20世纪30年代，当社会民主党在斯堪的纳维亚地区掌权时，他们喜欢把北欧这种普惠主义描绘成他们成功上台执政的成果之一，同时也将其视为工人阶级团结一致的表现。

但是，瑞典和丹麦之所以最先作出支持全民养老制度和残疾人补贴的决定，并不是工人和他们的联盟或他们的政党所施压力的结果。相反，这是回应农村的农场主和农民以及城市中产阶级政党要求的结果。为什么北欧国家同时向工人以外的新社会群体和中产阶级两个方向扩大了社会政策？

19世纪晚期，农场主和农民生活在一个很大程度上没有现金的世界。那些自己拥有并耕种土地的人几乎不需要用钱。那些为大农场主工作的农民通常会得到实物报酬，把他们种的一部分庄稼带回家。因此，从统计数据上看，农场主和农民其实比城市工人更穷，毕竟城市工人的工资还是按周支付的。对政府改革者来说，贯彻落实那些不包括农场主和农民而只是覆盖工人阶级的社会政策是毫无意义的，因为贫困对前者的影响同样很大。由于19世纪斯堪的纳维亚地区地主阶级及其政党力量表现强劲，他们的呼吁也得到了重视。

另一个问题涉及经济状况调查。以经济测查为基础的社会福利意味着只向穷人提供福利。只有当你的收入低于一定数额时，你才能获得社会福利，比如养老金。政府通过限制穷人的福利，同时排除那些能照顾自己的人，来限制其开支。尽管如此，中产阶级和他们的政党也还是未能阻挡住想从国家福利体系下占点便宜的诱惑。

20世纪40年代和50年代，丹麦和瑞典首次实行"全民退休金"制度，这意味着它要废除之前所制定的将有限福利提供给最贫穷人士，并将中产阶级排斥在外的经济状况调查制度。普惠性养老金实际上给予了中产阶级之前未享受过的国家福利。当然，这增加了政府开支。但这也让改革受到中间派和右翼政党的欢迎，这些政党的选民现在得到了国家的慷慨福利。因此，普惠性社会政策之所以为斯堪的纳维亚所采用，并不是工人和他们的政治代表要求的结果。实际上，这是由资产阶级政党推行的一项改革。

在法国和德国，情况几乎相反，但原因大致相同。两国19世纪的改革为产业工人提供了社会福利，但将其他社会阶层排除在这些体系之外，比如店主和农民。第二次世界大战后，激进人士希望类似于斯堪的纳维亚半岛的普惠性改革也能在欧洲大陆得以实现。但法国和德国的工人意识到，如果接纳太多新社会群体，而且新成员的福利必须由现有成员支付的话，那么他们原先构建的福利体系将处于不利地位。因此，他们反对普惠性改革，对与所有公民分享其特定社会福利体系的团结不感兴趣，结果就是战后法国和德国的改革都以失败告终。与斯堪的纳维亚地区相比，欧洲大陆福利体系持续性地处于严重的碎片化状态。

因此，比较的方法揭示出，将工人视为社会团结动力的观点是过于狭隘的。当工人阶级预料到在再分配的过程中能够获利时，他们可能会扮演这个角色。但其他群体也需要重新分配，他们也吵吵嚷嚷地要成为福利制度的一部分。斯堪的纳维亚半岛的农场主和中产阶级就是这样的。当法国和德国的工人看到他们来之不易的利益受到威胁，将不得不与其他群体分摊负担时，他们抵制并试图避免所有公民被纳入福利制度。

因此，从这一更广泛的历史分析中可以得出这样一种观点：社会政策是由从福利国家的再分配中获益的风险群体（risk groups）推动的。风险群体是一个较为抽象的类别，因为他们的阶级身份会由于国家和历史发展进程的不同而有所差异。比如，工人曾经是对于风险抵抗力较弱的群体，是再分配的接受者，但是后来，当意识到他们将不得不为诸如战后农民和店主等更为弱势的群体买单，进而认识到他们的利益即将受到损害时，他们就抵制了这种团结。

## 国家及地区

通过分析更大的地区而不仅仅是国家，某些话题也能更好地得到关注。较大的主题如果只是停留在国家层面，通常很难展开研究。当然，人们可以在一个国家范围内研究资本主义、民族主义或工业化，并且这样的历史研究也能被那些着眼于更大研究视域的学者所利用。但是，我们不能指望仅通过研究一个国家就理解许多国家的某些现象和情况。

对于国家的研究，最好是在高于国家的层面上进行。在世界的边缘地区，少数无国籍民族仍然存在。所有现存国家都有国家政权，但并不是所有国家政权都运转得一样好。有些国家要么失败了，要么跌跌撞撞地前行，几乎没有能力保护它的国民免受伤害，而且还经常性地与民争利。世界上200多个国家和地区的表现差异巨大，不过某个内核层面的相似性也确实可以把它们联系在一起。大多数正常运转的国家都有军队保护自己免受外部敌人的攻击，也有法庭和警察处理内部犯罪。每个国家都有邮政系统，很多国家都有自己的国立广播电台和电视台，甚至还有航空公司。大多数国家至少都会提供小学教育，通常还会提供中学教育。大多数国家也会照顾退休和生病的公务员，并且通常也会兼具到其他的公民权益。

但是，除了这些功能上的共性之外，差异也五花八门，各国几乎在每个方面都有所不同。有些国家是专制的，野蛮地滥用权力来决定公民的生活。20世纪中叶的极权主义国家试图决定每一个可以想到的细节。另一些国家则是民主的，名义上由公民掌权，委派选举产生的代表和公务员执行他们的共同意愿。国家和公民社会之间的关系也大相径庭。在某些国家，公民社会在行为控制方面仍然起着很大的作用。很多文化的结构紧密交织，无形中比"较松散的文化"更具强制性。[6]公民普遍通过家庭、当地社区和宗教机构来适应社会，养成正确的行为。国家仍然是一个相对遥远的权威，只是偶尔进行干预，发展中国家经常是这样的。但在韩国、日本或意大利等工业化国家，公民社会也承担着许多任务。在这些国家，三代同堂的家庭很普遍，照顾孩子和老人是家庭的一项任务。

在世俗化的当代，神权政体依然比人们可能预想的更为强大。这主要体现在中东地区，这些国家通过政府权力强化家庭的作用。他们保持明确的性别分工，让孩子服从于父亲，强制执行宗教的相关规定，仅仅赋予该国的某个民族或信奉某个宗教的居民以完整的公民权，而且一般只限于男性。

其他一些国家也深入干预日常生活，目的是破坏而不是巩固家庭。瑞典可能是在公民社会中发挥最大作用的民主国家。"中央集权下的个人主义"指的就是其主导的政治意识形态。这意味着，公民通过国家实现个人自由，国家解除了公民的社会责任。例如，在某些国家，照顾幼童和老人被认为是国家的义务，而国民对他们也应该参与照顾的建议很反感，认为这是对他们个人自由的毫无根据的限制。

那么，我们如何理解各国明显的多样性呢？那就需要书写它们各自的历史，为更全面的理解提供支撑性原材料。但是，国别史本身只能说明各国的具体情况。只有更广泛的，有时是比较的视角才能让我们更好地理解这些国家。上面提到的《福利大博弈》一书就是以较为宽泛的视角进行研究的部分成果体现，主旨是理解国家的多样性。

我的《西方国家都一样？》这部书致力于寻求和发掘国家之间有时被误认为不同的那些共同点，把注意力集中在它们深层之处的相似性方面。而我的另一部书《福利大博弈》则剖析了福利国家呈现出不同类型和差异的社会性原因，试图理解社会政策风险再分配的基本逻辑，以及为什么不同的行动者会有着各不相同的抱负，并导致了迥然有别的后果。我的《罪与罚》则在梳理历史前进脉络的基础上，通过考察国家如何控制公民行为以及社会发展和法律制定如何成为确保民众服从的工具，以揭示出这两者之间潜在的相似之处。

这就引出了我的另外三部书，其中有两部已被翻译成了中文，内容涉及各国如何处理传染病这一紧迫的政治问题。流行病以及针对它们的公共卫生措施对于理解国家至关重要，因为它们对政治形成了一种挑战，是其典型样本。当政治意识形态和实际措施相结合时，国家如何应对传染病就深刻地展现了它们的本质。

政治理论家和研究政治意识形态的历史学家都关注哲学家的思想，留心公众舆论，对于国家如何正式呈现自己也非常在意。这样做并非没有意义，但它并未触及各国所作所为的核心。国家可以掩盖其意图，公民也可能对其政治组织的本质产生误解。观察各国究竟做了什么，可以促使我们重新思考它们官方的自我介绍。例如，2020年新冠疫情期间，日本对其公民几乎没有施加任何限制，只是建议他们避开拥挤的公共场所和保持社交距离，这几乎不需要改变其他任何行为。相比之下，澳大利亚虽然是一个经常表现出强烈个人主义和自由主义并对权威不信任的国家，但是它却封国了，同时多次对边境实施封锁，并对违规者施加严厉惩罚。而且，它不仅禁止人员从国外入境，而且即便本国人有紧急和合法的理由，同样也会阻止他们离开。

澳大利亚的官方理念和其政治实践看起来是相互矛盾的，那么它的真实性质究竟是什么呢？但是，如果我们加入新型冠状病毒的影响，将其理念和政策放在病毒影响之后平衡对待，那么我们对于澳大利亚的看法可能会发生变化。我们知道再也不能像以前那般看待它了，就像关于这个主题研究的另一个书名《无形的国家》所显示的那样。[7] 相反地，新冠疫情揭示了另一个我们自以为很了解的国家但其实际行为却让我们困惑不解，甚至出乎我们意料的矛盾困境，这个国家就是瑞典。如前所述，瑞典是一个政府发挥着巨大作用的国家，其公民拥有的自由权利在他们看来不是通过对抗国家，而是通过依靠国家来获取的。[8]

正常情况下，国家会干预瑞典公民的大部分生活。然而，在新冠病毒大流行期间，与大多数工业化国家做法不同的是，瑞典政府实施的抗击新冠病毒举措非常之少，只是关闭了一些机构，建议市民在公共场合保持距离，居家办公。除此之外，他们并没有进行任何封锁，拒绝参照欧洲大部分国家所实施的表率引领方案。当其他欧洲人待在家里的时候，瑞典人还能外出购物和就餐。事实上，在面对着一场需要说服大多数人接受限制他们自由的流行病时，瑞典人却在赞美自己的满不在乎。一位记者更是这样奇怪地欢呼道，2020年是瑞典的自由之年。[9]这就是我在《抗击第一波：为什么全球应对冠状病毒的方式如此不同》（*Fighting the First Wave: Why the Coronavirus Was Tackled So Differently across the Globe*）一书中所讲故事的一个方面。

新冠疫情揭示了人们和国家的说法和行动其实并不一致。为了理解一个国家的本质，我们必须同时考察它的意识形态及其实践，而这两者可能是指向不同方向的。在这里，我的另外两本书针对历史上的流行病进行了研究，想要搞清楚的是在面临传染病威胁时，针对公民施加的限制在实践中是如何起作用的，且这种行为在意识形态上的合理性又是如何获得的。

流行病是居于优先处理序列的政治大事。由于疾病威胁着居民的健康，社区出于自我保护的需要会限制市民的自由，将外来者隔离，让市民居家，要求治疗或采取诸如戴口罩及接种疫苗等预防措施：所有这些限制自由的行为都是出于共同利益。相反地，人们的行为举动通常都是在无意间造成威胁的。他们可能并没有生病（甚至没有被感染），也可能非常愤怒于自己被放置在集体福利的祭坛之上。于是，当流行病暴发时，个人和社区在最原始的层面上进行着相互对抗。

那么，国家是如何决定应该采取哪一种流行病防控策略的呢？这是我在两部与该主题密切相关的书中所探讨的问题。第一部书名为《传染病与欧洲国家（1830—1930）》（*Contagion and the State in*

*Europe, 1830-1930*），它集中讨论了19世纪欧洲各国政府处理霍乱、天花和梅毒三种传染病的方法。第二部书名为《流行病的应对：西方工业化国家的公共卫生发展（19—20世纪）》（*Disease and Democracy: The Industrialized World Faces AIDS*），它将故事带到了20世纪，聚焦于一种疾病，但这次的书写内容覆盖了美国和欧洲。

在很大程度上，一个国家应对传染病采取何种措施取决于疾病的性质以及对它的科学理解。以霍乱为例：从它19世纪30年代首次在欧洲出现，到1884年罗伯特·科赫（Robert Koch，1843—1910）证明它是一种由某种特定细菌引发的为止，在长达半个世纪的时间里，没有人知道它是如何传播的。人们对这种疾病是否具有传染性展开了激烈的争论。许多人认为霍乱是一种肮脏的疾病，由糟糕的气体——瘴气引发，这种瘴气来源于贫民窟粪便污染的土壤和污秽之物。也有人认为霍乱是由未知的东西引起的，通过人和物体进行传播。如何预防霍乱疫情取决于人们对病因的认识。如果它具有传染性，那么最好的预防方法可能就是限制旅行，对人和物品进行消毒，并禁止社交活动。但是，如果它是肮脏的环境而造成的，那么解决的办法就是对城市的住房进行消毒和通风，还要做到清洗衣服和抑制瘴气。

那么，不同的国家为应对霍乱究竟采取了哪些方法呢，为什么会这么做呢？长期以来历史学家一直认为，各国会根据其政治制度而采取极具差异化的预防策略。因此，沙俄和普鲁士等中央集权制国家会限制旅行和贸易，封锁城市，并设立军事警戒线实施隔离。人们会感受到当局无形之手的存在。相反，像法国尤其是英国这样推行自由贸易政策的国家，则会避免中断旅行和交流，或规避对公民实施严格的措施。相反，它们会尽力让住房和城市变得更加清洁干净，以此铲除滋生疾病的温床。

这些似乎都在说明政治决定预防。

但是，整个故事果真如此吗？对此，《传染病与欧洲国家（1830—1930）》广泛比较了整个欧洲大陆对抗霍乱（和其他传染病）的举措。这部书认为，如果说有什么不同的话，那就是这种认为政治决定预防的观点完全是颠倒了因果。对于所谓的正确应对之道，各国是怎么决策的呢？科学家之间的种种分歧，让政客们可以自由地选择不同的应对策略。

在霍乱向西扩散的过程中，沙俄和普鲁士首当其冲。它们试图加强措施，设置了卫生警戒线并进行检疫隔离，但收效甚微。尽管它们已经尽了最大的努力，疾病还是席卷而来。一到两年后，霍乱先后到达法国和英国，当时这两国已经能够研究东欧第一次抗击霍乱的失败教训了。它们意识到了警戒线并没有起到什么作用，因而需要一种新的方法。它们得出的结论是，清洁城市并为受害者提供医疗服务（考虑到当时的科学发展实际，也只能这样了）与隔离举措一样，都是能有效应对疾病的方法。它们也知道，这种卫生主义的做法能维持贸易和商业的正常运转。

地理位置恰好使得法国和英国有机会学习如何应对霍乱。当它们看到东欧的检疫隔离措施失败后，它们就开始立足于两国在疫情发展地图中所处的位置，采取了更加自由的应对方法，结果并没有出现明显的恶化。可以说，它们在疾病预防方面的宽松立场并非因为两国是民主国家，而是对它们来说疫情来得比较晚。毕竟，意识形态可不是上天赋予的。像其他大多数行为一样，它们是后天习得的。正是由于霍乱传到英国和法国的时间较晚，所以英国和法国才对霍乱采取了某种程度上的自由主义应对方案。

那么，在新冠疫情期间，澳大利亚采取的那种让我们感到惊讶的强有力应对策略其原因可能与此类似吗？这个国家也四面环海，当局可以有效地关闭边境，将疾病拒之门外。但是并不是说作为一个岛屿就能保证成功，一个典型案例就是英国对于新冠疫情的糟糕应对。不过，至少在新冠病毒大流行的早期阶段，成功应对疫情冲击的其他许多地方也是岛屿地区，比如新西兰、冰岛、日本、古巴和韩国等。

《流行病的应对》是《传染病与欧洲国家（1830—1930）》的姊妹篇，研究的是始于20世纪80年代的艾滋病疫情。研究表明，尽管各国面对的是这同一种疾病，但不同国家对它的处理却不尽相同。此外，很大程度上，这些国家在对付艾滋病时继承了19世纪对付霍乱、天花和梅毒时已经使用过的预防策略。各国从预防这些早期疾病中吸取的教训——国家之间是不同的——到20世纪被再次应用于这一新的流行病。19世纪是公共卫生策略的大熔炉，这些策略通过社会学家所说的路径依赖范式一直延续到后期。这个范式认为，一项决策一旦做出，就会以这样或那样的方式影响着未来的选择。第一个选择比随后的选择更为重要。

例如，在霍乱应对问题上，瑞典人是严厉的隔离主义者。他们也同样积极地强力应对天花，要求接种疫苗。此外，他们还严格管控梅毒，不仅实施登记、检查和检测制度，而且如有必要，还会像欧洲其他地方常见的那样将妓女群体拘禁起来，并实施针对所有成年人的性病检查制度。一个世纪之后，当他们面对艾滋病侵袭时，他们的防控工具箱已经准备就绪，可以随时拿出来使用。他们对这种疾病采取严厉措施，要求那些可能被感染的人进行检测，如果血清呈阳性，就要禁止性生活，或者至少在明示他们的伴侣并使用避孕套后才可进行。如果他们拒绝，就可能会被监禁。也有一些国家或地区采取了类似的严厉措施，比如德国的巴伐利亚地区和美国的某些州。

但是，现在这种情况出现了变化。正如我们所看到的那样，瑞典人在应对新冠疫情时改变了方针。人们可能以为瑞典会采取与邻国挪威、丹麦和芬兰一样的严格封锁措施。但是它却朝着一个令人意想不到的方向在前进和努力，并没有遵循它在疾病预防方面早已开辟的道路，而是突然之间，在一个世纪以来最为严重的流行病威胁时期，决定相信它的公民，相信他们可以在没有太多指导，甚至无法得到政府指示的情况下，做出正确的事情。我在《抗击第一波》一书中，讨论了瑞典人为什么会在疫情防控问题上转了一个180度的大弯，毫无疑问，这个话题将在未来几年里吸引那些对该国感兴趣人士的注意力。它确切地表明，路径依赖范式并不能解释一切，尽管在实际上，其他大多数国家确实是在沿着它们最初选择的历史道路继续前进的。

## 政治意识形态的历史根源

各国如何了解自己的政治，这也是我另一部书《版权战争：跨越大西洋三个世纪的争斗》（*The Copyright Wars: Three Centuries of Trans-Atlantic Battle*）的研究主题。正如题目所示，这部书的研究涉及欧洲和美国，而且时间跨度很长，主要梳理了从18世纪初一直到今天的版权政策，阐明各国如何定义和保护知识产权，揭示出欧洲大陆和英语国家——包括英国，但主要是美国——两者之间所存在的差异。与公共卫生一样，版权也充分说明了潜在的政治和社会意识形态，它绝不是一个狭隘的技术问题，充满着对什么是美好社会的各种差异化思想。

关于知识产权的基本争论是应该支持哪一个群体：是作者、版权所有者，还是文化消费大众呢？版权保护期限长以及对作品所拥有的广泛权利，对作者来说是好事，而公众则更喜欢狭义版权的定义和短期保护期限。版权政策的总体趋势是对版权所有者越来越有利。当英国于1710年首次引入版权法时，它给予作者14年的保护，如果他们在期满时还活着，可以续延一次。如今，在大多数国家，版权在作者死后的70年里仍然有效。假设作者的平均寿命是80岁，那么他在30岁时创作的作品在接下来的120年里都不会进入公共领域，这几乎是最初版权期限的10倍。在其他方面，版权也得到了扩展。它现在扩展到新的媒体、新的内容形式和衍生作品。版权的获得也是自动的，始于作品的创建，不再需要任何注册过程。

但是，作者权利的大规模扩张并非没有受到挑战。各国对待知识产权的态度根本上还是取决于它们是文化输出国还是文化输入国。文化输出国有明显的理由支持文化的创作者。相比之下，文化输入国则希望自由获取内容，抵制版权保护。在历史上，版权的主要斗争之一是美国长期拒绝加入国际版权协议，该协议将使欧洲作品在美国市场上得到保护。相反，美国在整个19世纪都是一个"海盗"国家。直到1989年，在《伯尔尼公约》签订一个世纪后，美国才最终加入了这个公约。在20世纪之前，美国出版商一直在肆无忌惮地窃取欧洲作品。由于美国人的识字率比英国人高，英国文学在美国的市场是其本国的两倍。廉价的美国版本大量出售，但英国作者却没有获得版税。

直到19世纪中期，随着美国开始输出其文化产品，人们的态度才最终出现了变化。当美国人的畅销书在英国再版同样无法收取版税时，美国人最终自食苦果。哈里特·伊丽莎白·比彻·斯托（Harriet Elizabeth Beecher Stowe，1811—1896）的《汤姆叔叔的小屋》（1852）成了畅销小说，英国的出版商也推出了盗版。在20世纪，随着美国文化出口的急剧增加，美国作家和出版商纷纷要求保护自己在海外的权利。现在，美国已经放弃了它早些时候致力于向公民提供廉价启蒙读物的理想主义信念。第二次世界大战以后，美国成为国际知识产权保护的最强大推动力之一。

版权的历史有助于我们理解当前关于知识产权和"免费获取"的诸多争论。今天，发展中国家的处境与美国在18世纪和19世纪时的处境相似，它们对工业化经济体在各地推行的强有力保护措施持怀疑态度。一些国家在全球版权生态中塑造出自己较为独特的地位。印度是在欧美专利持有者的同意之下，以折扣价在发展中国家销售仿制药的主要生产国。中国已成为专利大国，成为强有力的知识产权保护支持者。

但与此同时，在许多国家，免费开放获取运动支持者却认为，由税收或免税私人基金资助的学术研究成果应该免费提供给已纳税公民。这也是我即将出版的《雅典娜的自由：学术作品为何及如何对所有人免费开放》（*Athena Unbound: Why and How Scholarly Knowledge Should Be Free for All*）一书所要讲述的故事。这场运动目前已经取得了一些胜利。现在，政府和资助机构通常要求学者在能实现开放式获取的期刊上发表论文，以此作为获得研究经费的条件，但这种类型的双方博弈斗争远未结束。除了期刊，书籍是另一个令人头疼的问题，因为大多数作者都负担不起出版费用，学术期刊的高昂成本依然存在。在20世纪80年代和90年代，大型学术出版商推动传统纸质期刊的订阅价格飙升。诸如威利-布莱克威尔（Wiley-Blackwell）、励德·爱思唯尔（Reed-Elsevier）、施普林格（Springer）、威科集团（Wolters Kluwer）以及泰勒-弗朗西斯（Taylor & Francis）等主要出版商都通过收取过高的订阅费，打乱了图书馆的预算规划。后来，它们还将数百种期刊集中打包成大型软件包，使得图书馆只能选择要么完全订阅，要么就彻底不订阅。

科学期刊是不可替代的产品。图书馆必须购买所有的期刊才能捕捉得到最新的研究动态，如果价格上涨，它们也没法转而购买更便宜的期刊。利用这种自然垄断，主要科学出版商设法将开放获取转化为它们的优势。现在，相比于从订阅领域中赚钱，它们转向了从研究人员或资助者为资助开放获取出版物而支付的论文处理费（article processing charges）方面获利。有时候，它们也同时坚持做好这两个方面的赚钱工作。这至少可以让每个人都能阅读业已付费的文献内容，其中就包括那些被阻挡在阅读订阅期刊大门之外的发展中国家研究人。但是，免费获取也对来自第三世界国家的研究人员设置了新的障碍，因为他们现在必须要通过支付论文处理费才能发表文章，而出版费用通常高达四位数。即使对第一世界发达国家和地区的学者而言，这也是很昂贵的，发展中国家的学者更是难以负担。曾经阻止读者阅读订阅期刊的"付费墙"现在变成了"游戏墙"，让潜在的作者无法投稿。

## 比较是必不可少的

这里提到的所有书籍都坚持认为，比较是理解历史的基础，而不仅仅只是针对原本可独立存在事务的额外补充。英国作家鲁德亚德·吉卜林（Rudyard Kipling，1865—1936）在1891年所作的一首诗中这样写道："只知道英国的英国人，他们又知道英国的什么呢？"[10] 那些只知道一件事的人甚至连这件事本身也并不知道。举一个最明显的例子就是：在任何一个国家的历史发展中，都经常会提及"国家独特性"，但是，除非与其他国家或地区进行比较，否则这种说法就是不成立的。

对每个研究主题而言，上述原则都同样适用。只有通过比较知道它在其他地方不存在，其独特性才能被人所知。较为注重揭示普遍性原则的历史发展研究更是要求一种更加宏观的、跨国的和比较的方法。历史学家的主要任务是充分理解和把握他们的研究论题。与其他社会科学家不同，他们不是天生的归纳者。但是，这并不能阻止历史学家们在更为广阔无垠的时代背景下，以超越国家框架的宏大视野，来分析探究他们的研究主题。那么，对于某个国家内在的独特性研究主题而言，这是否意味着仅仅只是将它视为其他地区业已存在的类似主题组成部分，还是要详细具体地将其与不同国家进行比较呢，这两者可能会有所不同。不管怎样，我们都必须要后退一步，以一种更为开阔的视角来理解眼前的事态。

2022年8月

（兰教材 译）

# 目　录

# 导言：平均数的魔力被数百万人所利用

约瑟夫·熊彼特曾声称，从公共财政账户中能够发现世界历史进程中的重大事件。财政问题——预算、税收、国家开支的增长等——最能体现一个民族的精神、文化水平和社会结构。[1]同样，福利制度的发展这个论题，在看似技术性和深奥的表象之下，隐含着一些很少引起人们注意的至关重要的问题。它们包括社会保险（social insurance）、养老金（old-age pensions）、工伤事故保险（workers' compensation）、精算风险（actuarial risk）、等待时间（waiting time）、积分指数（point-indexing）*和生活成本差异（cost-of-living differentials），等等。实际上，从正确的角度来看，社会政策的基本内容表明了不同阶级和利益之间的激烈斗争。福利制度背后的斗争暴露了现代社会的结构和矛盾。群体间持续对再分配利益的竞争，以及围绕"团结"及其方式**而展开的辩论，

---

\* 使养老金和其他福利与生活成本和（或）通货膨胀保持一致的方法，即相应地提高养老金和其他福利以保持其购买力。（注：脚注皆为译者所加，有些是根据作者的答复改编的。）

\*\* 在本书中，"团结"一词是指社会成员中的强者帮助弱者，打破由市场决定的资源分配方式，将负担分散到社区乃至全社会。为了实现这一目标，社会必须找到一种机制和制度来整合各自为政的社会阶层和群体，美其名曰"团结"。可以说，一体化的范围越大，所谓"团结"的程度就越高。最终，在一些国家，所有公民都被纳入了一个风险池，这可被视为实现了普惠式团结。围绕着这些问题（是否融合，融合到什么程度？谁被吸收，谁被排斥？无条件地还是有条件地融合？等等），社会各阶层、各群体之间存在着利益冲突甚至产生激烈的争斗，当然也有妥协和让步。这些斗争和妥协在政治层面和立法进程中得到反映并产生结果。这即是本书详细讨论的核心问题。

迫使人们不断地就社会契约重新进行谈判。

现代福利制度代表越来越多的公民，运用社会保险手段来应对各种类型的风险和天灾人祸，从而决定性地提高了平等对待每个成员的社会能力。然而，它主要不是通过重新分配财富，而是通过重新分配风险和灾害的成本来实现的。保险手段将命运、祸福和不公平社会环境的影响转化成现金、实物和服务等共同要素，然后重新分配，使受灾者承担的损失不超过平均值，而幸免者则对未直接影响他们的不幸事件承担部分责任。就不幸事件的后果而言，共同风险池中的所有成员都是平等的。

从这个方面来说，社会保险及其在福利制度中的全面扩张同其他任何形式的保险仅有细微的差别。社会保险的新颖之处在于，它将风险对抗从一个小圈子扩展到了所在的社区。一旦风险被集中起来，个体便不再是孤立地而是作为一个较大群体的成员来面对不确定性。"小圈子"有时是为增强自身优势而自我选择形成的，有时是处境危险、孤立无援的一个群体。社会保险不仅将风险对抗从小群体扩展到大得多的群体，而且可能扩展到整个社会，甚至通过代际转移延伸到尚未出生的人口。英国前首相丘吉尔在"二战"期间说过一句话："平均数的魔力被数百万人所利用。"社会保险的优势在于它所涵盖社区的广泛性和解决问题的范围，国家权力允许的干预，以及随之而来的再分配公正性。灾难再分配的条件不是由私营保险公司决定的，而是由全社会依据公认的平等标准确定的。从前是个人的忧恐，现在变成政治的议题。对于如何应对生病、伤残、养老、失业和养育孩子等问题，均根据众人商定的公平原则作出决定。如今，在曾经受偶然事件和环境变化任意摆布的一些领域里，规律性、可预测性和平等性占据了主导地位。

曾经用于规范社会成员之间的正式互动关系，并决定公民资格的一些规则、惯例和司法标准，逐渐地扩大到亦适用于最私人的和个体的风险和厄运方面。公民之间的关系，以前主要是在民事和政治意义上加以规范，现在也相应地改变了。作为经济生产者或不同阶级的成员，个人仍然受到市场和继承而来的等级制度的不平等对待，但作为易受风险影响的生物，人们是平等的。所有公民都可能成为社区的正式成员，不仅是作为公民身份的持有者或政治参与者，而且是作为可能遭受不幸打击和有不安全感的普通人。随着福利制度的发展，社会显著地提高了自主决定结社规则的能力，而无须受自然、命运和环境的支配。[2]

## 团结的可能与现实

社会保险提供了重新分配并缓解天灾人祸影响的手段。最发达的福利制度所特有的全面性（comprehensive）和全民性（all-inclusive）风险分担，不仅在公民权利和政治权利的形式上，而且在共享最低收入保障*的实际意义上，使社会平等成为可能。尽管这种平等主义方式可能是社会政策的灾害再分配能力所固有的，但它远未普遍地实现。无论是在特定时期的任何国家里，还是在任何国家的发展过程之中，福利制度所体现的再分配程度都有很大的不同。显而易见，最初的广泛分散负担的尝试并未受到任何团结愿景的影响。俾斯麦对社会保险的兴趣是出于反对变革的意图。他采取养老金、大病保险和工伤事故保险的方式进行少

---

\*　本书中论及两种最低福利，但性质有所不同。一种是minimum，指统一费率福利中的最低福利，每个成员均可获得；一种是subsistence，指维持生计的津贴，可根据受惠者的收入或需要进行调整。为区别起见，分别译为"最低收入保障"（福利）和"基本生活保障"。

量的再分配，目的是先发制人，使社会民主党无法赢得更多的追随者，阻止他们更雄心勃勃地追求公平的尝试。即使是超出俾斯麦的保守议程之范围，社会政策的制定者也难以摆脱这种嫌疑：他们在用社会政策来取代更根本性的改革，社会政策和社会变革是相互矛盾的。左翼批评者在试图揭露福利制度的真面目上一贯占据高地，认为它是改革派脱离大道迂回地通往工人国家（worker's state）。然而，无论是它的保守起源，还是从理论上说它所能服务的反变革目的，都没有在所有的地方或始终玷污福利制度。社会政策发展的势头使它超越了这种不祥的开端。正是成熟的福利制度超越俾斯麦的能力，使之成为现代史上的一个转折点。在某些时期和某些地方，福利制度似乎实现了它的潜力，风险共同体与人类共同体恰好协调一致，灾难再分配的公正性减轻了自然灾害的随机性和社会不平等的残酷性。

战后英国的改革与威廉·亨利·贝弗里奇（William Henry Beveridge）*的名字联系在一起，曾经最接近于大众对社会政策真谛的顿悟。社会学家托马斯·汉弗莱·马歇尔（Thomas Humphrey Marshall）以抽象的方式阐述了工党立法开创新纪元的意义，因而赢得了持久的声誉。公民身份的概念是马歇尔公民权利理论的基石。他将之定义为"一个社会的正式成员"，其前提是"一种基本的人类平等"，在容忍阶级和财富差异的同时，保证每个人都能达到一个起码的生活水准，不论人生命运、生理状况和社会环境如何。[3] 他将公民身份分为三个组成部分：公民权、政治

---

\* 威廉·亨利·贝弗里奇（1879—1963），英国经济学家和自由派政治家，是一位进步的社会改革者，在设计英国福利制度中发挥了核心作用。他在1942年提出的报告《社会保险及相关服务》（称为《贝弗里奇报告》）是1945年当选的工党政府建立福利制度的基础。

权和社会权。在历史上的某个黄金时代，这三个部分曾交织为一体，之后被拆散，却又在不同的时期陆续恢复了：18世纪恢复了公民权，19世纪恢复了政治权，20世纪恢复了社会权。[4] 现代社会对平等的追求是公民身份演变的最新阶段，这一努力持续了两个多世纪。确切地说，在1949年剑桥大学举办的一系列讲座中，马歇尔发表了他的分析报告，胸有成竹地预言自己的构想将变为现实。工党推行的改革在前一年生效，重新调整了公民身份的三个部分。社会权的确立最终完成了三驾马车的配备，这意味着地位的平等，有助于抵消收入和阶级的差别。[5]

第二次世界大战后，欧洲大陆也注入了同样的热望和雄心，尝试类似的政策创新，然而收效甚微。由于他们的失败，加之英国改革的光芒渐褪，一种不那么高尚的态度出现了。随着战后大多数国家对重大变革的欲望降低，人们明显地感觉到共同分担风险的可能性与实际操作困难之间的差距。仅仅是在斯堪的纳维亚半岛，"社会温室"收获了最丰硕的福利制度成果，马歇尔的平等主义福利政策愿景得以实现，三种权利合为一体，并赋予公民身份一个最小公分母。然而，即使福利制度在理论上的潜力仅是偶尔和部分地实现了，它仍然有助于我们将注意力集中于社会政策的发展、延伸和扩大过程中有争议的事项，并围绕发生过的争战提出问题。

保险业已经存在了几千年。社会保险是为了应对现代经济中普遍存在的、成倍增加的不确定性而发展起来的，而马歇尔模式的团结式福利制度在20世纪的某些时期仅是少数国家的专属。从巴比伦的船舶抵押商业保险（Babylonian bottomry），到伦敦劳埃德保险社（Lloyd's of London），人类一直试图利用保险手段来超越命运、重新分配灾难造成的损失，使投保人不至于孤独无助地面对厄运。社会保险扩大了简单保险（plain insurance）的范围和对象，它既是试图应对新技术所带来的风险的一种努力，也是一种替代品，取代因传统社会衰落而削弱了的旧的、人们熟悉的救助和供给形式。社会保险迅速地成为所有现代社会的一个功能性附属物，无论是专制的、民主的，还是社会主义国家，至少在最低收入保障的程度上均采取了这种做法。相比之下，完全成熟的、团结的、平等地为全民提供全面保险的福利制度只是例外出现的情况。鉴于过去一个世纪以来国家在抵御风险的供给方面发挥的作用普遍日益增大，为什么只有某些国家设法向前迈出了一步：从工业化经济的功能要求所必需的基本福利转变为一种更为平等的社会保护形式？只有某些国家的福利制度从俾斯麦模式发展为贝弗里奇模式，更不必说贝文模式*了，其原因是什么？如何解释团结式福利制度的不同命运？

在某种程度上，社会政策和福利制度的发展并不难解释。现代经济需要一定程度的干预才能达到最佳状态。从这个意义上说，社会政策具有必要的功能性，因此也服务于无可争议的经济目的：伤病者的康复，富余劳动力的再培训，促进劳动力流动，稳定生产和消费模式，等等。然而，由于经济条件类似的国家采取的社会政策差异很大，因而，其他因素必定也发挥了作用。在某些福利制度演变的某些阶段，再分配似乎已超越了经济功能要求所需的程度，社会政策的性质也由经济考量之外的其他因素而决定。

在经济功能所必需的最低收入保障之上，还有一个政治上确定的最低水平，即上层集团自愿接受的一种福利措施，希望能借此保住他们的地位——用约瑟夫·张伯伦（Joseph Chamberlain）的话说：将财产作为

---

\* 阿内林·贝文（Aneurin Bevan，1897—1960），威尔士工党政治家。这里指工党更有雄心的改革计划。

安全的赎金。[6]在某些国家，俾斯麦治下的德国就是一个经典例子，工人得到了社会政策提供的福利，其代价是政治权利被剥夺：以养老金代替赋权。社会政策在政治上发挥了作用，避免了原本可能出现的社会动荡。有些福利制度的发展显然已超过了经济上必需的最低限度保障。不太明显的是，对于担心除支付社会政策的开支之外还会损失更多利益的人来说，法定干预（statutory intervention）是否也以同样方式超过了政治功能必需的最低收入保障水平呢？有人认为，即使很慷慨的福利立法也仅是平衡固有不公平现状的一个要素。很难凭经验反驳这种封闭逻辑的观点。可是尽管如此，如此严密的推理显然不能充分解释下述问题：为什么某些福利制度比其他的更慷慨、更全面？假如没有任何国家的福利政策超出政治功能所需的最低保障，那么它所服务的政治功能必然随着福利制度的变化而出现波动。然而，确切地说，这与历史是不相符的。实行慷慨福利政策的北欧国家，从任何明显的意义上说，都未成为更容易爆炸的政治火药桶（譬如跟法国相比），因而不需要特别复杂的社会措施。假如说瑞典的精英阶层比高卢人作出的让步更多，要么是他们异常仁慈，要么更合理地说，是实际的需求更大，促使他们给予让步。倘若如此，社会政策的政治功能所需最低收入保障（社会精英为保持优越地位而付出代价）的概念很快就站不住脚了，更重要的是以牺牲这些人的利益而赢得的福利。在福利制度高度发达的地方，情况似乎发生了逆转：相比穷人通过集结力量赢得的好处，富人通过作出让步而维护的东西似乎显得越来越不重要了。平等、全面和全民性的社会政策，体现于贝弗里奇和贝文的改革，尤其是战后斯堪的纳维亚的社会民主福利制度之中，乍一看最有利于最贫困群体。这一次，不仅是在形式上，而且是在共同的基本风险防范的具体措施上，赋予了社会中的穷人跟富人同等的地位。

在贝弗里奇模式和社会民主福利制度中,当最弱势群体得到的好处比维持基本稳定所需更多的时候,政治功能上的最低收入保障标准是否就被超越了?某些措施是否超出了社会政策的基本经济和政治合理性(按需分配——先给嘎吱叫的车轮上油,而不是依据功绩或应得来分配),给之前未获得公平份额的群体分配过多了呢?假如是这样的话,那么,关于最发达的福利制度就会提出一个问题:为什么人们会默许自身资源被转移给他人呢?假如幸运群体对底层人作出的让步在事实上超出了所要求的数额,他们为什么要这样做呢?假如穷人设法获得了优势,他们是如何做到这一点的呢?从风险再分配的实际角度来看,福利制度提高了风险再分配的实质性平等的可能性、团结的可能性。只有某些福利制度大大超出了经济优化和基本政治合法性所必需的社会政策水平而实现了一定程度的再分配,它们既反映了最不幸者的需要,也反映了富人的担忧。这种团结式社会政策是如何实现的呢?此乃本书讨论的主题。

直到最近,当人们在寻求最全面和最慷慨的福利立法的社会根源时,通常着眼于那些最易遭受风险的群体和阶层实现其目标的能力,这是解读福利制度的一种劳工主义方法。受压迫群体对社会政策的兴趣最为明显。在一些国家和某些时期,有组织的劳工运动和左翼政党成功地代表这些人的利益来施加影响。工人阶级在客观上是团结的,他们追求的目标决定了福利供给制度的发展。虽然劳工主义解读(laborist interpretation)*在很大程度上是合理的,在非常笼统的层面上可以得到赞同,但它无法解释福利制度的各种变化形式。世界上劳工运动最强大的工业化地区,往往也拥有编织得最为精细的社会网络。在这一点上,欧

---

\* 对福利制度的劳工主义解读等同于"社会解读"。

洲比美国和日本更发达；在欧洲，瑞典则比法国更发达。然而，当要求对明显的异常和例外现象进行更细致的描述时，事情就不那么易于理解了。我们应该如何解释有些福利制度，譬如荷兰，它的社会民主党在历史上不占主导地位，没有社会民主霸权，为何能够在社会福利开支上达到斯堪的纳维亚的水平？又怎么解释法国和德国在20世纪六七十年代能够击退左翼的反抗，在中产阶级的支持下通过了贝弗里奇和北欧模式的立法？或者再来看另一些国家，它们的经验被视为劳工主义解读的典型，即中产阶级屈服于左翼的压力，被劝服而接受了他们在本意上会拒绝的措施。这是对"二战"后资产阶级及其政党接受再分配社会政策改革的唯一的甚或最正确的解释吗？在斯堪的纳维亚的社会民主福利制度和贝弗里奇的英国模式中，各方达成了备受赞誉的共识，这充其量是一种紧张的停火。资产阶级表示同意，是仅因当时的左翼势力很强大，还是因战争带来的艰难困苦暂时削弱了中产阶级抵制再分配改革的意愿？协议条款的达成是否主要取决于下层？中产阶级的利益在很大程度上受损了吗？

解释20世纪30年代斯堪的纳维亚半岛和贝弗里奇时代的英国福利制度，采用劳工主义方法的效果最好。[7] 但是由于其表述的局限性，采用这些术语的叙事逐渐自我封闭在北欧人聚居区里，它们对斯堪的纳维亚和英国例外论（后者减少了）作出的解释令某些人感到满意，但越来越无法深入细致地研究福利制度进一步广泛发展的问题。由于劳工主义方法很难适用于其他地方，也难以解释社会供给体系为何变得日益精细复杂，即使是在社会民主政党不占主导的国家；或者难以解释，为什么在动员工人阶级力量方面做法相似的一些国家，在福利制度方面仍存在差异。这些疑问，近年来促使学者们探究新的答案，无论是考察与德国中央党*和社会主义政党密切相关的法团主义（corporatism）**的广义变种，还是着眼于国家及其结构的变化对福利制度的不同发展进程产生的影响。[8] 这种向其他解读方式的转变，有可能削弱所有基于阶级的福利制度解释，就像近年来受到攻击的（在对其他时期和主题的历史分析中采用的）社会解释一样。假如剖析福利制度的社会方法以这种方式被掏空，那将是一件不幸之事，因为其最著名的阐述已脱离知识激辩而退回劳工主义解读的褊狭堡垒中去了。

劳工主义方法的软弱无力，如目前的状况，有可能将所有以社会为基础的社会政策解释带入死胡同。但是，倘若认识到，这种根据工人阶级的力量和组织的解释只是福利制度及其发展背后更广泛的社会利益逻辑的一个例子，那么就可以避免这种困境了。工人往往是最关注社会政策的群体，但他们并不是唯一的一个。从更大范围的比较分析来看，无论他们的利益多么重要，也仅是众多相互竞争的因素之一。工人们所忧虑的问题由历史环境的变化所决定，从而被改变。在福利制度的演变过程中，很难保持一个统一的、始终不变的、客观上团结一致的阶级。在很多情况下，资产阶级及其各种亚类也对社会政策产生了迫切的兴趣，不仅是作为波拿巴主义（Bonapartist）操纵者***，而且是作为遭受的不幸超过了自助能力的群体，或者在某些情况下，他们试图从风险再分配中争得大于损失的收益。事实上，社会政策已经超越了经济和政治功能所要求的最低保障，很难否认中产阶级在其中所起的作用，尤其是对于那

---

\* 原文为 "Catholic parties"（天主教政党），据作者回复，在此书中指的是"德国中央党"（Deutsche Zentrumspartei）。

\*\* 法团主义（又译"社团主义""组合主义"）是一种政治意识形态，它主张由社会法人团体，如农业、劳工、军事、商业、科学或行业协会等，根据其共同利益来组织社会。

\*\*\* 详见下文中的"波拿巴主义方法"。

些达成共识的决定。在未出现严重动荡的情况下，穷人取得的实质性胜利本身就带有模糊性。即使斯堪的纳维亚国家的全面福利也是通过改革而非革命产生的；是采用民主方式同意的，而不是单方面强加的，因而，那些显然放弃了对某些资源要求的阶级必定也影响了改革的条款。关于福利制度的最简单问题，也是最常得到回答的，是弱势群体现在获得的福利性质和程度。而舒适的中产阶级在这种改革中发展出的利益是一个更有意思的问题。

然而，分析中产阶级在制定更为慷慨和团结式社会政策中所起的作用，并不是有意抛弃劳工主义解读，驱逐工人阶级而将资产阶级作为社会政策的基石，令人难以置信地声称：一个关键群体——福利制度的一个社会基础，已被另一个群体取代了。比较准确地说，其目的是进一步发展一种社会分析（劳工主义方法对此运用娴熟但过于狭隘），以求探索福利制度演变的更广泛的社会逻辑；并且阻止目前的一种倾向——由于未能对社会政策作出一种更广泛适用的解释，因而要抛弃所有的社会解读（social interpretation）。福利制度的确有利于那些需要帮助的和容易遭受风险的人，以牺牲较少遭到不幸和不公正打击的群体的利益为代价。然而，由于历史环境的不同，最需要参与全面社会政策所允许的风险再分配者的确切阶级身份有着显著的差异。因而，谈论福利制度的社会基础是存在误导性的，除非限制在特定的时间和地理范围之内。从更广泛的比较角度来看，福利制度是建立在不同的社会基础组合之上的。

## 阶级、风险和团结的社会基础

福利制度的进步已经超越了润滑现代社会和政治齿轮所需的最低收

入保障限度，人们在分析这种现象时，通常将新出现的动机归因于熟悉的参与者（actors）。中产阶级的成员，本应通过坚持自力更生的美德和蔑视团结的做法来维护自身利益，但在自由主义意识形态的鼎盛时期，他们逐渐被说服，改变了态度。这种改变，最终导致了战后贝弗里奇在英国推行的和在斯堪的纳维亚出现的社会改革浪潮。工人阶级力量的增长，在某些情况下，迫使从前不抱团的资产阶级开始重新审度，究竟愿意将哪些利益分给不幸的群体。在另一些情况下，战争导致的动荡和不确定性使一些曾经自力更生的人对互助产生了兴趣。日益慷慨的人道主义关切，以及对国家扮演适当角色的观念改变，使老式的曼彻斯特主义（Manchesterism）*和俾斯麦的法定家长式管理（statutory paternalism）被较仁慈的干预主义方式所取代，基于人们逐渐接受了社会权是对之前确立的公民权和政治权的必要补充。在每一种情况下，处于政治决策支点的关键群体显然都发生了变化。过去这些人习惯性地追求自身利益，要求减少对贫困人口和需要者的广泛再分配；现在他们转变了态度。

然而，在福利制度发展的这一关键时期，为什么自身利益不如通常那么有强烈吸引力了呢？纵然中产阶级改变了做法，这是一种不可避免的更大启蒙运动的迹象呢，还是他们不像以往那么贪得无厌了？或是面对强大的劳工运动，新的资产阶级无力捍卫其"真正的"利益了？中产阶级是否屈服于工人的要求，很少或完全不代表自身利益发声了？我们在这里描绘一个人道主义、法定仁爱和工人阶级争取团结式改革的稳步渐进过程，将带来什么样的福利辉格主义危险**呢？反过来说，假如资产

---

* 19世纪起源于英国曼彻斯特的政治、经济和社会运动，也称"曼彻斯特自由主义""曼彻斯特学派"和"曼彻斯特资本主义"。

** 原文为"welfare whiggery"。辉格党对历史的解释认为，事情总是在好转，并朝着某种理想的方向发展。在这里也可以理解为福利制度存在着总是向上层发展的危险。

阶级在团结式社会政策背后的动机是谋取私利，那么是否可以得出这样的结论：从根本上说，即使最慷慨的福利制度也是为社会精英的利益服务，维护他们的特权地位，无论他们付出的代价增加了多少？贝弗里奇式福利是否不过给资本主义的铁腕——赤裸裸的俾斯麦——戴上了天鹅绒手套？在似乎超出了经济或政治所需的最低保障水平的社会政策改革中，实际上，其关键问题更多地涉及这些变化背后参与者的性质，而不是他们的动机。相关的问题是，追求的是谁的利益，以及如何最好地满足这些利益。或是富人通过对社会政策让步来平衡现状，或是穷人从富人手中胜利地争取到了更慷慨的福利，这两种描述都假定存在着清晰连贯的参与阶级——无论是试图抵制索要其资源的统一的资产阶级，还是决心强迫特权者提供补偿的无产阶级大军。有关福利改革社会基础的大多数考察都描述了一种情景：上层和下层之间、富人和穷人之间、中产阶级和工人阶级之间，为争取再分配优势而斗争。工人和社会中的受压迫者寻求团结一致地争取利益；相反，资产阶级和其他地位优越的群体抵制任何掏他们腰包的企图。[9] 这种关于再分配的二分式竞争，取决于两极参与者各自的实力。一个强大、自信的资产阶级能够扭转野心勃勃的团结式改革势头，足够强大的劳工运动则可能克服这些障碍而获胜。

经过仔细观察，这类简单的矛盾关系最终只能部分地成立。尽管为福利政策而斗争的参与者和社会阶层相互交叉且时常重合，但从更一般的意义上讲，它们实际是两个截然不同的实体。再分配的赢家和输家是那些参与决定团结式社会政策的竞争者。然而，同主要依据社会阶层差别的初级经济分配不同，由于社会保险的二次再分配是根据精算标准（actuarial criteria）来最直接地分摊灾难成本，因而这类参与者首先是风险类别（risk categories），只是间接地和可变地转化为阶级和社会群体的通常定义。风险类别是指被确认的具有共同利益的参与者，区分的依据是参与者与保障措施的共享关系，以及他们在社会保险承诺的风险再分配中的利益得失。同再分配措施的这些关系是由至少两个不同因素的相互作用而形成的：（1）影响相关群体的风险的简单发生率；（2）该群体独立承担风险的能力和自力更生的本领。

在任何特定时刻，风险发生率对某些群体的影响大于其他群体。[10]鉴于其职业的工作条件，工业无产阶级特别容易受到某些风险的影响，譬如失业和工伤事故，因此格外关注如何分散这类风险的负担。他们对其他类型的风险再分配则不感兴趣，譬如疾病、晚景贫困、分娩和养育子女，因为他们没有与其他社会群体中贫困的和处境艰难的成员平等地分担成本。尽管无产阶级遭受的风险可能超过了它的份额，但它并非独具不确定性，也没有独占改善境况措施所提供的利益。在社会保险刚出现时，产业工人并不是每个国家中最易遭受风险的群体。鉴于实施福利立法的国家的社会和经济状况迥异，各个地方最贫困阶层的构成也不相同。例如，在19世纪末以农业为主的斯堪的纳维亚，农场主和农民构成了最关心社会政策的群体，这并不是说他们在客观上比退化的北欧无产阶级所面临的不确定性更大，但从某种意义上说，正是这类人对再分配的追求决定了那里第一批立法倡议的走向。

如同大多数形式的私营保险，在一个自愿加入的正统保险精算体系（actuarially orthodox system of insurance）中，风险发生率将是再分配的主要标准，也可能是唯一的标准。在某种程度上，社会保险与私营保险计划的区别在于，它不仅根据风险发生率，而且根据承受风险的能力来计算成本，或是在计算福利时给予经济需要和任何其他应得权益（entitlement）标志以同等的考量。一个群体控制风险能力的大小，富裕还是贫穷，也是决定再分配的因素。[11] 除最狭义的风险再分配之外，还增加了适度的经济再分配措施。因而，风险发生率只是决定任何特定群体通过社会保险转移负担的一个因素。问题不仅在于某一特定阶层遭受风险的可能性有多大，还在于它有多大的能力应对不确定性。群体的自力更生能力及其财运如何，一直是决定其社会保险精算归类（actuarial profile）的另一个变量。而自力更生至少是该群体的经济展望和人口前景这两个因素导致的结果。在受到风险影响程度不同的社区里，再分配的做法承蒙受不确定性影响较小成员的慷慨施予，使那些遭受不幸打击的成员受益。从另一方面来说，在一个足够同质的风险社区内，再分配有可能将负担从经济困难的人转移到经济富裕的人身上，这就给了前者寻求改革和后者避免改革的理由。同样，人口增长或至少稳定的群体可能会被要求为人口衰退的群体作出牺牲。

风险发生率，以及由经济和人口财富显示的自力更生能力，共同决定了一个群体的精算归类，从而决定了它在社会保险对不确定性成本再分配中的得失胜负。从最简单的逻辑来看，那些风险高、财富少的人总是会从再分配中获利，并因而寻求再分配。就社会保险所采用的精算标准而言，这些人是需求者。相反，那些风险低和财富多的人会产生对立的利益。在这两者之间，如何确定任何给定群体所持有的权益呢？除了评估风险发生率和财富的不同之外，还需考虑如何构建再分配系统，其中包括：风险负担的分配主要取决于承受能力，还是保持财务中立性、仅根据风险发生率来决定？福利是仅限于穷人，还是给予所有符合正式标准的成员？社会保险精算逻辑将抽象的风险类别确定为这类事件的参与者，假如我们将之转化为具体的社会术语，那么贫困阶层中的经典参与者就是工业无产阶级，一个最迫切关注再分配的群体，不仅由于它与变幻莫测的现代经济和技术联系在一起，而且低工资收入使得它无法独立应对风险。相反，不团结的最典型例子是自立的、兴旺发达的资产阶级，这一群体不仅避免了许多风险，而且有充分能力应对风险，财产所有权保证它即使在遭遇不幸时也能有足够的收入。

　　一个是社会保险再分配逻辑中的风险类别，另一个是超出这种精算概念之外的社会阶层，这两者之间的特殊方程式是绝大多数（关于福利政策发展的）社会解读背后的推理基础。对于一种承诺将不确定性进行再分配的制度，穷人和易受风险影响的人是显而易见的服务对象。反之，富人和身家安全的人有充分理由抵制让他们同不幸者分担风险的企图。这种分析将战线划分为两个不同的阵营：（1）潜在的再分配赢家和团结的群体——首先是工人阶级，也可能是在日常生活中与无产阶级关系最密切的小资产阶级成员，易受某些风险影响的白领工薪阶层，不过，一般来说是穷人和受压迫者；（2）再分配中的失利者——独立的、不抱团的中产阶级，大多数小资产阶级，以及存在某些其他风险的白领工薪阶层。简而言之，关于风险再分配和社会政策的争战通常被描述为工人阶级和中产阶级、穷人和富人、下层和上层之间的斗争。然而，无论这种简单的两极性理论多么吸引人，都是误导性的。这种关于社会保险再分配逻辑中参与者身份的特殊结论，尽管在某些国家的某些特定时期可能具有历史意义；尽管再分配的赢家和输家实际上可能转化为具体的社会称谓，比如"工业无产阶级"和"独立资产阶级"，但是，这个方程式中的特殊因式分解绝不是普遍适用的。

　　在任何时候和不同的国家，决定一个群体在通过社会保险转移负担中的利害关系的每个因素（风险发生率、财富）都是不一样的，而且，在福利制度的发展过程中，每个因素都在演变。风险发生率并不是一个静态的历史给定值。农业曾经是最安全的行业之一，因而同工伤事故保险不相干，但现在走上机械化，危险性增大了。相反，新兴的白领工薪阶层可能像工人一样依赖自己的劳动力谋生，因而也需要失业保险，但相比体力劳动者，他们身体受伤的可能性较小，故在工伤事故保险方面的利益要求不那么迫切。随着人类寿命的延长，人们越来越有可能患上医疗费用昂贵的病症，加之整个一生中看病就医的复杂程度和开支日益增大，使得医疗保险成为一个受关注的问题，甚至最富裕的阶层也不能忽视它。剩下有待讨论的只是具体的实施办法：私人的、社会的，或是国家的措施。

更引人注目的是，不同群体应对不确定性的能力发生了变化。即使风险发生率没有改变或增加，以前不支持团结的群体也因独立承受能力不足而对再分配产生了兴趣。"二战"刚结束时，欧洲大陆的中产独立经营者（independent middle classes）对自己掌控风险的能力充满信心，不愿帮助工人分摊负担，因而拒绝了再分配改革。然而，在接下来的几十年里，人口危机和经济灾难削弱了这个风险社群的恢复能力，现在，自雇人士（self-employed）*明显地会从团结式立法中赢得利益，他们追求的目标便随之转向了。在这段时期里，工人阶级的立场也发生了变化，不过是从相反的角度，在某些方面脱离了团结的立场。这种演变，并不是工人作为一个阶级在战后几十年来面临的风险明显减少的结果。虽然工薪阶层的许多人确实比"二战"前过上了更富裕的生活，但这本身不足以改变整个群体对社会政策的态度。在社会保险的再分配演

---

* 作者频繁地互换使用independents和self-employed这两个词，但它们在本书中指的是同一类群体，对应的是"受雇就业者"（dependently employed）。为保留原著的表述方式，分别译为"独立经营者"和"自雇人士"。

算中，是什么使受雇就业者（dependently employed）阶层从社会政策再分配的赢家变成了潜在的输家，从而决定了劳工运动对20世纪六七十年代某些团结式改革作出新的负面反应呢？最重要的原因是，职业迁移（occupational migrations）导致这个阶层的人口大量增加。从人口统计的角度来看，现在工薪阶层在保险精算中属于一个状况良好的类别，在此种情况下，通过养老保险和医疗保险进行的再分配将流向其他群体。类似的基于人口统计的对立也损害了工薪阶层内部的关系，在薪金雇员（salaried employees）*和体力劳动者之间，前者成为赢家。

风险发生率和自力更生能力一直是两个变量，它们的交叉点定义了特定群体在特定时间内对不确定性成本进行再分配中持有的利益。它们对特定群体作出保险精算归类，确定其对再分配的需求程度，并决定其在社会保险中的利益得失。然而，同样重要的是，社会保险制度建设本身增强了现有的（或创造了新的）支持或反对风险再分配的倾向。社会保险并不是一个仅对其影响范围外的给定不确定性进行再分配的中立系统。它不仅是经济和人口演变或风险发生率变化的镜像反映，在相当程度上，它直接影响了政治论坛如何看待和接受这些发展和演变。社会保险改革的制定影响到所有群体在再分配中的输赢计算。在这方面作出的主要决定之一是，福利立法如何界定被挑选出来进行干预的群体：是否包括所有公民，不分社会阶层但依据收入计算（如在19世纪的斯堪的纳维亚半岛）？是否只给广义界定的某些阶层以福利（如在俾斯麦治下的

---

* 挣工资者大体分为两类，一类是"wage"（工资）雇员，另一类是"salary"（固定工资）雇员。"wage"（工资）是基于工作小时数乘以小时工资率的员工薪酬。"salary"（固定工资）是按约定的时间间隔（即每月或每两周）支付的约定年度金额的报酬。前者主要是"蓝领"，后者包括"白领"、管理人员和专业人士。本书中将前者译为"工人"，后者译为"薪金雇员"，以示区别。

德国）？是否非常精细地标定每个社会群体（如在"二战"后的法国）？这些选择，对界定利益盈／亏群体的身份，实现这些目标的方式，以及从而可能采取的行动，都产生了重大影响。

社会保险为曾经不存在的风险再分配创造了新的可能性，在此过程之中，社会保险本身也形成了正面或负面的利益。当丹麦农民在19世纪试图将负担转移给城市的竞争者时，其动机不仅是他们面临的社会成本（需为雇用的劳动者提供保障）和不愿意独自承担（农业的出口导向阻碍了将费用转嫁给消费者的希望），而且有一个同等重要的因素：他们被给予了一个机会，以各种养老金立法提案为幌子，将本来不得不独自承担的包袱分摊给其他人。打着社会保险的旗号而展开的再分配之战，从任何意义上说都不是必然的或必需的。丹麦农民或许更希望实行财政改革，但出于政治策略的考量，他们被说服通过社会政策的途径来解决所关心的问题。

在很多情况下，社会保险制度的特殊建设本身在创造或刺激再分配的利益方面发挥了重要的作用。例如，在"二战"后的法国，富裕的独立经营者跟贫困的同胞们被封锁在同一个危险的社区里，这给了他们一个理由参与团结式改革，争取国家补贴，以期减轻财务负担。倘若不是陷入了这种境况，独立经营者是不会这样做的。在斯堪的纳维亚，资产测查（means tests）使中产阶级不能获得法定福利，这是促使中间和右翼政党接受普惠主义（universalist）改革的因素，以期扭转日益慷慨的福利全部留给穷人而将资产阶级排除在外的状况。与此相仿，贝弗里奇推出了统一费率（flat-rate）*式国民养老金体系，为最贫困者提供基本生

---

* 保险费和福利均可为统一费率，即所有的人支付相同的保费金额或获得相同的福利金额。

活保障福利，但未能成功，这促使人们后来尝试在英国推行一种补充养老金（supplementary pensions）制度，它比瑞典的养老金制度更关注体力劳动者，因为后者是为迎合白领阶层的喜好而特别设计的。

社会保险按照风险和财富的精算标准进行再分配。再分配的参与者可能是某些阶级，但只有在他们作为风险类别而追求自身利益时才是。需要帮助的风险社群寻求负担再分配，处于优势的群体则进行抵制。这些群体之间的斗争，以及围绕如何设计社会保险改革的政治斗争，显著地影响了福利政策的性质，这将在接下来的章节中详细阐述。不过，这些参与者的社会身份并没有一劳永逸地固定下来，也不是在福利制度的整个演变过程中保持不变。[12] 风险类别和社会阶层有各种各样的交叉。某些阶层在社会保险中的利益随着精算归类的演变而改变。就风险类别的利益而言，阶级发生了变化。

风险类别有时与整个社会阶级重合，因为它们是用精算以外的术语定义的。工业无产阶级作为一个阶级和一个风险类别，其利益均趋于一致——这一巧合使人们普遍认为，该阶级特别关注的问题是再分配程度最高的社会政策改革背后的推力。然而，在工人利益的确发生变化的情况下，新的分配方式不是由他们与生产资料的关系决定的，而是由他们在保障方法中的利害关系决定的。就他们作为一个风险类别的利益而言，他们是一个阶级。在20世纪六七十年代，法国和德国劳工运动对团结式养老保险和医疗保险立法的立场从赞成转向反对。对这一逆转的解释是，工人阶级从社会保险再分配演算中的赢家变成了输家。反过来，同样常见的是，风险类别涉及更为广泛的社会群体。尤其是中产阶级已经欣然接受了作为多种具有不同利益的风险类别，这可以解释他们在再分配问题上摇摆不定的态度。他们根据哪一种风险类别（假如有的话）能够赢得优势来代表该阶级的整体利益，有时赞成团结式改革，有时抵制。然而，中产阶级也经常分裂为它的精算部分，采取不同且相互矛盾的态度。从历史上来看，资产阶级绝不是一个一贯团结的阶级。

在不同的国家和不同的历史时期，为社会保险的目的而界定的"需要帮助者"和"社会弱势群体"其特征有各种交叉。受风险影响较大且独立承受能力不足的群体往往是无产阶级或穷人，但并非一成不变。与争取资源再分配相比，人们更普遍地寻求防范风险的保护措施。随着经济和人口结构的演变，那些在风险再分配中获益最少的或最多的群体身份不断地变化。在某些情况下，一些社会群体寻求福利制度带来的灾祸效应转移，因为他们遭受了某种特殊的风险而需要帮助，但他们并不属于或不总是经济上的弱势群体。另一种类似的情况是，以前寻求帮助的阶级，一旦经济、人口或社会保险再分配计算等因素使其成为再分配的受损者，他们便失去了对团结互助的兴趣。有关社会政策的争论通常采用二元法：无产阶级与资产阶级对阵，穷人与富人竞争。然而，经过谈判的负担再分配的利益联盟要比这个复杂得多，社会层次也更为多样，因为风险类别和社会阶级在这个意义上是不相关的。出于类似的原因，福利的利益向政治层面（左翼对抗右翼）的传递远没有人们通常想象的那么简单清晰。相关利益集团对风险再分配的态度相互矛盾且摇摆不定，阻碍了政治家们表达立场，他们的观点往往是支离破碎和模棱两可的。

社会保险按照精算确定的"需要"来进行分配。为此目的而定义的"需要"只是部分地同弱势社会地位相关。因此，福利制度并不首先保障穷人作为穷人的利益，尽管普遍的假设与此相反。在社会保险范围内，再分配主要不是在阶级或收入阶层（资产阶级和工人阶级，富人和穷人）之间纵向地进行，而是横向地，在个人的整个生命周期内，以及在任何特定时刻的横截面，在风险类别（从健康到生病，从年轻到年老，从健全到残疾，从就业到失业）之间进行。风险类别同另外定义的社会群体只是间接地和部分地发生重合。[13] 这是一种风险分担而不是资源共享。[14] 不是所有的风险都同贫困、边缘化或依赖受雇就业有关。工人和经济上处于劣势的群体往往特别易受失业和工伤事故的严重打击。从另一方面来说，所有人都会生病和进入老年。很多情况下，在初级经济分配中属于受命运青睐的一些人，由于受到了某些风险的很大影响，或一直是法定服务的满意客户，因此也像不够幸运的群体一样对社会政策的二次再分配产生了强烈的兴趣：富裕阶层获得养老金和医疗保险（可覆盖长寿带来的老年病的昂贵开支）；中产阶级在高等教育方面获得国家的资助；生育观念过于谨慎的资产阶级获得家庭津贴；农民获得农业补贴；雇主则将购买工伤事故保险的负担转移给了广大的社区。

阶级与风险类别之间的复杂互动关系，决定了特定群体在特定情形下采取的改革方式。风险类别之间竞争再分配优势的保险逻辑几乎不可能表明获利或失利群体的具体社会身份。由于再分配决策是在不同的历史条件和国情下作出的，这些抽象的风险类别获得了一种社会内涵。体力劳动者、薪金雇员、农民、工匠、商人、自由职业者、公务员、中产阶级和工人阶级，这些群体是由风险和财富之外的标准界定的，但所有人都有根据精算归类而决定的利益。他们既是某种阶级和职业群体，又是某一风险类别。在决定再分配的过程之中，这些阶级和群体在不同情况下从不同角度与风险类别发生交叉。风险和财富将某些群体联结在一起，而造成另外某些群体的分裂。按照特定标准归为某个阶级的人，实际上跨越了利益相互矛盾的数个风险类别。有的群体曾经是兴旺发达的，因具备自力更生能力而沾沾自喜，但逐渐地在人口或经济上衰落，变得贫穷落后。在某个国家的某个时期需要帮助的特定群体，在其他地方是能够自力更生的或根本不存在。其他人则发现了不光是跟贫困有关的某些需求。因此，再分配的竞争发生在各种群体之间，不仅是在最笼统意义上的阶级（工人阶级与资产阶级）之间，而且是在收入有差异的群体（薪金雇员与体力劳动者、商人与小店主），风险归类不同的群体（农民与工人、自由职业者与工匠）以及人口优势不同的群体（白领与蓝领，工薪阶层与自雇人士）之间。[15]

社会保险的风险类别与初级经济分配的群体之间的联系只是间接的。富人和穷人，上、中、下阶层，无产阶级和资产阶级的区别，只是间接地影响社会保险的决定。风险类别给经济分配增加了新的复杂因素，涉及风险、财富、人口构成和财阀统治。分析社会保障手段的关系同分析生产资料的关系所要求的标准是不一样的。考察社会政策的社会基础是要解释在不同国情下和不同时期出现的风险再分配的精算逻辑。历史性的问题是，任何单个社会群体——独立于风险和财富（其精算概况）定义之外——是否在再分配中拥有必要的利益。在风险类别和社会群体之间是否存在足够的一致性，从而可以声称团结式福利政策有一个社会基础，是符合某个特定阶级的利益和愿望的？这是在考察福利制度的社会基础时必须探讨的问题。

## 团结的逻辑

事实上，并非所有的，甚至很少的社会政策是团结一致地形成的。福利制度在这方面变化多端。当福利的性质由精英集团来决定时，这类人仍相信自力更生是可行的，因而再分配受到限制。俾斯麦的社会特殊主义（socially particularist）*、同收入挂钩的社会保险，以及受益人缴费型（contributory）**社会保险，其制定和设计体现了一种保守的意图，而不仅是为了它所服务的政治目标。相比之下，斯堪的纳维亚国家的福利建立在普惠全民、平等主义和税收融资（tax-financed）方式的基础之上，似乎反映了不幸群体的再分配欲望。为什么会存在非团结式社会政策？令人满意的两点解释是：市场在没有干预手段调整的情况下无法确保自身的延续；社会需要维护政治和经济的稳定。比较令人困惑的是，在某些国家，这种早期的有限福利形式是否被更公平的、打破温和市场逻辑的各类再分配超越了？假如是的，它是如何做到的呢？除了为防止社会动荡或消除良心不安而实施必要程度的救济之外，幸运群体为什么会同意将对穷人的援助制度化？在不发动革命的情况下，受压迫者如何能够争取到真正的让步？

一种是基于理性和利己，另一种是基于情感和利他，这两种方法均未能解释团结式福利制度的这个历史性问题。前一种方法否认此处存在任何疑难问题。在经济学家看来，适度的再分配是开明的成本—效益分析的结果，即使表面上真实的利他主义也能降低为理性的利己主义。他们关心的是，法定干预如何以及为何能够改善市场的自由运行，如何最明智地通过国家来提供公共福祉（public goods）。[16]就狭义的社会政策来说，它是一种经济办法，将原本像是团结互助的措施减少到有利可图的计算。貌似再分配的大部分内容实际上只是保险。[17]从另外的意义上说，

---

\* 指专门针对某个社会阶层，或区别对待不同社会阶层的社会保险方式，在概念上同普惠相对立。

\*\* 在英文中，对社保体系的付费是"contribution"（供款），对私营保险计划的付费是"premium"（保险费）。作者在本书中有时将这两个词混用。为简洁起见，除个别情况外，统一译为"缴费""缴纳保费"。

利他主义行为也能带来经济效益。[18]预防医学比医院急诊室的成本—效益要高。经济分析试图将看似单向的资金转移纳入效用最大化的框架之中，其作用尽管有限，但可能体现了这种抽象概念对现实世界的适用性。[19]这类看起来不是"以物换物"的交易，事实上为给予者带来了回报，从高尚道德的满足感到不受干扰地享受自己的资产。理性计算得失的个人，意识到社会的效用是相互依存的，通过改善他人的福利来使自己的福利最大化。[20]

然而，当面对有关社会政策的分歧时，经济学家的方法就动摇了。除非出于无知，为什么有人会反对互惠互利的安排呢？要么是参竞者没有认识到自己在有争议的法定干预形式中的优势，要么是他们在争夺再分配的程度大小，而不是再分配的存在与否。在后一种情况下，未解决的原始问题重新浮现了：团结的方式为什么会有所不同，哪些条件有利于团结或阻碍团结的表达。虽然可以在个人层面上从效用最大化的角度来分析表面上的利他行为，但将这些论断转移到政治层面并不那么简单。个人在经济上可能是理性的，但是群体和阶级——政治的参与者——必须首先认识到并发展在互惠交换中的利益，然后才能实现这种利益。通过个体效用最大化的方式，可能会创出一种不需要争夺再分配优势的情境，因而很少引起争议。然而，竞争群体之间在社会政策改革问题上的无休止斗争表明，在这里，任何类似的简洁逻辑都不足以解释它。

分析团结式福利制度的另一种方法是相反的，甚至更不尽如人意，它诉诸利他情感，一种不可简化为其他情感或计算的互助感。[21]关爱是人类的一种本能，但可叹的是，由于存在"搭便车"的现象，以及鼓励人们付出牺牲的难度，每个人都宁愿让他人来承受负担。因而，这种分析方法认为社会政策是这种担忧的表达，是通过制度化来确保所有人切实履行他们的感情所规定的义务。[22] 此处的难题是仍需作进一步的研究，以便解释为什么利他主义有时成功，有时却不成功。同情社区的情感纽带可能适用于有亲缘关系和同种族的基本群体，但只有在一定范围内才能推广到更大的社会。[23] 在决定支持或反对团结式改革的政治激辩论坛上，利他主义没有什么实质意义，不过是被给予较多的机会来表达高尚的情感，而不是去兑现它。同样麻烦的是，确立接受单向援助的权利对利他主义来说有一些障碍，因为这是有失尊严的。[24] 互助情绪往往促使改革者为仁慈的社会正义观而战，但是，聚焦于这些参与者之间的意识形态变化，并不能解释团结式社会政策是如何可能实现的。重要的问题是，为什么那些没有受到超越道德视野启迪的人有时会接受甚至拥护再分配改革。

另外两种比较成功的解释表明它们回答了如何在善意改革者稀缺的领域促成团结的问题。一方面，团结使不幸者——社会保险精算逻辑中定义的贫困群体——受益。这些客观上团结一致的群体可能赢得足够的政治力量，以牺牲受灾较轻的群体为代价来实施有利于自身的政策。另一方面，即使通常能够自力更生的群体也可能出于各种原因而得出结论：他们不再能够独立地应付困难，现在也可以从团结措施中获益。经济学家的减少个体行为以使效用最大化的主张，在某些情况下，可以适用于群体。当然，这两方面因素（原已团结的群体变得更强大了，从前幸运的群体对再分配产生了兴趣）的任何结合也是可能出现的。

有两种方法被用于解释使团结式福利政策获得成功的社会变革，在斯堪的纳维亚半岛始于20世纪30年代，尤其是"二战"之后；在英国，贝弗里奇计划和工党的改革短暂且不十分成功。相反，缺少斯堪的纳维亚和英国具有的因素被用于解释与贝弗里奇同期的法国和德国类似改革的失败。第一种解释是劳工主义方法采取的思路，或称之为福利制度的社会解读。[25] 它将团结式社会政策解释为穷人和工人阶级的胜利，他们的利益由劳工运动和左翼来代表。早期和在其他地方施行的福利措施是由精英阶层及其利益驱动的，因而是很有限的和保守的，而在社会民主的斯堪的纳维亚半岛和贝弗里奇时代的英国，弱势群体代表自己的利益，成功地提出了一种新的普惠主义、团结主义和平等主义的福利版本。[26]

第二种方法从另一面提出问题：原本自力更生的群体是如何对团结产生兴趣的？通过分析"二战"在促成英国改革协议方面产生的影响，可以很好地说明这一点。战争，这个无论贫富贵贱，谁也逃不脱的共同灾难，迫使人们认识到，从最广泛的意义上说，所有人都处在同一条船上。这种共识有助于为平等的社会政策铺平道路。[27] 伦敦政治经济学院教授理查德·蒂特穆斯（Richard Titmuss）在学术界占有显要地位，他出身于工人阶级，他的个人经历成为超越阶级壁垒的一个典范。他因将这种前所未有的社会共识的根源追溯到战争时期的特殊情况而名声大噪。战时的艰难困苦使社会产生了凝聚力和趋同性，人们希望把平等的新精神带入和平时期，并缩小传承下来的阶级差异。在马歇尔的经典叙述中，人们建立了一个普遍的共识，即最低保障的平等是公民不可剥夺的权利。

这两种方法探讨问题的角度相反，实际上却彼此相近。在社会解读中，工人阶级不仅表达了自身在再分配中的切身利益，而且，更广泛地说，表达了人类对互助的共同需求，由于其客观上的团结立场，它十分清晰地认识到这种需求。[28] 它以普世阶级（universal class）的身份来争取团结，正如资产阶级在其上升期呼吁团结起来以实际绩效对抗恩荫地位。[29] 在另一种解读中，蒂特穆斯分析了自力更生的阶级在战争期间从独立到相互依存的转变，他们也意识到了团结的吸引力。这种意识往往是受压迫者才具有的，源于他们与生俱来的苦甜参半的命运。从这两个角度来看，为相互依存的意识所驱使，团结具有潜在的普遍吸引力。同时，从理论上说，在普遍存在的团结式改革的吸引力同实现这一目标显然需要的具体条件之间存在着矛盾。是否需要一场世界大战才能说服中产阶级相信团结的美德呢？为什么经济大萧条没有导致产生类似的结果？在斯堪的纳维亚推行再分配措施，社会民主党所代表的工人阶级是必需的力量吗？如果是的话，为什么北欧国家的团结式社会政策的谱系比左翼党派更悠久呢？后来类似的改革是如何在其他地方和不同的政治气候条件下实行的？

假如社会保险专门或主要从收入或阶级的角度来对待个人，再分配的争战就会造成穷人跟富人对立、无产阶级跟资产阶级对立的局面。假如将风险类别和社会群体视为一体，那么，最为一致的贫困阶层和风险群体就是最渴望实行团结互助的，在适当的条件下，团结一致的压力也来自他们。再分配改革的社会基础是那些会得到很多好处的群体，最直接获益的是工人阶级。要搞清楚受命运惠顾者是如何被说服来帮助他人分担风险，将是一个难题。从另一方面来看，假如社会保险是按风险类别而不是按阶级或经济群体本身来进行交易的话，那么团结式改革的社会基础就会以一种新的方式呈现出来。通过将风险与贫困或阶级地位区分开来，可以在更大范围的群体中辨别出再分配的利益。许多风险都与贫困或依赖受雇就业有关，但并不是全部。有些风险尤其会对工人造成打击，同样也会殃及中产阶级。

有些社会措施是有意识地吸引资产阶级的，有些给资产阶级的福利甚至超过了给工人和穷人的。譬如，家庭津贴政策往往是中产阶级及其政党的专享，而劳工运动则反对家庭津贴，认为这是社会保险的一个蛮横无情的例子，它令人遗憾地满足了雇主的节俭愿望，即按需要分配而非按效绩分配。[30] 在瑞典，家庭措施得到了中间和右翼政党的支持，其原因是优生考虑和大众民族主义（völkisch nationalist），并且希望能够借此稳固和保全中产阶级的财富。特别是他们试图刺激资产阶级努力地提高生育率，使其能够在社会人口统计方面拥有优势，以同据称生育率较高的下层阶级抗衡。[31]

长期以来人们一直认为，中产阶级实际上是福利制度的最直接受益者之一，这一结果被恰当地称为马太效应（Matthew Effect），因为"凡有的，必赐给他，他必富足"[32]。如果群体像争夺其他商品一样争夺社会福利，那么市场的赢家在二次分配中重复取得成功也许不足为奇。[33] 作为对承认资产阶级在其中利害关系的回应，福利政策的社会基础尚未被重新认识。[34] 向上的再分配在很大程度上被认为是一种偶然事件，是与福利立法的预期目标背道而驰的悖论，这种意外的效果，充其量有助于解释为什么中产阶级并非总是无条件地抵制社会政策的倡议。[35] 无论是相信波拿巴主义阴谋的人，还是那些认为福利制度不过是从根本上改善不公正状况的一种姿态的批评者，都可能发现在团结的表象背后隐藏着更多的剥削。许多社会政策的资产阶级取向只是偶尔地被视为福利制度的一个固有方面，并且一般只是零星地表述为这种洞察：相比那些仅仅照顾穷人和受压迫者的福利措施，那些同时也为中产阶级提供好处的措施在政治上更有推动力。

在承认中产阶级在福利制度中的利益和重新认识社会政策的社会基础之间存在着一种非常盎格鲁-撒克逊式的假设：中产阶级反对国家干

预，宁愿独立地组织他们所需要的任何安全保障。这种对资产阶级的自由主义假设忽略了两个因素。首先，资产阶级是一个复杂的实体，在这个意义上它涵盖了多种风险类别，这些类别对于再分配的期望和目标是不同的，而且经常是相互矛盾的，有些人憎恶团结式改革，另一些人则认识到自己在其中的优势。根据制定福利措施的方法不同，资产阶级内的不同精算派系进行争斗，有的派系希望把负担转移给其他派系，相互争斗的许多人实际上属于同一阶级。其次，认为中产阶级厌恶法定干预的假设通常是不可靠的，在福利制度最发达的国家更是如此。虽然远非所有实施的社会政策都是将资产阶级考虑在内的，但幸运群体很快就认识到了他们在恰当福利措施中的利益。在斯堪的纳维亚，中产阶级很少为了自身利益而回避国家干预。他们从一开始就成功地游说制定于自己有利的福利政策。在英国，资产阶级克服自由主义顾虑是一个痛苦而漫长的过程，它给盎格鲁-撒克逊文学增添了色彩，而这一顾虑在北欧几乎没有对应物。德国的情况也是如此。法国亦不例外，国家在这些方面的积极作用比人们通常所承认的更易于被接受。[36] 即使在英国，黑格尔的理想主义及其对国家的积极看法的注入，最终也使老式的自由主义思想变得活泛起来。[37]

　　福利制度的成功同资产阶级对其风险再分配能力产生的兴趣是齐头并进的。在"二战"刚结束后的几年中，围绕法定福利政策形成的备受赞誉的共识是社会团结意识增强的结果。人们认识到，风险和阶级只是部分地相互关联，所有人都有可能从再分配中受益，即使是资产阶级也能从精心设计的福利制度中获得很多好处。如果将所有形式的公共资源转移（public transfers），如农业补贴、教育支出等，都考虑在内，中产阶级在法定福利中所得的利益将非常明显。下面的章节将试图证明，资产阶级同样关注狭小的社会保险领域，中产阶级中的一些人像工人们一样，不遗余力地在社会政策中营造他们的切身利益，而且在许多情况下，不是无产阶级的夙愿，而是资产阶级追求的目标，为社会政策定下了基调。

只有当团结式福利政策被视为一项权利而不是慈善或利他主义时，它们才成为公认的、合法的和无争议的政策。[38] 这是马歇尔权利三位一体和社会公民身份概念的要点。这也一直是人们所宣称的斯堪的纳维亚福利措施优越性的基础，那里的保障措施不是出于对穷人和边缘人的特殊考虑而勉强采取的，而是作为社会结构的经线编织而成。广泛和全面的福利制度最好地体现了制度化的团结。根据社会保险的风险和财富的计算，无论运气、命运、遗传基因或地位如何，所有人都获得同等的待遇。不确定性的影响在一个全民共有的资源池中被均匀地稀释了，使最需要帮助的人免于最重的负担，让幸运者参与分担其他人的痛苦。社会公民身份赋予了所有人享受福利的权利，而在不同的价值体系中，必须以其他方式来证明其公正性，或以降低尊严为条件，将受惠者标记为非正式社会成员。

今天的正义，在昨天是慈善。从慈善到正义的转变是如何完成的？福利国家按需分配的原则是如何成为应得权益的？团结式改革源于社会演变和福利制度运作的相互作用。仅从贫困者争取让步的能力来解释团结，忽略了等式的另一半——自力更生者的默许，这是福利制度在背后达成共识所必需的。反过来，将自力更生者接受团结式改革归因于不寻常的或许是独特的事件，如蒂特穆斯所论述的，则忽略了资产阶级利益的更广泛原因。资产阶级的地位受到一次性威胁尚不足以激起他们参与再分配的欲望。在社会事实中，将团结转化成一种权利意味着允许中产阶级视其为自身的权利。将风险再分配的社会权利局限于穷人（无论是通过资产测查还是以伤人自尊的方式）是一种矛盾。仅仅关注贫困者和弱势群体的措施很少超越收容救助机构的慈善之举，很容易受经济波动和政治时机的影响。资产阶级的利益越是牢固地植根于社会政策，对该政策的政治支持就越有力、越一致。能够做到像关照工人阶级一样成功地投合中产阶级的口味，这是斯堪的纳维亚福利制度成功的秘诀。在英国，贝弗里奇倡导的新普惠主义、平等主义的社会政策方针依赖于诉诸自力更生阶层，而他们曾经是被排除在法定福利之外的。在法国和德国，团结式改革在"二战"后失败是因为再分配威胁到了富裕阶层；最终在70年代取得成功是因为随后的再分配发展使许多中产阶级意识到了它的有用之处——可将他们的经济负担向其他地方转移。

社会保险是直接根据风险进行再分配，按阶级分配只是隐晦和间接的。需要帮助者寻求团结，自力更生者希望避免额外的负担。需要帮助者，正如社会政策表述的风险所定义的，几乎涉及每一个阶层。每个人都有可能认识到通过社会保险分摊负担的利益。围绕福利制度的斗争并不总是使穷人与富人对立，工人与中产阶级对立。更广泛的组合已经成为可能。劳工主义对福利制度的社会解读过于狭隘。虽然工人阶级通常最关心社会政策，但他们远不是唯一有团结目标的群体。现在，应当阐明劳工主义方法中隐含的但尚未发挥的逻辑，并将对社会政策的社会解读建立在这样一个基础上，使之能够解释各国实践的广泛多样性，从而得出更合理的结论。

在高度分层的社会中，贫富悬殊情况严重，任何必要的再分配都发生在富人和穷人之间。传统的贫困救济（poor relief）和公共援助（public assistance）之类的社会政策，是最明显地向社会下层进行再分配。纳税的富人放弃自己的一小部分资源，以缓解某种更大的危机，包括难以忍受的悲惨世界画面，以及对可能发生社会动荡的恐惧。对"贫困"的定义加以规范，以使济贫措施能够满足社会的需要，直至这种需要增加到无法满足的程度，以及直至税收和政治基础进一步扩大，将一些因经济拮据而无法自愿作出必要牺牲的群体——中产阶级——也包括了进去。由于社会中间阶层的扩大，贫富悬殊变得缓和了，再分配的性质不得不随之改变。为减轻最严重风险和解决最迫切需要而采取的纵向式再分配（vertical reallotment）的剩余式措施（residual measures），可以而且的确像从前一样延续了下来。然而，在一定程度上，社会政策将变得更广泛、更包容、更慷慨，它不再是居高临下地分配资源，而是越来越多地在一个庞大的中间群体内进行再分配。这些新选民的权力越来越大，他们的利益开始决定再分配的流向。有一段时间，在自由主义思想和限制性公共援助的鼎盛期，限制团结并期望所有不愿屈尊接受公共救济的人进行自力更生，似乎是解决资产阶级所关注问题的最佳方式。但这仅是一种可能的结果，在某些国家和短期内的某些人作出了这种决定，他们丝毫不担心自力更生会是一种错误的选择。[39] 相反，在人们认为法定干预是正常可取的国家，欧洲福利制度很快就将中产阶级对自身利益的关注作为其主要任务之一。民主的扩大并没有导致纵向式再分配的增加，而是通过国家将来自中产阶级的资源还回该阶级的手中，这是一个悖论，但只是从最肤浅的层面上看似乎如此。

## 哲学问题

社会的团结互助是按需定义的正义。不论出身、绩效或财富如何，需要帮助的公民都有权要求得到社区的援助。[40] 一旦所有人都被视为是有可能需要帮助的，依赖帮助就不再是对某一特定群体的诅咒，也不再是一种耻辱；援助从一种馈赠变成了一种权利。从哲学的角度来看，从"需要"到"权利"的转变是困难的，许多人认为这是不可能的。保守派拒绝依据"需要"来确立公正，而倾向于依据绩效和能力，或者对于那些（仍存在于我们当中的）从旧制度过来的居民来说，应当依据地位和身份来确定。[41] 有些形式的福利政策有意抵制超越基于能力的界限而使按需合法化。严格的缴费型和精算规范（actuarially orthodox）的社会保险以其依据合同赋予的应得权益而自豪，同模糊的仅依据公民身份的索赔相比，它是真实可靠的。[42] 经济学家试图采用经济上合理的术语来解释社会政策，将之视为对效率和生产力的投资而不是单方面的转移，因而不需要通过新的正义标准来表明其正当性。

但是，在从"需要"转变到"权利"这一点上，连自由主义者和左翼也碰到了难题。事实上，马克思坚持的是按能力分配的公正定义[43]，尽管"各尽所能，按需分配"这条格言经常被误认为出自他。不是工人阶级的需求，而是工人阶级的生产角色的重要性使他们的要求得到了满足。基于这样的理由，劳工运动最初拒绝了社会政策，认为这是雇主为了节省开支，试图通过按需而不是按能力来分配资源。劳工运动要求的是应得生活工资（living wage），而不是社会福利。自由主义者最成功的尝试，如约翰·罗尔斯（John Rawls）的理论，试图证明一个社会是为了帮助最贫困者而组织起来的，但也并未声称这种需求本身便赋予了不幸者求助的权利，相反，它只是构成了建立团结式福利制度的程序性论据。[44] 达成再分配协议的方式——社会契约行为中的共同决定——确立了实际需要帮助者拥有的特殊考虑权。

假如说在哲学上不易解释从"需要"到"权利"的过渡——因为需要而使索要获得认可，那么，一种社会解读至少可以把它放在某种背景之下来分析。似乎合理的解释是，从根本上说，正义的各种概念（按地位、能力或需要来分配）是无法简化的，不能仅用哲学逻辑将它们从一个转变为另一个，它们是跟不同的社会环境相对应的。[45] 在一个按传统等级制度分层的社会中，依照恩荫地位进行分配顺理成章，但在一个以独立自治的公民自由活动为基础的社会中，就不大讲得通了。公民们凭借才智、活动和能力来获得报酬是公认合理的做法。[46] 下面的这种过渡就更难解释了：从以"能力"来定义社会公正的社会，转变为"需要"也被视为重要标准的社会。此乃本书关注的课题。如果这些不同概念在理论上是不相容的，而且是由社会决定的，那么分析必须着眼于社会的变化，据此来解释"按需"实现正义的可能性。

团结是相互依赖的产物，尽管不仅仅是相互依赖的产物。[47] 市场、工厂主和雇工之间的依赖关系可能远非团结一致。在某些人看来，相互依赖是促进互助的源泉；另一些人则认为，它是敌对和失范的根源。[48] 倘若没有某种集体认同感、社区意识或"同一性"（sameness），那么，即使是同处困境也不大可能激发互助。[49] 然而，似乎很难想象，一种关注他人需求的意愿能够不仅超越慈善或利他主义的脆弱片面性，而且不是某种基于利益的双边互利的结果。如果单靠市场的相互依赖性不足以呼吁团结，那么风险互助至少会增加这种可能性。只有当那些自视为自力更生的人在不同情况下改变主意，只有当足够多的人认为自己有可能面临危险，他们才能接受按需分配，团结才有可能。约翰·罗尔斯的思想实验揭示了可能产生这种团结式依赖关系的条件。理性参与者戴着"无知的面纱"，不明了自己在生活中的地位，并为恐遭不幸的心理所驱使，创造出了一个将援助贫困者制度化的社会。*认识到每个人都可能处于弱势地位（假设风险承受能力不足），导致寻求团结的解决方案。在无知的面纱笼罩下，自我和他人之间的区别被否定了，利己主义和利他主义合二为一。[50]

约翰·罗尔斯从理论上完善了其他人声称的在对世界的分析中发现的教训：共同的脆弱性促进团结。面对普遍分担的风险，最简单的做法是激发人们的社区意识："微生物式的团结"[51]——我们都是可能患病的生物，因而要相濡以沫、同舟共济。克鲁泡特金（Peter Kropotkin）被认为提出了按需分配正义论（justice as need），他强调想象的作用，它使人们能够对痛苦产生同情，换位思考，感同身受。在无知的面纱被揭开之后，这种想象可以重新创造出类似罗尔斯揭示的条件，从而促进团结。[52] 战争和其他灾难破坏了（即使是自力更生者）群体内共享的确定性，促使人们更加重视合作努力，以应对动荡和风险。[53] 在19世纪末，现代经济的相互依赖是社会理论家日益关注的一个命题。埃米尔·涂尔干（David Émile Durkheim）探讨了随着社会变得更加复杂和分化，团结互助在劳动分工中的增长。[54] 其他人则追溯了市场逻辑的兴起与相互依存的集体性（一种集体化进程）之间的联系。[55] 在法国，资产阶级激进党（Radical Party）政客和社会批评家拒绝自由放任意识形态的原子化，将由工人发起的团结转为自己的目标，并提出了一个改革主义立法论点，以促进阶级和解。[56] 莱昂·布尔乔瓦（Léon Bourgeois）制定了一个高卢版的自由理想主义公民理论，为海峡对岸的托马斯·希尔·格林

---

\* 根据约翰·罗尔斯著名的正义论，假如一个人不清楚自己在社会上的地位（仿佛蒙着一层无知的面纱），他就会投票给对最不幸者来说最公平的制度，因为受惠者或许就是他自己。

（T. H. Green）、阿尔弗雷德·马歇尔（Alfred Marshall）和泰恩（R. H. Tawney）等人所接受，成为后来贝弗里奇改革的实质内容。在自然和阶级差异的等级制度背后，布尔乔瓦发现了一个具有社会权利、道德平等和全体公民认同感的世界，它是由现代社会的互联性创造的。[57]"教授社会主义"（The Socialists of the Chair）*表达了德国的一种方式，希望将工人阶级作为公民融入社会，享有平等权利。但在左翼看来，真正重要的权利并没有被包括在内。

那些需要他人援助的人显然是有理由要求援助的。但这种愿望本身并不能将他们的要求转变成权利。求助是如何转化为权利的呢？在罗尔斯所说的"无知面纱"遮盖下，形式上平等的公民做出了无私的选择，使得他们不管自己将来的福运再好，都要支持团结行动；克鲁泡特金提倡的同情心迫使所有人换位思考、推己及人；现代生产的经济相互依赖性使每个人都同等地值得获得回报，支持以需要作为公正的基础，削弱对绩效的考量。这些都是使得再分配从一种需要转化为一种权利的因素。转移只在特定时刻是单方面的，它们总是具有潜在的多边性。[58]由于从理论上说所有人都会从团结中获益，不团结就会受损，人人都同意这一点，因而将本来的一种让利变成了一种权利。相互依赖之于团结，正如依赖之于慈善。审慎节俭是一个人从长期生活中认识到个体延续性的结果；利他主义是认识到自己是许多相似生命中一员的结果；而合作与团结则是持续相互依赖的结果。[59]

---

* 这个词出现于1872年，最初带有讽意，指德国的一个政治经济学学派，也称为"Professorial socialism"。该学派主张通过补救性国家立法来改善工人阶级的状况，包括工厂法案、储蓄银行、疾病和老年保险、缩短劳动时间、卫生设施等方面。其目的和方法与俾斯麦的国家社会主义基本相同。

若要在社会政策中体现团结，所有人都必须潜在地受到影响，既作为接受者，也作为给予者。鉴于团结式福利在原则上是惠及全民的，它不能成为某一特定群体的专利，除了从理论上说它有一种附带发生的偶然性（当然这在历史上是至关重要的），即在任何特定情况下有些人比其他人获益更多。它的基本前提是其隐含的普惠性，即任何人都不能确保一辈子自力更生并且万事不求人。团结符合每个人的最终利益。

罗尔斯的思想实验表明，团结同所有人的利害相关，因为人们谨小慎微，唯恐万一落入穷困无助的境地。在这个世界上，每个人对自身相对优势的认识显然过于精确。一旦揭掉了无知的面纱，团结可能仍然是一种潜在的共同努力，但对于那些认识到自己可能受损的人来说，则不是这样。[60] 因而，我们还需要寻找其他因素来解释团结的产生。在没有暴力威胁的情况下，富人为何愿意给予穷人超过最低收入保障的援助？尽管从理论上说所有的普通人与生俱来都可能遭遇风险，应该倾向于团结一致，但在任何特定的历史时刻，只有部分人事实上会对未来感到足够的恐惧，从而争取再分配的利益；另一部分人则满足于现有的安全境况，抵制再分配。因此，只有当再分配赢家联盟的政治力量足够强大，才有可能经过斡旋达成协议，使风险再分配超出最低效用水平，将负担转移给输家。据罗尔斯最初的观点，自身利益足以成为富人愿意援助穷人的动机。这在历史上的某些情况下实现了，使得团结式社会政策改革成为可能，这将在下面的章节中详述。这些改革，并非总是由代表所有穷人的强大劳工运动发起的。在许多情况下，只有当一些权力足够强大的群体，他们在其他方面属于幸运者，也认为自身利益因此能得到最佳保障时，团结——一个更具包容性的风险社区，更广泛和更公平地分摊社会成本——才能实现。穷人仅靠自己很少能够赢得显著的优势。只有当风险、再分配利益和政治影响力同时存在，团结才有可能。

## 溯源难以捉摸的福利制度

关于福利制度的起源、兴起和发展的解释比比皆是。众多理论竞相阐释其存在的根本原因，分析其多样性变化的比较研究有数十种之多，大量的叙事详细说明个体案例如何证实或反驳了普遍的假设。工业化、自由贸易、资本主义、现代化、社会主义、工人阶级、公务员、法团主义、改革者、天主教、战争，这些可变因素几乎都被用于解释福利制度发展的某些方面。现将各种主要观点概括列举如下：它一直是精英阶层的有意设计，以控制原本会造反的无产阶级；它是在向社会主义和平过渡过程中工人阶级战胜资产阶级的胜利；它是工业社会的必要产物，无论其政治如何；它是工业社会回归前工业时代的（甚或是史前的）互惠民风和道德规范；它是中立管理者寻求解决技术性社会问题的发明；它是阶级斗争的结果；它是社会和谐与共识的产物。[61] 各种解释繁多，不一而足。即使经验丰富的观察者也偶尔会在这个充满范式、模型、解释和分析的学术宝库中感到迷失。这是可以谅解的。[62] 可庆幸的是，这些不同的解释并不仅是彼此的替代品，在令人困惑的阵列中也包含着类似的观点。它们并非都以同样的方式考察同一个问题，而且，通过从论证的类型和争论层次进行分析，我们有可能对这个问题有一定的理解。经过从一般到具体、从根本原因到直接原因的梳理过程，我们可以弄清楚哪些理论是属于一类的，它们研究的是什么问题。[63]

一个极端是，某些研究试图确定福利制度起源和发展的最基本前提：起码的工业化水平，以及与之相当的民众政治动员率。[64] 这类方法或许可以解释为什么法定社会政策能够出台，但对其各种变化缺乏说服力。一定程度的富裕、工业化和现代化是社会政策成为可能的必要条件，在某些国家和特定时期尤其必要。除了这些结论，这类宏观层面的分析没有触及最有意味的问题。还有哪些其他因素导致不同国家制定出明显不同的法定福利政策呢？诸如对国家干预的态度、国外先前改革带来的连锁反应、主要竞争行为体各自的权力，等等。典型的例子有：工业化的专制德国、土地君主制（agrarian monarchical）的斯堪的纳维亚半岛、城市化的民主英国和乡村共和国法兰西。[65]

有些研究具体性略强，认为社会政策是对现代社会所提问题的一种功能性回应。否则，类似的"功能主义解读"（functionalist interpretion）*可能包含完全不一样的意识形态。非马克思主义者将福利政策视为对工业化所引发困境的一种政治中立的反应。[66] 反过来，马克思主义功能主义者主要对当代资本主义经济的多样性进行类似的分析。[67] 尽管存在种种差异，功能主义解读均对福利制度是现代工业社会的普遍现象给予关注。从这个角度看，决定社会支出的主要因素既有政治因素，也有经济和人口的因素。这些方法更加容易解释福利制度的必要性，而不是多样性。然而，正是因为需要对其多样性作出解释，才不鼓励人们悠闲地逗留在任何纯粹的功能主义。

只有在不那么普遍化的范畴，对福利制度的研究才可能令人满意。比较历史学家的任务是挖掘出福利制度的某种层次的起因，它既不是那么基本乃至于其要素普遍共享但差异未得到解释，也不是过于相近乃至于其适用性受到限制。其目标是找到一个中间范围——在其中各种福利

---

\* 每个国家都有某种功能主义的福利政策，诸如必须为其公民提供学校教育、一些医疗保健和一些老年护理服务。这些都是影响所有国家的功能性必需品。

制度的并置是可能的，也能解释它们的变化和相似。正是在一个中间层次上，研究者们提出了最卓有成效的比较问题。几种不同的解读方法在这个竞技场上相互竞争。

## 波拿巴主义解读

波拿巴主义解读从政治功能的角度分析社会政策，认为它是社会精英维持现有秩序的一种手段，为了规避重大变革的威胁，对变得日益重要但在很大程度上仍被剥夺权利的阶级给予适当的让步。[68] 从马克思主义的观点来看，这种论点最具说服力，它试图揭示，社会政策，即便是慷慨的，如何将最终抵消工人阶级在重大变革中的长远利益。从这个意义上说，社会福利供给的直接接受者并不是唯一的受益者。占统治地位的阶级在福利改革中也有积极的利益，尽管不是直接的利益。这种分析将福利制度视为波拿巴主义的一种操纵方式，最早也最成功地应用于俾斯麦时期的德国。它阐明，精英阶层的预期反应间接地反映了他们对工人权力日益增长的恐惧。[69] 在这里，由于家长式管理传统没有向自由主义意识形态让步，德国人对法定干预的适当性较少感到焦虑。社会保险成为国家长期扮演的传统角色的一种现代延伸。[70] 波拿巴主义方法的各种变化形式和详尽细节分析了商业和工业在福利政策中发展的直接利益，并且非常极端地将其视为一种社会控制形式。[71]

波拿巴主义解读存在的主要问题是，假如社会政策的制定是过于顺理成章的，那么将无法解释，既然有如此巧妙的算计，社会政策为什么还会引起争议。要么是有时它代表了对贫困者的真正让步，要么是善于操纵的精英们未意识到自己的最大利益。第二种可能性往往会削弱某种解释的合理性，这种解释在很大程度上归因于统治阶级的马基雅维利式阴谋。当需要解释社会政策的发展为何超出了维持现有秩序所需的最低收入保障时，波拿巴主义的解释也会动摇；事实上，要做到完全一致，它必须否认法定干预不仅仅是让被压迫者接受其被剥夺权利的地位。即使是马克思主义国家理论的最新发展，将主导利益与部分自主权区分开来，也倾向于用封闭的逻辑来封闭自己，无法仅凭经验证据解释这一点：事实上，国家所做的一切都是为资本主义和资产阶级的最终利益服务，无论是无意识的还是过于明显的。[72] 因而，对福利制度最有效的马克思主义分析不再强调其赤裸裸的波拿巴主义及其据认为对资本主义的直接作用，取而代之的是说明现代国家作为依赖私人资源的公共行为者固有的矛盾地位，以及社会政策在缓和社会矛盾方面扮演的角色。[73] 从这个角度来看，福利制度是一个矛盾的现象，部分地具功能性并且合法化，但也是穷人的福音。

## 社会解读

从政治上来看，对福利制度的劳工主义/社会解读仅比波拿巴主义解读稍微右一些，然而两者是不可调和的。后者将社会政策视为对工人阶级的操纵，前者则将之视为工人阶级利益的重大胜利。早在19世纪末期，随着俾斯麦对这类改革失去了兴趣，而德国社会主义者克服了最初对社会保险的怀疑，工人和福利之间的积极联系在两次世界大战之间得到了巩固。[74] 20世纪20年代和30年代初期，随着欧洲社会主义力量的壮大，斯堪的纳维亚半岛和英国取得了重大的福利立法突破。德国魏玛共和国（Weimar Republic）以及法国的人民阵线（Popular Front）也取得了类似进展，但不够持久。根据这一时期的实证，对成熟福利制度社会基础的经典解释开始出现，详细分析强大而有组织的工人阶级与慷慨的社会政策之间的关系。这种劳工主义解读亦即社会解读认为，在很大程度上，团结式福利政策是受益最大的群体争取来的。[75] 自下而上推动的再分配措施体现了富裕阶层对不幸群体作出的真正让步。

社会解读，以其最抽象的表述方式，揭示了民主政府与福利制度之间的关联。[76] 然而，由于同样民主制度下的福利制度有着显著的区别，其他因素显然也发挥了必要的作用。而且，这一层面的论点错误地假设这种再分配必然是从高到低进行的，政治权力向下转移必然导致类似的资源转移。[77] 识别出不幸群体——因为它是对负担再分配最感兴趣的——事实上很少能够解释实际上存在的福利制度，除非能够证明边缘群体的愿望如何转化成了政策。工人阶级正是在证明这一点上发挥了作用。工人是最需要帮助的群体之一，可从再分配中获益，因而很可能赞成慷慨的社会政策。[78] 当工人运动和左翼能够捍卫所有弱势群体的利益、反对不愿参加再分配的资产阶级时，福利制度的繁荣发展最为稳固。

社会解读背后的明显逻辑得到了大量实证研究的支持，辨识出劳工运动和福利制度扩展之间的关系。[79] 这类研究存在"巧合因果"（post hoc, propter hoc）的倾向，建立起了福利活动的各种指征与工人阶级和社会主义力量的举措之间的相关性。在最广泛的层面上，它们记录了非军事性公共开支水平与左翼势力影响之间的关联；[80] 通过更深入的考察，它们认识到，支出和再分配并不一定有联系，并且证明，为争取法定福利，强大的左翼推动了特别团结一致的努力。[81] 在这种分析中，在社会主义者的压力下形成的福利制度不仅随着支出水平提高而规模更大，而且在质量上也不同于那些出于较为保守动机而推动的福利制度。[82] 尤其是斯堪的纳维亚社会民主福利制度的发展程度，被视为可能是同俾斯麦版本距离最远的极点。俾斯麦的意图是维护现有秩序、管束工人阶级和限制再分配；欧洲社会主义者的社会政策则是普惠主义和平等主义的，注重团结和在全体公民中公平地分配负担。[83] 正是由于这些原因，斯堪的纳维亚被视为福利制度理想类型的所在，其发展使社会解读变得清晰。北欧模式通常被视为福利制度演进的最高阶段及其制度化的体现。[84]

并非所有人都同意斯堪的纳维亚模式必定是社会政策演变的巅峰，或是其他福利制度变体的必然发展前景[85]；并非所有最先进或最稳定的福利制度都能用左翼力量的作用来解释。在很多国家，激进政党和更普遍的法团主义倾向也发挥了类似的重要作用。[86] 然而，尽管围绕社会解读的共识（在战后数十年内盛行）现已部分地分裂了，但它仍然是最具影响力的一种分析福利制度发展的方法。北欧的研究者们坚持继承斯堪的纳维亚模式，这种坚定态度在一定程度上可以理解，因为它增加了外界对这些原本默默无闻的小国的兴趣。[87] 关于其他国家福利政策的演变，事实证明，一旦人们超越了寻找衡量不同国家差异的规范标准，社会解读就不那么有用了。当无法用贝弗里奇的或斯堪的纳维亚的经验来解释他们感兴趣的福利制度时，学者们便开始寻找其他的解释方法，但迄今为止，远未达到社会解读在其鼎盛期的综合能力和影响力。

## 国家的参与

社会解读从一个最基本的层面上提出福利制度问题：谁是受益者？它认识到有些人会有得，有些人会有失。它将先前再分配赢家的抽象风险类别等同于工人阶级，并认为工人阶级有能力与所有弱势群体一道争取利益，以此解释团结互助措施的增加和扩大。然而，在不清楚穷人的要求（假如有的话）是如何通过社会政策而实现的情况下，这种解释有多大的说服力呢？对于谁是受益者的答案，除了社会民主以外还有什么？获得什么利益，由谁获得，为什么？是表面上获利但通常不被认为有能力为自己争取干预措施的穷人吗？是寻求改善不幸者境况的中产阶级改革者吗？是希望以让步化解更大挑战的专制作风领袖，还是急于通过扩大自身影响力来证实帕金森定律（Parkinson's Law）的公务员和官僚们？[88] 或者是资产阶级——他们发现从福利制度中可获得比投入更多的利益吗？采用最简单的劳工主义进行社会解读或回答"谁受益"，很难解释非斯堪的纳维亚国家的社会政策，除非是消极方面的解释——缺乏强大的劳工运动只能允许有限的干预措施。这种情况鼓励人们尝试用一些新方法来解释福利制度，它们不完全依赖从阶级利益到最终立法的政治渗透过程。[89]

其中最成功的方法是将注意力集中于行政管理因素。社会解读将福利政策描述为，在很大程度上是直接和透明地反映了自下而上向国家施加压力的结果，国家及其官僚机构作为传递媒介，按照相关利益所表达的欲望来制定和执行政策。然而，这种解读的平衡开始发生变化。国家作为一个独立的参与者，不仅是最强大阵营的掌权者，而且已经重新夺回了黑格尔学派（Hegelian）或奥托·欣茨（Otto Hintze）所说的自治权*，这是它自身的角色。[90]社会政策的演变被解析为国家能力的一种结果，国家能够感知并解决社会问题，制定应对措施，不仅是简单地反映某个特定群体的要求。社会解读假设利益和实施福利之间有直接的联系。国

---

\* 哲学家黑格尔和19世纪的历史学家奥托·欣茨均认为，国家本身就是一种力量，意即它不受来自社会中阶级利益的压力影响。

家集权解读（statist approach）*正确地认识到，两个不同的问题因此被混为一谈了：一项特定的政策对谁有利？它由谁制定以及为何制定？这两者显然不尽相同，尤其是影响到边缘群体的福利措施。

行政管理解读（administrative approach）是福利制度理论家的另一种分析工具，它强调了政府官僚机构在发现问题、制订及实施解决方案方面的作用。[91] 国家及其政策机构作为客观公正的公共问题解决者进行干预。在这些解释中，公民社会的轮廓和裂痕并未不可避免地反映在随之产生的立法中。[92] 随着社会发展和社会问题及其解决办法变得日益复杂，政治家和利益集团的作用逐渐减弱，官僚和专家的重要性增大了。[93] 仅从社会和政治变化的视角往往很难解释各种福利制度之间的差异。在某些情况下，最好是通过行政结构的对比来解释两个在其他方面相似的国家所采取的不同做法。[94] 在另一些情况下，一个国家的两极分化程度可能相对较低，允许官僚机构制订不深受政治斗争影响的解决方案。[95] 中央和地方政府的关系也留下了印记。[96]

行政管理解读解决了主要侧重于社会和政治变量分析的一个特殊弱点。这类分析虽然辨识出显然准备从改革中获益的群体，假设利益和结果之间存在因果关系，但行政管理解读意识到，决策者和改革者只是暂时认同特定的政治潮流，他们的动机常常不一定符合相互冲突的利益群体目标。然而，对于以国家为中心的解释，必须要问的是，它们有没有为了去确定一个较小和较不重要的问题而放弃一个尚不明确的更大问题。国家可能不仅是利益转移的中介，但它的独立程度如何？它自行决定的问题重要性有多大？以下各章试图提供令人信服的各种案例，以证明福

---

\* "statist"指国家对社会和经济事务有实质性集中控制，亦称"中央集权"。

利政策方面的关键决定可能是由行政人员作出的，不同的国家结构可能对解决方法起到了推动或阻碍的作用，但归根结底，在很大程度上还是更大的社会力量决定了所通过立法的性质。

## 普惠主义和团结互助

国家集权解读和社会解读之间不是必然相互排斥的，只要让它们发挥优长，解答各自最为胜任的种类和范围的问题。社会解读的最薄弱之处是，假定利益和立法结果之间是一个简单的等式，忽略了制定过程和实施的复杂性。然而在其鼎盛期，它们具有一种解释力，避免了对国家因素的狭隘关注。在福利制度的发展过程中，最重要的决策是由相关的社会参与者的利益决定的。忽略这些只会陷入不完整理解的危险。

从理论上讲，社会保险非常清晰地提出了再分配的含义：任何风险类别在拟议的变革中将有多少得失？问题在于，这种明确性是否也体现在政治层面。为什么无足轻重的利益群体政治在福利制度上留下的痕迹据称越来越少？答案常常是社会政策立法及其后果的日益复杂性和不透明性。尽管如此，以下章节中详述的相关利益方的行为表明，通过社会政策改革进行再分配所承诺的利益，或是威胁到的利益（每一轮新立法都经过反复计算，达到极其精确的程度），一直是界定和推动在这类问题上采取政治行动的最重要考虑之一。在围绕着福利改革的争论中，人们绞尽脑汁地权衡再分配的可能结果——谁付给谁什么。关于社会保险立法的主要辩论一直是在由条款定义的赢家和输家之间进行。当团结成为辩论焦点时，总能听见相关参与者的声音，感觉到他们施加的影响。管理者和改革者并不是凭据自己的权威作出如此重大的决定。其他类型的问题是否也以相似方式根据如此精细算计的自我利益来决定，则是另一个问题。有了社会保险，就可以准确地预测利益得失，并且根据计算预测可能出现的纠纷。在很大程度上，社会保险中的利益群体充当了非常理性的效用最大化者，他们的目标出人意料地几乎不受其他因素（意识形态、传统）的影响，这不是假设，而是以下调查的发现。

在风险类别之间进行成本再分配，比在不同阶级之间分配更直截了当，社会保险本身已经定义了自身发展的参与者，即再分配的赢家和输家，他们为获得有利的分配而竞争。由于相关参与者主要是这些风险类别，其次才是由其他术语定义的社会阶层和群体，因而社会保险的社会解释不常遭遇其他事件的类似分析所遇到的问题，据最近的调查，那些被认为是因果关系的参与者（标准是其生活明显与所讨论的现象无关），作为相关利益始终如一的承担者，往往最终会解散。[97]阶级可能不仅限于由它同生产资料的关系来定义；因此，经济发展可能不会直接决定阶级的政治行为。与此相反，如果没有社会保险所创立的、基于精算标准重新分配社会负担的零和竞争，各种风险类别几乎不会存在。这些类别是由它们要解释的东西来定义和激励的，如同比赛团队和比赛规则的关系。以保险条款来界定的因果关系是直接的，因此，对社会政策进行社会解读是有可能的，它可以追溯相关参与者一贯追求的利益。

学术讨论对不稳定运动存在着一种不幸的嗜好。在一个解释范围内左右摇摆，用一分为二的辩证法来推动知识进步，一种仿佛玩双脚跳房子游戏的并列解释，在很大程度上，是由每一代学者为否定前辈而建立自信的需要导致的。在这种情况下，有充分的理由避开通常的跷跷板行为和剧烈反弹，避免接受主要以国家为中心的福利制度解读，而忽略对背后社会力量的关注。固然，行政管理方面的因素也发挥了一定的作用，忽视它们显然是目光短浅的。但归根到底，当行政人员作出重要决定时，他们只是出于对最强大的社会利益的考量。只有当不存在强大再分配压力的情况下，官僚机构和改革者才可能自行采取行动。在人们漠不关心的社会裂缝中，行政管理机构的作用是最重要的。我们需要的是完善对社会政策的社会解读，而不是放弃它，应当将行政因素纳入其中，同时超越它，探究更广泛、更有说服力的原因。"谁受益"的解释已被粗略地表述了，而社会解读超出其适当的范围，将一组主要是斯堪的纳维亚的特殊情况类推到更大的范围，显然是错误的。假如从社会基础的角度来解释福利政策是值得尝试的，那么，必须发展出一种在时间上和地理上具有更广泛适用性的社会利益逻辑。对福利制度的社会基础探索远未结束。

接下来的章节试图提供一种解释，它将避免在任何一成不变的意义上将社会政策和社会阶级捆绑在一起。内容包括：专注于福利立法背后的社会力量，试图利用其无可匹敌的解释范围和威力，对几个国家在很长一段时间内的发展案例进行考察。分析推动平等主义福利政策的风险再分配的社会基础，并追踪五个国家（法国、德国、英国、丹麦、瑞典）在20世纪的风云变幻。其中最关心的主要问题是：实行再分配社会保险的必要条件是什么？团结是怎么可能实现的？本书不宣称涉及了福利制度的所有方面，其范围相当广泛，而是研究每个国家在福利制度发展过程中作出的某些关键决定所涉及的社会利益，从而试图探讨下列问题：福利政策是否应为团结式的，拥抱社会公民身份的一种愿景并寻求确保人人平等的共同核心，而不管世俗社会的等级秩序？或者，它是一种比较有限的形式，在社会同伴之间以一种制约方式对特定的风险进行再分配，这种安排即使从温和的马歇尔主义角度来看也不会对现存秩序提出质疑？这些选择是如何以及在什么基础上作出的？

对于多种形式的社会政策，这类问题仅是间接提出的。福利制度的许多方面都是客户主义的（clientelistic），因为其支持者基本上是由定义决定的。所以，他们提出的问题限于计算一个特定群体能够从整个社会获得多大程度的慷慨待遇，很少超出这一范围。直到最近，失业保险主要是工薪阶层关注的，针对工伤事故的措施是工业无产阶级最迫切关心的，这毫不奇怪。[98] 实施或抵制这类倡议的政治运作同围绕着针对不同社会群体的其他同样偏袒性措施的斗争相比，几乎没有什么区别，例如关税，或补贴、价格支持、防止丧失抵押品赎回权等，以及其他慷慨的措施，诸如将大量的公共资源引向农民阶级。有关这类问题的争端完全不是针对社会政策的，在两次世界大战期间的几十年内引起了断断续续的动荡。工人们得到了失业保险，相当于容克地主阶级（Junkers）得到的"东方援助"（Osthilfe）*；工会帮助推翻了赫尔曼·米勒（Hermann Müller）政府，奥斯卡·冯·兴登堡（Oskar von Hindenburg）的密党对海因里希·布鲁宁（Heinrich Brüning）和后来的冯·施莱谢尔（von Schleicher）采取了同样的手段。**工薪阶层根据《马蒂尼翁协议》（*Matignon Agreements*），获得了每周40小时工作制和带薪休假的权利。人民阵线（Popular Front）政府建立了"小麦办公室"（Wheat Office），使农场主和农民得以恢复产品的价格。作为1932—1933年斯堪的纳维亚一系列危机协议的一部分，工人们通过谈判，以关税和保证农产品价格作

---

* 东方援助是魏玛共和国（1919—1933）政府的一项政策，旨在从政府资金中为东普鲁士的破产庄园提供财政支持。这项政策于1929年至1930年开始实施，尽管经济形势普遍严峻，政府资金短缺，但德国政府迫切需要这些有影响力的容克地主的支持，不过这项政策也遭到了德国一些重要政治家如将军和总理库尔特·冯·施莱切尔的反对。

** 兴登堡是魏玛共和国的总统。在布鲁宁和施莱切尔担任总理时，兴登堡的顾问们建议他撤回对他们的支持。当兴登堡不同意这两个总理的政策时，他们的政府便垮台了。

为交换，提高了失业补偿金。

这些斗争都是围绕补偿问题展开的：哪些群体将从整个社区中得到多少补偿金。在总体上，它们可能揭示了某个特定社区的团结倾向。是否有些阶级获得了特别优厚的待遇，而有些阶级受到的可能是格林兄弟笔下的"后娘待遇"？一旦社会再分配改变了初次分配，社会各组成部分之间的资源最终分配如何做到平等和公平？无论是社会政策还是其他政策，固有的客户主义措施都只能在事后才阐明这类性质的问题，仅在财务簿记中反映它们各自的总体结果及不同影响。

与固有的客户主义措施相反，这里所涉及的社会政策措施不是仅仅关注和保留给任何单个群体的，而是跟团结和社会公民身份有关的措施（是否包括所有人并在平等条件下进行风险再分配），对此人们有意识地表达观点，并展开激烈的辩论。虽然这些措施是社会保险的特定形式，但它们由此说明了社会理论和社会实践的更大问题，实现了比其本身更广泛的利益衡量。相比特定的社会政策，团结和社会公民身份的概念在福利制度的量化范围（一个最有可能反映功能主义压力的变量）内反映的较少。[99] 以下章节将研究一些关键的改革和争论，它们界定了社会保险中所体现的团结程度或缺乏团结的程度，并将研究这些一般概念是否以及如何被纳入具体的改革之中，以及如何通过社会政策措施来实现这些原本抽象的愿望。

社会保险所体现的团结和社会公民身份的衡量标准首先是普惠主义问题。普惠主义，即所有公民都以同等条件被纳入福利政策，不考虑他们的阶级、收入和地位差别，被改革者视为团结式立法的标志。共同风险池越大，就越接近于普惠主义；对任何群体的利益得失了解得越清楚，就越有可能实现正义，争论也就越激烈。如果将所有人都包括在内，在广泛而公平地分摊负担的情况下，没有人会陷入绝境而被抛弃，也没有人会无比幸运地逃脱一份责任。欣然采纳普惠主义使斯堪的纳维亚的福利制度获得了特殊的地位。普惠主义是战后欧洲改革争论的基本问题之一。普惠主义意味着，尽管存在社会不平等，但人们的福利待遇平等。它承诺消除仅限于穷人的措施给他们带来的污名。它允许在受反复无常的命运和财政状况影响的不同群体之间进行负担再分配。它创造了一种共同的团结互助，使富人和穷人都能在福利制度中享有利益。它体现了人们所期望的新政治时代的价值观。它有助于创造建立在一定水平上的平等地位，低于这一水平的公民社会将是失衡的，不再能被容忍。这类考虑使得普惠主义成为英国和斯堪的纳维亚在战时成功改革的典型特征。相反，在欧洲大陆的社会政策制定过程中，实行这种新办法的希望落空了，给那里的福利制度发展打上了保守的标记。

对于另外两个问题，作为再分配式社会政策的次要方面，本书也进行了考察。一个是税收融资（Tax-financing），它是普惠主义改革的必然结果，这一特点被认为是通过将负担置于人们最易忍受的地方，为需要者提供帮助，并削弱这两者之间的明显联系，从而促进所有人的普遍团结。相反，俾斯麦式社会保险选择的缴费型融资方法通常被视为倒退的，因为它试图将风险成本集中在承受社会负担的人身上。最后一个是统一费率或统一福利（uniform benefit），这种方式似乎表明国家拒绝永久性市场不平等，使其区别于同收入挂钩的社会保险。它们是改革的一个方面，有时被认为是格外平等的，标志着团结，按照同等的人的价值而不是经济实力来分配资源。

团结式福利的这三个方面——普惠主义、税收融资和统一费率，是被放在一些措施的背景下进行考察的，这些措施是其最敏感的指征。某些政策很自然是针对特定群体的：失业保险对工薪阶层的关注大于自雇人士；公共住房对穷人的关注大于富人；国家资助的高等教育津贴对中产阶级的关注大于工人。相反，这里着重叙述的福利政策从定义上说并不是针对特定群体的，而是反映了团结和社会公民身份意识，尤其是反映在对普惠主义的支持或反对的态度上，这一直是令人关注和有争议的问题。养老金是主要的例子，其次是医疗和大病保险。直到19世纪末，工伤事故保险仅在斯堪的纳维亚被探讨过，当时它仍是人们争论的焦点，尚未决定是只给工人还是涵盖全民。本书分析了在福利制度的某些关键因素上采取的支持或反对团结的主要决定。俾斯麦德国和斯堪的纳维亚的福利制度的基调截然不同，仅从可能发展的极端来看，它们受到了各自社会保险制度基本方向抉择的强烈影响。通过探讨这些在有限但关键的领域作出的核心选择，可以得出超越养老金或医疗保险范畴的结论，扩展到福利制度的总体性质，事实上涉及更具全局性的社会理论问题，将这些理论从空泛、臆测的领域拉回到不尽完美的立法实施的现实之中。

由于这一特定的重点，本书并未自称在任何程度上均匀地涵盖一个世纪（1875—1975）的跨度。它的主要内容涉及第二次世界大战期间及战后成熟的福利制度发展。不过，在第一章中专门探讨了斯堪的纳维亚社会政策独具特征的起源，考察了其源于19世纪的明显团结特征：普惠主义和税收融资的倾向。"插叙"之后的第二章是本书的主要部分，着手分析战时和战后的改革浪潮，这场改革通常被认为标志着福利制度演变的新起点，英国采用了贝弗里奇计划，斯堪的纳维亚半岛出现了一轮似乎是社会民主党的倡议。第三章讨论法国和德国在尝试贝弗里奇模式或北欧的团结式改革中遭遇的失败。第四章继续讲述盎格鲁-斯堪的纳维亚的故事，主要内容为20世纪五六十年代退休金立法的过程。最后一章，通过考察普惠主义和团结主义最终取得的胜利，论述欧洲大陆社会保险的最新进展，以及战后局势在20世纪60年代和70年代发生的戏剧性逆转。

最后我想提醒读者的是，那些认为社会问题和政治答案之间存在矛盾的人应当注意，福利制度是一系列的法律，一个立法的框架，需要从立法史和政治史的角度来研究其起源和发展。社会问题在这方面扮演着重要角色，但必须先通过议会的筛选\*。此外，试图跨越学科之间的分界难免会引起不满和批评。社会科学家对通畅逻辑论证的青睐和历史学家对坎坷细节的偏好之间，是很难协调的。读者若需进一步了解详情，欢迎查阅本书的参考文献。[100] 若有疏漏之处，恳请读者谅解。

---

\*　即通过政治机制和决策程序进行过滤。

# 第一章　北欧的实践：福利制度的起源

　　北欧国家的面积不大，地处偏远，鲜为人知，但在福利制度的发展历史中，它们所发挥的重要作用远远超过了其地缘政治、经济或文化的范围。单一的人口构成，高效率、适应力强的经济，以及受保护的环境等因素，共同推动斯堪的纳维亚半岛走上了一条和平的、最终实现社会民主的独特发展道路。无论外国观察家们多么赞赏这种繁荣、稳定与进步的结合，其他国家却不大可能复制北欧的实践。从这个意义上来说，这里几乎没有经验教训可以汲取，但人们非常感兴趣的是到底什么原因促使北欧成为20世纪的社会实验室，尽管它们的实验不可重复。

　　在斯堪的纳维亚半岛具有的不寻常特点中，它的社会政策最受关注，在这些方面取得的成就理所当然地被视为达到了顶峰。北欧福利制度呈现出具世界历史意义的光环，它的主张建立在一种劳工主义解读抑或社会解读的基础之上，这种解读将这一最新现象纳入较长的现代历史之中。福利制度的社会解读源于资产阶级革命理论，属于对欧洲发展进程的一种见解。该见解在相当长的一段时间内享有标准地位，它将某些国家的福利制度视为工人阶级的胜利，并证明左翼有能力代表最弱势群体来实施普惠主义、平等主义的社会政策。在福利制度的初期发展中，由于穷人和无产阶级是相互重叠的群体，因而社会政策与工人阶级的需要联系在一起。[1] 面对始终存在的贫困可能性，工人们产生了明显的团结意识，支持一项帮助所有需要者的事业。[2] 当工人阶级充分动员起来使得力量的天平朝自己倾斜时，特权群体便被迫接受了公平分摊社会风险成本的措施，以处于安全泊位的人们让利为代价，帮助那些遭受不幸命运和不公正打击的人。[3]

直到最近，这种方法的吸引力之一是它十分符合对西欧历史的广泛社会解读。这种社会解读在很大程度上将历史演变理解为社会经济发展的一项功能，并叙述了阶级之间权力和地位的一系列位移——可表述为上升或下降。它是马克思主义社会福利思想的经典表述，在其巅峰期，这种社会解读的各种变体是为整个历史学界所接受的，至少在方法论的意义上，将某些阶级或社会群体一贯追求的利益视为一种原因。然而，在过去的几十年里，这种社会解读总体上遭到了越来越多的抨击。[4] 对福利制度的社会解读也受到新出现的以国家为中心的社会政策发展理论的类似挑战；不过，与此同时，在该领域的许多学者中仍然存在着一批追随者。在很大程度上，这种解读的持续吸引力取决于它同对欧洲历史的更广泛社会解读之间的关联，后者尽管已经陷入困境，但它是前者的源头。

在这个更广阔的场景中，资产阶级革命结束了旧政权，为自由资本主义民主制度铺平了道路。这种制度最终将在无产阶级权力崛起的过程中被扫除。这种分析的前半部分仅是对过去事件的考察，就交给历史学家去做了。它的后半部分包含一个预测，被证明对西欧来说是不准确的。因此，这种社会解读逐渐发展出了另一个版本，一种改革派的社会民主解释，它试图发现左翼和平地赢得了有意义的胜利，以标志从资产阶级时代到工人阶级时代的逐步过渡。正是在这种背景之下，20世纪福利制度的重要性可与资产阶级革命早期的重要性相媲美。以这种方式，某些国家选择以特殊的社会改革实现无产阶级革命。在某些情况下，福利政策的作用超出了对资本主义的微调或对工人阶级的安抚。它恰当地限制了市场对人类基本生存条件的支配。对福利制度的社会解读成为一种社会民主变体（基于传统的马克思主义现代史解读）的基石。社会民主的结果是：改革而非革命；一个领取养老金的而非实行专政的无产阶级；一种福利制度而非工人国家。

这种劳工主义的社会解读认为，工人阶级在某些福利制度方面取得了重大胜利，在资产阶级的领地建立了无产者的战略滩头阵地。这种观点虽然颇具吸引力，却不是显而易见的。它似乎只适用于某些国家和某些时期。就自由主义英国第一次短暂地实行福利国家集权来说，工人阶级的关注至多仅是部分原因。更糟糕的是，俾斯麦试图利用社会保险立法来实现的波拿巴主义目标与劳工主义的说法是不相容的。在俾斯麦的治下，福利制度的建立是与维护旧秩序、保证资本主义制度顺利运行和保守派的政治控制相关联的。[5]德国的工人阶级是社会政策的被动对象，既不是它的发起者，也不是主要受益者。从另一方面来说，第二次世界大战后的《贝弗里奇报告》和工党的立法，以及斯堪的纳维亚的社会民主党执政期进一步平等主义改革的成功，似乎提供了福利制度替代方案的样板，它超越了波拿巴主义的幕后操纵或自由派的小修小补，反映了工人的利益而不是其雇主的利益。以这种二分法，在至少两种福利制度——保守的或开明和真诚改革的——之间形成了一种观念上的张力。福利制度起初是俾斯麦出于操纵目的而采取的一套措施，但在某些国家似乎标志着工人和其他受压迫阶级取得了重要的优势。社会解读不得不处理福利制度的这种模棱两可的遗产。

由于需要理解这一发展，这种保守和改革在一个历史轨道中并置的现象，只有在摆脱了俾斯麦和波拿巴主义的束缚，并与受压迫者积极地联系起来之后，社会解读才有可能成立。由于在全世界范围内出现了推动普惠主义和平等主义的改革，尤其在第二次世界大战期间和战后达到了高潮，这种解读格外站得住脚。战后的世界巨变有助于削弱认为社会政策是一种波拿巴主义操纵形式的观点的合理性。虽然福利政策有可能适用于保守的目的，但在恰当的情况下，福利政策现在看来也可能是弱势群体真正自主、解放的结果。然而，尽管贝弗里奇和克莱门特·艾德礼（Clement Attlee）的改革推动了这一新构想的诞生，但他们却无法坚持到底。英国的改革倡议宛如一道火光照亮了天空，辉煌而短暂，使那些对福利制度感兴趣的人发现了一种非俾斯麦式的社会政策（它在工党的立法之前既已存在，并且将更胜一筹）。

在贝弗里奇改革之前，斯堪的纳维亚半岛的发展基本上没有吸引世人的眼球。[6]随着战时对这类问题的关注，人们不可避免地注意到，长期以来，有着悠久传统的北欧社会民主主义力量与偏重团结主义的福利制度相吻合。从那时起，无论是社会政策还是斯堪的纳维亚半岛都永远地改变了。随着战后法国和德国改革的失败，以及英国福利理念的衰微，北欧国家成为一种开明、平等、团结式社会政策的承载者，这种社会政策似乎是最贫困阶层独立争取的成果。早些时候，斯堪的纳维亚半岛的模式仅吸引了一小部分人，譬如对养猪农场或禁酒运动感兴趣的人；突然之间，它成了国际关注的焦点。赞赏斯堪的纳维亚半岛模式的人很多，只有一小撮嗤之以鼻，使用诸如"新极权主义者"来称呼被描述为"中间道路"（表明一定程度的夸张可能会导致自我的挫败）的理性精神。[7]斯堪的纳维亚半岛曾经一直在欧洲历史的边缘徘徊，忽然在某些方面成为世人瞩目的中心。通过扩展地理视野，对于欧洲发展史的社会解读似乎显示出了持续的功力。资产阶级革命的理想实例应该是在法国。至于西欧对无产阶级革命的回应——工人阶级和平地取得胜利，斯堪的纳维亚被证明是一个范本。[8]

然而，在这种社会解读的扩展中，新颖性和准确性并不是相互兼容的一对。这种新的关注点助长了对北欧社会政策历史的不合时宜的解释。在这些方面，斯堪的纳维亚半岛在某种程度上被视为一个标准，这种扭曲也影响了理解艾德河（Eider）以南的事态发展。斯堪的纳维亚半岛长期以来左翼统治的传统助长了一种倾向，即甚至把从另一个时代传承下来的改革同后来的社会民主党联系起来。北欧的福利制度有充分的理由被誉为社会政策努力的缩影。对于社会解读而言，更重要的是它们被视为俾斯麦模式的对立面。

俾斯麦的社会保险政策通常被认为是保守的、波拿巴主义的和非团结式的。这一基调，不仅体现在其总体政治目标是安抚无产阶级，而且至少有三个具体特征。第一，它的福利仅限于工人阶级，一个需要化解怒气的不安定群体。[9]第二，它根据收入水平来分配福利，以反映而不是缓和既存的市场等级制度。[10]第三，它的资金来源是被保险人缴纳的保费或累退消费税，而不是再分配，这样社会风险的负担不会被转移到应从福利政策中获益最多的阶层之外。[11]相反，在二分法中，斯堪的纳维亚的福利制度是普通大众权力的产物，他们将权力委托给社会民主党，并在其制定的细节中反映各自的利益。它体现了全社会的团结，包括所有公民，不分阶层，频繁地给他们提供平等的统一费率福利，并严重依赖税收融资，按照承受能力来分配负担。社会民主党在实施社会保险措施方面的成功之处在于，它具有普惠主义的显著特色[12]，通常采用所谓平等主义的统一费率，[13]以及更多地依赖税收而不是由受益者缴费来融资。[14]

据认为，这种福利制度与其他地方的自由主义和保守主义体系都有质的区别。[15]

斯堪的纳维亚半岛究竟有何与众不同之处，从而使得这种无与伦比的团结成为可能呢？有些人将注意力集中于它的文化价值观——愿意分享和互助的情感，这在小型的单一民族社区中最易做到。换句话说，这是同排他性和非容忍的文化相反的。[16]然而，虽然很少有人会否认北欧民族具有非常显著的政治文化共识，但在这种情况下实现的团结，似乎至少既是社会各个参与者达成的协议，也是他们之间斗争的结果。[17]这个问题的最常见答案均假定，斯堪的纳维亚福利制度的团结依靠通过再分配增强自身利益的那类群体的力量，他们是从再分配改革中获益最多的。社会解读认为，斯堪的纳维亚的福利制度在很大程度上是下层阶级自主取得的成果，其性质和特点是由弱势群体和贫困者的需要决定的。在其他一些国家，社会政策反映了人们对动乱和造反的恐惧及反应，因而采取的措施是受限的、分裂的和操纵式的。相比之下，北欧福利制度的卓异性在于，左翼有能力建立一个强大的受压迫者联盟，足以向富裕阶层和受命运惠顾者寻求帮助。[18]

认为斯堪的纳维亚的早期福利政策与社会民主党之间存在着本质联系的观点具有误导性。[19]它将战后的改革追溯到由其他因素发挥作用的早期，这是一种时间错置和误解。[20]北欧社会保险的典型特征不是在20世纪30年代才形成的，也不是在"二战"后社会民主党掌权的时期，早在19世纪末，它就已经有了最初的立法动议。[21]这些动议是在与左翼无关的政党和阶级的要求下确定的。在这种情形下，普惠主义、平等主义和税收融资的福利政策不是社会解读所声称的一种质变，它只是显然超越了特定阶级或社会群体的狭隘利益。只有当回过头去看，它才似乎是由工人和左翼提出并实现的要求。界定斯堪的纳维亚福利制度卓异性的那些立法，在最初提出时，是上升的农业资产阶级同根深蒂固却日渐衰落的官僚和城市精英之间斗争的结果。本章将通过考察斯堪的纳维亚福利制度不同寻常特征的起源，来论证这些主张的合理性。它试图解答的是：为什么这里的福利措施是普惠主义的，不分阶级地涵盖全民？为什么大部分保障资金来自税收而不是保险费？[22] 它将研究养老金和工伤事故保险作为解答这些问题的最佳途径。

在丹麦和瑞典，最早的一批社会保险动议都是在重大政治斗争时期通过的。19世纪末，民主政治有了突破，中产阶级取得了一些胜利，在斯堪的纳维亚，其主要代表是农场主和农民。农民阶级（Agrarians）的地位变得日益重要，他们理所当然地要同城市专业人士、君主官僚和贵族地主等传统精英争夺影响力。社会政策碰巧受到了这场斗争的影响。改革反映了农民日益增大的权力，以及他们阻止被剥夺新型法定慷慨福利的决心。模糊的波拿巴主义考量鼓励了资产阶级政党赞同某种形式的福利政策。然而，最终选择的特征是由农民自身的需要决定的。出于对资产阶级政党的要求作出回应，社会民主党人在当时勉强认可改革的一些特征，后来这些特征却变成他们提出的主张并因此获得赞誉。

1891年，丹麦推出了全民性、非缴费型、税收融资的养老金制度，成为不同于俾斯麦的一种福利体制的先锋。这项改革的普惠主义特征是农场主们在19世纪末农业危机期间希望改善劳动条件的结果。因为农村劳动力包括农业工人或称雇农（cottagers）和小农（smallholders，拥有土地50英亩以下），所以，试图区分受雇就业者和自雇者，将福利措施集中给予某个群体是解释不通的。缴费型社会保险使农场主面临生产成本增加的威胁，而且他们无法通过提高产品价格来转嫁这些成本。相比之下，通过国家的间接税（如消费税、酒精税或销售税）为福利提供资金的方式颇具吸引力，可将他们应对风险的费用从当时最大的累进所得税——为支持济贫措施而支付的直接地籍税（cadastral taxes）——转移到城市政治对手的消费习惯上去。*

工伤事故保险同养老保险一样，最初对普惠主义、税收融资和再分配措施寄予厚望。结果却完全不同，只制定了一部关于工业雇主责任的有限法律。农民中的温和自由党人**是最直接促成团结式养老金体系的群体，起初也试图推动具有类似特征的工伤事故保险，但他们很快就意识到承保行业的危险前景而退缩了。大企业家和制造商能够独立承担自身的风险，也不愿意协助承担小手工业主的负担，他们通过携手激进的自由党人来影响改革，后者则因温和派同僚与保守党妥协而不再抱有幻想。不同的再分配内涵，比养老金更清楚地了解在发生事故的情况下哪些职业尤其受到风险的影响，以及变化的政治格局，导致了截然不同的政策。在制定养老保险时，温和的自由党人曾经能够将普惠主义、税收融资描绘成令全社会受益的方案，在工伤事故保险上却未能做到这一点，最终结果不过是满足了一个特定群体的狭隘利益。

---

\* 如果通过间接税为社会政策提供资金，那么这些税将由每个消费者支付，包括那些从社会政策中受益的人。但是，如果从累进所得税中获得资金，那些不一定能兑现的富人往往会为这些福利买单（假如这些福利是针对穷人而非全民的）。对于19世纪的农民来说，他们基本上依然生活在一个无现金的农业社会里，不去城市购物，因此，通过间接税为社会政策融资意味着资金主要来自城市消费者，而不是农民。

\*\* 原文为"Liberals"，此处指"丹麦左派自由党"（Venstre, Danmarks Liberale Parti），成立于1870年。1895年该党一分为二，即"左派改革党"（Venstre Reform Party）和"温和左派党"（Det Moderate Venstre）。1910年，两党再次以Venstre的名称合并。1905年，社会自由派系从"左派改革党"分裂出来，成立"激进左派党"（Radikale Venstre），亦称"丹麦社会自由党"（Danish Social Liberal Party）。因本书第二章讨论丹麦问题时将多处提到"丹麦社会自由党"，为了避免同本章中的"丹麦左派自由党"混淆，特此注明。

瑞典的情况则有所不同。它的政府官僚机构相当发达，效率很高，不受外部压力的影响，起初能够主动地规划改革。这些改革是吸取俾斯麦模式的经验教训而制定的，并不反映本国的社会状况，也不是出于对瑞典社会中仍被剥夺选举权的群体（主要为农业人口）的关注。然而，尽管改革者孤立地制定了动议，但他们无法忽略日益重要的利益追求来实施改革措施。在瑞典，自由党和保守党之间、农村和城市群体之间的对立没有在丹麦那么明显，主要争议是农场主反对政府短视的社会改革构想。改革的尝试受阻二十多年，直到1913年，瑞典才最终通过一项普惠的、主要由税收融资的养老保险制度。这个制度摈弃了俾斯麦的遗产，预示了贝弗里奇模式，体现了后来被视为北欧社会保险的主要特征。它远没有实现工人或左翼提出的要求，而是反映了农场主不想被剥夺原本只会让城市工薪阶层受益的权利。

## 丹麦：农场主、保守党和团结式社会政策的起源

丹麦的第一批社会保险重要动议是在19世纪末的重大政治危机背景下提出的。丹麦农场主日益增长的社会和经济重要性促使他们要求获得代表权，但是，保守党拒绝将代表权给予以农民为主的自由党，从而引发了争议。此番宪法冲突延续了一段时间后，社会政策成为这场斗争的一个内容，并最终成为解决方案的一部分。由于保守党仍然足以阻止自由党重塑财政体系的要求，因而自由党将追求福利改革作为达到某些同样效果的替代手段。在更直接的解决方案可能出现之前，农场主利用为自己量身定制的社会政策迫使他们尚未掌权的国家作出让步。假若没有全民性保险，农民自己就不会从福利中受益。如果采用缴费方式而不是

税收融资，农场主将因生产成本上升而受到伤害。相比政治对手中以国内市场为导向的城市制造商，农场主作为出口型雇主，所能接受的条件不那么令人乐观。自由党一直等到20世纪初才取得政治上的胜利，从而改革税收制度，将成本从农村转移到城市。普惠主义、税收融资的社会政策是这一胜利的先兆。

早期福利改革的讨论给了农场主们一个机会，要求从日益沉重的济贫负担中获得一些喘息。[23] 18世纪末和19世纪初，随着越来越多的纳税人口在政治上赢得发言权，专制君主采取的相对慷慨的社会政策同农场主利益之间的矛盾加剧了，农场主在缴纳地方税中占的份额最大，承受了过重的负担。[24] 尤其是1835年之后，随着地产代表权的扩大，农场主们开始对济贫开支日益增加发泄不满。在辩论中，他们谈到英国济贫院模式的优点，将附加耻辱感视为降低济贫开支的必要手段。1871年，济贫法委员会（Poor Law Commission）提议通过慈善来救助符合赤贫条件的人，将其余需要援助的人留给一个法定体系来处理，该体系现在可"采取严格标准和执行力度来防止不正当的救济申请"[25]。1874年，自由党首次尝试了另一种最终更成功的方式来削减成本，要求国家为自助者提供补贴，称赞随之而来的减轻纳税负担的做法。[26]

1878年，工人状况委员会（Commission on Workers' Conditions）的报告延续了自由党将公共收入用于福利政策的兴趣。[27] 农场主希望避免承担增加的社会成本，包括直接由雇主支付保费，或是支付维持缴费制度所必需的较高工资。作为出口商，他们也不希望将这些开支转嫁给外国消费者。相反，他们向政府寻求答案。他们提出的养老金方案要求实行自愿安排，大部分资金由中央政府承担。[28] 另一方面，委员会里的保守党少数认为没有理由实行税收融资。其论点是，将济贫体系的社会负担从地方政府资助转移到国家支付的福利措施中，并没有使绩效不佳的公共补贴得到改进。尽管农场主长期以来一直利用济贫弥补工人的工资，但补充收入的不足并不是广大社区的任务。因为即使在雇工年老和伤残的情况下，雇主也有责任付给他们足够的报酬，所以，保守派的结论是采取缴费型融资。[29]

在这个时候，因宪法冲突加剧，自由党的农场主对由国家补贴福利的希望变得渺茫了。只有当对立阵营中的温和派厌倦了争斗时，社会政策方面的和解才是可行的。[30] 在自由党人中，激进派与温和派之间的争端趋于激烈，前者拒绝在宪法冲突解决之前跟政府合作，后者则愿意妥协。[31] 温和的自由党人希望以结束敌对状态为代价来换取保守党支持对农业有利的关税改革。他们提议用对工人征收啤酒税来取代糖税，并把小块田地分给原本不拥有土地的农业劳动者。他们期望，降低糖价和土地再分配能够刺激食品腌制业，补充乡村的收入。[32] 自由党和社会民主党* 反对该法案将税收负担从所有人都要消费的商品（社会地位越高，消费得越多）转移到城市工人偏爱的一种消费品上。鉴于主要资产阶级政党的温和派之间正逐步达成协议，他们的反对没有收到任何效果。[33]

1890年，两方面的问题出现了交叉，一个是济贫、关税和税制改革，另一个是有机会解决宪法争端，从而制定第一部养老金法。对于向城市劳动阶层最爱喝的酒类征收新税，温和的自由党人和保守党取得了相互理解。面对这种情况，激进的自由党人转而提议将啤酒税用来救济穷人。策划这一举措的马库斯·鲁宾（Marcus Rubin）是哥本哈根市政府机构的统计学家和社会改革家。早在1888年，他就倡导一种不同于德

---

\* 原文为Socialist（社会主义者，社会党），但作者回复说此书中"Socialist"（大写）指的是"Social Democrats"，故一律译为"社会民主党"。

国正在酝酿的养老金制度。他拒绝缴费型社会保险，因为工人们意识到自己的预期寿命较短，工资也不足以负担保费，所以他们既不倾向于也没有能力为养老存钱。俾斯麦的解决方案对行政管理机构的要求过于繁复，而且无论如何它都是有缺陷的，因为，没有受保障的工作权利，就不能有强迫性缴费。鲁宾的答案是重组济贫制度，用新的酒精饮料税来为老年人提供不伤自尊的养老服务。[34]

当自由党的温和派提出用啤酒税代替糖税的建议时，鲁宾发现了一个机会。他们的提案为造福农村阶级将威胁到哥本哈根居民的利益，使之承受沉重的负担。由于这种税收替代方案似乎不可避免，这是一个可能动摇激进派的机会。自由党的激进派反对征收啤酒税，并顽固地坚持以直接税为实现社会目标的唯一合法资金来源。鲁宾同意说，直接税更为可取，但在政治上不现实。而将啤酒税与社会目标相结合，可达成一种折中方案：工人们每喝一口酒就是在为自己支付养老金，因而会同意征收消费税的主意；与此同时，拥护自助原则的保守党也会感到满意。[35]1890年12月，自由党的激进派被说服，接受了鲁宾的法案。[36]该法案既排斥俾斯麦式的强制性严格控制，也反对英国模式中自愿供给的无效性，而支持一种非缴费型、由国家资助的体系。福利发放不是直接取决于量化的需要，而是取决于是否贫困阶层的成员，这类成员被定义为工业、渔业和农业中的工匠、小农户、农场工、日工，以及在无法工作时依赖救济或慈善的其他人。[37]

四个月后，1891年3月，来自各党派的温和人士就未来的政治和解达成了一致。由于上院不愿放松保护主义政策，自由党和保守党在关税问题上的妥协失败了，但最终在养老金问题上形成了折中方案。[38]温和派在这件事情上要价过高，在先前的一项济贫动议的基础上又提出了一个为符合条件的老年人提供法定援助的议案。[39]地方政府将向所有60岁以上、道德良好和有需要的公民发放养老金，此项开支的一半由国家报销。[40]保守党坚持自助原则，而自由党认为大多数公民太穷，无法为提供给他们的福利缴费。这两者最后达成了和解，将养老金制度改为非缴费型，但是引入一个条件，即受惠者在过去的十年里一直未领取过贫困救济。[41]该法案本身没有规定国家补贴的资金从何而来，但从1891年开始征收啤酒税而降低糖税本身就是两党达成协议的一部分。[42]温和的自由党人和保守党围绕这个问题的谈判是宪法冲突结束的开始：自由党表示愿意与对手一道通过立法，而保守党作为回报，同意将原本用于济贫和地方税的大部分社会负担从农场主身上转移给国家。

左翼政党的改革思路有两个突出的特点。首先，社会民主党抱有权力野心，因而，在一个以农村为主的社会中，他们不能仅仅关注城市工人。[43]在社会政策中，这意味着不将政策安排限于任何特定阶级，也不能给城市地区以特殊考虑。[44]人口统计的现实决定了社会民主党需要吸引小资产阶级，从而跟非技术工人阶层的关系变得摇摆不定，这使得左翼接受了有伤自尊的条件——将道德良好和受人尊敬作为享受社会政策福利的要求。[45]第二，正如英国的社会民主党，丹麦社会民主党拒绝了缴费型养老金政策。他们同意，自愿参加大病保险基金广泛网络的成员或许有能力支付保费，但进一步提高保费可能会使家庭的平均预算变得紧张。[46]工人是剩余价值的来源，他们的工资不足，工作权利得不到认可；因此，在遇到危难时，他们有权得到国家的无条件帮助。[47]该党的目标是让所有人获得跟公务员同样的待遇。[48]这种从剩余价值理论中获得援助权的逻辑，在当时是社会主义者的普遍立场，德国社会民主党也分享这种观点。[49]在德国左翼中，它仍是一种在理论上的完美理想，在实践中很快就被基于缴纳保费的应得权益取代了。[50] 在丹麦，社会民主党和自由党之间的利益巧妙地重合，允许大量公众加入和实行非缴费型养老金制度，因而对国家的依赖在理论上和实践上都是可行的。[51]

不过，在这一时期，社会民主党的影响并不很重要。资产阶级政党针对农村劳动者和小农提出了某种形式的社会政策和其他改善措施，希望借此抑制左翼对乡村的吸引力。尽管如此，所通过的福利立法的性质并不是由社会民主党人决定的，而是由农民自身的原因决定的。早期的土地改革、大众教育的影响和蓬勃发展的合作社运动有助于解释乡村世界的政治自由主义。[52] 丹麦情况的一个特点是农场主对19世纪末农业危机的反应方式，他们出于经济动机在政治上加强了跟保守党的对立，阻止了保护主义者和自由贸易者之间的跨党派分裂。丹麦农场主，譬如容克地主一类的粮食出口者，长期以来一直都是经济自由主义者。他们中的大多数有别于德国和瑞典农场主之处是，一旦粮食价格出现下跌，他们便有能力从事乳制品业和畜牧业，并继续出口。[53] 即使欧洲其他国家改变了立场，丹麦农场主始终如一支持自由贸易。1879年，德国的一些农业和工业企业通过铁与黑麦联姻进行保守的谈判，制定了高关税协定。丹麦则阻止了这类协定。[54] 因为丹麦工业和制造业主要是面向本国市场的，所以，基于涉及多个职业类别的共同保护主义立场的政治调整受到了阻碍。农场主无法与保守党在关税上达成妥协成为宪法冲突的社会经济基础，这意味着，当冲突最终在世纪末解决时，胜利者将是自由党主导的自由贸易农民联盟，而不是保守党支持的保护主义者。与此同时，政治僵局阻碍了自由党的财政目标，尤其是他们希望增加收入所得税和财富税，从而可能减少地籍税，并将负担转移给城市的保守党对手。因而，自由党将注意力从税制改革转向社会政策，作为实现类似结果的另一条途径。[55]

　　税制改革是农民的一项由来已久的要求。自1882年以来，国家直接所得税和财富税一直是自由党计划的一部分。保守党中的房地产所有者倾向于征收地籍税和财产税，尽管这些税很重，但可成为他们声称拥有相应重大政治影响力的基础。城市商人和制造商阶层的资源基本上不受影响，因而对此表示同意。[56]在政治鸿沟的另一边，农场主对旧的税收结构尤其是地方税感到不满。中央政府主要靠间接税增加收入，地方政府则不同，它的收入源于直接财产税，在19世纪，其比重增加了。[57]随着农业逐渐变得更加分化，以及其他行业成功地进入乡村地区，旧的地方税制无法相应地作出调整，成为人们抱怨的一个缘由。[58]由于济贫是由地方税支付的，因而社会改革和财政改革之间有着直接的联系。任何形式的社会保险都会减轻济贫体系面临的重负，从而使农场主获益。通过国家税收或是德国采用的缴费方式来为社会保险提供资金，可以缓解当时最大的累进税（地方地籍税）的压力。[59]

　　尽管上述两种方式都可以满足农场主减轻财政负担的愿望，但通过国家税收为社会政策买单有几点优势。首先，税收融资免除了让雇主缴纳保费的需要。农场主作为最大的雇主群体，若以雇主缴费的方式来评估负担成本，他们将首当其冲。由于大多数农场都是小型或中型劳动密集型企业，它们无法像德国的大型企业那样轻松地支付保费。[60]其次，税收融资避免了为农工支付保费所需而提高工资。[61]与奉行保护主义的德国人和瑞典人不同，丹麦农场主根据世界市场确定的价格来出售产品，唯有甘冒降低竞争力的风险才能消化任何形式的更高生产成本。此外，同农场主坚持的税收融资方式相比，缴费型社会保险需要很长的过渡期才能启动，对于缓解农场主在这个时期面临的紧迫农业问题来说，不能收到立竿见影的效果。[62]

公共补贴的养老金对农场主的诱惑力在于，它能够减少济贫开支并降低地方地籍税的压力。这一改革承诺将支出费用转移到国家，从而转移到其他的社会群体。在中央政府间接增加的收入中，乡村贡献的比例低于城市。[63]引入的养老保险与新的消费税有关（尽管不是直接相关），它尤其会影响城市群体及一般来说基于现金的经济而非实物经济。[64] 因而，税收融资的社会政策提供了以城市为代价来让乡村受益的可能性。宪法冲突为国家资助的措施提供了又一个论据，至少是在短期内。保守党拒绝就议会原则作出让步，自由党则通过阻挠金融法进行报复。当税收继续增加却不支出时，国库就大大地充实了。这样，埃斯楚甫（Jacob Brønnum Estrup）——丹麦版的俾斯麦——便能照常我行我素了，更糟糕的是继续建造备受争议的哥本哈根防御工事。当自由党在议会的阻挠产生明显的影响时，他们就开始（相当不合时宜地）立法通过耗费财政的、开支巨大的项目，如大搞铁路建设等。国家补贴的养老保险最终得以通过，但没有提供任何新的收入来源，这是又一项奢侈的举动。[65] 最后，还有一个制度的惯性因素促使天平向税收融资的方向倾斜。1891年的养老金制度以济贫体系为基础并与之相仿，只是剔除了令人最不满意的一些方面。它避免了俾斯麦模式之后新出现的庞大官僚机构，这符合自由党倾向于精简行政和限制扩大公务员队伍的偏好。公务员通常是保守党的票仓。此外，济贫体系对地方政府的依赖使缴纳地籍税的农场主得以保持在行政管理机构中的主导地位。由于福利是根据每个人的具体情况而定的，因而地方当局对申请者握有很大的权力，尤其是在乡村小社区里。农场主们希望通过这种方式来控制开支。[66]

税收问题只是农场主支持承诺减轻负担的改革的一个原因。尽管成功地转变了经营种类，但随着农业危机的加深，他们面临着更为严重的问题。[67]在19世纪90年代，长途运输的效率提高加剧了同新大陆（New World）的竞争，挤压了农业利润。与此同时，劳动力问题也出现了。畜牧业和乳制品业比谷物业的劳动密集程度更高，但恰恰相反，它们允许小农从挣工资者变成依靠自己的土地谋生者。*大农场主需要更多的劳动力，而竞争的加剧和价格下跌限制了他们改善劳动条件和阻止劳动力转移的能力。如何使乡村生活更具吸引力是一个严峻的问题，而养老保险只是尝试过的较成功措施之一。因为农场主想要取悦所有的农业劳动者，包括农业工人和小农在内，所以不可能将福利仅给予农村的受雇就业者，更不用说仅限于城市工人阶级了。

这类因素导致人们对养老保险改革的态度不同于德国。税收融资通过将地方地籍税的负担转移到中央政府的间接消费税来保护农民的利益。为了确保对各种农业劳动力均有利，社会政策必须采取普惠主义理念。保守党和自由党，无论是城市的还是乡村的，都不赞同保护主义，因为农民仍然是自由贸易者。丹麦农场主一贯的经济自由主义立场阻止了在德国出现的情况——基于共同保护主义立场而形成一个跨党派的保守联盟。相反，温和的保守党人和自由党人结成了同盟。当为解决宪法冲突而彼此接触时，他们认识到，作为自由贸易农场主，他们当中的许多人面临着共同的问题。[68]这个结束政治争端的联盟也决定了丹麦通过的第一部养老金立法的性质。无论是保守党的房地产所有者还是自由党的农场主，一致寻求解决关税、劳动力和其他经济问题的办法，并同意为自

---

\* 据作者解释，畜牧业和乳制品业产生粪肥，故所有者也可种植一个菜园，这样几乎就能自给自足了。因此小农可能更愿意经营自己的畜牧业，不再进入劳动力市场去大农场挣工资。

己争取国家的援助。普惠主义、税收融资的养老保险只是他们为自己赢得的让步中最显著的一项。在乡村精英阶层的共谋之下，丹麦的团结式社会政策诞生了。[69]

## 工伤事故保险应当涵盖所有的人吗？

工伤事故保险与养老保险形成了鲜明的对照。19世纪80年代末，人们提出了普惠主义、税收融资的保险措施动议，但是，十年后最终通过的工业雇主对其工人的责任法却差异甚大。在相互竞争的利益框架内的政治运作再次决定了立法结果。由于1891年支持养老保险的幕后团体如今无法就负担的再分配达成一致，一个类似养老保险的工伤事故保险方案失败了。现在十分清楚，团结式工伤事故保险立法最终同样是狭隘的、特定群体利益的计算结果。然而，这次无法达成适当的协议。

第一项严肃的工伤事故保险提案是由新工人委员会（New Workers' Commission）在1887年提出的。[70] 它将非农业雇主分为按照职业定义的三种风险社群，成员的负担在同类人之间再分配，并按工资收入的百分比缴纳保费。因为保险是由雇主资助的，所以福利只给予工薪阶层。农民则组成自己的风险社群。所有挣工资的农业人员都有保险，但仅要求规模较大的农场为雇工缴纳保费，在此种情况下是按照生产的百分比征收地籍税，避免了行政管理部门估算农产品价值*的麻烦。[71]这项有利于为农民提供再分配融资的决定是出于行政上方便的原因而选择的，现在鼓励农业独立经营者从他们曾被要求承保的系统中获益。上院通过了法

---

\* 由于大多数农场工人的工资收入都是农产品而不是现金，因此，在计算他们所欠的保险费之前，必须先计算出100磅土豆或其他什么产品的现金价值，这几乎是无法操作的。

案，将工伤事故保险扩大到农业自雇人士。[72] 因为无论是否雇主，农业独立经营者都得支付拟议的地籍税，所以他们坚称，工伤事故保险不应仅涵盖挣工资的人，独立经营者也应得到保障。他们成功地达到了这一目的。[73]

然而，在下院，问题从是否也应为独立经营者提供工伤事故保险转向了潜在的再分配劣势因素，即农民作为一种相对安全的职业，若是同更危险的职业一起进行风险负担再分配，总体上就会蒙受损失。作为相对兴旺发达和职业风险性不大的雇主，他们将会比其他人投入多而收益少。出于这种担心，自由党的农场主开始失去曾经在养老保险问题上具有的团结意识和再分配兴趣。温和的自由党领袖弗雷德·博森（Frede Bojsen）赞扬该法案采纳普惠主义，并认为对工薪阶层和独立经营者的任何区别待遇都是不公的。然而，以土地税形式从农业征收保险费的建议引起了他的怀疑。与工业家和工匠不同的是，面向出口的农场主不能靠提高产品价格来转嫁保险费用，而是不得不承担这项实际开支。对农业而言，根据工资评估保费更不能令人满意，并有可能不公平地加重劳动密集型小农场的负担。唯一的另一种可能，是通过国家或市政税收为工伤事故保险提供资金，但农民对繁重财政负担威胁的敏感也带来了问题。博森认为，农业是危险性最小的行业之一，通过一般税收来支付工伤事故保险会产生与地籍税同样不利的再分配效应。每一种选择都迫使农业承担比其他行业更重的负担。[74]同样，农场主对支付不成比例开支的可能性极其敏感，促使人们后来在考虑这个问题时进行了精确的利益计算，最终得出结论：农业不能接受为其他行业分担风险。[75]

自由党的激进派针对政府的动议提出了主要的替代方案。这是一项奇怪的综合法案。一方面，他们有团结的意图，提议除了工薪阶层，还要涵盖农业独立经营者及所有的小型独立经营者;另一方面,他们担心将风险个体化,唯恐造成让安全的职业来补贴危险职业、让小心谨慎的雇主来补贴粗疏大意的雇主的结果。涵盖小型独立经营者所需的费用,以及不是因受雇而导致的其他事故的费用,将由地方政府通过税收来支付。相比之下,工薪阶层的保险,以及与现代工业和技术有关的风险,则完全由相关雇主承担。[76]该法案是由激进的自由党人克里斯蒂安·伯格(Christian Berg)和来自阿尔堡的保守党副主席路德维希·布拉姆森(Ludwig Bramsen)共同提出的,这种人事搭配解释了为什么此项法案的内容是脱节的。[77]其中的一些条款,包括将雇主无法承担的责任转移给地方政府,以及工人遭遇工伤事故以外的事故也能受到保护,是由伯格拟定的。而其他一些内容,包括不同意在企业之间再分配成本,并取消政府原先法案中规定的跨职业工伤事故保险,从而让雇主自行承担风险,则是布拉姆森的主张。[78]他们的法案要求国家为自雇人士提供保障,而每个雇主都要为新的和危险的工业生产方式所导致的事故负责。伯格和布拉姆森的联合动议实际上就是,要么将争取团结的努力(据政府的动议,定位在由职业界定的风险社群内)转移到国家和地方政府,要么将其全部撤回,让每个企业独自承担经营成本。

伯格和布拉姆森当时的目的主要是消极的——为了阻止政府的法案。1894年,温和的自由党人和保守党就宪法协议进行了最后的谈判。政府把财政权力移交给了议会,以换取定期的军事拨款。然而,当埃斯楚甫最终下台时,其继任者里德兹-索特(Reedtz-Thott)的新政府里仍然没有自由党人。次年的选举反映了人们对这种敷衍式改革的失望。反对和解的自由党激进派击败了温和派和保守党,暂时削弱了在养老保险和宪法妥协背后的跨党派联盟。

激进的自由党人不赞成温和的同僚与保守党结成兄弟会友谊，采用了同一个魔鬼契约来打击他们。立法机构里古怪的一对——伯格和布拉姆森——曾制定一项法案，将各自选区里不同的、不重叠的因而不存在利益冲突的联合在一起，呼吁原本差距很大的两个群体结盟，或至少是共存。这两个群体是：（1）职业风险程度不高的小农户，对社会保障不感兴趣，除非让其他人交税来支付，并决意不同其他更危险的职业进行风险负担再分配；（2）较大的产业，能够自行承担工伤事故保险费，将之化为生产成本，但不愿出资涵盖弱小的手工业主，以及短工和临时工等，政府却提出让他们为这些人分担风险。[79]一位小农自由党人承认，他觉得这项法案很有吸引力，因为它要求危险性大的职业自己支付保险金，而让全社会来帮助小手工业和农业独立经营者。[80]这种基于策略需要的不完美"婚姻"的另一方——商人协会的保守党主席坚持认为，如果不让所有的人平等地分摊风险，那么就应由每个人独自承担，而不应在风险类别内进行再分配。[81]

最强和最弱的经济行为体之间激烈的讨价还价，尤其在政治上将小型制造业主抛在了一边，令丹麦工业和手工艺联合代表协会（Joint Representation of Danish Industry and Crafts）提出抗议。[82]小型制造业主同大的竞争对手一样，也依赖有危险性的技术，但较难承担抗风险开支，因此欢迎政府最初的法案中提出的团结式共同风险池。手工业主们坚称，从事工业并不比其他职业有更多的危险，如果真是这样，那表明它对社会更有益，不应当受到惩罚，来为社会福利买单。他们认为，个体化的雇主责任制迫使每个人自己承担风险，这可能适用于德国的大工业，但不适用于丹麦的小规模企业。[83]尽管小雇主们对拟议的改革充满了哀怨，但是，在这个特定问题上，没有足够强大的利益联盟跟他们分享再分配的野心。

工伤事故保险立法面临的核心问题是如何协调农业和大工业这两个重要的经济行为体。由于农业是一种出口贸易，大农场的劳动者获得的报酬大部分仍是非现金的，因此缴费方式不可行。农场主寻求的立法是，既不同更危险的行业一起再分配风险，也不增加自己的生产成本。然而，通过税收融资，或在风险类别内进行再分配来为工伤事故保险提供资金，这两种解决方案也是大工业主无法接受的，因为他们能够独立承担风险，而且不愿意分担较小竞争对手的费用。在德国，大工业倾向采用更广泛地分散风险的保险方式。[84]工业化程度较低的丹麦，存在着大量采用同样危险技术的小企业，市场竞争地位较弱，促使它们产生再分配的野心。因而，大企业认识到独自承担责任的益处。[85]

当议会的相关委员会将伯格和布拉姆森立法提案中的混合内容剥离开之后，便找到了解脱困境的方案。大多数人赞成布拉姆森的提议，要求雇主对现代和危险技术造成的事故及工薪人员的工伤负责。为了涵盖被排除在外的独立经营者，他们也同意另外制定一个法案，比照1891年《养老金法》为老年人规定的条件，给予这些群体福利。[86]这一临时解决方案允许在原本不可调和的利益之间折中。大企业将承担自己的负担，在某种程度上它已自愿这样做，不受小企业的负面影响，但也不向较安全的职业转移负担。对于独立经营者中的农民和其他人，则建议采用跟养老金同样的解决办法。后来，当委员会否决了通过养老金途径为自雇人士提供福利，而是期望逐步扩大工伤事故保险的范围以涵盖工薪阶层以外的群体时，它所剩下的就只是一部简单的责任法了。[87]

由于涉及的风险具有明确性和部分自愿性，工伤事故保险无法遵循在养老金问题上设定的团结路线。养老保险涵盖了一种普遍发生的可能性，因阶级的不同而变化——对此人们不甚了解。[88]相比之下，对于同工作相关的事故，各个社会群体和职业群体之间的风险差异不仅十分明显，而且在很大程度上也是个体企业家选择的结果：经营什么样的业务，如何在安全性、效率和利润的相对利弊中保持平衡。因此，相比面临晚年贫困的风险，工伤事故保险中的公平分摊费用问题更加尖锐。除了1895年社会民主党的一项夭折的提案，工伤事故保险的风险再分配提案从未倡导过普惠主义，因而它的涵盖规模没有达到养老金法案的程度。[89]所有动议的共同特点是划分了类别——界定仅在保险计算的同行之间再分配负担的范围。

工伤事故保险立法最初试图涵盖大多数公民，将公民划分为宽泛的风险群体，在每个群体内进行大量的再分配。之后，它的范围逐渐缩小，变成类似二十年前德国通过的那种纯粹的工业雇主责任法。原始法案在可行范围内模仿了普惠主义的、由税收融资的《养老金法》，但是，几个综合因素阻碍了这一目标的实现。农场主们反对通过土地税来资助扩大涵盖范围，并对缴费型福利的前景感到失望。作为相对安全行业的成员，不参加保险比购买昂贵的工伤事故保险可使生活更宽裕一些。不过，尽管他们刚开始反对，最终还是愿意考虑接受类似养老保险的税收融资。最初的立法动议将小雇主纳入了涵盖范围，大企业主则抵制代表小雇主的团结力量。激进派对温和的自由党和保守党之间的政治和解感到不满，通过一项杂乱无章的反提案，协调了他们和工业家的利益。小型独立经营者被置于公共照料之下，雇主则自行承担风险。

满足各种不同利益的希望变得渺茫，在这种情况下，立法程序的最后一步摈弃了激进的自由党人的建议，仅剩下一部规范雇主责任的法律。团结一致地争取工伤事故保险的愿望与参差不齐的利益矛盾背道而驰。

在这部责任法最终审读时，温和的自由党人痛心疾首地反复呼吁回归养老金法案的和谐精神，只不过更加凸显了当时通过的责任法是一种针对特定社会群体的非团结式措施，同1891年涵盖全民和税收融资的社会政策一样，它也是特定群体狭隘利益的表达。[90]

## 瑞典：农场主、保守党和团结式社会政策的起源

尽管瑞典和丹麦的政治环境不一样，但这两个国家养老金改革的最重要特征是相同的。首先，瑞典的团结式立法也植根于该国的农业社会结构。这里的政府管理者和社会民主党最初都倾向于仅针对工人阶级的社会保险。然而，由于农场主不想被排除在这种新的法定福利之外，政府和社会民主党的方案不被接受。瑞典社会民主党人与丹麦的同一党派不同，后者激烈地反对仅限于工人的缴费型社会保险，这源于他们希望赢得自雇人士的支持，而瑞典社会民主党起初只将注意力集中于城市工人阶级，只是当他们看清了政治决定权仍在乡村时，才逐渐被说服去诉之于农民，并同时支持普惠主义的改革。反对缴费型社会保险的决定也符合农场主们的意愿。当工人得到雇主的帮助时，独立经营者认为没有理由自掏腰包支付自己的福利。在大多数公民仍是自雇者的一个国家，税收融资被证明是必要的。虽然大企业也许可以毫无怨言地承担这些费用，但对广大的小农场主和独立经营者来说，社会保险费是一个无法承受的负担；因此，这一负担最终被转嫁给了国家和整个纳税群体。

19世纪末试图解决养老金问题的努力失败了。1913年，一项法律首次成功地引入了"人民养老金"（people's pensions），这是所有公民都能获得的一种最低收入保障福利，无论其阶级或收入如何。改革姗姗来迟，

因为尽管农场主们反对政府官僚机构效仿俾斯麦为工人阶级提供社会保险的做法，但他们在很长一段时间内只能阻挠这种意图，却无法实现自己的目标。在社会政策问题上，农场主表现为一个狭隘的利益集团，集中关注改革官僚体制。官僚机构逐渐地意识到瑞典和德国社会问题的差异，故需要采取不同的解决方案。自由党和保守党的争论对瑞典的发展影响甚微，其中社会政策改革在丹麦成为一个辩论要素。在政治上，瑞典的农场主不像丹麦农民那样反对保守党。此前他们对保守党处理乡村问题的方式比较满意，这有助于减少对立情绪。而在丹麦，直到第一批社会保险措施提出之后，农村问题才得到缓解。由于关税争端，瑞典许多农场主转入保守党阵营，这降低了自由党对农业选民的吸引力，削弱了自由党的权力，减缓了这里的政治发展。

在社会保险成为一个问题之前，在农场主所关注并感到满意的事项中，军队和税收密切相关。过去这两项负担的分配不均给乡村带来了沉重的压力。保守党怀抱实现武装部队现代化的雄心壮志，相反，农场主们期望行政节俭和更公平地分配财政负担。二十年来，这两者之间的矛盾逐渐得到了调和，尤其是将过重的农业用地税收再分配给其他对象，对军队也实行了改革。[91]在关税问题上，农民和保守党之间的对立程度低于卡特加特（Kattegat）海峡对面的丹麦。瑞典农场主对自由贸易问题的反应很接近于德国的同行。出售黑麦的农场主欢迎高关税，而乳制品农场主和牲畜养殖场主（谷物消费者）则反对高关税。[92]由上院的房地产主和下院的黑麦生产商（他们通过特许经营权限制获得了过多的席位）代言，农业保护主义者占据了主导地位，工厂主们也迫不及待地紧随其后。在政治上，关税争端产生了深远的影响。农场主分为自由贸易和保护主义两个派别，其他政党也随之分成两派。下院的大农场主、上院的贵族地主和工厂主开创了农民—保守党合作的传统，一直持续到20世纪30年代。在下院，由于工人和支持自由贸易的农场主找到了利益的共同点，城乡之间的传统对立得到了缓和。[93]

瑞典政党调和阶级利益的方式与丹麦的不同。农民党（Agrarian Party）组织农场主对抗下院里的城市中产阶级专业人士，以及在上院里占主导地位的公务员、房地产主和工厂主。[94]农民党是代表一个利益集团而组建的，表达农民的特殊要求，很少关注更广泛的问题。19世纪80年代，由于在贸易保护主义方面产生分歧，瑞典的政治重新调整为明显现代意义上的保守派和自由派。也因关税问题上的分歧，农民党分裂并与其他政党重组。[95]丹麦成功地团结了起来，特别是在农民关心的问题上，并接受了更普遍的自由主义原则，但这被证明同瑞典的情况是不相容的。到了19世纪20世纪之交，大多数瑞典农场主归入了保守党阵营，而丹麦农场主仍然保持左翼立场，跟城市、商业、工业和官僚机构相对立。[96]在瑞典关于社会保险改革的辩论中，农场主的行为不像是政治团体，而是一个利益集团。他们分散在几个党派之中，所关注的问题并不像在丹麦那样被视为左右之争的一个因素，而是表达自身的要求，对此所有政党最终都愿意作出让步。瑞典农场主只将关注的焦点限于自身目标，使农业利益在确定早期立法倡议的团结特征方面的重要性比在丹麦更为显著。

在社会保险的发展上，瑞典与丹麦是同时起步的。[97]1884年，在德国新近倡议的推动下，自由贸易主义者和自由党人斯文·阿道夫·赫丁（Sven Adolf Hedin）呼吁引入工人养老金和工伤事故保险。[98]议会的辩论暴露出了社会对这个问题认识的模糊性。有些代表遗憾地表示，赫丁所说的工人排除了同城市阶层一样急需帮助的农民和乡村工匠。他们认为，农业和其他行业的独立经营者也应被纳入社会保障，以期阻止他们移民*。[99]这类不满情绪给第一届工人保险委员会（Workers' Insurance Commission）留下了印象。这个委员会建议实施普惠式养老金，在决定将哪些人纳入保障范围时，未遵照法定授权仅涵盖工人和类似情况的群体。报告总结道，许多人在职业生涯中会跨越行业和阶层，工人与自雇人士也不易简单地区分，试图区分各类人将是非常困难的；而且，那些被其条款排除在外的人数比例很小（不到总人口的6%），故也不值得为此耗时费力。虽然是强制性措施，但所有阶层之间的团结，对行政简化的期望，以及减少反对意见，将给每个公民都带来好处。这些都是鼓励该委员会考虑作出采取普惠式养老金决定的因素。由于所有人都将加入，必须让最穷的人也能负担得起保费和福利开支。同收入挂钩的办法被否决了，不同的个体需要通过自愿补充措施来满足。[100]

然而，当这些提议受到强烈批评时，新的工人保险委员会朝另一个方向发起了攻击。[101]它遵循俾斯麦的做法，再次将保障措施限于工人阶级。[102]该委员会得出结论说，不同社会群体对保险的需求各不相同。工薪阶层比独立经营者更依赖贫困救济，后者的财产对自身有一定的保障。无论怎样，拟议的少许福利对富人几乎没有吸引力。工人们之所以成为关注的焦点，是因为尽管他们面临日益增大的风险，却无法主动地保护自身安全。工人现在是一个重要的群体，他们的不满严重地波及社会的其他方面。随着越来越多的人被迫依赖贫困救济，通过地方税收不均等分配的负担变得更加沉重。仅为工人提供保险可望以财政上可接受的方式来实现社会安定。

雇主们将支付保费，一是以此肯定他们在阶级和谐中的利益，二是

---

\* 当时主要是移居美国。

因为改革降低了贫困救济的成本，所以承诺要减少税收。大工业主很容易负担保费，只有生活水平近似工薪阶层的工匠和其他小生产者才可能感到困难。委员会认为，对于这一点，若将目光投向遥远的未来，公平将在几代人中实现：先前是学徒，出师后成为自雇人士，便可为他们的学徒购买保险。与第一个委员会的建议不同，国家补贴在此只发挥很小的作用。因为各类人的需要不同，单一等级体系只能考虑最低收入保障的共同标准，统一福利被拒绝了。城市工人的收入保障要求比农村工人高，所以根据三个收入阶层来确定不同的福利。[103]

在委员会的报告中，农民党领袖丹尼尔森（A. P. Danielson）提出的异议已表明了争论的趋向。[104]他主张不应将农场主的利益排除在立法范围之外，否则就可能是一部纯粹关注工人阶级的立法。他还表达了农场主对将雇主缴费的成本转移给广大纳税群体的担忧。他认为，工人应当同公务员一样享受由自己和国家支付的福利。雇主没有理由独自承担减轻济贫负担的费用。农民党的传统对头——资本家和高级公务员——也应帮助支付成本。[105]然而，随后的政府法案仍然无视农场主的要求，在很大程度上遵循了该委员会提出的建议。[106]不过，在议会中，相关委员会更多地受到了丹尼尔森的影响。[107]得出的结论是，保险应该涵盖自雇人士，应该用税收融资取代雇主缴费，以避免给小型独立经营者带来不合理的负担。政府对养老金立法的下一次尝试也没有成功，它认可了农民关心的问题，采取全民性、税收融资的措施，这是农场主追求的目标。[108]保险覆盖的最大阶层仍然是工人，但取消了雇主缴纳保费，加强了税收融资的力度。为了安抚独立经营者，它提出了自愿的、国家补贴的措施，所有人都可加入，不分阶层。

随着这一尝试的失败，一轮争端结束了，这件事被搁置下来，直到

1905年自由党提出一项动议，预示将达成最终的解决方案。它的结论是，相比其他可能的替代方案，普惠主义、非缴费型、由国家资助的养老金有好几个优点。因为这种国民养老金不涉及资产测查，而且给所有人提供福利，所以它不同于贫困救济，在行政管理方面易于操作，有益于最需帮助的群体。最重要的是，自由党推论说，采取这种方式，将有产阶级也纳入体系之中而获益，比要求他们为济贫措施买单要容易得多，因为他们从济贫中得不到任何好处。[109]诉之于这种逻辑推理成为社会政策改革的日益明显的特征。

以上述动议为先导，1907年底瑞典成立了养老金委员会（Old Age Pensions Commission）。该组织对这一领域开展了调查，五年后发表了一份报告。[110]报告的结论是，尽管产业工人现在已经挑战了农民的主导地位，但社会保险不应仅包括工人。德国的体制令人遗憾地将独立经营者排除在外，仅将国家补贴的好处给予一个群体是不公平的。不过，完全依靠税收融资提供全民福利的成本高得令人咋舌，因而必须收取某种形式的保费。[111]由于瑞典的大多数农场主都崇尚贸易保护主义，不像丹麦人那样担心无法转嫁额外的成本，因此他们可以接受分担部分养老金开支的解决方案。然而，在全民性体系中不应包括雇主缴费的内容，以免工薪阶层获得特权，但要求小型独立经营者为自己和可能雇用的工人支付费用。委员会认为，统一费率的保费和福利不够完善，因为其标准必须基于乡村最穷的人来设定，最低收入保障水平不可能令城市工人满意，所以有必要按收入进行分级。出于简化行政管理的目的，相比以个人收入的百分比来确定福利，三级养老金制度是比较好的选择方案。[112]由于养老保险将取代通过济贫体系或由老年人各自的家庭提供援助，国家补贴不得超过由此而节省的数额，目前是三分之一由地方政府支付，其余部分由国家支付。[113]

政府的法案（它是1913年《养老金法》的出处）遵循了委员会的建议。[114]政府承认，假如这些措施在数十年前通过，可能会仅限于工薪阶层，由于这些年来经济发展良好，现在可以将所有人都包括在内了。它向每个成员收取少量的保费，但雇主缴纳保费已被国家融资所取代，这样就避免了工薪阶层获利而让独立经营者背负双重负担。拟议的立法进一步使工人受到不利影响，因为它取消了对城市居民昂贵生活开支的市政补贴（至少比他们仅获得一点养老金要好）。[115]农场主们长期以来一直在这一领域推动普惠主义、大比重税收融资的改革。直到20世纪初，他们所能做到的仅是阻止了违背他们意愿的动议，没有任何其他进展。然而，在1907—1909年的选举改革放宽了选举权限制之后，农民的选票和利益对自由党变得重要了，他们关注的问题也受到了更多的重视。[116]这一时期，保守党在争取雇主和白领工薪阶层方面取得了突破，成为一个工人党和城市党。反过来，社会民主党在工人中得到的支持增强了。受到这两方面的挤压，自由党被迫到乡下去寻找选举人的新鲜血液。[117]1913年颁布的关于国民养老金的法律反映了新发现的农场主的政治重要性，这是他们为制定满足乡村需求的社会政策而长期奋争的结果。

鉴于人们普遍接受一种观点——认为社会民主党和团结式社会政策倡议之间以往存在着联结关系，左翼采取的改革方式特别耐人寻味。与丹麦人不同的是，在世纪之交，瑞典社会民主党将注意力完全集中于都市工人阶级。尽管丹麦的城市化程度更高，但在经济上比瑞典更依赖于农业，瑞典的采矿业和木材业使其更具工业化色彩。[118]与瑞典的独立小种植者相比，丹麦的农场规模往往较大，雇用了很多劳动力，提供了一个更成熟的招募领域。[119]社会民主党的意识形态反映了这种差异。在制订其第一个计划时，瑞典的左翼忽视了农民问题，认为在乡村赢得支持是徒劳无益的，因而没有在乡村发展势力。[120]卡尔·考茨基（Karl Kautsky）的农业方针*与内部辩论中建立丹麦式"人民党"的希望不尽一致。[121]只有在世纪之交，改良主义道路才得到发展。在某种程度上，瑞典人为了适应欧洲社会主义运动的现实需要而对马克思主义学说进行了修改。同样地，他们也屈服于国内社会的特殊性，由于过于盲目地偏祖工人、回绝农民阶级而付出了政治代价。在选举改革扩大了选举权之后，吸引农民的优势变得尤为明显。1911年，在下院第一次实行全体男性纳税人普选时，社会民主党修改了其计划的关注对象，从狭隘界定的工人阶级扩大为所有受压迫者，无论其社会出身如何。[122]

尽管有了这些转变，由于此时党内矛盾激化[123]，1913年社会民主党的养老金改革远未获得一致的支持。年初时，议会组织对普惠主义方案表示欢迎，但在后来的讨论中出现了不同意见。[124]该党领袖对放弃雇主缴费感到失望，并得到了工会的支持。[125]有些人，如著名的社会学家、参议员古斯塔夫·斯特芬（Gustav Steffen），倾向于德国的养老金模式，该模式将工人和独立经营者区别对待，并要求通过提高生产力来承担各自的社会福利成本。斯特芬担心政府的提议会构成一种威胁——将为自雇人士的利益而制定的制度推广到所有的人。[126]

社会民主党领袖赫哈尔马尔·布兰廷（Hjalmar Branting）犹豫地接受了这项法案。他在议会里进行斡旋，对养老金问题及其社会背景作了精妙的概括。他承认，如果瑞典工人阶级的力量在立法首次提出时更强大一些，这个问题可能会沿着俾斯麦的路线得到解决。但即使最初的措

---

\* 卡尔·考茨基对农业资本主义展开了系统研究，见其著作《农业问题》的第一部分"资本主义社会中农业的发展"。

施仅限于依赖受雇就业者，之后肯定也会发生变化。德国模式下针对工人的缴费型保险不可能扩展到大企业范围之外。在瑞典，小雇主和农场主是一股强大的力量，他们能够比波罗的海对面的同类更坚决地抵制缴费型融资。布兰廷承认，社会民主党已经改变了立场。他们现在不再支持仅限于工人的倡议，更倾向于一种普惠主义方案。乡村大众阶级的发展壮大——通过最近的选举改革增加了代表性，体现出全民性社会政策得到了广泛接受。瑞典不像德国或英国那样是一个工业化国家，小型独立经营者在需要帮助时同工薪阶层一样依赖于贫困救济。只关注工人的社会保险忽视了其社会结构的特殊性。

布兰廷接受了普惠主义改革的必然性，然后指出了在全民性体系中为工人争取公平待遇的困难。协调乡村贫困人口和工薪阶层之间的利益关系是很棘手的。国家对养老金的补贴应根据个体成员支付的保费进行分配，换句话说，对城市群体的补贴应当高于乡村群体。取消市政补贴，给工人发放的养老金额度不比农民的高多少，这已经是一种倒退了。全民性保险很难在高收入和低收入者之间保持足够的差距。改善最贫困人口的待遇不应以牺牲产业工人的利益为代价。[127]

最初，只是出于政治的需要，瑞典社会民主党逐渐被普惠主义和税收融资的政策所吸引，后来，这种社会政策与该党的名字特别地联系在了一起。当北欧社会保险的基本方向在这里初步确立时，其团结的特征是由农场主们的狭隘但坚定不移的诉求所决定的。

\* \* \* \* \* \* \* \* \* \*

根据对福利制度的劳工主义解读，俾斯麦改革是保守的波拿巴主义政策的典型。相反，斯堪的纳维亚的福利制度有着本质的不同，它能够认识到弱势群体对互助共济的需要，并能够将负担从穷人肩上转移到富人肩上。尽管对社会保险发展史的这种劳工主义解读有一定吸引力，但存在着过于目的论的假设，并且错误地将北欧福利制度的卓异特征（普惠主义、税收融资）归因于后来才掌权的社会民主党的权力和影响。事实上，在作出支持团结一致解决社会保险问题的决定时，左翼尚未掌握很大的发言权，而且事实往往是违背其意愿的。独特的斯堪的纳维亚福利制度的基石在19世纪末既已奠定，而不是在20世纪30年代或第二次世界大战之后。

社会保险最早是德国考虑城市劳工贵族的利益而制定的，但这一群体不可能成为艾德河以北丹麦的关注焦点。北欧的养老金制度之所以成为普惠共济型，是因为农场主们拒绝被排除在新形式的法定福利之外。法定福利通过政府税收而不是保费融资，这样一来，乡村地区预期支付的资金将低于其应得的福利份额。国家补贴的社会政策并不比它所依赖的财政基础更好。将20世纪福利措施的进步性（通常值得怀疑）归因于早期，是误解了当时以税收和福利改革为幌子的阶级之间斗争的性质。在至少提出社会成本再分配可能性的累进所得税和财富税时代到来之前，贫困救济往往由农场主支付的地方土地税来承担，中央政府采取的由间接消费税资助的福利政策减轻了农场主承担的济贫开支。在这一时期，由国家融资的社会政策远非试图通过承担费用的能力来分摊成本，它是乡村和城市精英之间长期争执不休的一个因素，这个争端的解决使得农场主能够将负担转移给他们的对手。

左翼最终接受的普惠主义和税收融资方式，成为北欧社会政策进步和团结的特征。[128]然而，当斯堪的纳维亚国家第一次选择这条特殊道路时，那些观点是由新兴农业资产阶级出于自身的特殊原因而提出的。20世纪30年代后期的社会民主党只是继续了这一发展过程，而不是北欧社会政策的创造者。这样的结论可以让我们对北欧福利制度的卓异特征进行实事求是的评估，这些特征既不依赖于斯堪的纳维亚那些说不清道不明的独特美德，也不诉之于社会民主党在这些小资产阶级发达的欧洲国家的发展。美德的起源被证明是世俗的。一个时代的团结互助源于另一个时代的自私自利。

# 插叙　故事才得以继续

在这本通过福利政策体现社会团结的书中，一个世纪有五个国家，从俾斯麦到撒切尔夫人，从宪法到石油危机，若要同样详尽地讨论，最有耐心的读者也会感到精神紧张。谢天谢地，此类牺牲是没有必要的。就这个主题来说，斯堪的纳维亚半岛的意义重大，以至于社会解读在很大程度上依赖于它的经验，尽管存在着误解，其他国家的早期历史并不享有这种声誉。直到"二战"后出现了巨大的改革浪潮，追求明确的团结式政策才影响到英国、德国和法国的福利改革。对于研究这种改革方式的起源来说，19世纪的斯堪的纳维亚半岛是值得考察的，而着眼于其他地方的战前时期将不会有什么收获。社会政策的基调是在早期立法倡议中确定的，后来的大多数改革，直到20世纪中叶，均属于法律编纂，在有些情况下是对早期倡议的扩展和阐述，但是很少从根本上开拓新的方向。

一个主要的新发展与失业问题有关。失业现在被视为一种可保险的风险，首先在英国实行，后来在德国。[1]虽然失业保险是社会政策的一项重要演变，但对本书的主题几乎没有什么启示。这类立法最初的定义限于工薪阶层，一开始仅限于体力劳动者。[2]其条款表述的争议揭示出一个阶级相对于其他阶级的力量，一个特定群体可以从整个社会攫取什么。它所提出的再分配问题涉及的范畴是补偿，而不是团结。就一个特定群体而言，与潜在的普惠主义措施相比，失业问题在政治上同其他特定的社会措施（补贴、关税）有更多的共同点，因而此处考虑的立法吸引力是含混不清的。这种局部利益的改革可能会考验某个群体的实力，或许是在更大范围内谈判的一个因素，但它们只能模糊地阐述团结的问题。出于这一原因，本书略去了失业问题，并非因为它无关紧要，而是因为它对于总体论证来说既不矛盾，也不是必须包括的。

下面几章的大部分内容涉及"二战"之后发生的明显和真实的社会政策革命。贝弗里奇和北欧的改革似乎标志着根本性的改变，不仅在社会保险问题上，而且在更广泛的层面上，包括依赖援助和公民身份的关系，贫困和应得权益的关系，以及需要和权利的关系。这里简要描述几个国家的社会政策发展，包括德国、英国和法国（其社会政策体现了现在改革者们旨在结束的方式），试图将19世纪斯堪的纳维亚的团结式福利起源及其战后的延续发展衔接起来。

## 德　国

俾斯麦的立法定义了社会政策的一个极端，同北欧对农民利益的关注相距甚远。他的目标是让国家来解决产业工人阶级的需求。养老金立法只涉及城市工薪阶层，出于有些矛盾的各种考虑，不将自雇人士包括在内。生意惨淡的自雇人士虽然和工人一样贫困，但他们的人口数量少，不足以为政府干预提供正当的理由。贫困的独立经营者和自力更生者之间的界限也过于模糊，无法准确地进行统计。不管怎么说，这类人没有雇主的帮助，很难负担得起保费。[3]德国采取与工资挂钩的福利也是出于关注工人阶级的考虑。最初提出的对乡村地区有利的统一费率方式很快就被摈弃了，取而代之的是同地理区域内平均收入挂钩的福利。[4]即便如此，面对城市利益集团的抗议，这种做法还是不够令人满意，因为按地区划分意味着毗邻而居的工人们虽收入不同但可获得同样的福利。一旦被迫加以区分，政府便决定按地理区域划分福利等级，这是出于行政上的便利，是对缺乏足够工资统计数据的一种反应。[5]

然而，事实证明，这种考虑与相关的利益集团并不匹配。社会民主党人抱怨说，通过划分区域的方式，技术工人获得的福利跟日工一样，这是不公平的。他们有点自卫地坚称，对劳工贵族的关注同正确理解社会主义平等观并不矛盾。均等化不是他们的目标。[6]其他人一致认为，为平息不满情绪，社会保险应让城市技术工人感到满意。一般来说，福利的差别化也是一个地区性问题，是高工资地区的代表所提出的要求。[7]面对这种抗议，政府默然接受了以工资类别划分取代按地理区域划分，尽管存在政治凌驾于行政之上的困扰。[8]

通过社会保险实现社会和谐的期望在融资问题上得到了明确的体现。人们希望融资教会工人谨慎和节俭，同时确立他们按照规定应得的福利。同时，国家提供的补贴体现对无产阶级福祉的关怀。[9]然而，俾斯麦在这一点上遇到了阻力，颇具讽刺意味的是，它恰恰是俾斯麦的目标中最具波拿巴主义的部分。就工伤事故保险而言，他意识到，随着德国规划出新的福利体系，出口行业需要一定的帮助才能成功地同仍然没有福利负担的外国对手竞争。[10]关于由政府提供补贴，他得到了不愿独自承担工伤事故保险的中小企业的支持。这些企业有的是因为工作条件差，有的是因为劳动力密集，还有的则是考虑安全生产或是出口导向。[11]重工业的贸易保护主义者们，一方面欢迎通过工伤事故保险制度将其风险分散到更大的社区；另一方面也有能力承担纯粹的缴费型融资，因为他们不担心其产品在国外市场的定价。他们希望限制国家的干预，因而反对由国家提供补贴。[12]在这一点上，他们的影响占了上风。

然而，到了讨论养老金问题时，情况已经发生了变化。重工业家们对无法更彻底地影响整个改革进程大失所望，因而对社会保险丧失了兴趣。[13]当意识到公共资助的养老金能够减轻贫困救济的负担，曾经反对国家对工伤事故保险进行补贴的民族自由党（National Liberals）和其他中间党派开始摇摆不定。[14]正如在斯堪的纳维亚半岛一样，在实行累进所得税之前的年代里，国家补贴的模糊优点至少在议会辩论中产生了一种再分配融资的错觉。用财政手段支付社会保险引起了德国中央党（Deutsche Zentrumspartei）和德国自由党（Deutsche Freisinnige Partei）的不安。贫困救济是通过直接税收来资助的，而国家补贴靠的是递减的间接税收。随之而来的是，社会保险的接受者将为自己的福利供资，或者更糟——不属于工人的普通公民不仅不包括在社会保险的范围之内（与北欧制度不同），还将为劳工阶层支付福利开支。[15]

社会保险并不是由劳工运动发起的，而是出于保守主义思潮的意图。社会民主党起初更关心的是保护工人而不是资助工人，他们赞成英国首创的那种劳动法，但遭到了俾斯麦的拒绝，理由是它将给雇主增加负担且无任何社会保险的优势。[16]社会民主党反对俾斯麦的提议，因为它所给的福利很吝啬，工人在社会保险的管理部门中代表性不足，而且最主要的是，他们代表的是上层。[17]与自由党和中央党不同，左翼倾向于让国家扮演重要角色，并通过累进税获得慷慨的公共补贴。尽管如此，社会民主党从未断然否决由工人缴纳保费，即使是工资极低的人，因为工人参与管理的要求建立在其缴费的基础之上。[18]

# 英　国

　　追溯英国社会保险的发展历程比较复杂，因为它摇摆不定。在养老金方面，英国人首先效仿新西兰和丹麦的非缴费型普惠主义福利制度。然而，1908年，王室尚未来得及签字批准，改革者们就为俾斯麦的缴费型工人社会保险所吸引，开始朝着相反的方向推进。他们在1911年的《国民保险法》（*National Insurance Act*）中表现出最真诚的恭维，将德国奉为英国发展的圭臬，直到贝弗里奇再次采取新的策略。1908年的养老金倡议与俾斯麦模式的不同之处在于，它与斯堪的纳维亚社会保险有着共同的特点。下面逐一介绍这几个特征。

　　非缴费型保险：英国工人具有相对较高的生活水平，这使得该民族建立了自助的传统，它在社会保险问题上面临着两项任务：一是援助依赖济贫施舍的赤贫者；二是与强大的自愿供给机构谈判，寻求变通措施。[19]接近19世纪末，友助会（Friendly Societies）*对倡议法定福利的敌意有所减弱，原因是相互间的竞争加剧，成员寿命的延长导致额外的开支，使他们的财务状况逐渐受到影响。[20]现在他们比较愿意让国家扮演一个角色，尽管如此，他们还是拒绝了一种依赖工人阶级保费的缴费型方法。[21]俾斯麦试图安抚城市的劳工精英阶层，但在英国，由于工人贵族已享有很好的待遇，因而社会保险的目标是缩小贫困救济的范围和帮助最贫困的人。[22]由于最初的动机是帮助赤贫者，缴费型方

---

* 友助会（亦称福利会、互助社、慈善会、兄弟会组织等）是一种以保险、养老金、储蓄或合作银行为目的的互助协会，由为共同的财政或社会目的而联合起来的一群人组成。在现代保险和福利制度出现之前，友助会通常根据成员的宗教、政治或贸易背景向他们提供金融和社会服务。

法不具优势，为此涌现了一些建议，尤其是坎农·布莱克利（Canon Blackley）的创议，旨在组织那些不知节俭的人实行强制性自助，将维持费用从资助公共援助的纳税人身上转移到需要帮助者自身。[23]这类方案只有基于下述假设才合乎情理，即接受贫困救济的人跟真正穷困潦倒的人不同，他们实际上可以被迫存钱来支付保费，只不过是缺乏责任感而已。提倡非缴费型解决方案者意识到这是行不通的，帮助最贫困者需要来自外部的资源。

普惠主义：由于英国的社会政策不具有俾斯麦的那种政治目标，因而没有理由将其限于某个特定的社会群体。如同贫困救济，其目的是帮助取代针对穷人的非缴费型养老金，而不管他们属于哪个阶层。然而，像在"二战"之后那样，将福利给予所有穷人尚不意味着给予所有的公民。反对非缴费型养老金的一个主要理由是提供养老金的成本太高，即使是对富人来说。查尔斯·布思*赞成采取完全普惠主义措施，并试图通过一种方法减少富人的领取，即强迫所有的人（倨傲绅士和乌合之众）都到邮局排队领取福利，料想富人会对现身那种场合感到羞耻从而放弃领取。[24]最终选择了一种较复杂的解决办法：通过资产测查限制全民性福利制度的开支。

统一费率福利：在一定程度上，采取统一福利是出于对行政管理可行性的考虑。在1880年的《教育法》（*Education Act*）显示出实施效果之前，英国无法像德国那样招募足够的称职人员来推行俾斯麦式的同收入挂钩的福利计划。[25]即使在劳埃德·乔治（Lloyd George）之后，福利在1911年被改为缴费型，它基本上仍是统一费率的。因为现在的大病保险

---

\* 查尔斯·布思（Charles James Booth，1840—1916），英国船主、社会研究者和改革家，因对19世纪末伦敦工人阶级生活的创新慈善研究而闻名。

同养老金一样，是为了帮助最贫困者，而不是为了确保工人阶级的标准，所以达到一个统一水平就足矣了。相比欧洲大陆较为分化的社会，单一民族的英国在统一费率问题上引起的争议要少一些。德国工人阶级拒绝为涵盖内地穷乡僻壤而制定统一福利，而斯堪的纳维亚的农场主青睐统一福利恰恰是为了获得城市具有的再分配优势。

劳工运动最初和友助会一样对国家的法定干预持怀疑态度。[26]它仅支持具有以下三点特征的措施：有利于工人（不限条件）；将再分配资金发给穷人；赋予国家最少的审查权。[27]其目标不是社会政策（通过按需分配资源来削减雇主发放的工资），而是保证工人在生活的各个阶段都有足够的收入。直到后来，工人阶级才逐渐地相信社会政策可为自己带来好处，而工党最终成为在这些问题上最坚定支持国家干预的政党。[28]

从某种意义上说，正是阿斯奎斯（H. H. Asquith）和劳埃德·乔治成功通过累进税为非缴费型养老金融资，使得英国的社会政策急剧地转向缴费型。由于他们已经为穷人争取到了中产阶级和上层阶级的帮助，显而易见，任何进一步更多地索取金蛋的做法在政治上都是很难通过的。如果想进一步扩大社会保险，接受福利者自己将不得不直接帮助支付。贝弗里奇在这点上是一名忠实的追随者，尽管他后来在其他方面带领福利政策偏离了俾斯麦模式。相反，劳埃德·乔治在1908年夏末著名的德国朝圣之旅后，转为赞同缴费型方法。[29]左翼只是犹豫地跟在自由党的后面。尽管非缴费型方案有不足之处，但许多人仍然反对让工人为自己的福利买单。[30]待到1924年第一届工党政府总理菲利普·斯诺登（Philip Snowden）站出来支持缴费型解决方案时，税收融资的替代方案对左翼已失去了大部分的吸引力。[31]

# 法　国

在1945年令人振奋的改革尝试之前，法国在福利制度方面一直是个追随者。不过在某些时刻它也起了带头作用：1850年建立了国民退休基金，1868年建立了工伤事故保险基金。[32]俾斯麦声称从拿破仑三世那里学到了一个秘诀，即运用社会政策来赢得大众的好感。即使是对于一个政治上悭吝的政权来说，在这件事上徒弟很快就"青出于蓝而胜于蓝"了。法国仅在家庭政策方面开拓了新的方向。部分原因是出生率的降低似乎将导致可怕的经济和地缘政治后果。另外的原因是，法国的雇主发现这是一种有针对性地运用资源的手段，它比全面加薪更节俭。[33]教会关于公平工资的教义，以及社会天主教（Social Catholicism）*总体的教义，对这类改革产生了影响。不过，在其他方面，法国福利制度的发展比邻国要落后好几十年。

造成发展相对迟缓的原因是多方面的。其中最为模糊的是，自由主义和个人主义的传统限制了法国的政治本能对国家的预期。在第二帝国之后，19世纪末的共和主义将对强大中央权力的不信任提升到了原则性领域。[34]在这个意义上，第三共和国的僵持社会（各种力量交织、不分胜负）同俾斯麦帝国的国家社会主义几乎是截然相反的：在德国，干预主义国家提出的社会政策替代政治改革；而在法国，政治改革是在假定基本的社会和经济问题已经解决的基础上实现的。[35]支持甘贝塔（Léon Gambetta）的新阶层（中产阶级）不赞成国家干预，工人们也不信任干预措施。法国的劳工运动，除了因抱怨不休、内部分裂而阻碍了自身影

---

\* 天主教重要的社会运动之一，可追溯到19世纪，是天主教会对资本主义的回应，它组织工人并敦促个人根据教义改造社会。

响力之外，还受到工团主义的侵染，他们寻求国家干预之外的解决方案，而不是像莱茵河对岸的拉萨尔信徒（Lasallians）那样依靠国家。不管怎么说，通过对付左翼以及代表社会改革可能施加的任何压力，梯也尔（Adolphe Thiers）和加利福特（Marquis de Galliffet）已经结束了巴黎公社，他们采用的强硬手段使俾斯麦的反社会主义法律在相形之下显得温和了。

从这一时期开始，法国在福利政策上倾向于较少地依赖国家，更多的是提供一个法律框架，公民社会的参与者在其中采取各自的策略。国家拒绝大量参与支付社会保险即是一个例子。[36]且不说提供更完备的税收融资，连补贴从来都不大可能。从国家直接调解转向公民社会自行运作，再分配之争未被掩盖在评估、收集和分配资源的法定机制背后，而是表现为相互竞争利益之间的尖锐冲突。在1910年或是1945年的有缺陷改革之后，中央政府均无力强制人们加入养老保险体系，充其量只是一名试图执行规则的公断人，但往往过于软弱，无法阻止最强大、组织最完善的群体在竞争中持续地获益。

法国工业化进程的悠闲步伐降低了强调城市工人阶级需求的必要性，也减缓了福利制度的发展速度。[37]譬如，1898年的工伤事故责任法与丹麦的版本相似，比较温和节制，不像德国和英国法律中的措施那样能够适应紧迫的需要。直到1958年法国才推出失业保险，部分原因是法国的半工业化经济存在许多独立经营者，这一问题长期以来不那么迫在眉睫。[38]当许多工人仍与乡村有联系或渴望成为自雇者时，不急需一种养老金制度来发挥作用。因为保费可能给小资产阶级带来负担，所以缴费型社会保险经常遭到反对，小雇主们则尤其抵制法定福利干预。[39]

在小资产阶级（第三共和国的社会支柱）眼中，福利立法代表了一种不受欢迎的侵犯。正是他们的力量，延缓了法国现代福利制度的发展。[40]
法国农民不同于北欧的农民，后者在传统上与开明君主结盟对抗共同的
贵族敌人，前者则在反抗国家的斗争中取得了最显著的胜利。斯堪的纳
维亚的农场主可能在政治上是自由主义者和自由贸易者，但他们需要而
且不羞于争取国家的援助。[41]在第三共和国陷入僵局的社会中，尽管有安
全地隐藏在高关税背后的《科布登 - 谢瓦利埃条约》*，只要保护主义依然
是神圣的，法国小资产阶级便不再依赖国家。在斯堪的纳维亚，中产阶
级通过国家赢得了重大的社会政策改革，作为自身权力上升的标志。在
法国，经历了第二帝国之后，新生阶层通过限制国家的权力来表达诉求。

只是到了世纪之交，法定倡议才有了足够的必要战胜反补贴的力量。
其中一个结果是1910年的养老金法。它是一次蹩脚的妥协。[42]将乡村和
城市的工薪阶层都包括在内，反映了乡村的重要性，但由于不再强制农
场主和佃农参加，它不能同斯堪的纳维亚半岛取得的普惠主义成果相媲
美。同其他地方一样，社会保险因其能够减轻公共援助的成本而受到欢
迎，它通常通过更多的累进税供资，甚至超过了非缴费型的税收融资。[43]
根据精算供资的福利容易受到通货膨胀的影响。缴费卡令工人们联想起
工作历史记录簿。许多雇主拒绝从工资中扣除保险费。当法院赦免了拒
付者的责任时，这一制度实际上就变成自愿参加的了，并逐渐被削弱。

极左派（格斯德主义和统一劳动联合总会）攻击社会保险完全是用
蝇头小利来讨好工人。温和的劳工运动拒绝了缴费型原则，理由是这迫
使他们二次支付本应属于他们的东西。[44]让·饶勒斯（Jean Jaurès）勇
敢地迈出了第一步，并拉上国际劳工组织法国分部一起为养老金保险而

---

\* 《科布登 - 谢瓦利埃条约》（*Cobden–Chevalier Treaty*）是英法两国于1860年1月23日签
署的自由贸易协定。

战。[45]德国的榜样在法国不如在英国影响力大，因为法国人仍在舔舐领土被割之创伤。直到阿尔萨斯和洛林在第一次世界大战后回归了法国，才使得学习外国成为必要。这些省份保留了德国建立的社会政策，回归后令法国人感到自愧不如，迫使他们在全国实行同等的政策。[46]到1930年，法国人足以与俾斯麦并驾齐驱，建立起了社会保险系统的基本框架。随着法国的工业化程度逐渐提高，工人的社会保险变得日益必要。新的制度仅限于涵盖收入低于一定标准的体力劳动者，而且既无工伤事故保险，也无失业保险。起初包括了农场主，但当他们坚持不同职业分别安排并要求提供很多个人选项时，就又被排除在外了。[47]缴费和福利的百分比与工资挂钩。国家提供了各种小额补贴。

* * * * * * * * *

福利政策最初采用的不同形式，在很大程度上，取决于各个国家的不同社会和政治背景。德国的解决方案同斯堪的纳维亚的差别最大。出于对难以管控的工人阶级的忧恐，俾斯麦采取了政府干预手段，而田园般的北欧则没有这种紧迫感。俾斯麦的社会政策对无产阶级的特别关注鼓励了一种缴费型方案。税收融资意味着代表工人来争取其他人的援助，因为资金来自比保险所涵盖的风险池范围更大的社区（在德国）。中产独立经营者为什么要为城市无产阶级买单呢？在斯堪的纳维亚半岛，普惠主义和税收融资是齐头并进的，因为社会保险远非关心一个令人担忧的少数群体，而是一个现在占主导地位的社会群体代表全社会强制执行的要求。由于所有人都包括在内，缴费型融资对于分配负担来说不是必要的。在另一种情况下，当社会保险不是所有人都关心的问题，而是侧重于特定群体，那么就像工伤事故保险一样，既不可能提供税收融资，也不可能将涵盖范围扩大到全民。如同北欧国家，德国的出口企业和小型劳动密集型生产商也青睐国家补贴和税收融资。与斯堪的纳维亚半岛不同的是，面对新生的产业工人阶级，这里的小资产阶级太软弱，无法在竞争中获胜。德国的融资系统基本建立在自身的基础之上，与它营造的保险体系相匹配——主要针对产业工人及其雇主所关注的问题。德国选择的同收入挂钩的福利也最适合于城市劳动阶层。事实上，斯堪的纳维亚福利制度的特征——后来被视为具有显著民主社会主义性质，首先是由社会政策所面临的任务决定的，而以国家主义为导向的农业资产阶级正在成为社会的主导力量。俾斯麦体系的所谓保守性质，反而是源于它对产业工人阶级的关注。

英国和法国处于上述两个极端之间。在英国，自助的传统塑造了法律条款。养老金最初被定为非缴费型和普惠主义的，目的是减少与友助会的竞争，因为社会保险的目的是让那些理应得到帮助的穷人免于依赖贫困救济。在法国，反对国家干预的小资产阶级阻碍并限制了福利政策的发展，充其量只允许稍微模仿一点俾斯麦的经验。直到"二战"时和受贝弗里奇激发而掀起改革浪潮之时，法国才准备就绪，着手实施社会政策计划。正是随着这一发展，从被希特勒摧毁的世界灰烬之中，福利制度以一种新的、显然是团结的形式涅槃重生，故事才得以继续。

# 第二章　英国和北欧：福利制度的胜利

对于当代人来说，第二次世界大战标志着欧洲社会发展的一个转折点，这一时刻经常与危机和动荡联系在一起，当时，"社会契约被重新制订了"。[1] 就在那个仿佛是至暗的时刻，人们表达了对美好未来的憧憬。罗斯福提出的"新四大自由"*点燃了一盏灯塔；贝弗里奇在1942年发布的平等社会变革蓝图作出了更具体的表述。在敌对状态结束后的第一轮改革浪潮中，重大创新的承诺似乎是真诚的。最乐观的看法是，英国和平地经历了一场社会主义革命。[2] 斯堪的纳维亚半岛发起类似且影响更为深远的倡议，以及法国和德国采取的改革尝试，证实了支持团结式社会政策的大趋势，这显然是在战争期间诞生的民族团结的最重要彰显，现成为和平时期的一个特征。[3]

新的社区意识最明显地体现在普惠、平等、全面的社会保险计划中，"社会保障"（social security）一词体现了这一目标。[4] 改革者设想建立一个将全体公民团结起来的制度，无论阶级、命运或生物学上的区别，所有的人都平等地承担每一种风险。1941年《大西洋宪章》最初提出了在战后全面建立社会保险制度的愿景，1944年国际劳工组织在费城大会上通过了有关决议，各国制订了一系列的具体计划，譬如英国的贝弗里奇

---

\* 即言论自由、信仰自由、免于匮乏的自由和免于恐惧的自由。

计划、加拿大的马什计划（Marsh Plan）、美国的瓦格纳-默里-丁格尔法案（Wagner-Murray-Dingell Bill）、比利时的范·阿克尔计划（van Acker Plan）、荷兰的范·瑞金计划（van Rhijn Plan）、法国的帕罗迪-拉罗克-克罗伊扎特计划（Parodi-Laroque-Croizat Plan），以及意大利的阿拉戈纳计划（D'Aragona Plan）。1948年联合国《世界人权宣言》也正式宣布，最雄心壮志的普惠主义社会保障的目标是，保护所有遭受不幸和需要帮助的人，保证全球新政（New Deal），完成人类解放的进程。[5] 社会保障之于社会保险的意义，正如贝文之于俾斯麦。使自由主义现代化，社会主义温和化，战后改革的目标既非社会革命，亦非改变不公平的现存秩序，而是要界定平等的基本条件，使自由变得更加公平。

托马斯·汉弗莱·马歇尔在剑桥大学的演讲中用不太抽象的术语将这个理念崇高化了。贝弗里奇的妻子珍妮特（Janet）领会了它的含义。"不管你是否喜欢它，"她宣扬说，"无论你是否对此感到高兴，《贝弗里奇报告》是一种人与人、人与国家的新关系的开端，不仅在这个国家，而且是在全世界。这个计划体现了四海之内皆兄弟的道德准则，将由社区的每一个成员代表自己及其同伴来执行。"[6] 战后的这一重塑震惊了许多同时代人，标志着福利制度性质的重大变化。福利政策曾经受到波拿巴主义和俾斯麦目标的引导，试图用社会政策来取代政治改革，但是现在，人们普遍地同意，赋予社会权利不应偏离人类解放的目标，而应完成这一进程。接受援助的不幸群体将获得平等对待。贫穷和需要帮助的人不再被排除在共同体正式成员之外。早期的社会政策是源于精英对社会稳定的期望和资本主义的职能要求，或者充其量是无产阶级和资产阶级激烈斗争的结果，现在，在福利制度问题上，社会似乎形成了广泛的共识。

人们提出了两种潜在相互矛盾的解释来分析战后的这一巨大转变。第一种解释扩展了社会解读。战争及其政治后果使英国和斯堪的纳维亚的工人阶级获得了更大的影响力，从而形成了团结式社会政策。相反，法国和德国左翼的失败解释了为什么同样的平等主义改革在战后初期未能成功。然而，这样看似无痛地实现"社会主义"目标，是如何做到的呢？艾德礼和贝文的倡议巩固了工人阶级和福利制度之间的关系，与此同时，对社会政策改革达成的广泛共识却似乎削弱了这种关系。对战后巨变的第二种解释认为，左翼可能起了推动的作用，但上了润滑油的大门实际上已经半开了。中间和右翼政党史无前例地同改革联系在了一起，对此最好的解释似乎是战争促成了普遍的共识。战争使得更大范围的国家干预成为必要。[7] 敌机的狂轰滥炸彻底摧毁了布卢姆斯伯里（Bloomsbury）和布里克斯顿（Brixton），在心理上为更广泛地分担风险打下了基础。[8] 在英国，战争时期的共识不过是温和的社会主义者和改革的自由主义者在渐进发展上达成协议的顶点，至少自20世纪30年代以来。[9] 马歇尔理论不过是自由主义公民身份理论的最新代表，它指出，所有人都被赋予了道德上的平等地位，假如不是收入平等的话。[10] 无论是源于新法团主义趋势，还是托利党的家长式管理传统，保守党也被推动接受了由国家发挥更大的作用。[11] 在瑞典，自由党朝着接受更多法定干预的方向稳步前进，并将凯恩斯和贝弗里奇视为典范。[12] 即使是这里的保守党，也在新式的法定社会政策中开发出了显著的实际利益。[13]

现在很少有人提及蒂特穆斯对战争影响的分析了，但它在相当长的时间内颇受赞赏。问题是，他在多大程度上作出了解答？如果仅是为社区的心理—政治意识所推动，中产阶级会接受与其利益相抵触的措施吗？[14] 有什么其他动机促成了这种明显的共识？有些人认为，资产阶级是因为害怕战后局势的动荡而同意改革。[15] 尽管这种新波拿巴主义妖魔化了中间和右翼政党的忧虑，但关注战后成功变革的保守或至少温和的目标确实有助于解释他们的和解态度。需要解释资产阶级政党在改革中产生的利益，证明了社会解读的持续生命力，以及它在强大的工人运动和团结式福利政策之间建立的特殊纽带。人们仍然认为，中产阶级从社会政策中获益甚微，通常会抵制它的扩展。尽管这种情况在早期和其他时期可能存在，但在战后的变革中并非如此。如同所有福利政策的目的——处理不平等的影响而不是其肇因——盎格鲁－斯堪的纳维亚的倡议没有满足左翼的最激进要求。但是，仅仅从没有令人不安的野心来解释他们的成功是不够的。战后不久，资产阶级政党也出于直接的、积极的自身利益，发现了支持改革的迫切理由。

在社会解读中，战后的改革标志着一个转折点，从曾经是一个阶级向另一个阶级乞求施舍变成了每个人潜在需求的团结式表达。正是在这一时期，斯堪的纳维亚半岛以及英国（相对不太成功），建立了所谓社会公民身份制度（Social Citizenship State），实现了马歇尔的愿景，即赋予所有人平等的社会权，享受基本的安全保障和福利，不分阶级或社会地位。[16] 社会民主党就再分配政策达成了广泛的共识，建立了工人和中产阶级的联盟，相比主要针对穷人的保守的施舍措施，其福利制度的政治基础更为稳固。[17] 从这个角度来看，普惠主义和全民性是盎格鲁－斯堪的纳维亚福利制度的一个关键特征。贫困者不再是唯一需要帮助的边缘化群体。那些付了钱却未从社会政策中获益者进行抵制的可能性降低了。[18] 普惠主义似乎是左翼力量将不幸者的需求转化为社会大多数人共同利益的结果。[19] 因而，关于为什么团结式平等福利在某些国家取得成功而在其他国家遭到失败，就可以通过工人运动和左翼的不同命运及其确定改革基调的能力来解释。

接下来的两章考察战后团结式福利改革在英国和斯堪的纳维亚的成功，以及它在欧洲大陆的失败。[20] 所得出的结论与社会解读不同。战后重要立法的普惠主义特征并不仅是或主要源于左翼的力量，实际上，也源于资产阶级在全民性社会政策中发展出的直接或间接利益。不仅社会民主党人通过将每个公民包括在内巩固了对团结式措施的政治支持，那些传统上被排除在福利之外的人现在同样也看到了成为国家慷慨赠予受益者的机会。相反，明显相似的倡议在欧洲大陆的失败并不是因为左翼的无能，而是由于改革方案表现出了激进的再分配野心。法国和德国的措施没有让中产阶级受益，而是有意识地以牺牲富裕阶层为代价来帮助最贫困者，从而引发了抵抗而导致失败。在英国和斯堪的纳维亚半岛，正是那些毫无伤害性甚至有意让资产阶级受益的改革内容，解释了它们轻松取得成功的原因。在这里，团结式福利的胜利确实是社会政策演变的标志，从对穷人和边缘人的有限援助形式转化为一种作为公民身份的受益地位；从紧急救助（资本主义前线后面的"救护车"）转化为现代生活的日常必需供给。在这个社会中，一个人是需要帮助还是能够自力更生是很难预料的，所有的人都可能在某一天发现自己处于需要众人施惠的境地。尽管如此，这个新的愿景——社会公民身份制度的一个主要元素——的诞生，更多地源于资产阶级政党的影响，而较少来自左翼的力量。[21]

欧洲福利制度如何实现普惠主义改革，同各国在19世纪最初实施社会政策的方式不同有关。一个极端是欧洲大陆，由赋予工人阶级的、缴费型社会保险的传统所界定；另一个极端是北欧的做法：普惠主义的、依据资产测查、通过税收融资的福利。德国和法国最初的立法仅考虑到一些比较不幸的社会群体，限于由就业界定的某些需要帮助的阶层。相反，在斯堪的纳维亚，第一个福利措施即涵盖了所有的社会阶级，但只援助每个阶级中的穷人。英国的发展在这两极之间摇摆不定。因此，战后的普惠主义改革（在此例中体现为养老金）是至少从两个不同的起点出发、通过不同途径实现的目标。沿循欧洲大陆的路线，意味着扩大以前仅限于工人的横向式措施，从而包括其他阶级。在法国和德国，实行这种横向式普惠主义（horizontal universalism）措施很有意义，自雇人士和薪金雇员现在也能参加社会保险了。与此相反，在北方和海峡对岸，横向式普惠主义措施几乎不成问题，因为大多数阶级里需要帮助的人已经获得了法定养老金保险。在英国，此时的改革部分地朝着横向发展，然而已加入保险的工薪阶层在人口中占主导，这意味着，虽然贝弗里奇将所有社会群体都纳入了社会保险，但实际上新增加的成员很少。

由于大多数阶级中的需要帮助者已被包括在内，因而英国和斯堪的纳维亚的普惠主义改革开始纵向扩展，吸引了那些以前不受法定福利关注的人。事实上，盎格鲁-斯堪的纳维亚的普惠主义措施意味着把从前只保留给穷人的资源也分配给了富人。它们通过取消资产测查和放宽收入规定，取消了作为应得权益先决条件的需求，否则富人将没有资格享受针对穷人的福利。支持这种改革的理由多种多样，但最重要的是考虑以下两者间的关系：一个是法定的、基于需求的福利；一个是私营的、无条件的福利。只要给穷人带来的耻辱感不是令人难以忍受，有针对性的福利安排对他们的援助最大。然而，按需赋予应得权益的最大弊端是给自助精神带来的消极影响。自愿购买保险计划降低了获得针对性福利的资格。试图将法定养老金提高到超出最低收入保障的做法令富裕阶层感到不满，不仅是因为要增加税收来为改革提供资金，而且在社会福利供给领域内部加大了对自助者的直接损害。依据资产测查决定的福利越是充足，非贫困群体就越感到被排斥在外。

1946年，当瑞典废除或大幅度减少了资产测查，并引入了普惠主义养老保险时，从这种改革中获益最多的是少数富裕的独立经营者和薪金雇员群体。他们已经拥有大量社会保障或自身的其他收入，因而过去被排除在法定福利之外，其利益的主要代表仍然是中间和右翼党派。所以说，普惠主义是资产阶级政党所青睐的，也是政治对手强加于左翼的。然而，这种情况并未持续太久。虽然社会民主党直到1946年才勉强接受普惠主义，但他们后面的转变并不仅是出于策略考虑。随着战后社会富裕程度的提高，具备了向越来越多的工人提供除法定福利外其他福利的条件；特别是随着补充养老金计划的发展，假设中间和右翼党派未能解决普惠主义改革问题的话，左翼也会将之列入议事日程。

丹麦的改革出现较晚，结果略有不同。在这里，社会富裕程度的提高和自愿保险措施的扩展对全民性养老金起到了增补作用，社会民主党人首先发现了这一点并吸引了大众的注意。丹麦的保守党和自由党着迷一种缴费型方案，认为它是解决资产测查和无条件措施之间应得权益冲突的一个途径，因此，相比瑞典的同党，他们花了更长的时间才表现出对普惠主义改革的兴趣。然而，一旦缴费型方案被取消——原因是政治上不可行，资产阶级政党就迅速转变了立场。他们在1956年的养老金改革过程中进行了激烈的讨价还价，并在20世纪60年代初率先引入了完全普惠主义方案，这次表示反对的是极左派和一些社会民主党人，他们不愿承担大肆滥用社会政策的全部后果。当左翼重新发现自己最初对普惠主义抱有的矛盾心理时，局势已经发生了变化，于是他们坚持要保留一定程度的资产测查，以维护最需要帮助者的利益。

在英国，左翼和右翼都支持全民养老保险计划。在普惠主义问题上，这里的政治和社会利益不像斯堪的纳维亚半岛那么两极分化。贝弗里奇选择统一费率的缴费型融资方案，消除了在社会保险体系内部进行纵向再分配的可能性，有助于化解反对改革的情绪。他的提案在立法机构通过的过程中做了一些修改。这些修改使得新加入的阶层（以前被认为足够安全并可以自助）为自己争得的待遇比贝弗里奇设想的更加慷慨，因而有助于赢得这些人的支持。虽然资产阶级的自身利益以这种方式发现了支持贝弗里奇改革的理由，但与1945年斯堪的纳维亚人相比，工党有更明显的动机来废除按需享有应得权益的条件。针对性福利计划带有的耻辱感直接影响到工党的选民，尽管这种考虑在丹麦也很重要，但丹麦社会自由党\*阵营中的小型独立经营者是急需救助的弱势群体。英国的工人阶级，通过自愿保险措施和不同形式的自助，比北欧人得到了更多的利益，他们有特别的理由要求中止资产测查，否则它将成为获取福利的障碍。[22] 尽管如此，与斯堪的纳维亚同党一样，英国的社会民主党人也受到了困扰，对普惠主义抱着暧昧的态度。[23] 这里的争论集中于基本生活保障，即给予全民福利是否能够保障基本生存需求。国家是否应当确保没有紧迫需求的人也维持适当的生活水平？以福利为目标的社会事业是一种美德，必须权衡是否应该以民族团结的名义将稀缺资源浪费在富裕者身上。

统一费率给予所有人同等的福利，尽管有时被视为盎格鲁-斯堪的纳维亚福利制度所具的格外平等和"社会主义"的特征，但它也是改革的一个特征，仅与工人阶级或左翼有微弱联系。当然，在生活成本低的地区，统一福利最少出现不够分配的情况。而在其他地方，尤其是在城

---

\* 原文为"Radicals"（激进派），此处指"丹麦社会自由党"（Danish Social Liberal Party，丹麦语称 Radikale Venstre，字面意思是"激进左派"）。该党成立于1905年，是从左派改革党（Venstre Reform Party）中分离出来的。

市，则需要实行差别化，以确保所有人实际上得到平等的待遇。在英国，来自外省廉租房地区的代表成功地坚持让贝弗里奇放弃按生活成本划分等级，保留统一费率方式。在斯堪的纳维亚，社会群体和地理区域更加趋于一致，这使得农村群体和自雇人士利益结合起来赞成统一福利，反对支持同收入挂钩措施的城市工人。

在英国和瑞典，推动纵向式普惠主义改革的首要问题是，依据资产测查的法定保障和基于合同的私营保险之间的对立。国家如何能够更慷慨地对待穷人，同时又不诱使其他人放松自助努力，乃至最终也变成穷人并沦入需要救济之列？实际上，赋予全民充分福利的做法，是有意识地预计到了按需福利与无条件福利之间的冲突最终会导致令人担忧的结果。如果资产测查方式持续地挫伤自助意识，那么在最坏的情况下，所有人终将有资格获得针对性福利。相反，若是从一开始就让所有的人受益，那么可能会刺激或至少不会阻碍自助式安排。从这个角度来讲，盎格鲁－斯堪的纳维亚国家的普惠主义改革是一种有意识的尝试，旨在鼓励个人试图自助的努力。保护政策普遍化直接增加了国家的福利功能，其长远目标则是限制国家的干预。这种近乎古典自由主义的动机也有助于解释为什么这类改革吸引了通常对此类努力不感兴趣的某些政党。*

## 英国：“《贝弗里奇报告》仿佛是天降甘霖”

工党的国民保险部长詹姆斯·格里菲斯（James Griffiths）是战后

---

\* 普惠改革令所有人受益，包括那些传统上存钱养活自己的阶层。由于新的福利制度不是依据资产测查（不管多么富有都能得到），故不会影响富人继续储蓄。这意味着它仍然符合自由党促进个人储蓄和自助的目标，因而改革受到了通常反对的自由党的青睐。

第一轮改革立法的助产士。他在回忆录中渲染道："1942年底，战争的至暗时刻之一……《贝弗里奇报告》仿佛是天降甘霖。"[24] 今天回过头去看，1942年11月的局势并不那么灰暗，阿拉曼（El Alamein）战役是"二战"的转折点，轴心国溃败的开始。格里菲斯回忆录后半部的描述也有些夸张，试图证明《贝弗里奇报告》产生的巨大影响。借助精心组织的大规模宣传，该回忆录成为皇家出版局（His Majesty's Stationery Office）的畅销书，也是战争双方宣传战中的一个重要内容。[25] 假如未曾在心理上、政治上引起不同寻常的共鸣，《贝弗里奇报告》不太可能产生如此巨大的影响。当贝弗里奇的委员会被任命时，其授权有限，成功的希望并不太乐观。后来，人们清楚地发现，委员会主席胸怀壮志，打算就英国社会政策的总体结构作出将导致争议的结论。贝弗里奇独自签署了这份报告，并对此承担责任。贝弗里奇积极倡导社会改革已有三十余年，其所持观点一以贯之，委员会里的其他成员、政府有关部委的代表，以及众多论证人，都未能对他产生决定性的影响。[26]

贝弗里奇提出的是一种统一的普惠式社会保险制度。[27] 所有公民都包括在内，按照经济不安全因素及所需保护措施来分类。他的倡议中包括建立国民保健服务体系和提供普遍家庭津贴的构想。养老金将是统一费率的，不经资产测查，达到足以保障基本生存的水平。社保资金由福利系统的成员和雇主提供，并由国家承担一部分，包括绝大多数保险福利的六分之一和国民保健服务的大部分，以及家庭津贴的全部开支。在每一类别中，每个人不论收入多少均缴纳统一费用。针对少数不在保险范围内的，将实施一种现代化和人性化的公共援助。[28] 贝弗里奇的福利计划具有四个特征，并且两次尝试避免最坏的后果。下面将依次考察这四个特征。

## 普惠主义

通过在基本平等的条件下将所有公民包括进去，贝弗里奇把握了全世界改革者关于社会政策的想象力。人们认为，给予所有人福利减轻了穷人接受救济的耻辱感，体现了战时新的平等精神。[29] 关于社会政策的辩论至少可追溯到19世纪查尔斯·布思提出的建议，左翼倾向于采取全民性方式，而保守党则以不必要和浪费财政予以拒绝。到了贝弗里奇时期，这种分歧逐渐缩小。虽然普惠主义改革在国外被效仿时会引起激烈的辩论，但在英国国内引发的争议相对较小。

有两个因素可以解释这种结果。第一个因素是，以前被排除在社会保险之外的社会群体现在被定为融合的目标，以便广泛地分摊负担，这类社会群体在英国的人数比在欧洲大陆要少。受贝弗里奇普惠主义计划影响的新成员分为两类：一类是独立经营者和"无薪就业者"（not gainfully employed，这是官僚部门对不需劳动者的委婉称谓，诸如贵族和流浪女之类）；另一类是早期因收入超过上限或特殊身份而被排除在外的工薪阶层，如公务员。在英国，自雇人士的人口比在欧洲大陆要少得多，连同无薪就业者一起，总人数仅占受社会立法涵盖的工薪阶层的四分之一。[30] 英国没有像法国或德国那样受到独立经营者抗议之类的威胁。英国的白领和工薪阶层也没有像德国的雇员（Angestellte）和法国的干部（cadres）那样培养出保护自身利益的标准社会自我意识或组织力量。第二个因素是，比起同时代的、引起激烈争议的欧洲大陆改革倡议，贝弗里奇计划的负担再分配目标要温和得多。他提议的再分配效应相当不足为奇，让新加入的群体无甚担忧，其中许多人实际上意识到了被融合进去的好处。保险业所固有的不同群体之间的风险均等，是其计划的一个优点，贝弗里奇欣然接受。不过，除了维持基本生存水平，社会政策不应成为进一步打击不平等现象的舞台。然而，即便是如此有限的意图也引发了再分配的争战。

举例说，农业工薪阶层是一个抱有疑虑的群体，他们担心成为新体系的正式成员后将付出代价。1936年，考虑到该行业的特殊情况（工资和失业率均较低），农业获得了自身的失业保险，使其能够得到福利但缴纳的保费比在一体化风险池中要低。农民拒绝将针对乡村劳动者的独立且便宜的措施与其他工薪阶层的措施进行合并的计划。许多人认为，无论在原则上多么可取，将所有人纳入一个共同计划，让全国收入最低和风险程度较低的职业支付全额保费，这是不公平的。[31] 对其他行业的工人来说，一体化方式（将农业包括在内）意味着在总体上减轻负担，他们不为农民的特殊诉求所动，并说服贝弗里奇采用统一费率方式。[32] 同样，要求工作有保证的公务员为失业保险作贡献对他们不利，但显然有利于更广大的风险群体。因而，工会坚持要求公务员被包括在计划之内，理由是他们有义务通过这种方式来帮助不幸的群体。[33]

对于自雇人士，情况就更加模棱两可了。工会贪婪地预计到将独立经营者包括在内的好处，这令贝弗里奇感到不安，但他劝服工人们以原则的外衣来掩盖想捞好处的本意。工会联盟坚持自雇人士应该加入社会保险，原因是他们当中大多数人的缴费额比获得的福利要多。贝弗里奇反驳说，他们当中很多人其实很穷。工会领导人却不以为然地声称，也许他们在纳税日穷，但在日常生活中并不穷。贝弗里奇显然进退维谷，请求工会不要鼓吹将独立经营者包括在内仅是为了募集他们的保费。这一请求得到了令人满意但不真诚的回应，工会没有提及是因为想多收保费而赞成普惠式社会保险，而是声称：所有的人原则上都应是成员。[34]

工会联盟其实不必担心。对此事有意见的独立经营者最倾向于融合，因为他们认识到，非但不会因为加入社会保险系统受损，反而会获益。

在《贝弗里奇报告》中，丧失工作能力保险（Disability Insurance，或称"伤残保险"）包括了自雇人士，不过又建议在开始支付福利金前有十三周的等候期，以防止欺诈行为。他们当中的富人反对这一建议，拒绝造成行政上的麻烦或导致较穷的成员无力支付全面涵盖的保费，从而阻碍他们与工薪阶层的完整融合。[35] 这些自雇人士希望打消人们对可能出现作弊的顾虑，承诺说，让他们加入社会保险将会有利于发挥制度本身的财政优势。零售业委员会（Retail Trades' Committee）的发言人坚称，自雇人士之所以要求成为正式成员，并不是因为他们是一个能从社会保险中获得更多收益的阶层，而是因为他们有着与工薪阶层相似的需求和获得帮助的同等权利。自雇人士是工作勤奋、道德良好的公民，他们是不会有意长期请病假和吃劳保的。[36] 尽管政府对此仍持怀疑态度，但自雇人士不懈地争取。当其中最贫困者按照贝弗里奇的建议申请公共援助也遇到了同样的行政麻烦时，这种阻力便逐渐减小了。[37] 暂时的折中是将等候期缩短为一个月，最终实现了全面的融合。[38]

另一个问题是，是否让以前因收入水平超过上限而被排除在外的工薪阶层加入。贝弗里奇最初倾向于设立收入限制，以避免在富人身上浪费资源。他认为，富人反正不会对基本生活保障金感兴趣。对于实物医疗福利供给（health provision in kind）[*]和养老金，他认可在行政或其他方面不设门槛的优点。而对于失业保险，他提出一个限制，将薪金雇员排除在外。[39] 然而，在1942年夏，小组委员会的一份备忘录说服了贝弗里奇：不应设立工资上限和将一些职业排除在外，否则将损害计划中完美的普惠主义。[40] 既然决定将自雇人士包括在内，就很难以收入或工作条

---

[*] 有时称为"附加福利"（fringe benefits），指的是津贴或额外补贴，不包括在工资中，但具有财政价值。

件为由将其他人排除在外。因此，贝弗里奇最终秉持了一贯的普惠主义精神，接受了（事实上他很欢迎）全面社会保障所允许的群体之间再分配的后果。所有的人，即使是那些风险系数低于平均水平的人，都有义务为每一种风险投保，从而公平地分摊负担。

然而，再分配不应进一步冒险乃至超出这个剩余式措施的水平。贝弗里奇远非在不同的生产主体（土地、资本、管理和劳动力）之间寻求再分配，而是预见到一种购买力均等化——主要是在工人阶级内部，以及不同需求的不同时段之间的横向分配。[41] 他主张的严格统一费率制度——所有人都为平等的福利支付同等的费用，限制了通过税收融资的社会保险体系内的任何纵向式再分配。虽然从原则上讲，税收融资能够让整个社会来帮助穷人，但是，将福利给予所有人甚至包括富人，将财政筹集的资金返回其源头，这种再分配的作用就削弱了。在能够为自己争取到更有利的条件之前，新加入的阶层第一年预计缴纳的费用是可领取的社会保险福利的两倍。他们还将永久性地为已经参保的人提供失业和工伤事故保险。[42] 不过，加上国民保健服务和家庭津贴（主要通过税收来提供资金），甚至在1945年，这些新加入阶层将获得的福利大约仅占其所支付保费的一半。[43] 从长远来看，也是类似的趋势。禁止所有高收入者加入，在短期内有可能使社会保险制度丧失一些保费。然而，如果选择了非普惠主义路线，不支付这些被排除在外的阶层的福利，这种损失将逐渐减少，与实现的节约相比很快就会相形见绌。[44] 从这个意义上说，涵盖全民的改革对新加入的甚至是富裕群体显然也是有利的。

## 统一费率和基本生活保障

贝弗里奇坚持给予所有人同等的福利，使得其计划罩上了一种形式上平等的光环，它常常与社会主义意识形态联系在一起。然而，这种联想含义与他的意图相去甚远。[45]国民最低收入保障的概念体现了贝弗里奇限制法定干预的自由主义目标。[46]与同收入挂钩的类似福利不同，统一费率措施并未影响坚持自助。[47]国内官僚机构发展的相对滞后也使统一费率的行政便利性成为一个优点。[48]此外，长期以来，英国人口的相对同质性使得统一水准的福利在这里比在欧洲大陆更为可行。[49]在统一福利之后，相应地制定了同等保费。通过采取由富人和穷人承担同等负担的统一费率融资模式，贝弗里奇否决了更具深远意义的建议，即完全依赖国家财政的社会保险，或由有经济能力的人支付高昂保费的方式。[50]融资和福利之间这种抽象优雅的对称性胜利，得益于工会忽视了统一费率方式给工薪阶层中最低收入者带来的困难。[51]

基本生活保障原则是统一费率的必然结果。虽然这种福利足够低，因而不会干预自助，但仍然必须满足基本生存需求。为了准确地测算应规定的水准，贝弗里奇和查尔斯·布思、约瑟夫·朗特里（Joseph Rowntree）等人进行了贫困测算，努力寻求一个可接受的最低收入保障标准，即全国性的普利姆索尔线（Plimsoll line）。[52]基本生活保障金引出了成本不同的问题。如果全国各地的物价不统一，福利怎么可能做到既统一又足够呢？通过按地区对福利进行分级，或在统一费率之上有针对性地给予补贴，城乡分割严重的斯堪的纳维亚国家已经解决了这个两难问题。[53]贝弗里奇倾向于反对资产测查，加上英国人对行政精简的偏好，使得英国不可能采取北欧的这种做法。一开始考虑根据房租开支来计算福利，但委员会里的苏格兰代表表示担心：如果这样做，北方最终将会补贴伦敦的高房价。最后，贝弗里奇屈服了。尽管承认基本生活保障金和统一福利之间存在着紧张关系，但贝弗里奇在报告中建议不论生活成本有何差异，一律采用统一费率。为转移人们对这个矛盾的注意力，报告提出了一个希望渺茫的宏伟目标：消除城市拥挤和住房短缺，最直接地解决房租悬殊的问题。这便成了建设工程，而不是社会工程了。[54]

## 资产测查和过渡措施

在福利融资的问题上，贝弗里奇长期以来认同俾斯麦模式。人们对自助的积极态度令他相信，普通公民愿意并且有能力支付保费。[55] 就报告提议的保险福利，国家补贴发挥的作用不大，平均占总开支的六分之一。加上了国民保健服务、家庭津贴和过渡代（transition generation）*的福利费用，公众负担的份额才上升到总开支的一半。即便如此，现在对国家的要求也比从前少了。[56] 缴费型原则的优点之一是应得权益更加明确，减轻了资产测查的威胁。资产测查降低了那些有其他福利供给的人获得法定福利的资格，从而阻碍了自助。[57] 尽管贝弗里奇希望鼓励自助，而且报告表明他打算结束通过资产测查来确定针对性社会保险福利，但事实上，这只是他迂回地得出的一个结论。取消将需求作为获得应得权益的条件只是诸个优先事项之一。给予所有人福利将降低使用有限资源的效率。贝弗里奇的任务是要供养老年人，鼓励节俭或自助，而不是浪费资金，任意发放福利。[58] 同时拥有法定福利和私营保险的那类人，非常支持不根据资产测查来分配生活津贴的办法，但这一办法对于那些已接受针对性补贴的贫困人口几乎没有什么帮助（因而实际上拿不到更多的钱）。出于这种考虑，贝弗里奇最初倾向于把资产测查作为一种必要手段，以控制为新加入的阶层提供养老金的开支。[59]

---

\* 如果必须从头启动一个养老／伤残保险制度，通常会有一个过渡代无法获得福利或全额福利，因为这些人从未交过或未交够保费。

然而，工会最终提供了一个更好的解决方案。为了削减成本，他们提议以退休作为发放养老金的先决条件。设立退休先决条件的好处是工会从20世纪30年代大规模失业中学到的：要求在领取养老金之前必须停止工作，工薪阶层就可能提早退出劳动岗位，为年轻人腾出就业机会。相反，若是不设定退休为先决条件，雇主可能会以此为借口来削减超过退休年龄的老年工人的工资。[60] 贝弗里奇起初对这个方案不以为然。[61] 他坚持认为，以退休作为领取养老金前提条件的做法将剥夺仍在工作者的福利，意味着一种间接的资产测查。[62] 然而，到了春天，财政部发起了一场旨在降低其提案费用的运动，这使贝弗里奇的想象力松动了。[63]

1942年春天，贝弗里奇似乎已经认识到，以退休作为领取养老金的先决条件可以起到与资产测查大致相同的效果，却不会产生令人不快的联想或不幸后果。[64] 贝弗里奇的版本尽管表面上与工会的相似，但其动机是完全不同的。社会保险制度面临的财政问题及预期的战后劳动力短缺是鼓励延长工作生涯的原因。[65] 精心设计的以退休为先决条件可以"一石二鸟"地解决这两个问题。为推迟退休的人提供更高的养老金（尽管是有限的），以使终生领取的福利总额低于直接领取的金额，这样既可节约开支，又可鼓励人们继续工作。[66] 在报告中，贝弗里奇绕了一圈回到原点。他现在这样说服自己：以退休作为领取养老金的条件不是一种资产测查，而是相当于以找不到工作作为领取失业救济金的条件。[67]

从实质上说，以退休作为领取养老金的先决条件重新引入了一种变相的资产测查，针对的是那些超过正常退休年龄却继续工作的老年人。这只是贝弗里奇为节省资源而采取的许多策略之一，限制了普惠应得权益的不合理分配。在分阶段实施该体系的过程中，类似的问题也产生了，包括如何对待现有的社保成员和如何融合新成员。不进行资产测查，立即向所有人发放全额的基本生活保障金，可能会导致过高的成本。目前，多达三分之一的英国老年人未领取法定养老金；而在领取养老金的人中，只有三分之一的人申请了基于需要的补充养老金。贝弗里奇承认，大量老年人是能够依靠自助养老的，没有理由不将这一制度扩大到那些有足够资源的人。但是仍然存在一个问题：为什么要立即给那些从未缴费的新成员和没有需求的现有成员发放全额基本生活保障金呢？出于财政和公平的考量，需要设立一个很长的过渡期，在此期间新成员支付全额保费，而福利只是逐渐地增加到基本生活保障的水平。[68] 在过渡期内，有必要继续向穷人提供基于资产测查的补贴，以防止新近加入的群体获取在很大程度上由社会保险的传统会员资助的福利。[69]

为了限制开支和有针对性地运用资源，贝弗里奇提出设立一个过渡期，加上以退休作为领取养老金的先决条件。退休这一先决条件将仍在工作并有收入的老年人排除在养老金之外，而过渡措施只是逐步将全额福利扩大到新成员和原有成员中不需要帮助者，要求他们付出合理的努力来获得应得权益。政府精算师向财政部解释说，就不需要这种养老金的老年人而言，发给他们任何东西都是一种浪费。由于贫困人口已经得到了针对性补贴，因而政府废除资产测查并未真正地节省开支，而且收益甚微。让从前被排除在外的阶层立即领取全额养老金，意味着主要是付钱给富人。贝弗里奇设立过渡期的目的是限制这些人在加入初期领取任何福利。[70]

## 贝弗里奇之后的计划

尽管贝弗里奇试图限制将稀缺资源分配给不需要的人，但事实证明，慷慨援助的政治吸引力是不可抵御的，即使对以前被视为自力更生的阶级来说。在通过官方机构审议的过程中，在那些首次成为社会保险受益群体的影响下，他的建议被做了一些修改。负责审查该报告的菲利普斯委员会（Phillips Committee）*对贝弗里奇建议的过渡措施提出了疑问。结论是，尽管这种做法很节俭，但是，长期地将全额缴费与减少的福利相结合，在政治上可能会造成尴尬的局面。[71] 财政部的社会政策幕后操手宾利·吉尔伯特（Bentley Gilbert）担心，承诺在未来提高养老金会激起人们要求立即支付全额。凯恩斯同意这个看法，如果不给新加入的阶层福利，政府就无法向这些人收取保费。[72] 基本生活保障原则的命运更不乐观。该委员会认为统一费率的福利制度对英国来说是正确的选择，并不屑地指出，其他国家推行同收入挂钩的做法反映了富裕阶层缺乏自助能力。由于该委员会也拒绝了费率随租金或生活成本而变动，因而基本生活保障的水平无法达到。现在支付福利，不是以绝对确定的最低收入保障标准，而是以普遍认可负担得起的费率，并在少数情况下基于资产测查提供补贴。关于实际金额，委员会基本上遵循了贝弗里奇的建议，在实践中接受了它，但拒绝了其理论依据。[73]

虽然菲利普斯及其同僚对普惠主义抱着某种矛盾心理，但随后内阁委员会试图克服人们对整合适当性的疑虑——在这样一个匮乏的时代，是否应该将所有人，甚至境况优裕的人，都包括在内？[74] 卫生部（The Ministry of Health）积极支持普惠主义改革，尤其是将之作为阶级团结的一个标志。[75] 然而，即使在夸大的表述中，这个问题的模棱两可性也得以显现。一方面，为什么要用纳税人的钱来保护已得到保障的阶层（如公务员）而不是帮助穷人？另一方面，将独立经营者和工薪阶层中的富

---

\* 托马斯·威廉姆斯·菲利普斯爵士（Sir Thomas Williams Phillips, 1883—1966），曾担任英国中央土地委员会和战争破坏委员会的主席。

裕者排除在慷慨福利之外，注定不会受这些群体的欢迎。[76] 政府现在犹豫不决地接受了普惠主义作为改革的一项原则，拒绝了贝弗里奇的过渡措施。让被保险人等二十年才能领到最高福利，同时一直让他们缴纳全额保费，是不可能的。贝文要求立即支付每对夫妇355英镑养老金，甚至包括新加入社会保险的人，这显然是想让目前的社保成员来承担这种慷慨的开支。[77] 通过提供比贝弗里奇所建议的还要高的即时费率，可以满足支持给予老年人优厚待遇的公众情绪，即减轻感到棘手的部长们所说的"要求增加福利的压力"；反过来，又可以解除未来给予更高福利的承诺。

全体内阁成员继续解析《贝弗里奇报告》中交织的细节。[78] 一些人对普惠主义仍持怀疑态度。议长担心下院会拒绝为富人提供保险，财政大臣则不愿给富人发放基本生活保障金，认为这是挥霍金钱。金斯利·伍德（Kingsley Wood）曾写道："百万富翁每个星期都去邮局领取养老金。若非养老金在很大程度上是由一般纳税人提供的，这简直就有点滑稽剧的意味了。"[79] 不过，内阁全体成员现在平息了这种反普惠主义的情绪。社会保险应当包括所有的人，这出于两个理由：一、选择性地发放福利将导致行政上的诸多麻烦；二、战争时期人们的需要和依赖具有不可预测性。[80] 然而，在基本生活保障金方面，内阁是一手给予，另一手又拿回去了。[81] 贝弗里奇曾坚持在过渡期发放低于全额的福利，并继续向穷人提供基于资产测查的补贴，以便给需要者提供充分的保障，同时避免给富人和新加入者不合理的慷慨待遇。政府希望通过立即发放较高的养老金来安抚最后这两个群体，而为了满足这个漂亮姿态的开支，不得不放弃无法承受的给所有人发放基本生活保障金。

工党和工会长期以来一直支持类似于贝弗里奇倡议的改革，并几乎毫无保留地欢迎他的报告。他们赞成基本生活保障原则，按照工会的意思就是让接受补贴者"体面地生活",并反对后来降低福利率的企图。[82]
工党对保险原则的忠诚受到了贝弗里奇派的短暂挑战,后者主张建立一种他们认为更"社会主义"的税收融资制度,但工会仍然坚定地支持统一费率、缴费型方法。[83] 工党和工会联盟均拒绝了贝弗里奇的过渡措施,要求较快地增加养老金额,即使不是立即增加的话。[84]

保守派则对这份报告大声疾呼,并适时地保持静默。昆汀·霍格(Quintin Hogg)组织该党的后座议员于1943年2月成立了保守党改革委员会(Tory Reform Committee),为贝弗里奇争取支持。然而总的基调是在1942年12月由拉尔夫·阿舍顿(Ralph Assheton)领导的一个秘密委员会确立的。[85] 出于对经济健康发展的展望,以及对过于复杂的福利政策前景隐隐的道德忧虑,该委员会的报告批评贝弗里奇的许多建议是铺张浪费和削弱社会团结的。缴费型原则受到欢迎,家庭津贴甚至国民保健服务也被接受了。失业被视为不可投保的风险。医疗服务只应包括自愿参加的富人,但所有人都应缴纳养老保险费并领取养老金。基本生存保障津贴被视为一个无法企及的目标;同收入挂钩的福利也被否决,因为在行政上不可操作。

议会在2月对保守党改革委员会的报告进行辩论之后,联合政府在立法上的进展并不迅速,这是源于一种紧张关系:一方面,丘吉尔对在战争结束并实现和平之前推行改革缺乏兴趣;另一方面,政治上似乎需要履行贝弗里奇的承诺。[86] 普惠主义被勉强接受,但仍被视为一项行政上的麻烦任务,然而公众舆论要求这样做。[87]因此,相比政府的犹疑态度,"白皮书"(White Paper)对普惠主义原则积极地表示赞同,认为这是战争所促进的民族团结的表现。[88] 随着过渡措施和基本生活保障金遭到否决,眼下的目标是争取数额减少但立即支付的福利。由于放弃了基本生活保障金，政府基本上可以按照自己的选择自由地制定费率了。在失业保险和工伤事故保险方面，政府实际上采纳了贝弗里奇的建议，而之所以选定最终公布的养老金标准（已婚夫妇355英镑，个人205英镑），一来是为了取整，二来这是战争前不久由工党提出的。政府期望这个金额比武断的选择更能获得广泛的支持。[89]

以这种慷慨方式对待新成员是否恰当呢？围绕这一重要问题，官僚机构内部展开了最后的激烈辩论。贝弗里奇委员会的干事切斯特（D. N. Chester）担心，取消过渡期的措施意味着给新加入的人提供福利（他们几乎还未作贡献）。[90]切斯特回忆自己当初说服贝弗里奇引入这类措施时发挥的作用，以此赢得了凯恩斯的支持。然而，即便有凯恩斯的支持，力度仍不够大，他当时的精力肯定集中在建立布雷顿森林体系（Bretton Woods system）。吉尔伯特仍然认为，过渡期从一开始就收取高额保费，而将领取全额福利推迟二十年，这在财政上是谨慎的，但在政治上是不可能实现的。[91]"白皮书"拒绝了过渡措施，尽管它们有助于推迟对财政开支的冲击。原因主要有两个：一个是它不能立即满足公众对增加养老金的需求；另一个是人口的逐渐老龄化，最终将使得（贝弗里奇建议的）养老金额成为无法承受的经济负担。

因此，政府选择了一项较大的具政治优势的近期任务，以避免今后承担在策略上没有吸引力的更大的任务。[92]贝弗里奇的方案在很大程度上可赚回成本，因为它可根据基本养老金费率从过渡代那里收取全额保费，逐步增加养老金，而且往往根本不需发放全额养老金*，而"白皮书"提出的立即支付福利对新加入者尤为有利。[93]《贝弗里奇报告》已接受了现收

---

\* 　意为很多人的寿命不够长，活不到领取全额养老金的那一天。

现付（pay-as-you-go）的融资方式，拒绝了基金供资方式，目的是减少同时支付福利和积累资本存量的负担。[94] 随着联合政府的改变，现收现付方式意味着，新加入类别即时领取的较高福利中相当大的数额是他们缴纳的保费不足以支付的，它或是来自国库的拨付，或是由传统上属于社会保险的阶层直接承保。以前被视为自力更生的阶级，非但没有因为融入社会保险而处于不利地位，反而直接获得了好处。

直到战后的选举使工党上台之后，贝弗里奇的提案才找到了进入立法程序的立足点。由于财政大臣休·道尔顿（Hugh Dalton）的反对，几项改革方案均告失败。财政大臣向慷慨大度的社会改革者传达负面的财政信息，在任何党派的政府中都不可避免地扮演着令人厌恶的角色。英国绝望的经济形势使事情变得尤为复杂。[95] 设定退休为先决条件的政治后果现在终于显露出来，格里菲斯考虑部分地取消它。这一设定仅注意到了人们的工作收入，却忽略了其他形式的财富，其效果类似于最为倒退的一种资产测查。官僚机构中流传着一些道德说教事例，譬如地主有资格领取养老金，而他们的车夫却不够格。以退休为先决条件尤其影响到自雇人士，特别是在1937年后自愿加入计划的人，他们到65岁本可以无条件地领取10先令养老金，但以退休为先决条件可能会改变应得权益条款并剥夺他们的福利，因为小店主和其他独立经营者在这个年龄后往往还在继续工作。[96] 由于自雇人士被认为可能对全民性措施抱有敌意，格里菲斯担忧他们似乎在为从未实际获得的福利买单。[97] 道尔顿对无条件地给独立经营者支付养老金感到犹豫不决。最终，格里菲斯和道尔顿在这一问题上达成妥协：将先决条件的退休年龄延迟到70岁。[98] 这一结果，与欧洲大陆改革者希望以牺牲自雇人士为代价而进行再分配的提案相比，反差是再明显不过了。对此将在下一章中讨论。

关于基本生活保障金的记录不很清晰。在回忆录中，格里菲斯声称兑现了贝弗里奇的承诺，但他在下院的一个含糊其词的著名演讲中声称，最初的福利费率将是固定的，与目前的生活成本广泛相关。这种说法是相当不准确的。[99]在理论上，格里菲斯削弱了基本生活保障原则。他同意联合政府的"白皮书"，即社会保险应对的是平均水平的需要。由于不能精确地将福利与个人需求联系起来，因而设定适当目标是合理的，但不一定是完全的保障。[100]在实践中，格里菲斯也未能兑现基本生活保障原则。在制定福利费率时，他遵循了官方的价格统计数据，这些数据严重低估了战争时期的物价涨幅。[101]

贝弗里奇所寻求的改革，首先是援助最需要帮助的人，同时鼓励较富裕的人自助。尽管他将所有人都包括在社会保险之中，但事实证明他对富裕阶层不够慷慨。战时的联合政府被要求弥补这一缺陷，无论它多么不情愿。如今，初次参加社会保险的群体，以及已经参加的富裕阶层，能够根据自己的要求来修改贝弗里奇的建议。这表明，任何计划，若是不像对待穷人那样热情地欢迎以前自力更生的人，成功的希望便是很渺茫的。改革几乎没有引起任何抗议，因为现在被纳入的目标人数相对较少，他们被吸引进来的方式，在最坏的情况下是无害的，在最好的情况下是有利的。"绝大多数中产阶级不能也不会被排斥在外。"[102]

## 瑞典："为什么不把社会看作一个均衡风险的组织"

我们可以看出，中产阶级在英国的社会政策改革中发展出了积极和直接的利益，这一点在斯堪的纳维亚半岛得到了更清晰的印证。正是在20世纪30年代，瑞典在某些领域里成为社会进化的先驱，冠之以理想型现代社会的光环。1930年，斯德哥尔摩博览会向世界展示了瑞典社会民主主义下的生活，其对福利制度的彰显类似于伦敦世界博览会对工业革命成果的展示。[103] 然而，就社会政策而言，瑞典的典范地位直到第二次世界大战才得到全世界的认可。自19世纪以来，它一直处于丹麦的阴影之下停滞不前，而在战争时期充分利用了中立地位的优势。[104] 随着英国改革的光芒渐褪，瑞典在这些方面成为一个榜样，尽管斯堪的纳维亚的一些不寻常特征是其他国家无望效仿的。

战后的改革是由社会福利委员会（Social Welfare Committee）发起的，1938年任命的这个委员会肩负着全面改革的使命。贝弗里奇委员会花了十八个月开会讨论贝弗里奇的报告，而瑞典的这个委员会却在十多年里发表了一系列报告，使瑞典成为福利制度的先锋。就连贝弗里奇的声望也无法遏制当地爱国者的自豪感。社会事务部部长古斯塔夫·穆勒（Gustav Möller）从战后改革调查中得出的温和结论是：慷慨的养老金、丰厚的家庭津贴、幸运的工伤事故保险和无与伦比的医疗保险。他所看到唯一可与瑞典竞争的是远方的新西兰，其次才是英国。[105]

作为福利制度的典范，瑞典在发展过程中迈出的最大一步是：平等主义和普惠主义取得了胜利，这是斯堪的纳维亚社会政策的典型特征。医疗保险在这方面发挥了重要作用，但养老金是最主要的。[106] 1946年通过的关于国民养老金的法律扩展了1913年首次提出的原则，在全国范围内向所有人，无论贫富，普遍提供无条件的统一费率福利。虽然仍然依据资产测查来支付补贴金，以确保需要者的基本生计，但现在的重点显然放在了福利的无条件要素上，也就是同是否需要帮助没有关联的公民权。贝弗里奇强调保险的基本原则，瑞典的改革者则切断了保险费和应得权益之间的所有联系。最富裕阶层缴纳的保费增加了一倍，但通过税收融资仍然首当其冲。自19世纪以来，强调国家融资的动机几乎没有改变。从北极圈内自力更生的家庭小农场主，到哥德堡（Goteborg）的工人，经济环境变化多样，因而统一费率的英国模式在此是行不通的。没有雇主帮助支付养老保险费的独立经营者一直是公共融资的推动者。由于缴费型医疗保险和失业保险已经吸收了大量可支配收入，而且瑞典对公民（甚至对最穷的人）的直接税收比英国要高，委员会认为不可能收取大笔保费，加上希望简化行政程序，因而排除了转向真正缴费型养老保险的可能性。[107]

在养老金问题上，委员会遇到的主要难题之一是，取消资产测查并纵向地扩大普惠主义福利，将所有人包括在内，无论多么富有。它考虑了两种主要方案但未作抉择，其区别在于按需决定的养老金支付比例不同。虽然这两种方案发给穷人的钱数都是同样的，但因为较少以资产测查为依据，所以给富人带来的利益更加优厚。委员会中的大多数社会民主党人和自由党人都支持更有针对性的方案，他们的论点是：给富人和穷人以同等福利是毫无意义的。农业党、保守党和一位社会民主党人则支持另一种方案，这些人是出于下述考虑：大力度的资产测查将鼓励作弊和欺诈；给富裕阶层发放养老金能增强所有公民的应得权益意识；让那些缴纳高额税款的人也能获得福利是公平的。[108] 双方一致同意，随着养老金的增加，法定福利变得日益慷慨，采取资产测查是令人遗憾的做法，因为它将使拥有其他资源的人丧失领取资格，从而破坏自助精神并威胁到职业福利供给（occupational provision）*。[109]

---

* 此处指与职业挂钩的养老金，或通过工作获得的养老金。一些公司给白领雇员提供养老金，通常雇员自己也会负担部分供款。本书中提到的通过工作获得的职业安排多种多样，有的是由雇主单独支付，有的是由雇主和工人共同支付。职业安排不仅是养老金，可涵盖工伤事故或其他工作场所造成的残疾，甚至包括医疗保险，比如在美国，多数医疗保险是通过工作场所安排的。英国有雇主提供的补充健康计划。

## 保守党与社会改革

在战争期间，瑞典保守党显著地改变了对社会政策所持的传统观念。1943年，该党副主席弗里乔夫·多莫（Fritjof Domo）就已提出，福利改革可以通过右翼能接受的方式来制定，敦促对即将到来的选举采取新的立场。[110]保守党对社会民主党战后的激进计划作出回应，通过针对乡村的举措来刺激出生率和遏制城市的扩张。以个人缴纳保费为前提的社会保险受到欢迎，许多人赞成保守党更明确地表达对中产阶级的关注。[111]当1944年的选举结果被证明令人失望时，右翼在这些问题上的观念又更新了。[112]保守党的部分雄心是扩大薪金雇员的支持，他们对社会政策新产生的兴趣也再次重申了对中产独立经营者中传统选民的关注。[113] 1945年，多莫对斯德哥尔摩保守党俱乐部（Conservative Club）的成员说，社会福利应该公平分配，而不是绕过中产阶级。这句话概括了该党新方针的主旨。[114]

该党在1946年推出的新计划是对贝弗里奇模式的瑞典式回应，它说明保守党自身有能力进行福利改革。[115] 他们一致认为，正确的社会政策是值得投资的。住房和家庭政策满足了鼓励生育和优生问题，养老金增强了劳动力流动性，预防疾病和康复福利从长远来看将得到回报。[116] 在他们的新社会政策方式获得广泛支持的情况下，保守党人期望有一个更强大的平台来捍卫市场经济和个人财产权的优势。时任项目委员会主席、即将出任党主席的贾尔·贾马尔森（Jarl Hjalmarsson）认为，他们的对手再也不能争辩说个人在自由经济下没有安全保障了。[117]

保守党现在坚持认为，社会政策改革既不应以牺牲中产阶级为代价，也不应排斥他们。[118]资产阶级中的许多人并不富裕，因此在社会政策允许的平等条件下应当获得福利。其他人则会从收入阶层内的资源再分配措施（譬如家庭津贴）中获利。具体来说，将中产阶级包括在内的障碍在于将"需要"作为应得权益的条件。[119] 保守党认为，资产测查不仅是一个遏制节俭和继续工作动力的实际问题，而且涉及民主本身，即阻碍在所有人（不论财富多寡）当中公平地分配资源。给予的福利越慷慨、范围越大，就越有理由取消资产测查。否则，这种不民主的区分可能会割裂"受偏爱的"群体和"社会拒绝关注的"群体，这彻底违背保守党意识形态关于自立和依赖的传统观念。取消将需要作为获得应得权益的一个条件，表达了一种"人道的共产主义"，纠正了仅给穷人福利的不公正现象。[120] "为什么不把社会看作一个均衡风险的组织，"贾尔马森问道，"不仅为贫困者，而且为勤劳者提供起码标准的社会保障？"[121]

在讨论该计划草案时，许多人担心，这样的激进主义恐怕会疏远该党的传统选区。然而，大多数人在青年组织的强烈影响下，坚持要重视中产阶级的利益。应该取消资产测查，以便将国家的慷慨福利引导到资产阶级的方向。[122] 社会政策最终版本的宣布表达了团结的意愿，是对自由市场机制的必要补充。现在需要关注广大的中间阶层，他们承受的负担最重，得到的福利却最少。[123]

## 社会民主党和普惠主义

随着改革以普惠主义为导向，曾经仅跟穷人有关的福利问题成为广大中产阶级及其政党关注的事项。而对社会民主党人来说，事情较为复杂。人口结构从蓝领无产阶级向白领工薪阶层转变，所有阶层日益富裕，甚至工人在适度富裕下心态也有了变化，这预示着两次世界大战之间多年的苦难和贫困将在党内元老们的演讲中成为一种典故。随着自助的可能性变得越来越普遍，以及法定退休金（superannuation）*在某种程度上成为工会的目标，它将使工人的养老金等同于薪金雇员的职业养老金，甚至连社会民主党的核心选民也对取消按需赋予应得权益产生了兴趣。[124]从长期来看，这种发展最终使社会民主党有理由对社会政策采取一种新的方式，现在他们愿意承担蓝领阶层和资产阶级之间初期利益巧合的后果。然而，从短期来看，从致力于济贫到不阻碍自助，从关注工人阶级到包容富裕阶层，对左翼来说是一个痛苦的转折。养老金改革是社会民主党制定新方向的一个议题。中间和右翼党派显然有理由将福利制度的好处给予中产阶级。[125] 相反，社会民主党人面临一个两难选择：如何应对一种普惠主义社会政策，它既是慷慨的、意识形态上有诱惑力的，却又让最不需要福利的人获利最多。

在1944年的社会民主党大会上，有人试图要求该党承诺提供全民性无条件养老保险。[126] 行政机构的回答与此相矛盾。社会事务部长穆勒赞成取消资产测查以鼓励发展职业养老保险，但也承认以这种方式帮助富人将会付出政治代价。[127] 社会福利委员会主席埃里克森（Eriksson）代表该党的顽固派反对改革以普惠主义为导向，认为这是浪费资源。他将职业养老保险视为特权工薪阶层关心的问题，超出了该党的视野，因而不予理睬。行政机构同意说，不考虑需要而进行分配将增加福利成本，并与该党援助最贫困人口的目标相抵触。[128] 不久将接替阿尔宾·汉森

---

* 退休金计划是养老金改革的一种形式，是在最低保障的国民养老金基础上增加的第二层养老金。此书中的"养老金"通常是指任何老年供应金，或者相对于退休金来说，是指政府的养老保险计划（通常是税收融资的，但不一定总是），有时是统一费率的，即每个人的养老金数额相同，而且往往不是很高。相比之下，"退休金"是政府在一般养老保险计划的基础上设立的，旨在提供同收入挂钩的福利。它通过按工资比例缴纳保费供资，福利也同工资成比例（并非人人同等）。

（Per Albin Hansson）担任首相的泰格·厄兰德（Tage Erlander）后来指出，社会民主党的选民不大可能赞成这种不加区别的慷慨方式。[129] 劳工运动的战后计划在这一问题上并未得到一致支持，仅在结尾隐约地提及养老保险。[130] 由于无法采取明确的立场，社会民主党在1944年的选举中淡化了改革诉求，这令其他政党幸灾乐祸。[131] 尽管议会组织最终决定支持普惠式养老保险，但财政部长维格福什（Ernst Johannes Wigforss）回顾往事时指出，社会民主党犹豫不决的这种态度帮了对手的忙。保守党人宣称是他们首先支持改革的。在他看来此话没错。[132]

民意调查是瑞典立法程序的一部分。1945年至1946年冬，社会福利委员会陆续发表了调查结果，政治风向标都指着同一方向。[133] 除了极少数三心二意者，绝大多数人倾向于采取普惠式方案。雇主们坚持认为，勤俭者不应因为节俭而被减少法定养老金，高薪阶层也不应被剥夺福利。薪金雇员，因有职业保险而丧失了法定资格，希望取消对领取基本养老金的资产测查和政府提案中仍针对穷人的一些补贴。与白领工人不同，蓝领工人对无条件福利不抱任何直接的金钱私利动机，但也谴责资产测查，一是由于与其他人共同担心的人口问题，二是出于对济贫施舍的耻辱和地位等更空泛的考量。[134] 他们让步说，假如养老金因而成为每个公民的权利，在富人身上挥霍资金便是可以接受的。在乡村实施资产测查的困难也使农民跟普惠式改革有了利益关系，他们经常因乡村中继承财产的习俗而无法获得福利。[135] 私营保险公司对国家愿意将目标限制在统一费率的最低收入保障感到高兴。简化管理手续的承诺也令政府官僚机构感到满意。

面对总体上赞美普惠式改革的合唱，持保留态度的那些社会民主党人几乎没有胜算。他们的发言人（特别是佩尔·阿尔宾·汉森、维格福什和厄兰德）承认，对抗资产阶级关于取消资产测查的倡议在政治上是困难的，但最后仍然坚持了该党关怀贫困者的传统立场。[136] 他们争辩说，资产测查将为政府节省资金。更重要的是，在原则上这是正确的选择。取消资产测查对最贫穷群体来说没有意义。财政部长警告说，取消将需要作为应得权益的一项条件的主要效果是，给公务员和其他已有充足保障的人额外增加1000克朗。然而，尽管党的重要领导成员作了努力，议会的大多数成员还是赞同社会事务部长穆勒对全民性改革的支持，这使得他可根据自己的直觉来制定政策。[137]

穆勒的法案显示，行政机关、劳动力市场和人口统计对普惠主义的支持发挥了作用，强化了不论贫富均有应得权益的普遍概念。[138] 不过，盲目的慷慨行为仍受到制约，通过将保费上限提高一倍，使富人缴纳的保费大概能够支付他们所得的福利。[139] 在议会辩论中，法案获得一致通过。政治阵营各方均称赞此法案是一项重大进展，共产党人欢迎保守党的态度，将之诠释为右翼对改革的新支持。一位名叫黑格（S. A. A. Hagard）的保守党人高声地发问，是否并非他所理解的平等（即给予地主和劳工同样的福利）使这种协议得以达成？只有一些左翼人士在这个善意大合唱中发出了不和谐之音，他们试图坚持传统的社会主义，优先帮助最贫困群体。有人指出，保守党的态度格外有意思。他们以前从未赞成过废除资产测查，或许是因为现在发放养老金的金额如此之大，乃至所有的社会群体都希望享有吧。[140]

这种形式的养老金改革是在最广泛的政治支持下诞生的。不伤害任何人，帮助所有人，特别是那些传统上反对慷慨社会政策的群体。普惠主义措施将以前仅给穷人的东西也给了富人（无论是工薪阶层还是独立经营者）。[141] 尽管涵盖所有人的费用可能最终会由富人买单，但在这里，决定中产阶级不被排除在社会政策之外的重要考虑因素，似乎不是普惠式养老金实际能付给他们的总额（福利减去未来的增税），而是消除由资产测查导致的不利于自助的障碍。[142] 人们对按需求分配强烈地感到失望，无条件养老金是直接、切实的福利。预期的增税则是另外的问题，在严重依赖国家补贴的体系中，融资问题同社会政策本身基本上是脱节的。*

　　普惠主义改革是一场盛宴，餐桌上摆满了符合每个人口味的美味佳肴。然而，账单总是要有人付的。农场主是最早认识到社会政策和财政政策之间联系的群体之一，这也许是因为他们可能要为此缴纳新税，而不仅是增加旧税。[143] 其他群体则需要更长的时间才能悟出这一点。虽然资产阶级政党曾承诺降低战时的税收水平，但社会民主党强调紧迫和必要改革的代价，以及减轻穷人负担的优先事项。一个由维格福什担任主席、左翼占主导的委员会也得出了类似的结论。政府采纳其建议时，引起了广泛的负面反应。[144] 有关税收的博弈几乎跟十年后围绕退休金的辩论同样激烈，这是达成明显一致意见而铺平养老金改革道路的另一面。原本可能因社会政策而引起的争论转移到了税收领域。与此同时，瑞典的财政结构向间接税和缴费型融资转变，通过消费而不是根据财富来逐步分摊负担，并减轻对富裕阶层的直接征税。这就解释了为什么这场争论没有变得更激烈。[145]

---

*　普惠主义福利受到富裕阶层的欢迎，因为他们得到了一些利益。如果它是由税收（而不是由缴纳保费）资助的，那么如果税收制度是累进的，富人最终支付的钱当然会比穷人多。但在税收资助的社会保险体系中，最终必须提高税收以支付福利同福利本身没有直接的联系，不像让人们为自己的福利支付保费那样有直接关系。在政治上，这种普惠主义福利更容易被接受，因为最终将为社会保险制度买单的群体（富人）并没有立即意识到这一点。

## 统一费率和医疗保险

养老金立法凸显了普惠主义改革的模棱两可性。与统一费率平行的主题，是后来有关辩论围绕的主题——医疗保险。所有人享有统一福利的形式上的平等，不只是意味着对富人和穷人一视同仁。瑞典各区域经济环境差异所带来的一些问题在英国不那么紧迫，原因是后者的城市化程度更高、人口构成更为单一。[146] 由于生活成本差异很大，成本最低的地区相对最高的地区来说，统一费率的平均实际价值必然要高。阶级和地理的分布某种程度上是一致的，工薪阶层集中在生活成本昂贵的城市中心，独立经营者主要分布在乡村地区。于是，一场社会—地理争战便要上演了。[147]

这不是战后的新鲜事。1913年实施的养老金基本利率差别很小，对城市工人来说尤其不足。由于未能将福利与收入更明显地协调起来，社会民主党开始提倡按开支分级的养老金，最终接受了与生活成本挂钩的市政补贴。到了"二战"时期，农场主们坚持认为，农业成本的增加削弱了福利差别化的任何理由，这种差别化给他们带来的利益低于城市居民。尽管社会民主党对他们的抱怨持怀疑态度，但愿意在全国范围内实行统一费率，以化解乡村选民关注的这个重要问题。[148] 随之而来的妥协是，养老金本身在全国范围内均等分配，而城市居民则可通过依据资产测查的补贴来获得公共援助，这个折中方案不能让乡村居民完全满意。他们对没有为乡村地区（即使是生活成本最低的地方）提供类似的增补措施感到愤愤不平，坚持不懈地提出诉求，最终在1952年愿望得到了满足。[149]

在医疗保险改革的过程中，社会—地理群体之间关于福利差别的争议仍在继续。这里处理普惠主义的方式证明了早期的立法决定对之后发展的重要影响。养老金最初是针对穷人的，到1946年也发给了富人。现在普惠主义医疗改革的进程及其动机则完全相反。医疗保险是一种国家补贴的自愿性制度，只纳入了最富裕的阶层和城市人口中的一半。由于花费数百万帮助已经能够自助的人是没有意义的，社会福利委员会支持强制所有人参加，从而更加公平地分配国家补贴。[150] 在这种情况下，普惠主义将富人的优势也扩大到了穷人身上，从而避免了养老金改革的逆向过程所带来的大部分难题。

然而，真正争论的焦点是现金福利，这些福利是用来弥补生病期间损失的收入：其金额应该是统一还是同收入挂钩？对此委员会的意见一致。正如一位成员所说，认为简单的最低收入保障可适用于全瑞典的观点是官僚机构的一种幻想。[151] 由于统一费率不能满足地域变化的要求，因而需要划分等级。按生活成本划分行政手续很麻烦，因而将福利与收入损失水平挂钩是一个答案。[152] 来自相关利益方的大多数都赞成同收入挂钩的替代方案，其中工会是最积极支持的。全国最贫穷的人，亦即那些从统一费率方式中受益最多的人，绝大多数是乡村居民，不是瑞典工会联合会所代表的群体，因而这类人的福祉不是工会主要关心的事。对于城市工人阶级来说，全国统一费率几乎没有任何意义。[153] 尽管差异化福利广受欢迎，但穆勒赞同统一费率，并得到了议会多数成员的支持，个中的原因并未在审议过程中明确地揭示出来。[154] 他的方法，在其他的事情上反映出来，立足于一个普遍的观点，即社会政策应以充分和平等的条件涵盖所有的公民。穆勒的论点是，国家仅提供最低收入保障，让每个人自由地安排进一步的措施。贝弗里奇将会认为这是符合自由主义的。[155] 在议会辩论中，社会民主党暴露了内部的裂痕。一些人支持穆勒法案，因为统一费率方式给穷人的福利比例高于富人。*另一些人则代表

---

\* 例如，同样是10美元的福利，对于挣100美元的人来说比例就比挣1000美元的人高。

城市工薪阶层抱怨说，统一福利连公共援助的水平都达不到。他们认为，统一费率方法背后诱人的民主理念因生活成本的变化而受到了损害。[156]

尽管该法案获得通过，但行政和财政问题最终拖延并阻碍了它的实施。当1953年强制的医疗保险最终再次投票通过时，舆论已经发生了变化。新的提案显示出对工薪阶层利益的关注，为收入超过一定数额的人提供同收入挂钩的缴费型措施，以补充基本的统一费率福利。[157]旧制度下对乡村居民的关怀如今已不复存在。早先只是定位于乡村水平的统一福利被大幅度削减，自雇人士没有被强制加入旨在为城市阶层提供充足收入替代（income replacement）*的差异化补贴计划。

这种与统一费率的切割不过是强调了长期以来存在的一种情况。统一福利形式上的平等掩盖了农村获得的分配优势。在一个生活成本差异很大的国家，形式上的公平意味着实质上的不公平。乡村居民先后在1913年及战后的养老金和医疗改革中获胜。直到20世纪50年代他们的影响力被大大地削弱，城市工人的利益才最终在福利制度中得到体现，它更像是俾斯麦的社会保险模式，而不是斯堪的纳维亚福利制度的模式。[158]

## 丹麦：所有阶层都有利可图，大家是相互依存的

在丹麦，关于普惠主义的辩论起步晚，延续时间长，着重点与瑞典的不同。1891年，丹麦人建立了税收融资的养老金制度，为所有应得的

---

\* 收入替代福利通常是在一定程度上基于先前收入水平的现金福利。这些福利的主要目的是为因某种原因而面临收入下降的人提供帮助。属于该项的福利通常包括老年退休金、残疾退休金、遗属福利、带薪休假和失业补偿。在所有这些情况下，属于特定身份的个人都会获得部分基于其先前收入的现金福利。（摘自https://www.peoplespolicyproject.org/2018/12/04/welfare-benefit-types-flat-means-tested-trapezoid-and-so-on/）

穷人提供基于资产测查的福利，按照成本将每个人归入不同的等级。在接下来的半个世纪里，主要由中间和右翼党派提出的改革计划试图引入某种形式的缴费型社会保险，但未能成功。与瑞典的同类型政党相比，为什么这里的资产阶级政党偏爱缴费型方法呢？其原因不明。他们对完全针对性的养老金的反对——意味着资产测查对自助的遏制效果变得难以容忍——反映了瑞典有关辩论中的熟悉动机。与国民养老金一样，缴费型社会保险也提供了可能的新的应得权益标准，使自力更生群体能够充分收获自身努力的成果。同样重要的是，它承诺通过开发一般税收以外的资源来减轻国家负担。

这种缴费社会保险的要求在左翼中几乎找不到共鸣，他们将保费视为一种递减的人头税。[159] 同时，另一种选择，即全民性的国民养老金制度，对丹麦社会民主党跟对瑞典的社会民主党一样，缺少吸引力。[160] 左翼不同意废除资产测查并普遍发放养老金，因为这样做既昂贵又浪费。[161] 丹麦的社会民主党为了与其共产党竞争（丹麦共产党一直积极参加抵抗运动，未被战时的合作主义玷污），其战后的政纲在意识形态上很激进，要求增加对穷人的供给，拒绝贫富均享的国民养老金。[162] 因而，各党派一如既往地在养老金问题上取得了和解，社会民主党寻求改进但不进行根本改革，保守党和自由党则倾向于缴费型。只有代表少数人尤其是乡村独立经营者的社会自由党（Radical Liberals）[163]，主张将国民养老金平等地分配给所有人，并通过直接税收提供大部分资金。直到1948年初情况才发生了变化，社会民主党占少数的政府对资产阶级的压力作出反应，同意任命国民养老金委员会（National Pensions Commission）来负责审查缴费型保险的可行性。[164]

该委员会进行了一场奇怪的表演。在解释其任务时，它将缴费型社会保险理解为一种基金支持（funded system）的体系。[165] 假如说在精算理论的严苛范围之外存在过完全基金支持的计划，那么它们现已成为遗迹。基金支持的措施在战争期间遭到了重创，也很难经受通货膨胀的考验，而且它还有一个缺点，即无法在不抛弃过渡代的情况下迅速启动。将它们产生的巨额储备投资于经济*，增加了公共控制和间接社会化的可能性。要在履行当前支付养老金义务的同时建立一个资本储备，其成本令人望而却步。[166]这种担忧促使全欧洲的改革者拒绝除部分基金支持以外的任何计划。然而，丹麦人无视所有不利的证据，仍然坐下来讨论阻碍实行完全由基金支持的问题，官僚们不厌其烦地逐段剖析，就像是在击打一匹不仅死了而且早已腐烂的马。他们似乎从未考虑现收现付融资的可能性。委员会的特殊解释究竟是无知的结果，还是聪明的策略，我们无法从历史记录中找到答案。然而，它的选择，以及由此必然产生的结论，是要打击资产阶级政党的野心，在改革讨论中排除任何缴费方式。不过，按需赋予应得权益的难题仍未解决，在随后的三年中，事态的发展使无条件国民养老金的问题重新浮现，作为一种替代方案。

1952年5月，社会民主党的一个委员会提出了普惠主义改革的版本。它的结论是，旧体系的福利很吝啬，资产测查阻碍了自助，并增加了行政负担，因而不能令人满意。解决的办法是逐步废除收入上限规定，将保值的统一费率养老金定为平均收入的三分之二，扩大到所有公民。税收将首当其冲地受到融资的冲击，但可以考虑开发保费作为新的收入来源。[167]遗憾的是丹麦的档案记录不具体，我们无法透彻地了解该党为何

---

\* 年轻人付税或缴纳保费，用于支付老年人的养老金。或者可像在私营养老保险中那样建立资本储备。储备中如此庞大的资金必须投资于某个地方，比方说，一个想要控制汽车工业的政府，可能会将其养老金储备大量投资于汽车工业，购买股票和汽车工业的大部分股份，以便控制汽车工业。

改变了关于养老保险的立场。总体动机无疑是想寻求一种替代按需获得应得权益的方案。尽管最直接受到影响（因富裕而丧失法定福利资格）的群体仍不属于社会民主党的核心圈，但到了20世纪50年代中期，相比十年前瑞典的情况，丹麦经济的繁荣使得工人也能通过取消资产测查而得到更多的直接利益了。[168]丹麦的左翼可以采用国民养老金制度，而不用像在瑞典那样迫使公众进行反省。规定收入上限不受欢迎，许多人认为，以需要作为所有人的应得权益之基础，但将公务员排除在外，这是不公平的。未来的劳动暨社会事务部（Labor and Social Affairs）部长卡吉·本德瓦德（Kaj Bundvad）因此认为，解决办法是建立一个统一的普惠主义制度——女裁缝和女伯爵、都市人和乡村居民、工人和他的老板，全都包括在内，简而言之，实行"一种真正民主、合理和公正的养老金安排"。[169]

社会民主党在1953年公布了自己的提案，并在国民养老金委员会的报告中大肆宣传。在那年举行的为确认新宪法的第二轮选举中，养老金问题发挥了重要作用，使该党得以组建一个依靠激进派支持的少数派政府。资产阶级政党在此问题上的模棱两可立场对其竞选毫无助益。一旦左翼决定支持普惠主义的做法并展现出沿着这条思路进行改革的号召力，中间和右翼党派的压力就增加了，他们必须承担放弃缴费型社会保险作为解决方案的后果。从国民养老金作为一个政治议题出现到三年之后的立法通过，其间有两个步骤：一是社会自由党与社会民主党结盟，重新对普惠主义改革产生了兴趣；二是说服资产阶级政党增加他们的许可。

## 资产阶级政党与普惠主义改革

战争结束后，首先支持国民养老金的社会自由党热情逐渐消退。[170]

然而，当左翼透露这一问题可能有助于选举时，他们重新审视了自己的策略。来自基层的民意强调了必须进行一种变革。在外省地区，许多人抱怨社会自由党的社会政策立场不够鲜明，养老金问题促使一些老年人转向了社会民主党。采取新的路线似乎是明智的，恢复国民养老金成为一个要素。[171]一旦重新接受了这个立场，即使受到很大的诱惑，社会自由党也坚定不移，防止了左翼对普惠主义（这是他们视为最重要的）产生动摇。

《济贫法》（*Poor Law*）所带来的污名和歧视，甚至给非强制性养老金也留下了烙印。许多符合条件的老年人没有加入这个福利，丧失了一项他们认为不可信的权利。[172]这种污名并没有同等地影响到所有的群体，这是导致社会自由党对这个问题产生兴趣的一个因素。该党的核心选民——小型独立经营者——生活在社会纽带紧密的乡村社区，他们对加入仅保留给穷人的措施感到羞耻，因而倾向于支持普惠式福利。[173]自由党和保守党仍然回避将保险范围扩大到不需要的人。甚至连社会民主党也有些犹豫，尽管他们是最初的倡导者，但这种目标不明确的慷慨行为没有获得多少基层选民的授权。[174]社会自由党则毫不动摇。在关于改革的最后审议中，正是由于他们极力坚持普惠主义，才阻止了社会民主党在这点上向其他资产阶级政党作出让步。[175]考虑到少数派政府不稳定的处境和激进派支持者认为他们的政治支持取决于国家养老金法案的通过，这是一个很有效的要求。[176]

当社会民主党和社会自由党联合起来，资产阶级政党便开始动摇了。自由党分裂了。总理埃里克·埃里克森（Erik Eriksen）支持普惠主义改革；财政部长托尔基德·克里斯滕森（Thorkild Kristensen）则猛烈抨击这一想法，并因此很快陷入孤立。该党作为一个整体逐渐转变了立场，到 1953 年开始支持国民养老金。[177] 社会自由党准确地预测到乡村地区将欢迎全民性福利。[178] 自由党同样易受这种考虑的影响，尤其是取消生活成本等级，使城乡养老金趋于平等。他们最终发现，其选民（富裕农场主）中有很多从取消资产测查中获益最大。该党的结论是，不争取普惠主义福利将挫败那些努力自助的人。[179]

相比之下，保守党仍旧希望搞针对性福利，但事实更难令他们满意。[180] 他们强调的一点是，除了累进税之外，还需通过按比例缴费开发新的收入来源。保守党的公平取舍的想法是支持养老金改革，以换取对自助者抵御通胀的法定保障。[181] 他们提出了一种保值储蓄计划作为对养老金的补充，几乎是无意地赢得了重要的让步。防通胀的节约储蓄计划和国民养老金原本是彼此的替代，前一种提供给乐意储蓄的富人，称为"指数储蓄合同"（indexed savings contracts，由政府保证抵御通胀）；后一种提供给较不幸的群体。事实上，由于政治谈判中的一个特殊失误，这两者被合并了，取得的结果和最初的意图相去甚远。这对那些可通过储蓄和养老金两种方式获得政府补贴的公民来说是极其有利的。这种无意义的浪费持续了十五年，直到人们认识到这种做法赋予了某些群体不合理的特权，加之试图在整体上增加储蓄并未获得成效，这一储蓄计划才被废除。[182]

## 完全普惠主义

对保守党的重大让步，以及一些自由党人认识到改革对其追随者也是一种福音，促使资产阶级政党开始支持普惠式"人民养老金"。全民福利的数额不大，相当于平均收入的 6% 和养老金总额的五分之一，其余部分仍视需要而定。这项法案几乎得到一致通过，投反对票的少数资产阶级代表显得十分孤立，被视为过时社会政策的拥趸。[183] 为使丹麦的自由党和保守党走上瑞典同性质政党在战时即已选择的道路，还需借助来自左翼的压力和更长的发展过程。资产阶级政党虽然起步缓慢，但在养老金改革的第二阶段发挥了领导作用。在这一阶段，1956年所作的决定产生了全面的后果。一旦选择了普惠主义道路，彻底取消资产测查、让中产阶级获得充分利益便成为他们的目标。20世纪60年代初，随着补充养老保险计划（本书第四章的主题）被提上工会的议程，劳工运动有了更多理由来支持中止针对性福利，并确保工人不被剥夺领取国民养老金的权利。然而，到目前为止，尽管各个政治派别都同意降低将需要作为获得应得权益的条件，但是，左翼对不加选择地（甚至对富豪们）慷慨解囊感到犹豫不决，而资产阶级政党正是因此而愿意推动普惠主义改革，毫不掩饰地利用社会政策为自身谋利。

1956年后，进一步的改革放宽了收入标准，降低了国民养老金中按需分配的部分相对于其他部分的比例。人们普遍对逐步取消将需要作为应得权益的条件表现出兴趣，作为回应，社会事务部长本德瓦德在1961年任命了一个委员会，负责研究完全取消收入上限规定和资产测查的可行性。两年后，该委员会得出了令人满意的结论。[184] 研究报告表明，人们越来越关注鼓励节俭和延长工作时间，这已经取代了将资源集中用于最需要之处的社会政策目标。1956年的改革决定性地打破了法定福利仅应留给穷人的观念。只有社会民主党人塞鲁普（H. C. Seirup）和社会主义人民党（Socialist People's Party，之前是丹麦共产党的右翼）表示了不同意见。他们质疑，为什么要完全取消将需要作为条件，把钱花在少数富人身上，而不是改善目前领取养老金的大众的状况呢？[185]

在依据委员会的建议讨论法案时，议会仍存在这两种并列观点，一方面是总体上赞同完全普惠主义，另一方面是左翼仍存顾忌。法案提出，从1970年开始逐步地向全民发放全额养老金。为减小这种慷慨做法的不公正影响，将采用一种基于需要的补充计划。因此，公开取消的资产测查又从后门被重新引入了。然而，社会主义人民党拒绝了完全普惠主义，坚持设立领取福利的收入上限和援助穷人。社会民主党人大胆地面对为富人增加养老金带来的后果，设想富人支付的保费将超过其获取的福利。[186]他们期望，完全普惠主义和无条件的法定福利将为建立类似瑞典已引入的养老金制度奠定组织基础。社会自由党再次高唱普惠平等之颂歌。其他资产阶级政党尝到了获胜的快感，仍贪得无厌。自由党将普惠主义发挥到了极致，强烈要求取消为最贫困者推出的基于资产测查的补充养老金。保守党拒绝因经济能力较强而被削减国民养老金，即使对象是那些投资指数储蓄合同的富人。[187]社会民主党在第二点上投降了，但拒绝在补充养老金上让步。[188]这项法案在最后表决中得到一致通过，甚至给了富裕阶层全额福利，尽管极左派抱怨说：获得了如此的优惠，将资产阶级政党视为丹麦社会政策发展的动力也合乎情理了。[189]

*  *  *  *  *  *  *  *  *  *

普惠主义、平等主义的社会政策被认为是战时平等精神的产物，并由社会民主党政府推行实施，通常被认为是某些福利制度发展的转折点，在这一时刻，弱势群体能够将努力争取公平分配负担从一个阶级的要求转变为大多数人的共同目标。这种观点虽然很有吸引力，或许鼓舞人心，但几乎不具备其他的优点，尤其是很不准确。普惠主义改革绝不是左翼、工人或受压迫者单方面提出要求的结果，而是对社会政策所做的一种调整，以反映中产阶级不被排除在日益慷慨的福利措施之外的愿望。

贝弗里奇的提案及其转化为立法的故事取决于一种根本的模糊性。战争表明所有人都面临着同样的终极风险。工党的胜利使受压迫伙伴们得以将战斗进行到底，这种新的团结意识如今体现在普惠主义社会政策之中。然而，与此同时，来自下层的改革压力被来自上层出于利己主义的接受所抵消。这就是在战后那个时刻达成共识的奥秘所在。从前自力更生的群体认识到了将法定慷慨福利扩大到所有人的好处，这是他们的动机。贝弗里奇筑起的防护墙——为阻止向中产阶级支付福利所产生的后果——坍塌了，这显然证明普惠式的慷慨福利在政治上是很受欢迎的。

在斯堪的纳维亚半岛，相关的问题被揭示得更加清晰。瑞典保守党与普惠主义的养老金改革密切相关，因为其选民是从国家资源的慷慨分配（不考虑需要与否）中获益最多的人。社会民主党最初反对这种浪费资源的做法，后来被逐渐说服而接受了。该党改变了传统的捍卫被压迫者的自我形象，不再关注最贫困群体的需要，转而关注新的群体，以及迎合战后也变得发达的那些旧选民的需求。丹麦的情况因起步晚而有所不同。到了20世纪50年代，工人们显然与富裕阶层有了一种共同利益，即不应由于拥有其他资源而被剥夺法定福利，因此，这里的社会民主党对于普惠主义改革的态度比瑞典的同性质政党更为积极。只是当资产阶级政党把普惠主义推向极端时，左翼才重新发现了自己原本的矛盾心理：平等对待所有人实际上意味着对穷人不利。

关于普惠主义改革的争议，暴露了在资源有限的世界中正义、公平和效率之间的紧张关系。通过普及推广社会政策，它成为每个公民的权利，消除了同济贫、施舍、慈善和依赖相关联而承继下来的污名。然而，这种改革的代价是浪费性的利益分配，将资源分给了即使是不需要的人。

通过让富人分享早先留给穷人的东西，团结就成为合情合理的了。这项权利是用本可帮助贫困者的资源换来的，期望因此释放出更多的可用资源。[190] 社会民主福利制度的推理是这样的：从长远来看，贫困者将从这种暂时的滥用资金做法中获益。因此，通过团结方式应对基本风险，最初低效率的资金使用最终会得到利息回报。在风险再分配的体系中，所有阶层都有利可图，所有人都将认识到，大家是相互依存的。

许多解释认为，这类全民性福利措施是由劳工运动和代表穷人及弱势群体的左翼政党实施的。依据这种观点，团结是由下而上赢得的。然而实际上，围绕着被视为体现福利制度转型的改革（它帮助建立了社会公民身份制度）的真实政治情况却与之大相径庭。尤其明显的是，它不再禁止中产阶级获得福利从而否定他们自力更生的努力，这给他们带来了即时和直接的利益。只有回过头去看，社会民主党的辉格主义才能将普惠主义改革适用于其自身目的，而在当时，普惠主义改革受到两种力量的推动：一是那些无资格获得法定福利者的短期利益；二是最不幸群体为自己争取团结式国家干预的能力。与19世纪社会政策的税收融资和那时及"二战"后的普惠主义改革一样，统一费率方式也是由左翼势力范围之外的利益决定的：对非城市地区和某些群体的让步。所谓社会民主的社会保险标准（普惠主义、税收融资、统一费率），基本上都不是由左翼或其核心选民倡导和决定的。社会民主党后来成功宣称的所谓自身利益，实际源头是资产阶级的和乡村的利益。

一旦社会解读中社会民主党、工人和社会福利之间的关系受到质疑，中产阶级也是导致普惠式社会措施的一种力量看起来就很符合情理了。将福利政策扩展至富裕阶层，战后的改革便很自然地与最直接受益的群体联系在了一起。劳工主义社会解读间接地承认了这种联系，不是关注通过改革为穷人赢得直接的再分配优势，而是着眼于由此而实现的对福利制度的长期支持。在短期内，富裕者从全民性福利中获益，但相比专给穷人的剩余式施舍，最不幸群体终将从稳定而持久的社会民主福利政策中获得好处。[191] 从这个意义上说，社会解读反转了波拿巴主义福利制度模式背后的动机。当时的统治精英们为了一个更大的目标作出了直接的牺牲；而在这里，穷人是聪明的谋士。左翼认识到不加区分的普惠主义不是穷人的明确福音，也促使他们提出恢复针对性措施。他们看出了形式上的平等和试图给予弱势群体真正的平等权利之间可能是矛盾的。第四章讨论的退休金制度即是一个例子。蒂特穆斯是这一思想发展的创始人。他最初支持普惠主义措施以消除穷人接受施舍的耻辱，后来逐步认识到，这些措施的主要目的是赢得中产阶级对法定干预的支持，而不是直接造福于穷人。一旦对福利制度的广泛支持得到巩固，接下来就需要制定选择性的政策来改善最贫困者的生活条件。[192]

# 第三章　法国和德国：福利制度的失败

普惠主义、平等主义的社会改革在英国和斯堪的纳维亚取得的胜利显然是很难效仿的。欧洲大陆国家没有取得成功。在德国，社会民主党的旗帜上或许印有贝弗里奇福利改革理想的标志；在法国，抵抗运动内部形成的政治共识可能最初将左翼两党与基督教民主党（Christian Democrats）联合了起来，支持团结一致的倡议，但最终徒劳无功。改革的花朵在其他地方盛开，却在欧洲大陆凋谢殆尽。新愿景背后的力量不足以战胜来自资产阶级阵营的抵抗。[1]究其原因，在德国，左翼政党从未获得掌控权，而在法国，未分裂的左翼势力掌权的时间十分短暂，若想取得英国工党在执政六年间的成就，或完成斯堪的纳维亚半岛在社会民主党统治时期的改革，是不可能的。[2]

这就是人们经常看到的英国和斯堪的纳维亚半岛团结式改革的成功与欧洲大陆的失败之间的对照。然而，当进一步地仔细研究这两组事件时，将会发现它们之间的差异其实很大，很难进行有意义的比较。盎格鲁-斯堪的纳维亚的倡议被成功地强加给资产阶级政党，这实际上远非左翼单方面的要求，而是反映了社会政策中形成的新中产阶级的利益。尽管欧洲大陆追求的目标同英国和斯堪的纳维亚国家有着明显的相似之处，但要激进得多。法国和德国的改革者试图通过建立一个包括富人和幸运者在内的共同风险池来帮助赤贫者和需要援助者。他们试图推行真正意义上的再分配措施（这原本是斯堪的纳维亚半岛和英国的目标），结果以失败而告终。其团结目标的命运取决于几个综合因素。

首先，究竟想达到什么目的？在这一点上，表面的相似性掩盖了关键的差异。例如，英国的和法国的改革计划都是主张普惠主义的，但各自的做法截然不同。在英国，统一费率的缴费型保障制度将富人和穷人之间的任何纵向式再分配限制在最低收入保障水平。穷困者从富裕者、工薪阶层从自雇人士、蓝领从白领阶层获得的好处都是间接的，在任何程度上，税收制度的发展都更多地依赖富人而不是穷人。在法国，经济遭到破坏，战后国家财政面临的任务艰巨，财政体系长期低效（这是全国性的逃避运动的目标，获胜的一方总是带有自雇人士的色彩），使得改革者对社会保险抱有更大的野心。[3] 甚至连部分采取税收融资也被排除在福利改革之外。社会保险体系不仅要通过收取保费自负盈亏，它本身还必须面对在幸运者和不幸者之间再分配的任务。援助需要者和穷人所需的资源，不能以任何隐晦而间接的方式来自国家财政，而是直接由较富裕者支付的保费提供。所有人都要加入养老保险，以便将富人和优势群体的保费用来资助仅提供给最贫穷者的福利（依据资产测查而决定）。因为这种社会保险制度进行再分配的方式远比英国或斯堪的纳维亚的方式更为直接，所以，与成功得到通过、较少引起冒犯的贝弗里奇式的构思相比，这种改革遭到了更强烈的抵制。

在德国，类似的再分配争夺因战后盟军的分区占领局面而变得更为复杂。左翼曾短暂地支持贝弗里奇式改革，实行普惠主义、统一费率的社会保险，但有几个因素削弱了实现这一目标的希望。纳粹在战争期间曾提出了一项全民性社会政策计划，这给后来所有的同类计划都投下了无法消除的阴影。普惠主义改革最初得到了军事占领者的支持，这也于事无补，原因是德国的任何阶级或政治派别都无法接受。同盟国希望取消德国社会保险长期以来获得的国家补贴，从而腾出财政资源用于其他目的。为了筹措社会保险系统运行所需的资金，他们提议让所有公民加入，通过收取新加入阶层的保费来维持贫困人口所需的费用。面对这样的再分配雄心，昔日自力更生的中产独立经营者，以及现在可能得承担工人福利的白领工薪阶层，都有了抵制改革的紧迫理由。另一方面，工会也没有找到支持普惠主义、统一费率社会保险的根据：缴纳保费降低了工人们通常领取的工资，公开的再分配目标又疏远了薪金雇员中潜在的盟友。当苏联占领军下令在东德地区推行这类改革时，德国人成功地在西部地区阻止了它。赤裸裸地再分配，而且同纳粹和占领当局联系在一起，团结式改革在这里从来都不是一个可行的主张。

其次，欧洲大陆不仅对社会政策改革产生了强烈的抵触情绪，而且反对的人数很多。在斯堪的纳维亚，早在19世纪，农场主们就出于自身的理由而争取将所有人纳入到了国家福利体系。在英国，工薪阶层在总人口中占主导地位，扩大社会保险涵盖面影响到的人口数量相对较小。相比之下，在欧洲大陆，传统的中产独立经营者——现在是改革者再分配意图的目标之一——仍然是一个重要的群体。在战后的十年里，17个英国人中只有一个是自雇就业的，而这个群体在法国人中占五分之一。独立经营者在欧洲大陆构成了一支政治力量，英吉利海峡对面的情况不可与之相提并论。独立经营者历来的冷漠品性和不愿与工人交往，使之有充分理由抵制全民性措施，但更主要的原因是，战后的福利计划将负担往他们身上转移。这些群体发起的强烈抗议足以将改革挫败。白领工薪阶层现在也被要求以类似的方式资助不幸群体，因此成功地运用组织严密的政治力量，抵制了这种分摊负担的做法。

在德国，改革倡议被毫不留情地推翻了。工匠们在纳粹时期被纳入工薪阶层的养老保险，并被给予了不可抵御的优惠待遇，现在允许他们继续留在其中。然而，其他独立经营者既不希望也未被要求加入共同风险池。薪金雇员则挫败了将白领的利益再分配给蓝领的企图。在法国，所有的人实际上都在社会保险的保护伞之下，但仅是遵照由新纳入的类别即高级薪金雇员（干部阶层）和独立经营者提出的条件来分配。干部阶层否决了任何其他援助措施，除了给体力劳动者以最低收入保障。独立经营者从政府手中夺得参加社会保险的权利，但仅是作为各种职业界定的亚群体成员，与其他群体之间的团结互助很有限。

最后一点是，社会政策的前因影响了工薪阶层对改革的态度。最初的立法决定影响并限制了后来改革者的选择。在农场主们的要求下，斯堪的纳维亚从一开始就选择了全民性方式，战后的改革只是延伸和扩大了这一传统。英国朝普惠主义方向的转变比较和缓，得益于其人口结构的同质性、对普惠式立法（1908 年的养老金法）的部分继承，以及战后改革的相对平和无害。而德国和法国的情况不同，其工人社会保险有实行缴费型的悠久传统，不得不艰难地同那种大量税收融资、统一费率的措施进行协调，如今，贝弗里奇的声望将这种措施理想化了。欧洲大陆劳工运动青睐全民范围的社会保险，以便能够广泛和公平地分摊风险成本，但未能实现。相反，英国和斯堪的纳维亚改革的其他方面与欧洲大陆的传统格格不入，在法国和德国的工会中几乎得不到任何支持。

在欧洲大陆，通过一般税收来支付福利金将使那些从未加入过社会保险的人最大地受益，这一举措可能会同长期为福利支付保费的工人产生冲突。尽管税收融资具有广泛分配负担的能力，但在固守以缴纳保费而获得应得权益的产业工人阶级看来，这似乎是不公平的。工人们认为，他们长期努力自己缴费之后，没有理由给其他群体提供由公共资助的福利。法国和德国的统一福利给予工人阶级的利益也不比斯堪的纳维亚半岛的多。由于社会政策比较传统，欧洲大陆的劳工运动比北欧的劳工运动更容易挫败将法定干预限制在统一费率的最低保障水平的企图。法国和德国都不可能以牺牲通过缴纳保费而获得应得权益的工人为代价，来改变其社会保险制度。工人们已经挣得了同收入挂钩的福利，除非违背劳工运动的意愿。欧洲大陆的左翼，尤其是德国的，在一段时间内不加批判地接受了盎格鲁－斯堪的纳维亚的发展模式。只是在与工会发生争执之后，社会民主党才放弃了采用不适合国情的外国模式而进行改革的企图。[4] 在欧洲大陆，普惠主义、税收融资、统一费率的再分配改革在许多方面受到资产阶级的质疑，而且在某些方面也受到本应是其最热情支持者的怀疑。

若想理解围绕欧洲大陆福利政策的争议，有必要谈及融资的问题。在"二战"之前，社会保险的资金在很大程度上是由缴纳保费提供的，保费和福利精算相关联。两次世界大战造成的破坏及通货膨胀和货币贬值导致了金融灾难，战后的必要福利措施改成了现收现付的方式。[5] 作为保费而筹集的资金现在直接转成福利，年轻人为老年人买单，健康者为残疾人买单。问题不再是通货膨胀了，而是人口结构的演变，这至少具有较大的可预测性，正如出生率曲线不如利率曲线的变化那么大。

现收现付引发了新的分配问题。尽管这种严格的基金系统起步缓慢，从而过渡代中因年纪太大而无法获得应得权益的人只能依赖公共援助或亲属接济，或听凭命运摆布[6]，但现收现付制在一开始就提供了两种选择。一种选择是，只收取已挣得的福利所需的保费。福利数额最初很低，因此保费也不高，但随着系统走向成熟而大幅度提高。另一种选择是，立即收取相当于到期发放全额福利的保费，对于在过渡期实现的盈余款项的处置将单独作出决定。这样做的一种可能性是给予过渡代在任何精算意义上都不应享有的福利。从通常采取应得权益标准的旧的基金制度角度来看，这完全是轻率的。新的现收现付制的第一代正式会员经常对给从未缴费或缴费不足的人支付福利感到不满，尽管这丝毫没有削弱其自身的应得权益。他们声称，法定福利执行现收现付制，资金很难维持，最终将向尚未出生者预支养老金。相反，一个足够强大的过渡代，包括以前属于自力更生群体的新融入者，往往能够攫取与其所交保费不成比例的利益。一方面，过渡措施只影响新体系中的第一批人，对社会保险的理论建设和运作并不太重要；另一方面，当决定改革时，它影响到在政治上至关重要的大多数选民。以牺牲现有和未来成员为代价而使过渡群体获得优势，往往给改革者试图开的药方裹上了糖衣。

## 法国：团结、社会保障和薪金雇员

同欧洲其他地方一样，法国的战后安顿计划包括一项重要内容：实行普惠主义社会保障制度。[7] 这是抵抗运动作出的承诺之一。[8] 在敌对局面结束后，想要留下自身印记的法国决策者从贝弗里奇的想法中获取了灵感。戴高乐发现他自己的计划十分诱人。[9] 皮埃尔·拉罗克（Pierre Laroque）在占领期去伦敦待了一段时间，他值得被授予"法国贝弗里奇"的光荣头衔。[10] 战后的劳工部长亚历山德拉·帕罗迪（Alexandre Parodi）曾是全国抵抗委员会（National Resistance Council）的成员，该委员会将英国改革作为衡量其雄心壮志的标尺。[11] 但英国并不是唯一可效仿的范例，事实上，认为贝弗里奇的改革具有普遍意义的假设在海峡对面引起了轩然大波。[12] 法国改革者也可以回顾本土的普惠主义改革思想，尽管他们是否这样做了是另一个问题。1940年6月，社会保险系统的负责人路易·多尼翁（Louis Doignon）向维希政府的劳工部长雷内·贝林（Rene Belin）提出了一项朝着全民性方向实行改革的建议。贝林认为这项计划是乌托邦式的，并把多尼翁撤职了。幸运的是多尼翁又在1944年9月复职，向帕罗迪重新提交了议案。[13] 法国改革者不喜欢《贝弗里奇报告》中的重要方面。尽管他们效仿了英国将全民纳入所有风险保护的做法，但拒绝了国家对社会保险的直接控制，而是支持政府监管下的自我管理基金体系。统一费率福利也不受欢迎，理由是它均等但不公平。[14] 拉罗克的裁决同法国人的心理格格不入。他们希望能够将薪酬等级反映在福利制度之中。[15]

战时抵抗运动呼吁建立一个全面的社会保障体系，战后第一届政府进一步充实了它，其计划的特点是统一、普惠和团结，有别于旧的社会保险制度。[16] 它基于两个原则。第一，它由一个统一组织涵盖所有的风险。单一基金将所有成员联合在一起，废除了早先按职业、宗教或社会类别设立保险计划的权利。第二，政府的目标是涵盖所有法国人，而不仅是工薪阶层中最贫困者。改革分两个阶段完成。首先是高薪雇员和蓝领工人一起加入。第二步，所有从事经济活动的公民，包括工匠、雇员、农民、工人、雇主，以及自由职业者，全都并入一个单一的风险社群。

与德国一样，法国的社会保险在一定程度上将薪金雇员（员工或干部阶层）和工人区分开来。[17] 1930年法国的法律规定了收入上限，收入高于上限的工薪者被视为是能够自力更生的。[18] 因而干部阶层从法定制度中解脱出来，就职业保险计划（尤其是养老金）进行了谈判。[19] 现在，在国家干预年代里代表干部阶层的利益而建立的自治计划受到了改革的威胁，改革者想要将所有工薪阶层纳入社会保险的"一般制度"（General Regime）*，在例外情况下才允许保留基于职业的保险安排，并仅是作为法定福利供给的补充。

作为一个有合理工资收入和固定工作的群体，干部阶层曾享有特定风险社群的优势，所获得的福利比根据精算可能给予全民的更多。[20] 现在政府取消了这种特殊待遇，很可能将之投入共同风险池。更糟糕的是，在这类雇员看来，拟议中的改革还包括一种附属于社会保险的公共援助形式，即通过发放老年工薪者津贴（Allowance for Elderly Wage Earners）直接尝试再分配。收入丰厚的工薪者将承担这项津贴的开支，为需要帮助的同事提供（非缴费型、依据资产测查而定的）福利。这项津贴最初由维希政府实施，但基于战前共和政府的提议，它既有利于那些因货币贬值而使自助努力付诸东流的工人，也有助于过渡代，后者基本上被1930年的法律抛弃不管了。[21] 津贴虽然慷慨，但也是一种挥霍，因为它没有新的收入来源，而是用积攒不多的资金来支付福利，提前预支在职工人未来的养老金。[22] 拯救受到破坏的经济，首先是通过法令的形式提高了保险费，在财政上将社会保险和津贴分开，并征收特殊的雇主供款。[23] 由于白领工薪阶层现在加入了社会保险，他们的雇主将承担这项保费，而依据资产测查，干部阶层不具备领取津贴的资格。出于这个原因，政府希望将薪金雇员纳入社会保险，薪金雇员则倾向于继续被排除在外。[24]

政府推行普惠主义社会保险改革的动机是多重的，既出于崇高的人

---

\* 法国社会保障系统分为三个主要制度：一般制度（General Regime）、农场制度（Farm Regime）和自雇人士制度（Self-employed Regime）。一般制度主要面向城市工薪阶层但不包括干部阶层（他们有自己的安排）。

道主义情怀，也包含着狡猾的经济现实主义。改革派希望借助战时的博爱精神与阶级和解，通过一项全民性社会政策使再分配合法化。[25] 然而，薪金雇员并没有因团结的呼吁而忽视自身的利益。[26] 他们被特别挑出来承担似乎超出比例的负担，认为没有理由加入社会保险并首当其冲地承受改革的冲击，而其他有特殊养老金安排的工薪阶层（如公务员、巴黎歌剧院的雇员、矿工等）则被免除了更公平地分摊费用的责任。他们抱怨说，注册加入"一般制度"是一种变相的征税。帮助穷人是整个社区的任务，而不仅是其中一部分人的责任。[27] 人民共和运动党（Mouvement Républicain Populaire）*是第一个意识到薪金雇员的不满而从中发掘政治潜力的政党。它经常谈论社会政策问题，亨利·莱斯佩斯（Henri Lespes）和查尔斯·维亚特（Charles Viatte）是其主要发言人。他们同意干部阶层对基于单一基金的全民性措施的批评。[28] 人民共和运动党尽管支持改革，但更倾向于社会保障通过多家保险公司或国家控制之外的基金提供。要知道，用单一基金取代以前数量过多的保险公司（涉及人民共和运动党诸多激进分子的利益）将威胁到该党的影响力。[29] 此外，人民共和运动党还反对政府让工会任命基金管理委员会成员，原因是担心法国共产党掌控的劳工联合总会将在组建的庞大社会保险官僚机构中站稳脚跟。[30]

围绕让干部阶层加入社会保障系统的斗争，直到1946年夏天新制度启动期限临近时才真正开始。在第二届制宪代表会议上，时为单一最

---

\* 原文此处表述为"The Christian Democrats (MRP)"，似乎将 MRP（Mouvement Républicain Populaire，人民共和运动党）和 Christian Democrats（基督教民主党）混用。经询问，作者回答："人民共和运动党是基督教民主（性质）的，没错，但不是同一个政党。他们是中右翼和支持戴高乐主义者。"故在本节中一律译为"人民共和运动党"，以示区分。

大政党的人民共和运动党完全有能力解决薪金雇员关心的问题。[31] 当该党在议会中运作、试图推迟让干部阶层注册加入"一般制度"并维护其职业保险计划时，薪金雇员群体却转而采取了更直接的行动。[32] 6月，基督教工人联合会（CFTC）和新成立的薪金雇员组织干部联合总会（CGC）组成了一个辩护委员会。7月，它发动了一次警告式罢工以反对政府的计划。[33]

左翼必须在政治上达成协议来反对资产阶级的抵抗，以便按照最初的设想通过改革计划，但在公众抗议和议会反对的情况下，左翼开始瓦解。当法国共产党试图与社会民主党进行战略协商时，他们遭到了拒绝。[34] 国际劳工组织法国分部同人民共和运动党一样，担心法国共产党企图在行政上控制新的制度。[35] 政府在7月中旬采纳了人民共和运动党提出的调整改革的建议，该党人口部长罗伯特·普林根（Robert Pringent）就此问题的发言，暴露了脆弱联盟三方的分歧。这一点未得到社会民主党的支持，于是克罗伊扎特同意通过选举而不是任命产生行政委员会。[36] 部长们赞成社会保险制度应按计划实施，但在是否让所有成员并入同一基金的问题上存在分歧。[37] 在同一星期里，干部联合总会和劳工部就允许政府将薪金雇员纳入社会保险的问题进行谈判。他们得出的结论是，干部阶层必须加入社会保障系统，这意味着参加所有的再分配，但只将低于规定工资上限的那部分收入作为缴费依据。至于工资超过上限的部分，将实行一个增补计划，以保证他们的福利接近于先前的职业保险计划。[38] 在接受这一妥协后，克罗伊扎特宣布成立一个平价委员会（Parity Commission），由弗朗西斯·内特（Francis Netter）担任主席，主持制订干部阶层福利增补计划的细节，并承诺在过渡期间他们不会被强迫加入"一般制度"。人民共和运动党暂时搁置了反对改革的意见，再次加入三方联盟，与左翼协调一致，批准了克罗伊扎特的倡议。于是，和平似乎占了上风，这个有争议的问题被掩盖了。[39]

## 在委员会里

薪金雇员与政府之间的冲突虽然不再是注意的中心，但并未得到解决。在平价委员会中，基督教工人联合会和干部联合总会拒绝接受其成员被纳入"一般制度"，除非保证干部阶层的利益不受影响。他们要求继续实行薪金雇员自主的职业保险计划。[40] 直到雇主联合会（Employers' Federation）提出一项基于各方集体协议的增补计划，僵局才被打破。[41] 正当协商迅速进行时，一项政府法令撤销了克罗伊扎特不让薪金雇员加入的承诺，从而破坏了停战协议，中止了委员会的工作。随着谈判接近尾声，利昂·布鲁姆（Leon Blum）主持的少数党短期政府（清一色社会民主党人）决定将干部阶层纳入社会保障体系，不再拖延。政府意识到，薪金雇员反对融入的原因，是他们相信，一个特定针对他们的计划将以较低的成本获得更高的福利。拉罗克在给克罗伊扎特的一份报告中指出，这种优势幅度同再分配努力是相对应的，可以合理地代表工薪阶层中的不幸群体向干部阶层提出再分配要求。[42] 无论如何，此时其他的法律已将社会保障扩大到所有公民，因而很难论证对薪金雇员的分离主义安排是正当的。给予他们自主权便意味着容忍"富人的利己主义"。[43]

薪金雇员被政府明显的背信弃义激怒而中断了谈判。[44] 当干部阶层的辩护委员会（Defense Committee）在其经常活动的地点——萨勒瓦格拉姆（Salle Wagram）——举行支持分离主义计划的大会时，争议再次转移到了街头。[45] 两个星期后，亨利·莱斯佩斯和人民共和运动党展开激烈辩论，迫使克罗伊扎特作出一系列让步，其中最有意思的是高龄津贴

（Old Age Allowance）。[46] 尽管雇主为这项津贴支付了保费，但干部阶层拥有的增补计划通常会使他们丧失领取这一津贴的资格。[47] 克罗伊扎特现在承诺，在计算经济收入以决定领取资格时，不计入干部阶层的增补养老金。[48] 在此基础上，莱斯佩斯宣布自己表示满意，克罗伊扎特立即取得了关于吸收薪金雇员加入的信任票。因此议会否决了雇员免受"一般制度"均等化影响的权利，然而过了几个月，在遭到自雇人士的强烈抗议之后，又让了步。尽管如此，薪金雇员对成为会员的要价远远高于政府的预期。他们和蓝领同事一起加入了社会保险，但未被要求作出与其收入成比例的牺牲。他们超出规定上限的收入不受"一般制度"的影响，为增补的福利提供了资金，这反过来又不会令他们丧失邻取高龄津贴的资格，虽然这些津贴曾是为最贫困者准备的。干部阶层还被允许以贬值的货币进行补缴，以取得加入这一制度之前一段时期（1930—1947）的应得权益。[49]

基于1947年3月14日的集体协议，干部阶层的增补计划是一项惊人的新改革，它在许多方面预示了十年后盎格鲁-斯堪的纳维亚人在退休金方面的试验。[50] 融资方式是其最具创意的特征。[51] "一般制度"保留了基金制度的应得权益标准，同时，领取福利的前提是定期缴纳必需的费用，而薪金雇员测试了现收现付融资的外围极限，给予他们的过渡代非常慷慨的待遇。缴费不足或无缴费记录的退休职员和残疾雇员实际上得到了同充分缴费者一样的福利。倘若这一制度不局限于狭小的社会类别，这种代际团结能否实现？这仍是一个未解的问题。当然，薪金雇员的可观人口构成促进了其作为一个群体的互惠互利关系。随着经济的发展，他们的人数迅速增长，其中很多是活跃在职场中的年轻人，老年人和残疾人很少。

增补计划的依据是雇员缴纳的费用——基于超过一般社会保险制度规定的工资上限。干部阶层为了扩大自身福利措施的范围，将这一上限保持在较低水平，这使得"一般制度"收取的保费仅够提供十分有限的福利，几乎不及公共援助。因此，即使是工人，也很快地意识到有必要建立类似的增补计划。到了1961年，所有的工薪阶层都被强制加入这类计划，蓝领和白领各有各的补贴。[52] 通过这种增补性安排进行的再分配是有限的，朝这个方向转移的最终效果是阻止了改革者充分实现重大法定干预的野心，正如战后倡议的团结意图所导致的结果。

法国的薪金雇员对普惠主义改革发起攻击的导火索，是政府选择了在政治上尴尬且脆弱的方式来援助最贫困群体——在社会保险体系内直接进行纵向式再分配。而该体系本应以通过缴费获得应得权益和精算适当性的准则为前提。1945年，社会民主党和薪金雇员之间的积极关系（如在瑞典那样）远未形成。干部阶层仍然被视为一个富裕舒适的、政治上多疑的精英群体，而不是左翼为耗尽蓝领的支持度而追求的新兴阶层。当工人国际法国分部意识到薪金雇员从保守的少数转变为潜在进步的多数时，他们在法国社会保险系统中的角色已经确定了。[53] 但即使它在这种意义上与福利制度的关系过早地联系了起来，战后的争端预示着薪金雇员阶层将成为一股不可忽视的力量。法国解放后，干部联合总会的建立，既挑战了他们老工会（认为自己在传统的蓝领框架中代表雇员），也挑战了政府。该联合总会在争取官方认可几个月后就开始为养老金改革而战。[54] 社会保险纠纷是对干部联合总会勇气的第一次考验，它采取强烈的阻挠态度，既是为了塑造一个意识形态鲜明的自我形象，也是为了争取任何可能的物质利益。[55] 这场为争夺薪金雇员的忠诚而进行的赌博得到了丰厚的回报，干部联合总会随后被确立为干部阶层的主要组织。[56]

## 自雇人士和分离主义的诱惑

1946年4月中旬，通过将社会保障扩大到所有公民，政府加大了改革野心的赌注。[57] 劳工部长克罗伊扎特认为，虽然社会政策最初针对最贫困群体，尤其关注工薪阶层，但现代生活的不确定性影响到所有的人，因而每个人都有理由寻求保护。[58] 现在已将自雇人士纳入养老保险系统，要求他们缴纳适当的保费以取得回报。[59] 由于这项权益需要数年才能获得，而许多年迈、贫穷的自雇人士立即就需要救济，因此该法案还引入了一项类似于工薪阶层的基于资产测查的高龄津贴。此项津贴试图体现国民的团结精神，结果问题就出在了这里。[60]

议会开始考虑改革时，怀着一致的好意，支持向独立经营者发放津贴，期望用社区的慷慨互助来取代公共援助的污名。[61] 这种和谐一致当然不会持久。它未能消除的障碍主要有两个，一是社会保障和公共援助之间的关系，二是长期改革与急需援助的老年独立经营者之间的分歧。更直白地说，遇到的问题是如何支付津贴。由国家进行大量补贴是不可能的。也没人希望为此推动增税。由于工人已经在给贫穷同伴提供资助，再为独立经营者提供公共资助的福利将产生不公平问题。[62] 另一种选择是将津贴作为社会保障制度的再分配要素，它的资金完全来自成员缴纳的保费而不是公共资金。[63] 关于如何扩大福利、将独立经营者包括进去，政治各派产生了分歧。右翼和中间党派倾向于仅扩大津贴的涵盖范围（或顶多是为老年人提供津贴加养老金），左翼则倾向于全面扩大社会保障。[64]

对这两个阵营来说，近期目标是相同的：不向国家预算提要求，通过把幸运阶层也纳入社会保险中来为最需要的人提供津贴。[65] 然而，对于在多大程度上要求独立经营者承担再分配，他们存在着分歧。左翼和政府希望广泛涵盖是基于财政的需要。在没有国家补贴的情况下，承保人的范围越大，承保的风险范围越广，系统的偿付能力就越强。只有当政府能向每一个独立经营者收取保费时，它才足以应付将津贴扩大到所有的独立经营者。[66] 相比之下，政府改革者担心的是，扩展所有社会保障计划，承诺筹集足够的资金来支付津贴，却不管很多独立经营者逃避缴纳保费。[67] 全面覆盖所有风险，而不仅是依据资产测查（富人得不到任何好处），也会吸引富裕的独立经营者支付保费，允许用于援助最穷的人。拉罗克认为，所有人都应该为防范各种风险支付保费，以确保每个人的切身利益：老年人享有养老金，年轻人享有生病和生育福利，富人得到一些不需经过资产测查的保障措施。[68]

反对普惠保险的人担心立即扩展所有的社会保障会给独立经营者带来过重的负担，他们更倾向于限制扩张，希望限制对幸运者利益明显的再分配。1946年春天，独立经营者对可能实施过于雄心勃勃的计划开始表达不满，但此时政府已经能够就改革最终达成协议。针对农场主和小农所商定的一些特殊条件安抚了农业部。通过将改革推迟到等工业生产恢复到战前水平，财政部长安德烈·菲利普（Andre Philip）消除了对社会政策开支的担忧。[69] 这项法案欲将社会保障扩展到所有法国人，其宏伟程度堪与贝弗里奇计划相提并论，被誉为民族团结的伟大努力。[70] 尽管委员会里不乏争议和辩论，1946年5月，议会在最后一刻善意地、慌乱地一致通过了法案，成为戈登·赖特（Gordon Wright）所称"空余时间的革命"的一部分。[71]

议会没有规定该法律实施的起始日期，故而实际上仅是对一项原则进行了投票。推迟改革无法解决贫困而年老的独立经营者的迫切需要。四个月后，几个政党都建议采取措施来援助最贫困者，并在预期达到必要生产水平的情况下部分实施5月通过的法律。人民共和运动党财政部长舒曼（Robert Schuman，他取代了社会民主党人菲利普）和克罗伊扎特都被说服，接受提早给老年人发放福利的提议，尽管舒曼坚持严格区别依据资产测查的福利和正常保险的福利，在预计9%的总保费中，首先只是收取支付津贴所需的4%。[72] 5月通过的推广社会保障的法律现确定适用于养老金和高龄津贴。在酝酿的过程中，舒曼坚持的条款不复存在，现在要收取全部9%的保费，而在未来几十年里只能依据资产测查发放津贴，直到可领取第一笔真正的养老金。由于该体系试图公然地进行再分配，因而引发了阻力，导致了最终的失败。[73]

## 阻力与失败

反对自雇人士加入社会保险的呼声即刻高涨。从行政上来讲，政府的工作量太大，除了薪金雇员外，还要负责监管新加入的独立经营者（约1500万到2000万人）的社保，这是不可能胜任的。许多新成员断然拒绝合作，让事情变得更加棘手。尽管抵制者有时会拒绝定量配给券，但问题还没有严重到需要采取任何武力手段的程度。改革者的政治立场稍微好一点。1946年12月，在将所有独立经营者纳入社会保险的两星期前，人民共和运动党又发起攻击，将基金多元化问题再次提上议程。他们坚持认为，若将所有的人融合在一起，就必须放弃单一基金；应当允许不同的社会和职业群体在同行之间分配风险。拟议的改革是不公平的再分配。[74] 应将援助和保险明确地区分开来。政府试图模糊两者的区别，假缴纳养老金保费之名征收高于发放津贴所需的数额，遭到了拒绝。[75]

由维亚特提出的人民共和运动党议案旨在将社会保障分成三个独立的体系（分别针对工薪阶层、农民、非农业独立经营者），每个体系中允许多个保险公司参与运作。[76]

　　政府将捍卫普惠主义再分配改革作为最后的一道防线进行反击。克罗伊扎特认为，按社会群体划分不能合理地反映法国社会不规则的复杂性。自雇人士种类繁多，人民共和运动党将工业家和工匠放在同一风险类别中，但这两者之间的差距比技术工人和非技术工人之间的差距还要大。克罗伊扎特试图说服独立经营者，作为一个具有不确定风险的群体，加入民族大团结的普惠式保险将会得到好处而不是受到损害。[77]然而，在接下来的几个星期里，经由精算确定的自身利益与克罗伊扎特的计算不符，这证明了独立经营者抵制对共同利益诉求不明确的勇气。1947年2月中旬，罗杰·米洛特（Roger Millot）成立了全国中产阶级联络暨行动委员会（Comite national de liaison et d'action des classes moyennes），以联合独立经营者和干部阶层来阻止改革。[78]接下来的一个月，政府屈服了。克罗伊扎特提出一个折中方案（未能成功），一方面维护社会保障体系的统一，另一方面给独立经营者提供等同薪金雇员的好处：不经过资产测查的津贴。[79]一星期后，委员会接受了人民共和运动党关于排他主义社会福利政策的建议，对此，法国共产党表示反对，社会自由党表示支持，社会民主党则充当了政治风向标，由于经济原因和中产阶级的反对而弃权。[80]政府实行普惠主义改革的野心就此终结。克罗伊扎特勉强答应，利用议会即将到来的休会时间制定出有利于反对派群体的措施。[81]

　　4月中旬，由国家行政法官（Conseiller d'Etat）弗雷德里克·苏尔劳（Frederic Surleau）主持的一个特别委员会得到任命，负责为独立经营者制定自主的社会保险制度。[82]取代克罗伊扎特的劳工部长丹尼尔·梅尔（Daniel Mayer）发给参与谈判的独立经营者一项简短指示，要求他们不要过度地按照社会阶层来分割福利政策，可事实上他们坚持要设立四个计划，分别为自由职业者计划、工商人士计划、工匠计划和农民计划。通过要求建立自己的社会保险制度，并按照这几个类别划分福利安排，独立经营者回避了各阶层之间的再分配，迄今为止这一直是阻碍他们加入社会保障的因素。与此同时，通过拒绝全民层面的团结互助，致使每个分离式计划都要独自承担经济变化的不平等和自身人口演变的结果。为了让最穷的成员也能负担得起，规定缴纳的保费十分有限，每一个特殊计划所提供的养老金福利都不比公共援助大多少。由于自雇人士各群体间存在差异，每个方案将单独确定保险费、福利费率和其他条件。[83]

尽管苏尔劳委员会中的非独立经营者代表反对，但1948年1月17日的法律严格遵循了独立经营者的建议，以社会分离主义（social separatism）*为他们设立了高龄津贴计划。[84] 在推出这项由自雇人士主导的立法时，政府哀叹自己满腔雄心壮志的受挫。行政机构以官僚主义式傲慢兴高采烈地宣称已准备好接受新的受益者。然而，经济状况，以及改革者面对独立经营者中顽固捍卫既有特权势力的所谓"心理准备不足"，都成为再分配的抵制力量。[85] 在一片哀叹声中，这项基于苏尔劳委员会研究结果的议案成为法律。左翼政党与政府一起对普惠主义改革的失败唏嘘不已，同时却拒绝投票反对独立经营者的意愿。[86]

## 富裕独立经营者和再分配

独立经营者为什么反对普惠主义改革呢？这是一个界定社会再分配

---

\* 指各个群体适用不同的福利安排，每个群体内部的所有人之间进行再分配。在概念上，它同"融合"和"整合"不同群体的福利制度相对立。

限度的问题。有些因素是偶然性的：缴纳保费与其他降低福利和提高税收的措施不巧同时发生，成了压倒骆驼的最后一根稻草。其他因素则与行政问题有关：自雇人士担心，与工薪阶层一起被纳入单一基金后将失去自身的影响力。[87]同19世纪末的工人一样，自雇人士也憎恨国家通过强制性社会保险进行干预。[88]尽管如此，据独立经营者组织内部相对私下的讨论，以及苏尔劳委员会和议会委员会作出的决定来判断，根本原因还是涉及社会负担的分配：谁付给了谁什么。这其中的问题比薪金雇员的情况更为复杂。

直到1945年，社会保险中工薪阶层的富裕者与贫困者仍是区分开来的。两方面的态度都表达得很清楚，穷人企望通过全民性措施让富人分摊负担，而自力更生群体缺乏互助的兴趣。独立经营者（具体分为工匠、自由职业者、工商业独立经营者、农民）增加了一个新的变数。这些类别将每种职业中的富裕者和贫穷者融合在一起，它们本身也反映了社会等级和经济状况的不同。因此，抵制改革的再分配因素存在两种可能性：（1）每个群体中的兴旺发达者可能会抵制分担群体内穷人和容易受到风险影响者的负担；（2）受青睐的群体可能会作为一个整体来抵制补偿较不幸运的其他群体。这两个因素在实践中总是交织在一起的，此处是为了概念清晰起见而加以区别。

第一种抵制再分配的形式——同一类别中富人的抵制——最明显地体现在雇主身上，他们是工商业独立经营者中的精英。征收的保费水平和由此筹集的收入之用途是社会保障再分配争议的焦点。在议会劳工委员会里，是扩展社会保障的所有方面还是仅仅扩展发放的补贴，类似辩论主要围绕这些问题展开。政府担心，如果很多独立经营者拒绝缴纳保费，社会保险制度的普惠就将仅限于补贴；如果只收取指定用途的保费，便不能产生足够的收入，无法给所有需要者提供福利。在排除国家补贴的情况下，除了为定额目的而收缴的保费外，还需要额外的收入来为社会保险筹资。相比之下，扩展社会保障的所有方面，或至少如政府提议的那样扩展养老金范围，可满足贫困老年人的迫切需要，将证明收取较高保费是合理的。有些独立经营者设法逃避缴纳保费，而那些无法逃避者缴纳的更高数额将填补这个缺口。尽管后者缴纳保费（目前被转用于支付定额）而获得的养老应得权益最终将由下一代人掏腰包，被期望缴纳全额保费的独立经营者都对超出所需份额的支出表示拒绝。

这种推理是雇主和商人拒绝普惠主义改革的原因。他们对扩大法定养老福利没有什么兴趣。他们抱怨说，富裕的独立经营者不仅被禁止领取依据资产测查的补贴，而且还被要求支付比补贴所需更高的保费。由于料想许多贫穷的独立经营者只缴纳部分保费或干脆拒绝缴纳，政府试图通过向所有人提供社会保障来筹集比理论上支付补贴所需更多的资金。因此，在这些富裕独立经营者看来，让他们加入社保就是变相地不公平征税，只有那些自愿或无法逃避的人才会缴纳。[89]

任何特定类别中的富裕者都希望限制自己的再分配负担。考虑到资产测查的可能性，并且担心在没有国家补贴或团结一致的情况下慷慨的行为需要高额保费，不太幸运的群体也会被说服，限制社会保障的范围对他们有利。虽然苏尔劳委员会最初打算为独立经营者设立一个跟工薪阶层类似的制度，但因独立经营者无力也不愿为全面的社会保障作出必要的牺牲，最终将目标改为给予最低收入保障。工匠们在这方面是一支强大的力量，坚持要求实行不会过度索取其有限资源的安排。然而，较富裕的独立经营者出于自身的原因，很快就意识到应当赞成全面社会保障。[90]法国雇主全国委员会（CNPF）在此类问题上的发言人乔治·德·拉加德（Georges de Lagarde）承认，工商业独立经营者起初愿意支付与工薪阶层津贴相等的最低保障金额。但是那些拒绝这种解决方案的工匠是对的。许多小店主也负担不起高额保费，因而较低的福利更为可取。[91] 在这种情况下，为穷人的困境辩护是富人的一种有丰厚回报的投资。生意兴隆的商人抱怨说，他们对扩大养老保险没什么兴趣，因为很少有人会从缴纳保费中得到承诺的微薄福利。此外，他们又对其所属类别中比较不幸的人表示关注，认为缴纳保费对小企业来说是一项沉重的负担。事实上，缴纳保费是一种伪装的税收，社会保障不过是一种收入再分配制度。[92] 简而言之，为穷人索要的太多，给予富人的太少。

通过这种方式，情况千差万别的独立经营者一致对改革予以谴责。对穷人的救济是不可避免的，但政府并没有试图主要牺牲富人和有社会责任感者来进行。苏尔劳委员会建议将老年人的福利金定在最低限度，允许在任何情况下，即使是较富裕的人也可以在不进行资产测查的情况下获得福利金，并允许自雇人士确定自己的保险费率：供款反映的是每个单独类别的人口数量和风险发生率，而不是独立经营者的数量或所有法国人的数量。在被允许决定每一个特殊方案的细节时，独立经营者有了另一个表达富人和穷人之间潜在的紧张关系的论坛。

这就是诺莱特委员会（Nollet Commission），它负责为工商业独立经营者制订一个保障计划——国家工商自治组织补偿基金，其贴切的缩写为"有机"（ORGANIC）。[93] 似乎无处不在的德·拉加德在一份报告中以一贯的坦率态度承认，这个问题反映了高收入者与低收入者的对立要求。自雇人士群体内部的不同情况阻碍了就共同制度的细节达成任何协议。许多人对预期从中获益甚微的法律不感兴趣，而另一些人则希望从职业类别内部的再分配措施中获利。调和这种矛盾意愿的唯一可能在于制订一个足够灵活的有限计划，使所有人都能如愿以偿。[94] 一方面，除非大幅削减团结互助的程度，富裕的独立经营者不会愿意援助最贫穷的人；另一方面，不可能将这一计划仅限于依据资产测查的微薄津贴范围，并要求有经济实力的商人作出贡献却毫无回报。[95] 因而除了基本福利之外，还要有一项分配中立的保险安排，以保障富裕的人以他们习惯的方式在老年继续享受生活。[96]

## 受惠顾的和不受惠顾的类别

抵制再分配的第二种形式，也是幸运者跟较不幸运者的较量，这种情况中的利益优势和社会类别被认为是一致的。当一个群体认为自己在整体上是受命运惠顾的，它会设法避免与其他群体分摊负担。[97] 尽管这只是一个含糊的概念，独立经营者确实假定他们的各类群体中存在着风险和财富的等级划分：自由职业者和工商业独立经营者共享最高的地位，接下来是工匠和农民，然后是那些"所有人的受鞭笞的男孩"*，即地位最卑微的无类别者。在苏尔劳委员会处理这些"无组织的"自雇人士时，有一项建议将他们单独归入第五项基金计划。鉴于这类人的穷困和边缘化，如何为他们的福利融资是一个难题。有人提出采取税收方式，但遭到财政部长的拒绝。[98] 自由职业者的一位代表担心，假如这些费用由前四个计划来分摊，他所代表的选民——富裕的人和认真履行职责的人——最终将背上这个包袱。在随后的一系列讨价还价中，这位代表主动提出要为艺术家、学者和牧师的福利负责。[99] 他显然认为，这样做，无组织群体中最体面的人，甚至包括医生和律师，也可以毫不尴尬地分享养老金。

---

\* "受鞭笞的男孩"（whipping boy），在近代欧洲早期陪王子（或少主）一起接受教育的男孩，将为王子在他面前犯下的过失而遭受体罚。

政府利益的守护者苏尔劳、拉罗克和内特一起推动解决这个问题。第五项基金计划已将最贫穷的独立经营者纳入其中，此前他们的津贴已得到扩展。把这类人跟其他同样贫穷的人放在一个精算类别中是无法自我支撑的，必须有其他人来帮助承担。雇主们想让第五项基金自负盈亏，但在遭到行政管理部门的再三烦扰之后，他们同意为其他类别的独立经营者承担责任。工匠们更果决地拒绝为"无组织"的同事买单。在这点上他们占了上风。[100] 在苏尔劳委员会的下一次会议上，雇主违背了诺言，拒绝独立经营者作为一个整体来承担"无组织者"的成本。[101] 尽管政府改革者提出了抗议，但事实上，随后的法律被迫将这些不幸者排除在外，留给公共援助和广大纳税人的善心去关照。[102]

虽然工匠们拒绝为第五项基金中的穷人承担负担，但他们自己却被更受惠顾的类别视为潜在的沉重负担。[103] 工匠的例子是比较特殊的。其代表将他们描绘成穷人，负担不起太多的保费，而且很难形成一致的立场。有些工匠认为在普惠制度下他们的利益最能得到保障，其他工匠则拒绝团结式改革。[104] 这种明显矛盾的态度令政府感到困惑。为什么弱势群体会拒绝风险再分配的好处呢？克罗伊扎特在议会劳工委员会上说，独立经营者将从普惠制度中获益。由于自雇人士往往在年龄较大时才开始经营，一个仅限于他们自己的制度将导致不成比例地由少数缴费者来承担开支。[105] 工匠们拒绝团结式改革的原因是，他们被误导了，这是劳工部长所能够找到的唯一解释。[106]

在风险小和财富多的另一端，相对富裕的独立经营者类别对可能被淹没在不加区分的均衡池中感到厌恶。自由职业者担心自己相对丰厚的收入和定期缴费的良好习惯会为他人所利用，虽然他们的代表以温和方式阻止了工商业独立经营者采取赤裸裸的分离主义。在避免了不成比例的收费并允许实行补充措施之后，自由职业者给政府改革者留下了深刻的印象，他们过于强调社会团结精神，乃至无法立即拒绝普惠主义。[107] 自由职业者得益于有利的风险状况，面对的再分配任务比其他类别要轻，因而在制订计划的细节时，没有专为他们当中的穷人保留最低收入保障福利。他们认为，在大多数情况下，任何资产测查都不应当剥夺即使是最富裕者的福利。[108]

正是在这一点上，抵制再分配的两种形式之间的区别不再起作用。在极端情况下，一个群体实际上明显比另一个群体更受惠顾，幸运者不愿分担贫困者的负担便成为代表整个类别的声音，仿佛是代表了该群体的每一个人。然而，在灰色的中间地带，这两者却无区别地融合在一起。将工匠与工商业独立经营者进行比较，就可以说明这一点。

这两类人有着显著的差别。工匠构成的复杂性比工商业独立经营者要小得多；店主和实业家之间的社会差距远大于清贫工匠和富裕工匠之间的差距。为什么工匠对他们的改革方法感到困惑呢？为什么同工商界假设普遍富裕的状况相比，工匠们辩称自己贫穷并无力承担社会保险费用？答案涉及每个群体中富裕阶层的想法能够在多大程度上代表全体成员。总体来说，工匠拒绝接受普惠主义社会保障所承诺的再分配的原因，并不是像克罗伊扎特所说的被误导了。相反，是他们的发言人——那些在普惠式改革中利益将受损的富裕工匠——试图代表整个类别来表达立场。此处提出这个证据只是假设性的，尚不具说服力。[109] 最后一章中，将详细阐述独立经营者在战后几十年中对团结式社会政策的态度转变过程，提出更令人信服的论据。20世纪60年代，随着经济衰退和人口下降，小型独立经营者对采取再分配措施的需要最终压倒了更富有的独立经营者遏制改革的欲望。

由于不同利益的竞争，工匠作为一个群体在改革方式上摇摆不定，但在工商业独立经营者中，较富裕的人看法一致，表达了共同的立场。可从普惠主义改革的再分配承诺中获益的贫困独立经营者几乎没有机会发声。[110] 在同政府协商时，以及在委员会和公众辩论中，听到的声音均来自雇主协会的富人，特别是来自法国雇主全国委员会和中小企业联合总会（CGPME）。由于现有组织不为贫困者说话，在20世纪60年代，贫困者感到被逼到了墙角，便成立了新的组织。从另一方面来说，工匠中已建立的论坛并不是毫无希望地被大利益集团控制的，但在这里发泄不满情绪的方式仿佛是发动宫廷革命，仅寻求在组织内部解决；相比之下，店主们则像"二战"中的抵抗组织游击队那样，勇敢地采取了直接的反抗行动。

最初的战后社会保险改革计划旨在建立一个广泛的风险再分配共同体。面对预期利益将有很大损失的富裕和幸运群体的压力，这一尝试失败了。1948年1月17日实施的法律为每一类独立经营者建立了排他主义养老金制度，目的是瓦解改革派原本希望鼓励的团结措施。社会保险并未包括所有的人，没有在富人和穷人、受惠者和不幸者、自力更生者和贫困者之间再分配，而是依据1947年似乎很重要的社会定义，硬性地划分为各种局部风险池。建立国民风险共同体的计划之所以失败，是因为其中包含了一个团结的因素，而那些首次被纳入社会保险类别中的富人没有兴趣承担风险，并且能够成功地规避。政府不愿意也无法通过税收和国家补贴来进行隐晦地再分配，这就将压力直接转移到了社会保障体系本身。改革者试图模糊公共援助和社会保险之间的区别（即仅根据需要获得应得权益，还是通过缴纳保费获得应得权益），呼吁一种不存在的团结精神，从而减少了推动重大变革的机会。

法国的普惠主义改革与英国和斯堪的纳维亚国家的改革不同（将这两者相提并论是错误的），其动机是以牺牲富人的利益为代价，以达到直接援助最贫困者的目标。那些受到负面影响的人发起的抵抗远比极不稳定的三方联盟改革派的政治力量要强。排他主义解决方案将不同群体隔离在各自的风险社群中，并限制了群体内部和群体之间的再分配，这一问题只是暂时的。在随后的几十年里，经济和人口的发展使得1947年的社会定义变成了嘲弄的对象，它对某些类别很仁慈，对某些类别则不屑一顾。于是，普惠主义和再分配的问题再次被提出。这次人们找到了一个答案，它令刚结束"二战"的交战双方都感到惊讶。

## 德国：团结式改革与同盟国计划

如果说法国团结式福利改革的失败是柏拉图式的，那么德国的发展则是洞穴中闪烁的影像。焦点不确定，对比不鲜明，但不可否认有相似之处。[111] 由于德国的薪金雇员已有了独立的社会保险体系，因而问题不在于为他们在国家的保护伞下找到空间，而在于是否将他们的机构与工人的机构融合起来，允许在白领和蓝领之间转移负担。这里自雇人士的数目只有法国自雇人士的一半，他们缺乏抗拒改革的力量。无论如何，早在1938年，将自雇人士排除在国家社会政策之外的做法就已被打破，纳粹当时以诱人条件将工匠纳入了薪金雇员的养老金体系。改革社会保险的努力一直可以追溯到19世纪，尽管它是依照阶层和风险而分散存在的，但改革的方向是全面的和全民性的。官僚机构内部提出的简化福利政策结构的建议得到了要求更公平分配负担的劳工运动的支持。20世纪三四十年代，德国左翼与国际社会在这个方向上的发展隔绝了；战后，他们积极地行动起来倡导团结式福利原则。尽管德国曾经是社会政策的典范，但进步的火炬后来传递到了其他的国家。左翼普遍认为，德国的福利制度迫切需要改革，并应效仿其他地方的做法。[112]

社会民主党和工会是普惠主义全面社会保障系统——在德国称为"统一社会保险"（Einheitsversicherung）——最有力的支持者，主要原因是它提供了向工人承诺的分配优势。举例说，由于城市比乡村受到战争的破坏更严重，一个涵盖面广的医疗保险制度能够广泛地分摊负担，因而会有吸引力。[113] 战争刚结束后的满目疮痍和混乱状况，有可能使许多独立经营者变成工薪阶层，使白领沦为蓝领。从前的中产独立经营者和薪金雇员（一个受纳粹的劳工政策影响过大、面临向下流动威胁的社会群体）都将成为工人社会保险制度的负担，但他们从来没有为此缴纳过一分钱。[114] 战争给社会保障体系带来的这种现实，鼓励了劳工运动在敌对行动结束后再次呼吁团结式改革。工人们认识到了融合白领和蓝领为风险共同体的优势，例如可以消除仍反映在各自独立体系中的明显阶层差异。[115] 他们希望将标准更高的薪金雇员保险计划作为推动改进的杠杆。社会等级不再反映在福利制度上。康拉德·阿登纳（Konrad Adenauer）未来的劳工部长安东·斯托尔克（Anton Storch）警告说，富裕阶层不能继续与同类群体独自分担风险。所有人都应包括在社会保险中，风险要广泛而公平地分摊，不得容忍任何独享或特殊待遇。[116]

不幸的是，普惠主义社会保障的思想在战后的德国并没有得到完美的体现。罗伯特·莱伊（Robert Ley）和纳粹劳工组织德国劳工阵线（DAF）制订的计划表面上与贝弗里奇的相似，试图从劳工部的传统管理者手中夺回社会保险机构的控制权。[117] 这场冲突的一个结果，是1938年颁布的法律将工匠纳入了薪金雇员的养老保险，这是官僚机构对莱伊的普惠式改革雄心的抗衡之举。尽管莱伊争取影响力的努力失败了，但留下了一个令人讨厌的后患，使得任何与纳粹的普惠式社会政策有相似之处的计划都寸步难行。[118]

然而，1945年夏天，在战争废墟上的柏林，第一次普惠主义改革的成功尝试来自政治派系的另一端。[119] 在苏联赞助的柏林市议会中，一批前魏玛社会主义者，由恩斯特·舍伦伯格（Ernst Schellenberg，他后来在社会民主党的社会政策制定中发挥了重要作用）领导，成立了柏林保险公司（VAB）。[120] 该公司的安排将紧急措施和重大改革巧妙地结合在一起，在必要性的幌子下推行变革，将所有工薪阶层和小型独立经营者合并在一个统一的、全面的社会保险体系中。[121] 从表面上看，柏林保险公司满足了工会和左翼对社会保障的要求。[122] 然而从其他方面来看，这项改革被迫切的需要玷污了，当时最要紧的是提供灾难援助。苏联人切断除缴纳保费以外的所有收入来源，强迫建立起一个充分显示再分配必要性的制度。正常的市政收入远远不足以帮助柏林的病患和残疾人，因此社会保险必须自行支付。[123] 由于没有国家补贴，并要求大范围地缓解人们的痛苦，柏林保险公司面临着三个问题：必须筹集大量资金；只能支付很少的福利；必须尽可能廉价和高效地提供援助。

为了筹集资金，几乎所有的居民都被强制加入，要求立即缴纳同收入挂钩的保费。将从前豁免的类别（如独立经营者）吸收进来以开发新的财源。这种做法的动机比较含混，介于慈善仁爱与唯利是图之间。一方面，有人认为，在经历两次战争和几轮通货膨胀之后，独立经营者应该认识到了自身地位的不确定性和需要保护的必要性；另一方面，社保系统需要他们加入。新成员的收入高于平均水平。[124] 他们缴纳高额保费，仅获得最低收入保障，盈余部分用于资助针对收入较低者的福利措施。[125]

柏林保险公司以单一基金取代了以前众多的保险公司筹资，以精简官僚机构和削减行政开支。[126] 为了平衡收支，领取福利皆需对资产状况进行调查，并需符合严格的资格要求。在任何情况下，福利金额都只勉强高于公共援助。

## 联邦德国的改革

对于德国的其他地区来说，福利政策是由盟军政府内的控制委员会（Control Council）人力局决定的事务。[127] 1945年3月，苏联人提出的普惠式全面社会保险改革提案通过后成为全国立法的指导方针。每个占领国都与德国的有关机构协商，起草一项法案。英国区的版本是由威廉·多伯纳克（Wilhelm Dobbernack）和格奥尔格·蒂茨（Georg Tietz）在莱戈的中央劳工局制定的，这两人都跟工会有密切关系，他们主张推行影响深远的变革。美国区的提案也受到了工会利益的影响，同苏联的提案和在柏林实施的措施均很相似。1946年7月，当轮到苏联人担任控制委员会的社会保险委员会主席时，他们的文本成为同盟国之间谈判的基础。

12月出台的立法草案彻底改变了德国传承下来的社会保险制度。它将三个主要分支（医疗、养老金和工伤事故保险）合并为单一基金，取消了工薪阶层中对白领和蓝领的不同安排。福利率比战前低了。由于医疗和养老保险的资金完全来自缴纳的保费，除了例外情况，国家补贴原则上取消。强制加入的成员包括以前豁免的薪金雇员和公务员，以及所有独立经营者。控制委员会最初决定支持普惠主义的做法，既是受到劳工运动对负责制订计划的德国人的影响，也是受到世界范围内支持这种改革趋势的鼓舞。尽管如此，与法国的情况一样，有趣的并不是德国的社会保障同英国和斯堪的纳维亚实行的全民性社会保障之间的明显相似之处，而是导致其失败的不同之处。[128] 在德国，关键问题同样是普惠式措施与社会政策融资之间的关系。现在的目标是将国家的负担直接转移给社会保险系统，因此该系统不得不首当其冲承担再分配的风险。这里的普惠主义改革野心再一次大大超越了英国和斯堪的纳维亚的倡议。

1945年，战争的破坏、通货膨胀和经济灾难使社会保险系统遭到重创。纳粹的穷兵黩武已将资本储备消耗殆尽。[129] 现在，同盟国提出，不仅拒绝补偿该系统的损失，而且取消长期以来国家对其正常运营成本的巨额补贴。社会保险将在财政上自立，不是以过去由资金储备担保的方式，而是以现收现付增加收入的方式来支付福利。[130] 尽管有的论点认为改革有利于新加入的阶层，但同法国一样，当务之急是收取他们的保费。同盟国打算吸纳广泛的群体，以使社会保险有所盈余。[131] 采用现收现付的融资方式，涵盖所有的甚至是风险很大的群体，从而大量增加保费并承诺保持系统的偿付能力。这样做的目的是通过普惠主义社会保障来满足紧迫的财政需求。至于长远的改革，尚有待时日。[132]

取消国家补贴，将社会保险融资仅限于通过扩大范围而实现的收入，这只是同盟国计划的一半；另一半是降低早期的福利率以应对战后的困境。不仅没有在薪金雇员计划的层面上扩展福利，反而将蓝领计划的最低收入保障定为福利标准，甚至连最低福利也比过去降低了。薪金雇员只能领取工人的养老金额度，而且残障标准更加严格。白领的遗孀失去了无条件领取福利的权利，工人的大病保险金额减少，覆盖的时间也缩短了。

通过这一紧缩计划——扩大范围加上削减福利，占领者成功地招致了所有德国人的厌恶，包括那些本来可能对社会保障系统最感满意的群体。[133] 社会保险的扩大疏远了旧的俾斯麦体系中的利益群体，包括以前的分离主义福利机构和在法定保险未涉足空间里蓬勃发展的私营保险业，最重要的是那些受到一体化威胁的社会群体。[134] 柏林和莱茵河对岸的独立经营者，德国西部地区的独立经营者都拒绝被纳入。1938年，当人们在法定退休金和私营养老保险之间作出选择时，工匠们——尤其是在精算上没有瑕疵的年轻人——通常会选用私营保险。当英国人在1945年10月废除这类豁免时，他们的解释是，需要将社会保险扩大到全民才能解决财政问题，工匠们对这种说辞不以为然。[135] 农民也没有热烈响应同盟国将他们拉进共同风险池的邀请。他们承认，经济不景气可能会促使一些农场主对保险项目产生兴趣，但也会增加缴费的困难。无论如何，农业领域需要一个独立于工薪阶层的福利制度。[136]

反过来，降低福利导致工人和工会都反对改革。国家补贴的取消是争论的焦点，降低福利只是这一更根本问题的一个后果。各分治区意见不一。在法国区和美国区，社会民主党同意工会的意见，认为尽管削减福利是不可接受的，但社会保险应当只是通过缴费筹资，吸收以前被排除在外的群体并收取其保费来取代国家补贴。[137] 然而，英国区的蓝领工会成员强烈地抵制控制委员会的计划。[138] 他们的反对行动是由基督教民主党的工会领袖安东·斯托尔克发起的，他后来成为康拉德·阿登纳的第一任劳工部长。[139] 这里的工会会员拒绝接受同盟国的改革方案，因为它剥夺了工人对其定期缴费而积累的储备资本的权利。斯托尔克承认，他并未指责柏林的同事支持柏林保险公司，因为他们别无选择。那里和整个苏联分治区的军事当局已经切断了其他可能的资金来源。[140] 然而，在联邦德国，社会保险制度的收入控制得不那么严格。[141] 尽管受到苏联改革模式的诱惑，西方盟国仍可能会被劝说而作出让步，允许实行国家补贴。

　　用普惠式社会保障体系取代政府补贴只是占领者计划的一个方面，劳工运动认为这是令人反感的。将该系统扩大为涵盖所有风险，并在财务上将各个分支机构统一起来，也引发了类似的问题。单纯依靠现收现付的办法，只要保费能够到位，医疗保险和工伤事故保险仍然是有能力偿付的，养老保险则是整个体系中最薄弱的部分。它的资金一度仅有部分到位，受战争和资本损失的影响尤为严重。按照同盟国的提议，在财务上将养老金保险与其他分支融合起来，将允许医疗保险承保养老保险，暗中化解国家补贴和资本损失等问题。因此，工会认为，社会保险的三个主要分支将在组织上统一，但是分别记账。[142]

## 同盟国让步了

　　斯托尔克和英国分治区工会成员的观点给同盟国留下了深刻的印象。[143]在贝弗里奇1946年8月访问德国时，工会成员试图争取他的支持，而贝弗里奇此刻是一位上院议员，不再参与改革事业。他们赢得了一次听证会来表述意见。[144] 结果是由分治区咨询委员会（Zonal Advisory Council）出具了一份报告，报告反映了温和劳工运动的矛盾心理：既对普惠主义改革抱有希望，又拒绝同盟国让社会保险独自面对再分配任务的意图。[145] 因而分治区咨询委员会的总体结论是，福利改革只应遵循其他关于德国未来的基本决定。它发问：为什么在英国国内工党改革允许国家补贴，而在德国却要取消？它还相当无礼地威胁说，福利的减少增加了政治激进主义的危险。虽然提议的措施可能会更公正地分摊负担，但纳入新成员不足以保证社会保险的财政稳定，而且无论如何都会带来麻烦。尽管如此，该委员会还是赞成将富裕者纳入体系之中，欢迎薪金雇员和工人养老金的统一，但反对在财务上将社会保险的所有分支合并。[146]

在美国分治区，保守派势力强大，工会的影响力较小。德国舆论对同盟国的计划持更强烈的批评态度。依照这里占主导的观点，社会保险应该仅限于覆盖不能养活自己的人。只有不公平地要求富人承担超比例的负担时，让以前自力更生的群体加入才能补充社会保险体系的资金库。将薪金雇员和工人的养老保险融合在一起是可以的，但进一步试图将一个分支的资金暗中输送给另一个分支，是不能接受的。[147] 面对来自工会、薪金雇员和独立经营者的强烈抗议，政治上对同盟国改革持温和支持态度的那些德国人根本不是对手。在美国分治区的议会委员会中，中间和右翼政党均持反对立场，因为控制委员会的立法也包括吸纳自给自足阶层、减少福利和取消国家补贴，并促使官僚机构膨胀。左翼的潜在支持者对该法案的许多缺陷表示遗憾，只是出于"两害相权取其轻"的考虑才接受了它。[148]

很大程度上出于对德国人反对呼声的回应，占领者之间关于普惠主义改革的初步协议开始破裂。同盟国版本的"统一社会保险"最初得到所有军事当局的赞赏，其优点是，打着人道主义和开明政策的幌子，在没有国家帮助的情况下提供福利开支，释放财政资源用于其他目的，并将再分配的压力直接转移到被保险人自身。独立经营者、薪金雇员和工人们发现改革威胁到了自身特权或使福利待遇变差了，于是一道迫使占领者让步。所有的德国人，从蓝领到白领，一致同意拒绝同盟国的动议。苏联和西方大国之间的分歧逐渐加大。苏联决意实施变革，而西方大国在这一点及其他方面更愿意迁就德国人民的意愿。

同盟国之间的争端将他们推到了各自的角落，苏联人支持一个精简的、统一的、全民性的、自负盈亏的"统一社会保险"，正如他们在柏林所实施的；英国人虽然在国内是改革者，但作为占领者，不愿意推行影响深远的变革。美国人和法国人拿不定主意，起初支持苏联，对英国的犹豫不决感到沮丧，但最终还是摇摆不定。最初的激进改革雄心逐渐消退。譬如，苏联希望与其他国家一道削弱公务员的特权意识，西方盟国则对此进行了保护。英国人和美国人认为，给予公务员和其他工薪阶层同等对待既是不公平的，因为公务员有权获得更高的福利；也是不明智的，因为公务员很可能会反对；还将是无效的，原因是为了让其履行新的缴费责任必须给他们加薪，说到底还是将负担转移给了国家。[149]

从一开始，英国人就宣称无法接受激进的"统一社会保险"版本。地理因素在此起了重要的作用，使得他们尤其愿意倾听德国人的改革意见。英国分治区内鲁尔（Ruhr）的煤炭对恢复经济活动至关重要，而这反过来又是期望削减占领开支的先决条件。几个世纪以来，矿工们一直过于享受自己单独的社会保险。[150] 随着这一行业遭遇经济厄运和人口减少，他们越来越依赖于公共资金的援助。但"统一社会保险"对矿工的自主安排造成了威胁，将矿工的福利和缴费与更大的社区融合起来，对他们是不利的。英国人担心，矿工对这种改革的不满可能会抑制煤炭产业的发展。[151]

在同盟国看来，国家补贴社会保险是矿工及其家属所提出的具体问题的一个例子：改革会使德国人反感还是会安抚他们？[152] 同盟国最初的改革提案完全是基于缴费融资。在英国人抗议停止补贴可能会招致严重的不满之后，公共资金再次获准使用，但只能按照控制委员会制定的新费率和低标准支付福利。[153] 然而，财政局后来又支持苏联的立场，即国家补贴实际上是战胜国共同商定的改革原则所禁止的。[154] 同盟国的改革法案失败后，这个问题仍未得到解决，从而给西方大国埋葬这项社会保险立法提供了借口。[155]

随着冷战的开始，改革的背景发生了变化。对美国人和英国人来说，与德国人相处比与苏联人合作更为重要。西方盟国认识到，更恰当地说，这一事务是德国人的责任，几乎没有理由越俎代庖。从1947年秋天起，他们积极地阻止改革社会保险制度。[156] 1948年初，苏联退出了控制委员会，结束了其短暂的统治，同盟国不再实施社会改革，至少在将成为联邦德国的那部分地区。[157]

同盟国在联邦德国的改革失败后，这里的德国人被允许增加立法主权。[158] 在基督教民主党占多数的情况下，法兰克福经济委员会（Frankfurt Economic Council）于1948年12月通过了《社会保障适应法》。此部法律由委员会的劳工管理部门起草，该部门跟工会有广泛的联系。这是一项将重大改革与紧急措施相结合的激进立法。它提高了养老金，引入了最低收入保障福利。作为给工人的一种恩惠，同时也为了避免引起那些预料会沦为蓝领的薪金雇员的不满，两个独立养老保险计划的福利率被均等化。[159] 在蓝领和白领计划之间，以及在各种医疗保险基金之间，引入了经济补偿的渠道。雇主缴纳的保费增加了，重新实行了国家补贴，虽然它不及社会保险制度早先享有的一半。

由于《社会保障适应法》比同盟国的令人痛苦的零和提议更能体现团结，因而勉强地获得了军事当局的批准。尤其令人不安的是该法案给予伤残者和遗孀的慷慨福利，这两个特征在占领区之间没有可比性。当局想知道，英国和美国既然在经济上援助德国，为什么要允许这种奢侈行为呢？[160] 然而，社会政策改革在联邦德国失败后，苏联分治区在这些方面表现得无与伦比。西方盟国认识到，同民主德国相比它们在政治上得分过低。德国人则将《社会保障适应法》视为帮助联邦德国应对此类挑战的必要举措。[161] 这种考虑最终赢得了占领者对《社会保障适应法》的无异议支持。作为一项联邦法律，它成为第一届联邦德国议会的社会政策基石。

同盟国在联邦德国的改革之所以失败，原因是独立经营者的抵制，同样也是因为独立雇员彼此之间存在分歧。失去了国家补贴，被迫在没有国家援助的情况下自筹资金，并且要削减福利，同盟国的这个"统一社会保险"计划没有激起普通工薪阶层的兴趣。最贫困者所得的利益都是以牺牲较富裕者的利益为代价的。在这种零和再分配的讨价还价中产生的紧张关系，反映在工薪阶层中的工人和最一致地享有特权的公务员之间。在许多人看来，当其他人作出牺牲时，仍维持公务员的慷慨福利供给是不合理的，而且在原则上，工会希望以与其他工薪者相同的条件将公务员纳入社会保险共同体。[162] 不过，工人们也担心，无节制的再分配要求可能会失去公务员的支持，特别是在1949年前的几个月里情况比较微妙，当时仍有可能建立一个吸纳所有工薪成员参加的工会。英国分治区的咨询委员会不愿就此事采取坚定的立场，而总工会（Allgemeine Gewerkschaft）——德国工会联合会（Deutscher Gewerkschaftsbund Archives，简称DGB）的前身，更倾向于不公开推动此事，以免公务员们摈弃工会。[163]

蓝领和白领之间也产生了类似的矛盾情绪。1911年创建独立的白领保险计划，一个动机是免除薪金雇员对工人福利的补贴。[164] 战后的混乱状况使薪金雇员对团结式福利产生了一定的兴趣，而一旦这种幻觉消失后，他们很快便重新看到了普惠主义改革的弊端。薪金雇员工会起初倾向于将他们的养老保险和医疗保险同工人的结合起来。[165] 然而，他们日益清楚地认识到，同盟国"统一社会保险"的目标是最低收入保障，而不是最高福利，于是改变了路线，寻求保留自己的特殊安排。1946年3月，薪金雇员的代表警告蓝领工会成员说[166]，他们可能会支持两种体系的统一，但不赞同福利完全均等。[167] 同在法国一样，专门为薪金雇员服务的工会组织在一定程度上是社会保险中工薪阶层关系的一个功能。随着在工薪阶层建立包容性工会的希望破灭，白领阶层对普惠主义改革的支持变得支离破碎，最终在1949年为工人和薪金雇员建立了各自独立的保护伞组织——德国工会联合会和德国雇员工会（Deutsche Angestelltengewerkschaft，简称DAG）之后彻底消失。[168] 在1953年5月的第一次行政理事会选举中，各自养老保险之间的关系最终得以确定。工会联合会争取团结的战役被坚持分离主义的薪金雇员联盟打败。随着重建两个养老金体系，保留传统的阶层划分，相互之间没有经济补偿，"统一社会保险"遭遇了滑铁卢。不过，在1957年的养老金改革消除了白领和蓝领体系之间的所有实质性差别之后，激烈的争端大部分消失了，原因是工会联合会中的薪金雇员逐渐增多，弱化了其推行"统一社会保险计划"的意愿。

同在法国一样，同盟国计划失败的主要原因之一是其明显的再分配意图。改革采取了一种痛苦而明显的方式，试图通过保险制度来分摊社会负担，这需要新加入的群体付出更大的牺牲。在取消社会保险的国家补贴而造成的零和困境中，再分配带来的对立情绪使独立经营者与工薪阶层疏远，并在薪金雇员和工人之间造成了隔阂。从每个德国人的角度来看，占领者提出的动议都是令人失望的。甚至左翼也担心同盟国的版本玷污了普惠主义社会保障制度。夹在美国人和纳粹之间，"统一社会保险"似乎永远也不会实现。西方占领者或许也可以像苏联那样坚持推行改革，将负担从国家直接转移到公民身上，从而（假设税收不减）将资源腾出用于其他目的。他们之所以选择不那么做，更多是为了与昔日的敌人修复关系，而不是出于狭义的社会政策考量。东西方采取的不同做法在其他领域也能找到类似的例子，譬如在拆迁、征用和赔偿政策方面。美国人和英国人既然允许德国工厂主得到利益，他们便很难拒绝令工人满意的社会保险制度。在这个问题上，激进变革主要发生在德国东部地区。

## 告别贝弗里奇：社会民主党的社会政策

1951年，时任劳工部长安东·斯托尔克警告社会政策专家们，我们应期待出现一项重大的社会民主倡议。他预料左翼将会辩称德国采取的社会保险方式已经过时，需要按照英国模式进行改革。[169] 斯托尔克的料想是对的。为准备1953年的选举，社会民主党倡导采取类似贝弗里奇的国家集权福利措施。然而，斯托尔克不可能知道的是，社会民主党远未形成一致的立场。尽管有些人试图模仿贝弗里奇，但他们的社会计划显然是一种德国式折中方案。社会民主党钦羡斯堪的纳维亚半岛和英联邦国家战后的改革，尤其是它们的养老保险体系：统一费率，通常由税收融资，涵盖全民，一般不需进行资产测查。[170] 在德国，将所有人纳入"统一社会保险"的希望很快就破灭了。但是，假如说社会民主党未能把握住普惠主义，该党内部的一些人对统一费率、平等主义的目标则坚定不移。这样一来，他们就与俾斯麦社会保险制度赋予工人的利益产生了冲突。

固定受雇的工薪者在其应得的与缴费和收入挂钩的福利中享有既得利益。他们关注坚持保险原则，即保险费和福利期限及其水平之间的对应关系，这使得他们与社会保险的非正式成员和以前从未加入的人之间存在潜在冲突。[171] 后面这两类人所缴纳的保费都只能领取微薄的福利，故需要不成比例的援助来保证他们达到工薪阶层已为自己挣得的福利水平。因此，统一费率原则导致产生一种可能，即人人享有同等福利（特别是如果由税收支付的话）会让以前被排除在外或新近加入的群体享有特权，而不是公正地奖励工人为自己所作的努力。考虑到按收入分级缴纳社会保险费的悠久传统，贝弗里奇式的统一做法有可能把福利水准拉平，长期缴费的成员认为这是不公平的。

在社会民主党内部，人们对"统一社会保险"最初失败的反应是迟缓的。传统的社会分离体系的拥护者同普惠主义改革的支持者相互推挤争斗。政府的普遍共识倾向于采取"三大支柱"方针，即分别组织医疗供给、就业政策和社会保险系统。[172] 1949年，社会民主党在第一次联邦选举中失败，因而它暂时不必提出明确的社会政策构想。执政的基督教民主党同样对统一做法缺乏灵感。无论如何，第一届议会的注意力都集中在比长期福利改革更为紧迫的问题上。1951年底，在选举即将到来之时，社会民主党确实形成了一个立场，但很快就清楚地看到，政客和工会主义者们正朝着不同的方向行进。

社会民主党的社会政策专家主张统一费率式养老保险和失业保险，并提供自愿的分级补助和国民保健服务。他们得出结论说，俾斯麦的方法已经过时，德国应该追随走在改革前列的那些国家，摒弃古老的缴费型社会保险原则。社会民主党不应承诺无条件地承认所有已获得的权利和福利权益。随着旧体制的崩溃和其他地方出现了新模式，社会民主党有机会重新开始。他们应该利用国外事态的发展向政府施加道德压力，说服政府遵循类似英国和瑞典的做法。在另一方面，工会成员强烈地反对。他们警告说，社会民主党不能忽视社会保险所承袭的结构，这是一个世纪以来的传统成果，否则将会疏远支持者。基本统一费率养老金不足，应辅之以能够准确反映工资等级的明显差别化措施。不分技术工人还是洗碗女佣，也不分老少，都给予同样的福利，这是不公平的。[173]

作为一个回应，社会政策专家们在1952年夏天修改了草案，以满足工会所关心的问题。[174] 他们现在同意，由于数百万德国工薪阶层已经获得了按收入分级的应得权益，英国或瑞典模式的统一养老保险是不可行的。社会民主党的修改计划提出了介于改革与传统路线之间的双重安排。税收融资的基本养老金设定在公共援助水平，将使老年人免于进行资产测查的耻辱，而同收入挂钩的缴费型福利则反映了劳动力市场的供求。[175]

除了后来的一场也是最后一次辩论之外，德国社会民主党现已不再受统一费率模式的诱惑。20世纪50年代，他们与英国和斯堪的纳维亚的左翼一起，重新发现了俾斯麦式同收入挂钩方法的优势，它能够使法定干预发挥的作用超出统一的最低收入保障水平。[176] 只是在1959年拜德·哥德斯堡（Bad Godesberg）计划的制订期间，行政部门再次想让社会民主党向大众鼓吹养老保险，才在这个问题上产生了争论。虽然这种统一费率的贝弗里奇方式曾经是社会政策专家们的目标，但此时他们又返回了原点。他们警告说，资产阶级政党可能会将统一费率描述为一种倒退。现在，甚至英国和瑞典也在引入跟德国制度类似的同收入挂钩的安排。他们提出了以最低收入保障福利为基础的分级养老金，并成功地挫败了倒退回贝弗里奇式福利制度的企图。[177]

## 保障工薪阶层的社会保险

德国左翼在调和作为优秀社会主义者（适应福利改革的最新发展）的立场和角色（工会组织的工人阶级代表）之间所面临的困难，突出了以往社会政策的发展对后来缩小选择范围的影响。德国社会民主党急于弥补在战时的孤立地位，比法国左翼更加一致地努力效仿他们所认为的英国和斯堪的纳维亚的先例。他们没有成功。同在法国一样，德国战后的改革也因明显的再分配意图而名声受损，并以失败而告终。虽然这些倡议被搁置在了一边，但重新安排工薪阶层计划的任务依然存在。工薪阶层在传统上是欧洲大陆社会保险的支持者。然而，即使在这点上，未来改革者的雄心壮志也受到了阻碍，这次是因为在社会政策开始实施时他们所作出的选择。

战后采取的援助最贫困者的行动，正确地说，在社会保险福利与依据资产测查的最低收入保障福利（几乎无缴费要求）之间造成了一种紧张关系。通货膨胀、货币贬值和货币改革缩小了这两种福利的差距：前一种是缴费型——工人长期努力缴费挣得的福利（与货币贬值挂钩，按超额工资计算）；后一种是非缴费型——仅以贫困为条件，有针对性，或许是维持基本生计的福利。当这些类似援助的措施成为社会保险的一部分，如法国的高龄津贴计划或德国《社会保障适应法》的最低保障养老金，问题就变得更加严重了。那些从未缴纳过或仅断续缴纳过保费的人，现在获得的福利费率与正式成员的相当，并且不会有任何耻辱感。解决工薪阶层不满的办法是从心理学的角度（倘若不是从精算事实的角度）重新确立保险原则，强调契约应得权益和缴纳保费的优势。

战后，法国实行了事实上的统一费率养老金制度。[178] 由于自20世纪30年代才开始赢得应得权益，以及缴费型福利的价值被掏空，工薪阶层的老年人获得的养老保险低于高龄津贴。即使给予特殊补贴，长期成员也跟短期的甚至新加入的成员（诸如独立经营者）获得的福利差不多。1948年8月23日颁布的法律解决了这些问题，重新确立了社会福利供给的奖酬等级，工人在缴纳了35年的保险费后将获得相当于工资40%的养老金，并逐渐要求更长的工龄作为领取高龄津贴的条件。这项改革面临的问题是如何分配现有资源以增进福利。有两种办法：可按缴费比例提高养老金，也可增加依据资产测查的高龄津贴。后者只需短期工龄即可领取。

第一种解决办法奖励长期参加社会保险的人，而第二种办法使那些间断地参加甚至几乎从未参加过的人受益。拉罗克的观点令负责筹划改革的委员会印象深刻，他认为，应该再次赋予养老金真正的保险性质，经济动荡已经将福利变成了一种施舍，同人们为之付出的努力关系不大了。虽然现收现付的融资方式在理论上允许国家发放养老金而不考虑已支付的保费，但只缴纳很少保费的人不应享有与长期投保成员相同的福利费率。[179] 受到这种证词的影响，改革者作出了选择，应根据参加社保的固定受雇者的缴费表现来改善其福利状况，而不是将资源输送给新加入的群体。此项法案由阿尔萨斯-洛林地区的基督教工人运动代表亨利·米克（Henri Meek）发起，使这两个地区格外受益，多亏了俾斯麦，那里的工人比他们的同胞要更早获得应相应的权益。[180]

在德国，1957年的养老金改革使传统的社会保险制度现代化了。过去仅覆盖收入微薄的工薪阶层（以及被纳粹强迫加入的工匠），并在工人和薪金雇员之间进行严格划分，现在它建立在一个成熟的现收现付、有价值保障的基础之上，尽管有时并不是完全统一的，但它代表了解决通货膨胀和货币贬值问题的一个突破性步骤。[181] 左翼和右翼的改革构想几乎没有区别。两者都建立在同缴费型对应的正统观念之上，延续了德国社会保险的传统。正是这种对旧体制的许多原则的回归，促使一位民主德国的评论家将联邦德国的事态发展概括为"西线无战事"。[182] 但是，假如国内明显滞后的社会政策令欧洲大陆的左翼感到尴尬的话，这种情况很快就会得到缓解了。随着被视为改革旗手的北方和西方国家——斯堪的纳维亚半岛和英国——打破贝弗里奇的传统重返俾斯麦模式，原先在社会政策方面的落后者（如法国）反而变成领跑人了。[183]

* * * * * * * * *

战后法国和德国的改革以其经典术语提出了社会保险的再分配可能性：最不受命运惠顾和最需帮助者试图通过让所有人加入风险共同体来减轻负担。相反，早先被允许仅跟同类人分担风险的群体，以及既不希望也从未被迫加入的群体，都抵制这种对其特权的威胁。阻碍改革成功的还有一些次要的考虑因素。法国左翼内部在行政委员会选举等问题上争执不休，相应地降低了它的实力。在德国，社会民主党最初误解了社会政策现状对工会的重要性，白费精力地制订了整个劳工运动无法接受的计划。在这两个国家，由于改革者没有能力或不愿意依赖国家及其税收力量和隐性再分配，改革建议在战术上被削弱了。

然而，普惠改革失败的更重要原因，是他们把供养不幸者的成本从国家转移到社会保险制度，正是出于这个理由，社会保险制度的覆盖范围扩大到所有人。面对如此明显的团结意图，那些利益将受到损害的群体表示反对。干部阶层和自雇人士进行了相当强烈的抵抗，他们的利益在法国占了上风。在德国，占领当局的提议甚至造成了工人阶级和左翼间的疏远，这有助于再分配中受损者起而反对改革。其结果是削弱了战后改革运动最初的雄心壮志。在法国，风险再分配仅限于明确界定和限制的社会类别及精算同类，而在德国，风险再分配的范围未超出传统上须参加社会保险的那些阶层。

英国和斯堪的纳维亚从未遇到在欧洲大陆出现的再分配挑战。那里的变革是成功的，因为资产阶级从中获得的福祉至少跟贫困阶层所得的一样多。相比之下，法国和德国在改革问题上的赤膊相斗证明了所涉及问题的严重性。战后的倡议承诺以牺牲中产阶级为代价来造福工人和其他贫困群体。由于没有支持再分配的盟友，弱势群体几乎不可能获胜。团结式安排仅让受惠顾的和势力强大的群体利益受损，很少有成功的希望。在1945年仍然拥护排他主义方式的那些阶层后来发现，拒绝在国家层面上进行风险再分配，同时将再分配限制在自己狭小的和人口发展不足的群体，会危及他们自身计划的基础。至此他们才开始改变对团结式社会保险政策的态度。如今他们为了直接的自我利益而接受了先前拒绝的那种改革，试图将因疏忽而给自己带来的负担转移到一个更大的社区中去。有关这一发展将在最后一章中继续讲述。

# 第四章　退休金问题：从贝弗里奇传统回归俾斯麦模式

一天，在瑞典驻伦敦大使馆，进餐之前，瑞典首相泰格·厄兰德向英国版退休金计划的起草人理查德·克罗斯曼（Richard Crossman）透露，假如能圆满地解决养老福利问题，那对选举将是一个巨大的助力。[1]处理好这件事的确是问题的关键所在。虽然斯堪的纳维亚和英国的补充养老金（supplementary pension）计划有着明显的相似之处，但它们的目标和政治功能，以及推动计划形成的社会力量，各不相同。退休金争论要决定的问题是：国家将在以前由个人负责的领域中发挥哪些作用。战后温和自由主义的养老金改革将法定干预限制在最低收入保障水平，在此范围之外保留了不受限制的不平等现象，通过几乎不威胁任何利益群体而赢得了广泛的政治支持。现在，退休金措施对这一和平共识提出了质疑。是否应该容忍最低统一费率之上的严重不平等，然后将它作为公共控制的边界，还是应由国家立法来纠正这里的失衡？[2]通过威胁将从前的自由领域社会化，退休金计划彻底扭转了战后达成的温和自由主义解决方案。

20世纪50年代末，退休金问题在瑞典政坛激起了波澜。战后改革的统一费率、普惠主义和最低收入保障福利令城市中产阶级和乡村居民感到满意，而左翼和工会没有理由满足于这类措施，很快就开始敦促进一步的改革。长期以来，体力劳动者一直要求获取某种形式的国民退休金，以使他们的养老金同那些有私人和职业养老计划的薪金雇员相等。在没有其他动机的推动下，瑞典社会民主党最初考虑采取改进措施，为蓝领阶层弥补这一差距。然而事情发生了变化，当1956年大选失败预示了该党及其农业党联盟伙伴所面临的政治命运时，他们被动地坐视可能削弱工人和农民力量的人口变化。退休金措施与社会民主党面临的政治选择不谋而合：要么继续主要代表工业无产阶级，要么寻求吸引和动员日益壮大的薪金雇员。他们选择了后者，从原本针对工人的问题中伪造了一个诉求以赢得白领的选票。社会民主党准备为吸引薪金雇员作出让步。左翼得到了产业工会的赞助，他们对退休金措施获得的广泛政治支持感兴趣，并愿意为此付出代价，因而提出了一项符合薪金雇员利益的建议，甚至不惜牺牲体力劳动者的利益。

社会民主党对养老金问题的利用，部分是偶然的结果，部分是出于精明的策略。在该党与白领阶层的关系问题被提出之时，恰巧养老金问题在瑞典备受关注。社会民主党看到了这个机会，设计出一个既能满足体力劳动者，又能吸引薪金雇员的解决方案，这是一个很好的战术。在北欧国家，社会民主党很少能仅凭蓝领的支持来实现政治目标，他们很早就学会了建立跨阶级联盟，早先是与农场主，现在是与薪金雇员。工会代表的结构也有助于将社会民主党的注意力集中在白领问题上，丹麦和英国的左翼则花了更长时间才做到这一点。瑞典两个主要伞式工会里的薪金雇员组织均独立于劳工组织，这使得薪金雇员能够清楚地表达自身的利益诉求，有助于左翼了解如何吸引他们的选票。[3]

丹麦没有效仿瑞典人树立的漂亮样板。最初的退休金改革产生出一个有限的统一费率计划，实际上提高了工薪阶层大多数成员的国民养老金。它无法打破统一福利模式的部分原因，是统一费率的平等主义原则束缚了丹麦人对社会政策的想象力。社会民主党认为，同收入挂钩的福利造成了轻度不平等，但消除了更令人遗憾的不公正现象，缩小了仅有法定保障的老年人和那些有进一步福利供给及其他收入的老年人之间的差距，但对中间和右翼党派几乎没有什么影响。在这种情况下，将国家干预限制在最低水平，超出这一水平的个人则给予自由安排，现已成为信条，成为社会保险的正确方法。同样，在紧跟社会民主党的分裂党派中的极左人士看来，同收入挂钩的改革是要将市场的不平等一直延续到人们的晚年。

在资产阶级政党广泛培植这一选举土壤并首次提出退休金改革之后，丹麦左翼才开始关注薪金雇员的担忧。养老金和白领工薪阶层在概念上被结合在一起，作为彼此需要处理的问题，只不过为时已晚。与瑞典的例子相比，为了避免来自左右两方的反平均主义指控，社会民主党进行的改革仅具有轻微的再分配色彩，在薪金雇员中几乎没有赢得支持者。资产阶级政党受到瑞典先例的预警，有效地组织了反击。工会被允许展开一场激烈论战，反对将独立经营者纳入退休金计划，理由是这将产生不成比例的开支，从而引起了这个群体的不满。丹麦的退休金改革采用了不必要的激进态度，专为体力劳动阶层量身定做，同时断然拒绝了独立经营者，因而它从未能帮助社会民主党人走出穷人的选区。

在这方面，英国与斯堪的纳维亚半岛的区别，首先在于贝弗里奇建立国民养老金的目标没有实现。由于贝弗里奇坚持统一费率供款，保费仅限于最贫穷者能够支付的数额，没有国家补贴就不足以维持，因而建立无条件的普惠式福利制度受到阻碍。在英国，退休金主要是让最需帮助者的养老金达到基本生活保障水平的一种手段，因此在这里至少面临两个任务。在考虑社会公正之前，可以援引斯堪的纳维亚半岛的相关辩论焦点，一是实行民主化经济控制计划，二是期望制定现代的、有标准保障的社会政策。这可称为退休金的两个优点。在英国，同收入挂钩的补充养老金制度，首要目标是将资金从富人再分配给穷人，以便让穷人领取足够的福利。

这种再分配的野心并不是导致改革之路漫长而迂回的唯一原因。虽然英国版的退休金计划承诺对体力劳动者的帮助最大，工会却很难说服他们支持工党的改革方案。体力劳动者仍然是老贝弗里奇体系的忠实捍卫者，这有几个原因。英国的统一费率方式符合左翼的一个老传统；它更能满足工人的需要，而不像在斯堪的纳维亚那样明显是城乡之间斗争的结果，英国工人阶级比在北欧国家获得了额外的福利供给。瑞典社会民主党人几乎没有理由支持基于统一福利的社会保险，但英国的情况有所不同。出于利益和意识形态的原因，而不单是因为顽固或无知，英国劳工运动有理由忠实地支持统一费率制度。[4] 工会只是勉强地放弃了由统一缴费和财政补贴支付的统一费率、基本生活保障的目标。工党为规避财政筹资的政治阻力而提出了采用缴费融资新方法的计划，最初遭到了拒绝，一方面因为它是一种倒退，另一方面是因为将再分配的负担从税收转移到社会保险系统，有可能引发工薪阶层之间的对立，使工会处于尴尬的境地。

保守党和工党都不愿面对财政部为加大资助社会保险而增税，这最终说服了工会联盟，需要一种新的解决方案来缩小养老金领取者之间的差距。反过来，工党也接受了工会抵制同收入挂钩的、统一费率的福利融资体系所固有的公开再分配的后果，转而提出退休金计划。通过提供同收入挂钩的福利，以分级收取保费（富人比穷人交的多），并考虑到正义、经济控制以及富裕社会的政策需求，工党的提案给再分配裹上了养老金改革的糖衣，而养老金改革对解决基本生活保障问题没有必然的影响。基本生活保障金和退休金在瑞典是分别处理的，而在英国需要一并解决，这使得英国的计划与斯堪的纳维亚半岛的不同。由于保守党和工党倡议中固有的这种再分配意图——优先帮助穷人，首要解决基本生计问题，因而退休金计划偏向于工薪阶层的最贫穷群体。在法定计划中，除了可转让性和保值的优点外，技术工人和白领工薪阶层的利益主要是负面的。他们被允许采用其他私营保险，从而免于承担再分配的后果。

在瑞典，社会民主党是利用养老金问题作为诱饵来吸引新的白领选民。相反，英国的养老金版本特别关注体力劳动者，因为贝弗里奇无法将最贫困者的福利提高到基本生活保障水平。丹麦的措施介于这两个极端之间。这三个国家的改革看上去有相似之处，但实际上是矛盾的，不仅因为其体制、行政和政治背景千差万别，而且因为它们所寻求实现的社会目标不同。

## 瑞典：工薪阶层、社会平等和退休金计划

废除将需要作为获得社会福利的条件是战后的一项改革，工人们对此的兴趣充其量排在第二位。工人阶级迫切关注的，是在养老金上跟有额外职业供给的薪金雇员取得平等，强制性补充安排似乎是实现这一目标的最佳途径。1953年首次在医疗保险中引入缴费型和同收入挂钩的社会政策，帮助城市工人解决了在统一费率和最低收入保障方式下负担不起的开支。[5] 退休金改革起初是出于类似的动机，但很快就因政治策略而转向了。医疗保险（最终得以实施）一直是蓝领阶层政治表达的一个领域，退休金虽然开始也是针对体力劳动者的一种措施，但最终还是根据

社会民主党对选民新鲜血液的需求而重新进行了调整，以便适合于薪金雇员。[6]

工人们对法定退休金最感兴趣。在20世纪四五十年代，工会联合会主张将通常是薪金雇员独享的补充养老金覆盖至整个工薪阶层。[7]政府的一个委员会同意了工会的意见，并建议通过法定退休金来改善工人的境况。[8]尽管其批准范围仅限于工薪阶层，但在农业党的坚持下，委员会决定将独立经营者也包括进去，以省却进行合理社会划分的行政麻烦。雇主缴纳的保费被用于资助独立经营者和工薪阶层的福利。它设想建立一个适当的资本积累基金，以减少短期经济波动的影响；并且将采取过渡措施，让缴费不足的老年人超比例地受益，避免造成穷困潦倒的一代。

政府的民意调查显示，工会欢迎给所有人发放退休金，但反对将雇主支付的保费在所有社会阶层中平均分配的不公正做法。[9]工会联合会对按收入划分福利等级的原则感到满意，不过倾向于采取更具平等主义色彩的过渡措施。[10]它还接纳积累投资基金。其他利益集团也提出了许多意见。[11]工业雇主希望将法定干预仅限于贫困工人，担心改革会破坏私人储蓄和资本积累，并对政府掌控的基金感到不放心。农业和商业雇主以及独立经营者则比较倾向于赞同，他们对将独立经营者囊括在内并也能从由雇主支付的保费中受益感到高兴。白领工薪阶层，其中许多人已有职业保险，要求拥有选择私营保险的权利，并希望在任何情况下都按照退休时的收入确定福利费率。作为一个工资曲线可能急剧上升的群体，他们可从这些计算中获利，而委员会建议的"整个职业生涯收入的计算法"对体力劳动者最为有利。[12]第二个委员会考虑到了这些批评。[13]它决定雇主缴纳的保费专供工薪阶层，同时推出一些单独的替代措施来帮助小型独立经营者。已有职业养老保险的工薪阶层仍被包括在内，而法定养老金和私营保险之间的关系则由集体协商决定。

有了明确的建议，民意就具体化了。[14] 蓝领工会普遍感到高兴。分级福利虽反映了市场的不平等，但法定养老金计划承诺改善年长者工资差距问题。为避免同薪金雇员的潜在争议，工会联合会同意用收入最高的二十年工资额计算福利，而不是最后退休时的或全部的工资额。工会最初欢迎独立经营者加入退休金体系，现在更倾向于给他们增加国民养老金和提供自愿参加的补充计划。[15] 另一方的保守党则不大满意。他们呼吁完全取消国民养老金中的资产测查，这样自助的努力和职业养老保险就不会因为被剥夺了那些仍视需要而定的福利要素资格而受到损害。[16] 大型基金的危险和对资本积累的集中控制也开始成为他们关注的主要问题。独立经营者一旦清楚地意识到他们将自我承担一切，最初对退休金的热情便逐渐消退了。薪金雇员则继续陷于优柔寡断之中。他们仍然坚持保留采用私营保险的权利，并希望缩短领取全额福利所要求的加入保险年限，以适应他们受教育时间长、工作年头相对较短的具体情况。[17]

1956年初，社会事务部（Ministry of Social Affairs）的一个委员会制订了两个备选方案。[18] 一个是多数人提议的强制性、同收入挂钩的退休金，涵盖所有工薪阶层，金额按收入最高的十五年计算。虽然融资方式主要是现收现付，但设想将有大量资金被用于促进投资、经济合理化和生产增长。另一个是与之抗衡的自愿职业安排计划，由委员会中代表雇主和保守党的少数人提出，以鼓励国民养老金完全无条件地发放。

到目前为止，各利益集团在这一问题上的立场已基本明确。[19] 体力劳动者仍然是退休金计划最坚定的支持者，但他们愿意妥协，希望使改革比较令薪金雇员同事满意。白领阶层则是退休金计划的百搭牌。所有薪金雇员都认为，政府提案规定的退休金计划不能满足他们的要求。他们认为，领取全额养老金所要求的缴费年限不应超过三十年。工会联盟的折中方案是，以最高工资年份来确定福利，这是可以接受的，但只应定为十年，这样白领的最高收入更有优势。薪金雇员也欢迎完全取消资产测查，但又担心慷慨地扩大国民养老金（资产阶级政党讨论过将之作为退休金的替代方案）将会以牺牲他们为代价来给予独立经营者好处。[20]但是，假如薪金雇员能够同意限制增加税收融资的再分配措施，在他们内部分摊负担的问题将更为棘手。该群体内部主要分为两类，一类是公务员和有职业保险的私营雇员，另一类是完全依赖国民养老金的人。公务员的利益在很大程度上取决于法定措施相对于私人措施的优势，即福利的保值和应得权益的可转让性。[21]私营雇员则同工人们一样，希望能领取跟已有补充保障的人同等水平的养老金。

当主要的白领工会——专业雇员联合会（Tjänstemännens centralorganisation，简称TCO）试图调和这些矛盾时，它勇敢地付出了努力，但没有成功。[22]已有养老保障的人反对专门给蓝领和无养老金的薪金雇员带来好处的退休金形式。[23]鉴于职业保险计划和公务员的福利部分地是以可能加薪为代价而获得的，因而，这些富裕雇员计算而得出的结论是：假如强制引入补充养老金，那么已有保险的工薪阶层就应得到补偿。他们担心，法定养老金计划不能像私人保险那样准确地反映收入差异，最终可能会与国民养老金融为单一费率计划，无法给予高薪者应有的回报。[24]专业雇员联合会分为两个几乎同样大小的阵营，无法对政府的退休金方案采取明确的立场。[25]除了这些争议外，还有一项涉及薪金雇员根本利益的要求，它被一致认为是理所当然、不言而喻的，故而很少有人提及，改革者也同样没有明确地说出，那就是在退休金计划内从富到贫的蓄意再分配。雇员们坚认这是令人憎恶的。[26]

## 政客们参与进来

到了1956年，虽然那些利益群体对于制订一个方案的立场明确了，但将其转化为政治术语却不那么直截了当。在那一年的大选中，农业党和社会民主党的联盟受挫，资产阶级政党则取得了进展。渴望保留执政权的社会民主党允许将退休金问题作为谈判的重要筹码。[27] 反过来，农业党陷入了进退两难的窘境。保守党和自由党拒绝了退休金法定解决方案，转而支持增加国民养老金和自愿加入的补充计划。农业党在退休金计划中没有迫切的利益，但他们希望在政治上同左翼保持一致，这就阻止了社会民主党提案被彻底否决。与此同时，农业党的选票减少证实了人口预测，显示出争取新选民群体的支持是明智的，表明在联盟日益削弱的情况下，党的重建优先于执政的责任。* 农业党在两个问题之间左右为难：一个是其支持者的担忧——小型独立经营者很在意退休金的开支，主张采取自愿加入的解决方案；另一个是政治上的优势——不走资产阶级的路线，因而继续执政。出于战术上的考虑，农业党试图根据自身变化设计非法定养老金改革方案。[28] 在1957年举行的关于退休金的全民公决中，农业党的选择受到了大众的欢迎，利益因素重新获得重视。当农业党决定改革并更新本党以避免最终的衰落时，他们与社会民主党的联盟解体了。[29]

社会民主党也面临着一个与退休金问题同时出现的政治困境。通过吸引薪金雇员，该党最终确实利用养老金问题打破了人口困境和政治僵局，但刚开始这并不是一个明显的解决方案。在其最初的表述中，退休金对左翼可能寻求新支持的薪金阶层没有直接的吸引力。必须做出精心

---

* 换言之，他们宁愿离开政府机构，致力于重建政党，而不是让自己的代表继续担任一个正在被削弱并可能很快下台的部长而必须对政府的行为负责——这可能会损害他们对新选民的发展。

策划以赢得白领员工的支持，正如首相泰格·厄兰德对克罗斯曼说的那样，解决好退休金问题是一个关键。在1956年选举之前，社会民主党一直不愿意就退休金问题表明立场。[30] 在争议的早期阶段，社会民主党表达了传统上对体力劳动者的关注。它一致认为，养老保险充满了阶级差别。提高国民养老金水平仍然拉大了有额外保障的群体同完全依赖法定养老金的群体之间的差距。退休金是使无产阶级取得平等福利的一种方式。社会民主党早期这种偏向蓝领的考虑与对薪金雇员利益的孤立关注是相互矛盾的。[31] 然而，第二年的选举受挫使局面发生了变化。据厄兰德分析，许多选民转换了阵营，包括不满意的公务员和其他担心该党的退休金计划带来不利后果的人。来自产业工人更加一致的支持抵消了这一部分的选民损失。这固然令人欣慰，但社会民主党人应当认识到，从长远来看，政治权力取决于白领和农民这两个群体的支持。此次选举在这方面是倒退了一步。该党的目标应当是消除阶级的差别，避免让工人状况的每一步改进都以损害薪金雇员为代价。[32]

为了努力争取薪金雇员的选票，社会民主党尽其所能提高退休金对白领员工的吸引力。他们建议按照收入最高的十五年来计算福利费率。该党早期草案中要求四十年缴费才能领取全额养老金，在政府议案中被减少到三十年，并允许经过广泛专业训练并相应挣取高薪的雇员获得最高级别的福利，其保费总额通常不超过工龄较长、工资较低的蓝领同事为较低养老金而支付的金额。虽然这些改革以牺牲体力劳动者为代价来使薪金雇员受益，但工会联盟还是接受了这些条件，以期赢得广泛的支持。[33] 最重要的是，该体系本身没有试图进行再分配，这是左翼能够以此为诱饵吸引白领选票的基本前提。[34]

社会民主党的策略被证明是成功的。厄兰德对1957年的公投结果感到高兴。虽然失去了一些小型独立经营者和一些已有职业保险者的选票，但该党在原先属于资产阶级阵营的群体中取得了进展。新的目标是解散同农业党的联盟，组建一个少数党政府以实施不妥协的改革。[35] 接下来，他们对退休金进行最后微调，以期赢得广泛支持。独立经营者现也包括在内，但享有豁免权。[36] 丹麦后来的发展表明，这种表面上的平等待遇实际上是一种让步。作为一个年龄较大、人口结构受到威胁并被允许退出保险的群体，独立经营者是一个不利的风险类别，工薪阶层将为此买单。为了公平起见，社会民主党也豁免薪金雇员加入退休金计划。社会民主党认为，对于工会联盟来说，很少有人会寻求不加入，这是一个无关紧要的问题，因而，允许退出是一个简单的让步，并可通过使行政手续变得麻烦而将这一政策部分地"收回"。作为吸引白领阶层的手段，他们还讨论了主要令薪金雇员受益的慷慨的过渡措施。[37]

## 通过法案

在1958年关于政府法案的辩论中，资产阶级政党反对改革，尽管农业党——现更名为中央党（Centre Party）——再次挫败了建立反对社会民主党统一战线的企图。[38] 保守党试图把自己描绘成工人利益的捍卫者，抨击在法案中发现的据称是偏袒薪金雇员的条款。许多来自中间和右翼的人尤其谴责大型投资基金的危险性。[39] 当法案未能在下院获得多数票时，政府便解散了。接下来的选举证明了社会民主党新战略的价值。自由党为其在最后一刻才试图妥协的策略付出了代价，保守党和中央党则从中渔利，而社会民主党不仅斩获了共产党的大量选票，还在其他方面获得了支持。[40] 养老福利问题是赢得选票的主要原因，厄兰德庆祝胜利。增加工资安抚了公务员，退休金吸引了薪金雇员。对于社会民主党的发展来说，这些胜利跟20世纪30年代在自雇人士中取得突破同样重要。[41]
当政府重新提出该法案时，下院以官方记录的最微弱多数通过，这是因
为心怀不满的自由党投了弃权票。[42]

社会民主党针对白领阶层的退休金方案成功与否，或许要根据其后
果来评判。在与雇主就协调职业安排和法定安排进行谈判时，已有保障
的雇员们获得了他们要求的补偿，福利不减并增加工资，以换取现在给
予无养老金者的好处。[43] 面对如此优厚的待遇，没有一个工会，无论蓝
领的或白领的，会选择退出这一制度。在1960年的选举中，社会民主党
赢得了几乎48%的选票，抛弃中央党而组建了政府。

由于保守党将失败归咎于他们关于薪金雇员的立场不受欢迎，改革
一旦到位，该党对退休金的反对声就消失了。[44] 社会民主党的新政策尽
管以牺牲党的传统选民为代价来讨好薪金雇员，但仍然激怒了资产阶级
阵营中的其他人。尤其是中央党，他们发现了小型独立经营者和工人之
间的利益巧合，试图以此打破左翼锻造的新工薪阶层的凝聚力。在接下
来的几十年里，几乎每年都有一次例行公事的立法动议被提出，反对以
最高收入计算养老金和缴费三十年即可享受全额养老金的规定——因为
这些手段将资源从普通工人转移给了受过良好教育、收入丰厚的白领。
但是，每一次动议都被否决，很少赢得同情。[45] 议会的相关委员会判定，
三十年缴费的规定令那些受过长期教育者、已婚妇女和残障者受益，是
值得赞赏的。按最高收入计算的规定未使任何群体处于不利地位。它根
据经典的帕累托（Paretian）逻辑得出结论：一项政策对某些人的帮助多
于其他人，这不是抱怨的理由。[46]

有了工会联盟的赞成，退休金计划便实行了对薪金雇员的优惠政策。
当人们清楚地意识到退休金对最贫困者的帮助微乎其微时，工会担心低

收入群体到年老后会变成养老金不足的一个亚类。[47] 这种担忧最终促使工会引入了补充养老金，以帮助最贫困的退休人员，并缩小福利差距。可是，这种补贴接下来又被抵消了，因为一个集体协议引入了对补充养老金的进一步福利补贴。福利仿佛是结婚蛋糕，一层又一层地往上叠加。

养老金改革的需要和白领问题摆在瑞典社会民主党的面前，这两个问题非常接近，可以相互解决。通过发放退休金，社会民主党满足了工人的需求，同时也吸引了薪金雇员，扭转了战后普惠主义改革中的温和自由主义。国家现在进入了一个以前因导致公民社会不平等而被限制的领域，采纳了同收入挂钩的福利制度——这是一种受管制的不平等，以换取实现更大的目标，将全民置于共同的福利供给机制之内。退休金制度不仅在立法酝酿期间重新制定，以吸引最初不在其明显票仓内的新群体，而且预示着北欧福利方式的新发展。补充养老金计划打破了旧的统一费率模式，采取同收入挂钩的福利，作为瑞典社会政策的基准，使人们在年老、残疾或生病时生活仍能达到工作时的水平。然而，正是通过引入退休金制度而创造的资本基金，一些大胆的新保险企业才得以进入未知的福利领域。尽管社会民主党一开始对筹集资金的政治风险保持警惕，但一旦退休金制度成为法律，该党很快就找到了经济民主化和集中统一计划的积极理由，以便拥有这种由国家控制的投资资金池。[48] 从那时起，由退休金引发的资金问题在鲁道夫·梅德纳（Rudolf Meidner）及其继任者的掌控下逐渐变得重要，其本身即成为一个争论的议题。[49]

## 丹麦：工薪阶层、社会平等和退休金计划

同样，在丹麦，正是战后的富裕经济让人们告别了社会政策中的单

纯统一费率标准；正是有其他福利供给的群体同完全依赖国民养老金的群体之间的差距，引发了对法定退休金的讨论。战后，普惠主义的、统一的、最低收入保障的国民养老金制度限制了国家干预，与此同时，职业保险兴旺发达，它反映了一种不平等，而且通过保费的可抵税性得到了公共补贴。这使得迪斯雷利（Disraeli）笔下维多利亚时代的贫富悬殊现象可能日趋重现。[50]瑞典也是如此，工会的利益引发了这个问题。

丹麦的退休金计划是由工人及其雇主提出的，最初的倡议只针对工薪阶层。[51]然而，当政府开始作出考虑时，它要求改革者尽可能大地涵盖劳工市场。第一届补充养老金委员会（Supplementary Pensions Committee）面临的主要问题之一是，是否也将它扩大到薪金雇员、公务员和独立经营者。[52]雇主坚持认为，如果白领工薪阶层被纳入退休金制度，他们可以选择私营保险。[53]然而，从蓝领的角度看，薪金雇员本来就不应被包括在内。最初提议的重点是给工人和较富裕群体同等的养老金。[54]从这个角度来看，将已有其他福利供给的薪金雇员包括进来，效果会适得其反。非技术工人已对取消国民养老金中的资产测查表示不满，认为这是浪费资源（资产阶级政党支持取消）。现在，在享受全部基本福利之上，甚至还要给富人增发补充养老金，这只会使情况更加恶化。[55]

尽管如此，由于许多低收入、无养老金的薪金雇员是工会联盟的成员，他们对改革有明显的兴趣，工会联盟便无视非技术工人的反对意见，赞成白领工薪阶层加入。[56]没有职业保险的雇员自然很高兴被纳入其中。[57]即使是那些已有职业保险的雇员也并不反对，不过，他们像瑞典的同类群体一样，鉴于给了以前无养老金者一些好处，所以要求获得补偿。[58]拟议措施的性质解释了它被热情接受的原因。委员会很快便同意不效仿瑞典版的退休金制度。雇主担心瑞典版的雄心过大，工会最初则因为它的保费太高而拒绝。[59] 丹麦所选择的方案具有适度的统一费率福利和保费，三分之二由雇主支付，对此，即使是有充足福利供给的白领工薪阶层也同意接受其作为对现有安排的补充，但不是作为替代方案。[60]

对于是否也纳入独立经营者的问题，反应不那么和谐一致，即使在斯堪的纳维亚半岛，也引发了类似于欧洲大陆改革中常见的社会群体之间的再分配之争。如果允许独立经营者自愿加入，那他们只会选择在年纪大时加入，通过较短期的缴费而获得福利。为避免人们对基金进行选择，拟议的慷慨过渡措施（将由年轻成员负担）有必要强制独立经营者加入（假如有的话）。但即便如此，由于独立经营者年龄结构的失衡（年龄大的占多数），他们作为一个群体有可能给工薪阶层的风险社群带来超比例的沉重负担，这是工人们避之唯恐不及的。因而，只有曾经属于工薪阶层的独立经营者才获准延续其成员资格，而且现在必须自己全额缴纳以前同雇主分摊的保费。[61]

其他问题引起的波澜较小。工会支持资本基金积累，以提高生产和实现经济控制民主化，雇主们则相当谨慎。[62] 虽然丹麦工会联盟未听从非技术工人的要求而将薪金雇员排除在外，但比起瑞典，这里的工会确实对那些从补充退休金中获益最少的工人表达了更多的关切。他们拒绝了瑞典同收入挂钩的方式以及按十五年最高收入计算福利费率的规则，因为它给予薪金雇员的福利同其缴纳的保费不成比例。丹麦人还反对瑞典人提出的所谓最低收入限制，这种最低限制排除了最贫困群体，理由是国民养老金理应给他们提供足够的保障。[63]

虽然随着法案审议工作的进行，工会越来越为瑞典的先例所吸引，但其转变太晚了，未能影响委员会作出结论。[64] 它提议为所有未纳入职业保险计划的工薪阶层提供适度的、无担保的、统一费率的补充养老金，由国家独立出资和管理。以这些建议为基础的法案受到了所有政党的欢迎。[65] 在议会中，即使是除国家养老金之外已有其他保障的薪金雇员也被成功游说加入。而资产阶级政党，特别是以农民为基础的自由党，抗议将独立经营者排除在这种有利可图的措施之外。[66] 此后不久，考虑到扩大退休金范围的目标，以及日益增多的左翼赞成按照瑞典的思路制订一项更为深远的计划，政府任命了一个由官员组成的委员会，着手调查是否可能将独立经营者纳入其中，并效仿卡特加特对岸瑞典的样板。

## 争论开始，问题消失了

与瑞典一样，在退休金问题首次提出时，各党派争先恐后地区分各自的社会政策立场。社会民主党对左翼的压力作出了反应，资产阶级阵营对它的激进化感到沮丧。1959年后，随着社会主义人民党的成立，这种压力不断增大。[67] 由于在社会民主党之后政治上被湮没的群体中出现了新的政治前景，自由党修正了自己的立场：为穷人提供法定干预，让其他人自由选择。在1963年的代表大会上，该党不得不在两个社会政策方案中作出选择，二者对国家干预问题的解决办法截然不同。第一个方案是，限制国家的权力。由于经济日益繁荣，有理由让个人比以往任何时候更多地对自身境况负责。第二个方案是，将法定最低收入保障覆盖至所有收入受损的人，充分利用战后普惠主义改革所制定的社会政策路线的影响。[68] 前一个选择方案反映了该党议会代表的意见，而挑战方案则是由其基层组织者提出的。[69]

有两个动机尤其鼓励了一种现代化的和日益主张干预的自由主义。在乡村经济发展的推动下，社会民主党逐渐地认识到，小型独立经营者劳动时间长、收入低、缺乏组织保障，他们同工人一样值得社会关注。[70]

自由党的传统乡村选区人口的减少也促使党内改革者积极地发展新成员。[71] 随着更新版的社会政策计划取得胜利，该党在第二年启动了关注改革的新阶段，与保守党一道任命了一个委员会，建议对福利政策的协调和分权进行全面改革。资产阶级政党的这一波倡议最终引起了社会民主党的注意。[72] 然而，自由党的策略在多大程度上取得了成功不很清楚。在新旗帜下的第一次选举中，出现了选民从乡村支持者向城市支持者的转移，但总体上选票没有增加。尽管如此，自由党能够比社会民主党更始终如一地保住传统的追随者，直到20世纪70年代初蜂拥而起的一系列抗议运动破坏了所有的传统政党。[73]

在这种两极分化的情况下，第二届补充养老金委员会首先着手处理自雇人士的问题。彼此竞争的社会群体对获得相对再分配优势的预想再次阻碍了团结式改革。工人们拒绝承担包括独立经营者在内的成本。有一种观点认为，自雇人士的年龄结构（年纪大的较多）在再分配中占便宜的看法是偏颇的，因为他们大多数在年轻时曾经受雇就业，帮助过减轻工薪阶层的负担。但工人们仍不为所动。[74] 反过来，自雇人士因提供的条件对自己不利，也没有兴趣加入退休金制度。[75]

关于任务的后半部分——雄心勃勃的瑞典式改革的总体可行性，委员会未得出明确的结论。[76] 审议表明，丹麦社会的小资产阶级结构在某种程度上阻碍了它效仿瑞典的新俾斯麦主义（在关注劳动阶级的缴费型社会保险方面处于领先地位），取而代之的是限于延续某种普惠主义的、公共补贴的措施，这是自19世纪末叶以来斯堪的纳维亚国家发展的特点。在瑞典，退休金的保费主要由雇主支付，丹麦的利益集团则对采取任何背离税收融资传统原则的剧烈行动感到担忧。缴费型方法可能会给小型劳动密集型企业和出口行业（它们极少有可能转嫁开支）带来负担。这对瑞典来说不成问题，因为它有足以在世界市场上竞争的、专业化的、资本雄厚的大型公司，但丹麦的企业对在本国提出类似的倡议感到担忧。独立经营者（尤其在农业领域）的税收负担不能准确地反映生产状况，他们的劳动力成本过高，因而长期以来一直反对将负担从国家转移到工资单上，现在也没有理由改变这种想法。[77]

委员会的工作人员未提出足以立法的提案。各种情况的交织阻止了效仿瑞典样板的任何可能。工会过于自私而且强大，抵制将独立经营者纳入在内。相反，丹麦经济的小规模性质和小资产阶级的持续权力，确保了一种古老但依然重要的传统，即独立经营者在税收融资式社会政策中的利益不能成为小雇主的负担，并阻止了向缴费型转变的任何大动作。[78]由于只有三心二意和支离破碎的支持，瑞典模式的退休金制度很容易成为受资产阶级政党攻击的牺牲品。随着在20世纪50年代转向统一费率的最低收入保障方式，中间和右翼党派先前对同收入挂钩的缴费型社会政策的同情都烟消云散了。[79]他们现在可以像社会民主党人那样振振有词地说，按收入分级的福利标准在社会上是不公正的，对处境优裕、收入丰厚、教育程度高的人有利，而对低技能、低收入、长时间体力劳动的人不公。[80]资产阶级政党采取了令人钦佩的战术，在公开辩论中强调统一费率方式的明显平等主义，同时确保将法定干预限制在统一的最低收入保障水平。[81]

中间和右翼政党也担心退休金制度中资本金转移的风险而不是储蓄总额的增加，同时对间接社会主义化感到担忧。社会主义人民党倾尽全力地支持建立这种基金以获得其潜在的投资能力，愿意放弃对收入差别化的社会政策的敌视，而这只会助长资产阶级心生怀疑。中间和右翼党派现在确证了普惠主义养老金辩论所揭示的立场转变，他们支持全民享有充分福利，来抵制左翼视为漠视最贫困者福祉的反对意见。[82] 他们针对社会民主党的补充退休金倡议提出了一个对立提案，设想除国民养老金之外，再增加一种统一费率的、保值的、由税收融资的补贴，这样一来就延续了旧体系固有的所有问题。[83] 1967年底，当社会民主党政府倒台时，瑞典模式退休金的小规模争战已告失败。社会民主党的立场退却到资产阶级政党青睐的统一费率式补充养老金，现在谨慎地避免坚持最激进的退休金选择方案。由于社会主义人民党中的激进派（左翼社会主义者）分道扬镳，组建了自己的政党，拒绝接受同收入挂钩的福利或缴费融资，他们的侧翼支持瓦解了。[84]

## 社会民主党和薪金雇员

丹麦社会民主党与瑞典社会民主党的不同之处在于，在养老金问题得到解决之前，他们特别关注体力劳动者、忽视薪金雇员。他们努力地说服政府，推行一种有利于工人的退休金形式，纳入最贫困的工薪阶层，并引入再分配的要素，即工资越低，养老金占工资的比例就越高。[85] 当资产阶级政党成功地从薪金雇员中吸引成员时，社会民主党长期以来一直执着地继承阶级发展的观点。[86] 直到1958年，社会民主党的计划委员会（Program Commission）仍不相信，作为一个新的社会群体，薪金雇员的崛起对党的自我认知提出了挑战。它轻率地假设，随着对行政人员的需求很快达到饱和，将会出现一个与大多数工人利益相似的白领无产阶级。[87] 起初，工会对根据薪金雇员的好恶来调整退休金制度的想法也是陌生的。随着工会联盟开始吸收越来越多的薪金雇员，它才逐渐意识到瑞典改革模式的价值。[88] 工会沮丧地眼看着资产阶级政党成功地在白领工薪阶层中扩大了势力，但直到1964年，他们才能够说服社会民主党考虑吸引白领的策略。[89] 虽然有人指出养老金是一个相关的问题，但当该党意识到这一可能性时，退休金议题已经上了轨道，几乎未将薪金雇员考虑进去。当社会民主党最终提出瑞典模式的建议时，它产生的政治影响微乎其微。一是资产阶级的成功抵制；二是改革已开始实施；三是社会民主党必须考虑再分配因素以避免被指控为对体力劳动者不公，这些都不是对薪金雇员有很大吸引力的方程式变量。

在丹麦，任何同收入挂钩的社会政策所得的支持都是薄弱和零散的。资产阶级政党和私营保险公司均赞成采用统一费率式退休金，因此，除了有限的领域外，允许这些公司自由地运作。[90] 左翼则意见分歧。此时许多社会民主党人确信，通过干预手段向需要者提供"不均等"的分级安排，将能最好地保证养老金平等。然而，极左派和其他社会民主党人虽然接受在职业生涯中收入有差距的现实，但认为国家无权让退休后的不平等持久化，即不应采取同收入挂钩的福利措施。老的统一费率、平等主义方式继续吸引着左翼的很多人，这不利于建立必需的统一战线以战胜资产阶级政党，后者坚持以这种方式将国家干预限制到最小。工会联盟中薪水最低的非技术工人的强大影响力也导致社会民主党的立场模棱两可。这些工人在税收融资的慷慨国民养老金中与独立经营者有着共同的利益，几乎看不到同收入挂钩的退休金能给他们带来什么优势。而丹麦左翼政党对白领的相对忽视对此没有起到纠正作用。

强调正式的平等主义、统一费率和最低收入保障的本土社会政策传统也很重要。关于退休金福利是否按收入分级仅是该问题的一个方面，同时还有更广泛但未有结论的研究在进行。社会改革委员会（Social Reform Commission）也讨论了不同的措施。该委员会是根据保守党和自由党的要求在对补充养老金进行辩论一开始时任命的。尽管担任主席的社会民主党人个人持强烈的保留意见，但委员会最终建议，对与收入损失有关的若干风险提供每日现金福利（daily cash benefits）。[91] 当瑞典模式的退休金被大多数政党断然拒绝时，社会改革委员会审查分级社会政策的授权任务在总体上被削弱了。[92] 尽管丹麦试图效仿其他国家的做法，但它的养老金政策在很大程度上没变，基本停留在1956年的版本，即普惠主义、统一费率、最低收入保障的国民养老金，没有采取退休金制度。

## 英国：从贝弗里奇到蒂特穆斯之路

尽管贝弗里奇的改革取得了卓越的成就，但它的起步并不顺利。[93] 基本生活保障原则的实施方式并没有使领取养老金者得到足够的保障。以宽松的条件接纳过渡代、人口老龄化和通货膨胀等因素，共同强化了统一费率的弱点，这种弱点是由"搭车护送效应"（让最穷的人也负担得起保费）导致的。甚至国民保险部长詹姆斯·格里菲斯也在推动改革中改头换面，于1946年承诺寻求缴费同收入挂钩的新方法。[94] 这种不愉快的情况抑制了工党政府在随后几年对增加福利的热情。就在1951年选举失败之前，财政大臣减少了对国民保险基金的财政补贴，这可能使未来改善福利变得更加困难，并促使劳工部长贝文辞职，该党的左翼明确地成为一个与他的名字相连的可识别团体。[95]

成为在野党之后，工党有了闲暇时间，开始思考导致执政困难重重的贝弗里奇遗产问题。如何改善养老金领取者的困境以应对不断上涨的开支，并与更慷慨的基本生活保障金观念相协调，同时又不依赖难以接受的高额财政补贴，或将统一费率保费增加到无法负担的程度，这是一个两难问题。至少有三种可能的解决办法：可通过资产测查向最需要者提供更慷慨的福利；可通过更多地依赖税收融资来增加用于分配的资源；最后，可根据支付能力来衡量缴费制度。第一种解决办法被认为是倒退，从未真正成为参选方案。[96]

在20世纪50年代初，人们的注意力从缴费融资转向税收融资的可能性。尽管工党政客们倾向于征收社会保障税，即用按收入分级的资金来源支付统一福利，但工会成员不采信。[97]他们坚持统一费率缴费原则，因为它的应得权益明确，并倾向于通过增加财政资助来解决养老金制度的融资问题。[98]换言之，工会联盟和工党在如何增加资源的问题上存在着分歧，工会希望征收一般税，工党则提议按比例征税。工会联盟将雄心壮志建立在对财政系统进步的信念之上，并且担心社会保障税的公开再分配可能会在工薪者之间造成分歧——高薪者嫉妒给较穷的工人更多好处，可能会损害工会，并可能鼓励人们要求相应的同收入挂钩的福利，这将破坏许多左翼人士仍然认可的统一费率最初的平等主义目标。

在20世纪50年代中期，虽然工党和工会在改革养老金的问题上分歧很大，但由于不可能提高最贫困者的保险费以维持其基本生活，英国工会联盟坚持统一费率缴费型保险的立场逐渐受到削弱。[99]同时，工党向工会施加压力，敦促他们重新考虑其立场。职业保险和私人补充保险的扩延，以及为改善国民养老金而开发新资源的困难，都是对旧制度的嘲讽。由于统一费率的保费不能增加，工党社会政策改革者想知道，是否应该要求财政部支付基本生活保障金，甚至包括有其他福利供给的人。[100]怎样在这种情况下帮助穷人？如何一方面不让穷人伤自尊地接受针对性措施，另一方面又不挥霍地给所有人增加法定养老金，甚至包括负担得起私人补充保险的人？人们必须再次面对普享养老金的两难困境：一方面有效地利用稀缺资源援助最需要的人，另一方面又不违背仅以公民身份为基础的应得权益原则。

工党虽然不同意工会的解决方案，但它尚未理清自己的思路。贝文试图让工党承诺养老金完全由税收融资，而工会联盟不愿放弃缴费原则，这在劳工运动内部形成了对峙。[101] 1955年的党代会几乎是偶然地打破了这一僵局。一系列动议均被否决，包括贝文的提案。前国民保险部长伊迪丝·萨默斯基（Edith Summerskill）希望党内左派在遭到挫败的情况下变得谦卑一些，让初出茅庐的贝文派——理查德·克罗斯曼——代表行政部门。克罗斯曼，这个在1945年公开宣称对养老金一无所知的人，十年以来只是适度地利用了国家干预。尽管如此，或许正因如此，对于一个通常被认为不能加速解决的问题，克罗斯曼似乎具有非凡的能力。[102] 在准备关于国民退休金宣传手册演讲的前一天晚上，克罗斯曼担心自己会受到羞辱。第二天，在马盖特（Margate）召开的劳工大会上，他采用了在养老金领域中不常见的语言，描述这个新概念是“一道耀眼的闪光”。马盖特成了他的大马士革。*现在，在该党作出任何承诺、寻求增加统一费率福利之前，克罗斯曼要求聚在一起的政治家们对补充养老金作一次审查。[103]

虽然工会继续坚持统一费率的基本生活保障金，但工党竭力迫使人们承认这一原则不再可行，事实上已成为进一步发展的障碍。有必要根据支付能力区分保费档次，以此作为新的融资来源，既不受统一费率的限制，也不依赖国家财政。[104] 为制定相关政策，工党任命了一个研究小组，其成员包括格里菲斯、萨默斯基和伦敦政经学院教授理查德·蒂特穆斯，由克罗斯曼领导。休·盖茨凯尔（Hugh Gaitskell）没有参与，据

---

\* 此处借用《圣经》的一个典故。扫罗（Saul）在去大马士革的路上被一道耀眼的闪光击中，从而皈依基督教，最终成为耶稣基督的使徒保罗（Paul）。

说是在新近的党内纠纷之后，他想将注意力从政治上转移。[105]

研究小组将破和立结合起来。政客们改变了早些时候的顺从，愤怒地向皈依贝弗里奇准则的工会发起了攻击。按需分配是很好的社会主义原则，但普惠式基本生活保障没有最有效地利用资源，而是把钱浪费在了富人身上。克罗斯曼宣布，假如工会能够在实践中接受某些现实，他准备允许工会保留其原则。[106] 自此，研究小组制订了一个替代方案。国民养老金的不足加剧了老年人之间的不平等。职业养老金通常只涵盖薪金雇员，通过依据临退休前的而不是整个职业生涯的薪酬来计算福利，使得这类雇员享有了双倍的特权。税收可减免性有利于私人福利计划——隐性国家补贴与收入成正比，而他们的资本金是一种超出社会控制的强大投资力量。

蒂特穆斯带着养老金政客们青睐的精算启示腔调宣布，在接下来的十年内，贝弗里奇开创的统一费率体系将会崩溃。赡养老人的方式将转向为富裕者提供职业保险计划，为贫困者提供公共援助。另一种选择是国民退休金，将整个社区纳入真正同收入挂钩的缴费型保险制度之中，取消偏袒白领阶层的职业养老金安排，并规范其基金的投资。[107] 主要困难之一是根据收入区别对待保费和福利。工会联盟仍坚持反对同收入挂钩原则的正式立场，而工会成员私下承认，分级融资似乎是必要的。格里菲斯担心工党的同情者会拒绝福利。克罗斯曼对措辞不如自己巧妙的人很不耐烦，他作的有关差异化辩论纪要甚至采用了缩写，其论点是，对于一个接受工资不平等的运动来说，（福利）差别化*是一项与之完全一

---

\* 克罗斯曼主张新的平等理念，即每个人的福利应是其工资的百分比，即使这意味着一些人得到的比另一些人多。他反对那些想要统一费率福利的人，认为如果能接受不同的人有不同的工资，那么也应该能够接受不同的人有不同的养老金。

致的原则。[108]

研究小组的建议中有三点特别令人感兴趣：动机的优先顺序，社会的取向，以及基金积累问题上经济政策和福利政策的交集。[109]

首先，推动退休金计划的最重要原因是贝弗里奇雄心壮志的失败。他坚持实行统一费率缴费型制度，从而束缚了融资手段，这个因素促使他必须寻找其他的收入来源，以便使最贫穷的人能得到足够的供给。无论社会公正和经济控制的考虑是否推动了改革，最初把这个问题提上工党议事日程的动机，是在既不增加穷人的负担，也不使工党的财政大臣在政治上尴尬（即增税）的情况下，为基本生活保障金提供所需资金。工党设想通过同收入挂钩的缴费和国家补贴（提高到当时水平的三倍）来资助一个分级福利体系，其中的基本生活保障金、福利保值和统一最低费率给穷人提供更多的福利。最终目的是通过在斯堪的纳维亚模式上引入再分配融资的统一国民养老金——严格意义上与退休金相同，从而实现贝弗里奇的统一费率、基本生活保障的目标。

其次，工党在其他方面也更关心蓝领阶层的利益。职业养老金计划有利于中产阶级。相比之下，国民养老金承诺认可这两个群体的工资结构，在计算福利时将职业生涯早期和晚期的收入衡量为中期收入的两倍*，领取全额养老金的工作年限要求定为四十年。[110] 尽管工党的提议不会使整个英国的养老金结构比斯堪的纳维亚半岛的实行更多的再分配，但是，这两点的结合——允许最贫困者以不成比例的最低费率缴纳保费，以及对工人的有意识关注——使得英国的退休金制度比瑞典甚至丹麦的更具

---

\* 白领员工的收入在职业生涯后期比在早期要高很多。体力劳动者的收入则相对变化不大。假如将职业生涯早期和晚期的收入衡量为中期收入的两倍，那么白领雇员和体力劳动者都会同样受益。

工人阶级特色。

在基金方面，英国的考虑也不同于北欧国家。在蒂特穆斯的影响下，研究小组强调了职业养老计划的资本积累和私营保险公司掌握投资权的风险。[111] 与起初对自身意图持小心谨慎态度的瑞典人不同，英国工党公开炫耀基金承诺的法定控制权。公共管制资本化对瑞典左翼来说是一项激进的举动，而对英国工党来说，这种对经济的间接干预是朝着较温和的方向退了一步。[112] 在讨论退休金问题的同一次会议上，工党展开辩论并接受了关于国有化的纲领——《工业和社会》（*Industry and Society*）。工党在一定程度上改变了对基础产业直接国有化的传统要求，主张通过购买股权从"后门"搞公有化。退休金基金允许社会政策和经济政策相互衔接，代表了该党中温和的盖茨凯尔派的胜利。[113]

工会的反应是工党计划能否成功的关键。尽管仍然小心谨慎，唯恐退休金成为忽视贝弗里奇养老金计划的借口，但他们逐渐意识到，要想让福利抵抗单纯的通胀调整，寻找新的资金来源是不可避免的。[114] 统一费率缴费方式无法从最贫穷者身上榨出更多的钱，两个阵营的政客也都不愿意让财政部承担更大的负担，而且，无论如何，对国家的依赖增加了重新启动资产测查的不妙前景。[115] 因此，工会联盟尽管之前曾经抵制，但逐渐采取了可与工党达成协议的立场。[116] 克罗斯曼也愿意让步与工会达成妥协，证明这不是一条单行道：设立一项更大的基金以鼓励精算公正的外观，为新加入者提供替代供给的选择，给予所有人最低收入保障水平的福利。[117] 反过来，有必要进一步对党内右翼妥协，以安抚盖茨凯尔。盖茨凯尔希望该计划不引起争议，少一点平等主义，多一点模棱两可。[118]

随着讨价还价的结束，在布莱克浦（Blackpool）召开的工会联盟会议上，人们对工党的退休金提案表示了谨慎的欢迎。工会一致同意，同收入挂钩的福利本身是不可取的，但采用统一费率无法实现基本生活保障的目标，这就证明需要一种新的解决办法。激进的运输总工会（Transport and General Workers' Union）领导人弗兰克·卡森斯（Frank Cousins）对改革表示欢迎，这一改革得到了另外一些低收入工人的支持，这回主要是农业工人。除工程师群体提出了反对意见，坚持税收融资的"真正社会主义"性质[119]，几乎未出现什么争论。因而，克罗斯曼在工会的支持下，自信地面对下个月的劳工大会。他认为，以不适当的统一方式对待所有人的制度不符合社会主义原则。解决特权的正确办法是把特权给予所有的人。退休金提高了，并再次强调缴费融资所赋予的权益。工党财政大臣将免于陷入增税的不幸窘境，利益也将受到保护，免遭其保守党同僚的掠夺。募集到的资金将数额巨大，并可广泛地用于投资。[120]

## 保守党抢了风头

贝弗里奇的统一费率困境是工党制订计划的决定性因素，因而毫不意外，保守党也十分关注这一点。同样不奇怪的是，保守党推行的第一次英国改革的目标并非建立任何真正意义上的退休金制度，而是打破国民养老金制度传承下来的经济僵局。一些右翼人士赞成将征收社会保障税作为解决办法，但总体来说，该党并未认真考虑放弃缴费型方法。[121]直到工党提出了补充退休金方案，保守党才采取行动。[122]尽管社会保险体系的财政困境也是促使保守党行动的一个因素，但与左翼不同的是，其计划没有超越最初这一担忧的范围。[123]他们设想的退休金计划减少了对财政的更多依赖，正如国民保险部长约翰·博伊德·卡彭特（John Boyd Carpenter）后来描述的，"对纳税人来说是一桩很好的交易"。[124]

保守党的做法考虑到三个重要因素：必须削减日益增长的国民保险赤字；要满足普遍对同收入挂钩的养老金的需求，使最贫困者也能参与退休金再分配；最后，保护和鼓励职业养老金计划。[125]

政府的计划（即由保守党政府提出的议会提案）忽略了自雇人士，占五分之二的工资最低的工人领取的养老金不变（尽管保费有所减少），要求在有限收入范围内的工薪阶层分级缴纳保费，但只得到与收入相关的微薄福利作为回报，从而释放资金来填补社会保险制度的缺口。不仅允许成员加入私营职业养老保险，而且退休金计划确立的较低供款上限和明显的再分配目标，事实上鼓励了这一点。[126] 工党和保守党的改革提案都试图为再分配目的筹集资源，但它们各自影响的是不同的群体。工党将按比例缴纳保费的工资收入定得很高，最高可达平均工资的四倍，而保守党主张缴费的收入范围要窄得多，鼓励富人能够将钱自由地投资于有望得到回报的项目。保守党的养老金计划实行差异化，但很吝啬，实际上近似一个分级缴费的、统一费率的福利制度。政府为其目标辩护，理由是鉴于经济不断地走向繁荣，给所有不需要者发放同等的财政补贴是不合理的。在一个同收入挂钩的制度中，富裕者为自己的福利支付较高比例的费用，财政补贴集中给予最贫困者，因而可以避免尴尬而自欺欺人地说：分级缴费本身实际上并没有用于再分配的目的。[127] 在这些方面，相比工党的计划，保守党的计划更不体现党的思想转变。法定最低收入保障，搭配自愿参加的补充保险，一直是该党的目标，即使在退休金问题上也是如此。[128]

保守党毫不掩饰其对再分配的态度，他们对结交新盟友不寄希望。博伊德·卡彭特警告说，退休金提案既不会赢得也不会失去选票。保守党应强调改善社会保险体系的恶劣财政状况的必要性，降低人们对福利增长、提早领取的期望值。[129] 保守党的改革削弱了养老金制度的普惠性，将国家财政的责任转移到了工人阶级的中间收入阶层。工党在议会的辩论中提出指责。[130] 政府不屈不挠地向前推进，第一轮退休金大战结束。就像在丹麦一样，英国引入的这个制度以瑞典的福利计划和1957年德国改革的内容为重点，在左翼看来，这似乎是对其野心的空洞嘲讽。

## 失败与重组

工党则对推行自己提出的退休金计划以赢得选票的能力充满希望。一旦保守党处于领先地位，工党内的怀疑论者便重新对改革产生了兴趣。盖茨凯尔访问瑞典回国后，确信养老金是现代社会民主党的正确议题。[131] 在选举前，克罗斯曼的养老金计划"马戏团"——位于幕后的伦敦政经学院的"三驾马车"蒂特穆斯、阿贝尔·史密斯和彼得·汤森德——被遣回起草委员会，着手修改工党的提案。由于该计划造成大量资本积累而受到批评，克罗斯曼开始让步，他在随后几年将继续退却。[132] 考虑到该计划的再分配因素，加之个人豁免权，高薪人群很可能会反对出资。尽管工会坚持给予个人选择私营保险的权利，但保守党现在限制这一选择，譬如要求由工作场所作出集体决定才能采用私营保险。[133] 然而，即使作出这样的修改，退休金提案也无助于工党获胜。"人人都知道我在策划这件能赢得选票的事，"克罗斯曼在私人日记中祈祷，"愿上帝保佑。"[134] 然而，神明对此无动于衷，也没有兑现诺言。在1959年的选举中，工党再次将权力交到了反对派手中。

工党认为退休金对蓝领工人来说是一个特别重要的问题。[135] 同丹麦一样，英国左翼仅在关于补充养老金的第一次立法讨论之后才开始关注薪金雇员。在选举失败后，工党在组织的自我剖析中认识到，党过于紧密地认同体力劳动者、领养老金的老人和穷人，而对年轻人、白领阶层和中产阶级的关注不够。新的宗旨是，提倡经济规划和控制，消除社会流动中的阶级和地位障碍，以改善所有人的福祉为目标，同时也认识到差异是必要的而且应当扩大。工党总结说，采取这些做法，有可能获得薪金雇员的支持。[136]

即使在退休金问题首次提出后，工党也未在战略上将其视为广泛吸引白领的诱饵。这不是由于策略上的疏忽造成的。基本生活保障的考虑使英国的法定补充养老金主要跟穷人和无保障者的利益相关。立法的主要任务是在不求助国库的情况下筹集资金以增加基本福利，这对高薪阶层没有吸引力。他们的关注点仍然局限在由原工作单位发放的退休金与私营退休计划，以及避免成为改革再分配目标的牺牲品。同瑞典相比，英国白领雇员组织的效率较低，而且他们以前的职业养老金安排比斯堪的纳维亚半岛的要好，这也使得退休金制度向他们倾斜变得困难更多、回报更少。英国工会联盟起初普遍对退休金制度持怀疑态度，并受非技术工人的影响很大，不太可能批准对薪金雇员作广泛让步的改革。此外，由于英国白领雇员通常是工会联盟保护伞下组织的成员，不像瑞典那样属于独立的组织，因而不同工薪阶层之间的退休金之争已在工会内部进行了调解，没有呈现为政客们必须跨越的对立立场。[137]

直到1965年，工党以微弱多数执政，克罗斯曼被授予内阁职位来推动退休金立法，这才到了实施长期计划的时候。[138] 新提案和早先提案之间的差异反映了工党在野期间的演变。[139] 工党的优先次序仍然是明确的。因为贝弗里奇一直无法实现基本生活保障的目标，所以有必要建立分级制度来开发新的资源。同收入挂钩的福利之主要功能是使有差别地征收保费可被接受，这是超比例地为最贫困者增加养老金所必需的。只有解决了这个问题，退休金的内在优势才得以发挥。早先计划强调的经济投资和控制在过渡期消失了。[140] 克罗斯曼现在对基金的兴趣是受精算正统观念的感染而产生的。精算有助于这样来说服参保人：工党的提议不同于"托利党的骗局"，保守党的现收现付融资已近似于一种新的税收形式。[141] 保留豁免权是另一个重要特征。由于统一费率制度的失败，加上受到保守党改革和经济普遍繁荣的推助，非法定保险现成为养老金发展的前景。[142] 国民退休金不再指望取代职业计划，至多在法定制度豁免权的润滑下同它互惠合作。降低缴纳退休金保费的工资上限也为私营和职业安排提供了更大的回旋余地。

如果以这种方式考虑到那些已享有替代保险的人，他们仍被要求帮助最贫困者。退休金的再分配要素以一副新面孔出现。工党早期计划中向下层转移资源的基本统一费率最低收入保障已不复存在。然而，虽然现在所有的养老金都作了分级，但缴费同福利挂钩的公式在很大程度上偏向于低收入者，并且以整个职业生涯的收入而不是以收入峰值作为计算的基础。与之前的提案相比，再分配的愿景很难衡量。与此同时，可以说，受到不利影响群体的反对变得更加直言不讳。工党新计划中的团结意图是一个因素；另一个因素是成本再分配的敏感性，保守党立法毫不掩饰的再分配野心加剧了这种敏感性。

薪金雇员和技术工人拒绝分摊不成比例的负担，假如他们的愿望得不到重视，就以罢工相威胁。他们的观点是，不应以破坏工资差异来纾解贫困，而是可以通过其他更好的办法。[143] 在某种程度上，白领的这种不满强调了英国版本和瑞典版本的退休金计划隐藏在相似外表下的不同社会议题。工会联盟就薪金雇员工会的抗议作出的反应相当可悲：提高财政补贴旨在让再分配努力和措施容易令人接受，以确保富裕的自雇人士不逃避责任，换言之，回到需要更多税收融资的传统。[144] 1970年6月，政府出于其他原因决定提前举行选举，在改革通过之前让反对派重新掌权，克罗斯曼对此肯定极度沮丧和失望。没完没了的退休金长篇故事的末章是最后一轮立法争论，以工党再次敲定一个令人厌倦的妥协方案而告终。

保守党在选举获胜一年后提出了改革方案，明确地列出了博伊德·卡彭特的立法中隐含的内容。[145] 保守党现在回过头来考虑成员早先的建议，提倡统一费率（但不是基本生活保障金），由同收入挂钩的保费来融资。[146] 有了这样的基本福利，就可以通过职业安排来体现他们一贯追求的鼓励自助的目标，并且用所谓国家储备计划来援助原本没有保障的人。保守党的目标是尽量减少法定干预，并最大限度地提供个人选择。通过使英国的国民养老金制度接近于斯堪的纳维亚国家的模式，贝弗里奇系统将在推出三十年后进行修补、改进并重新列入议事日程。[147] 工党抨击该计划，谴责它让许多领取养老金者接受公共援助，依赖于过时的统一费率方法，而且易受通货膨胀的影响。左翼拒绝将保费同收入挂钩的统一福利，因为他们担心，相比克罗斯曼的计划，这个计划中的再分配因素会招致白领和技术工人阶层的更大抗议。[148]

似乎是为了实现立法上的对称，1974年重新掌权的工党政府决定废除保守党的方案，实施自己的计划。在工党的研究机构内，养老金专家们熬过了漫长的在野党时期，带着复仇的心理回到了设计桌旁。他们讨论了大比例基金形成和资本分享问题，并重新审视了国库资助这一传统的后备补救措施。[149] 实际提案则是一种温和的折中方案。与早先的计划一样，新制度的统一费率最低养老金确保了最贫困者获得超比例的优惠待遇。[150] 除此之外，同收入挂钩的福利逐级减少，与克罗斯曼计划向下再分配的规模几乎相同。在依据最高收入年份来计算福利的问题上，体力劳动者和白领工薪阶层达成了一个令人满意的妥协。遵循保守党的先例，雇主比工薪阶层承受更大的缴费负担。在克罗斯曼计划、保守党方案和现在的卡斯尔提案（Castle proposals）*中，财政补贴保持为18%这个神奇数字。再次跟随右翼的倡议，富裕自雇人士支付比克罗斯曼计划中更高的保费。有权选择私营保险的构想使得法定退休金不会直接与职业养老金计划竞争，而职业养老金计划又有免受通胀影响的保障。这样的让步有助于安抚保守党，最终，像在1946年一样，促成了一场温文尔雅的剧变，当时贝弗里奇恰如其分地将之描述为"不列颠的革命"。[151]

* * * * * * * * *

从某个角度来看，退休金似乎是社会政策从政治争议舞台上逐渐消失的一个例子，这个问题越来越多地移交给专业人士去决定，以适应现代社会日益复杂的要求。在一个更简单的时代，利益集团政治不再留下太多的痕迹。等待时间、生活成本调整、价值保证、过渡期、延期调整——这些现在都是行政仲裁而不是激烈辩论的事务。议会论坛上的利益冲突似乎已经让位给了部门间备忘录的交换，至多有一些复杂的游说团体活跃在幕后。然而，虽然行政人员和政府改革者确实在制定退休金政策中发挥了主要作用，但他们只是在更大的政治和社会力量舞台上充当角色。仅满足于各国改革措施之间相仿性的那类研究忽略了表面相仿性所掩盖的明显不同的政治议题。

退休金在英国和北欧国家成为一个问题，在欧洲大陆却没有，主要

---

\* 指跟当时的社会政策部部长芭芭拉·卡斯尔（Barbara Castle）有关的提案。

是由于战后英国和北欧在社会保障制度改革中倡议统一费率、普惠主义、最低收入保障。这些倡仪符合自力更生者和富裕阶层的利益，他们不愿被剥夺法定福利；也符合乡村居民的利益，他们从由其他人付税融资的统一福利措施中获益。相比之下，退休金最初关注的是那些被战后所谓社会主义改革所忽视的群体：城市蓝领工人。正是他们的平等要求推动了同收入挂钩的、针对工人阶级的新俾斯麦主义措施。他们要求获得同富人的私营退休计划和薪金雇员的职业养老金计划对等的福利，以能够满足他们实际的生活成本为准，而不是依据乡村地区的标准。

除了这一共同点之外，这三个国家采取了特定形式的退休金制度，由各自的体制、政治和社会等综合因素而决定。虽然始于瑞典的改革给体力劳动者带来了很多好处，但社会民主党人逐渐意识到可以通过利益倾斜来吸引薪金雇员。战后的养老金动议特别考虑到中产阶级；现在，退休金也挺符合白领阶层的口味。在社会民主国家瑞典，这种情况再次出现了：只有在针对更富裕阶层的一系列措施的配合下，福利制度因之存在并应为之服务的群体才赢得了改革。

在丹麦，尤其是在英国，退休金仍旧是体力劳动者特别关注的一个问题。丹麦社会民主党人无法效仿瑞典人的做法。事实证明统一费率的做法不可抗拒，因为许多左翼人士仍然认为它是特别平等的，而且资产阶级政党正确地认识到其在限制国家干预中的作用。社会民主党不能够或不会去控制工会和自雇人士之间的敌对情绪。白领员工的组织不很得力，左翼也迟迟未意识到满足白领需求将在政治上得到的回报。小资产阶级在税收融资中的利益，阻碍了采用一种保费稍高的制度。反过来，英国的改革者们也面对着两个难题。一个是贝弗里奇统一费率的僵局必须打破。另一个是，工党和保守党都同意退休金的首要任务是再分配资金，为最贫困者提供足够的福利，而无须求助财政部。只有解决了第一个难题，英国的补充养老金制度才能够自由地解决瑞典同样关心的各种问题。由于固有的这种对最贫困工薪阶层的关怀，英国的改革无法吸引薪金雇员。

# 第五章　三十年后取得了成功：欧洲大陆悄然的福利改革

在"二战"结束初期，法国和德国拒绝了全民性的全面福利改革，到20世纪70年代中期，它们发现自己几乎是悄悄地引入了团结式社会政策。绕了一圈回到原点，新普惠主义立法暂时解决了欧洲大陆社会保险史上的一个主要争端。这一新的立法在许多方面都反映了战后初期尝试的措施。贫困者不再是工人，而是日渐衰落的独立经营者，社会再分配将承诺帮助这个群体。1945年反对改革的独立经营者现在成了改革的主要倡导者，因为他们会从改革中获益。相反，团结是左翼和劳工运动早先抱有的愿望，现在则不再是他们普遍的想法。工薪阶层，作为一个在人口构成和经济财富上占相对优势的群体，已成为再分配的潜在失利者。一旦清楚地认识到风险再分配对自己不利，工人们就会像独立经营者以前那样坚定地维护既有特权。

在战争刚结束的一段时间里，改革者们无法将所有人平等地纳入国家的保障体系，迫于白领和自雇人士的抗议，不得不满足于按阶级和类别划分的社会保险。独立经营者和薪金雇员由于担心会被要求分担不幸群体（特别是工人）的开支，一直在寻求分离主义的解决办法。尽管如此，无论当时团结体系中的再分配失利者多么强烈地支持排他主义方案，这种福利供给方式都无法长期地满足需求。经济的发展和人口的改变甚至推翻了最初拒绝普惠主义的很多假设。许多自雇人士以前过于依赖自力更生，不需要或不想得到国家的关注，现在却发现自己受到经济集中化和受雇就业扩大化的不利影响。[1] 相比之下，工薪阶层作为一个群体，在战后的经济繁荣中变得兴旺发达。虽然出现了很多仅覆盖独立经营者的社会保险措施，但独立经营者仍然面临困境，要么得不到保护，要么作为排他主义安排的成员，落入跟同类人一样的境地。法定保护曾经是依赖的标志，现在变成了一种特权。出于骄傲的自尊和理性的自利，自雇人士过去拒绝被包括在法定保护之内，结果，当他们从外向内观察时，逐步地认识到自己失策了。相反，工薪阶层在战后的普惠式福利改革中曾遭到拒绝，现在，他们认为没有什么理由要表现得比自雇人士早先时更为宽宏大量。

走下坡路的独立经营者最初是向较富裕的同类寻求帮助。而这些富裕的独立经营者能够把最贫困自雇人士的负担转移到国家的其余地方去，再次出于自利的理由来推动团结式改革。战后建立或延续的社会分离式福利制度是由那些独立经营者推动的，他们确信经济环境于己有利，他们这个类别的未来有着合理的保障，最好的做法是在自己内部安排最低限度的再分配措施。独立经营者丝毫没有料到，他们当中的贫困者即将成为全国最贫困人口，而他们拒绝与之分享命运的工薪阶层很快就会在经济上顺风扬帆。没过多久，采纳社会分离主义便被证明是一种失算。独立经营者中每个类别的富裕者都发现，为了进行风险再分配，自己跟贫穷的同类绑在了一起。随着走下坡路的自雇人士开始寻求援助，并怀着明确的再分配意图盯准了同一类别中的富裕者，变革便势在必行了。

战后社会保险采取的排他主义方式符合富裕独立经营者的利益，前提是独立经营者在总体上比工薪阶层更富裕、所担风险更小。随着经济的发展和人口的演变，这种类似传承的确定性逐渐被打破。在独立经营者每一个限定的风险社区中，较富裕者都发现，更广泛地分摊成本和负担实际上将对他们更有利。事实证明，解决困境的办法是彻底地退却：承认分离主义解决方案的破产，转而赞扬国民团结的美德。而直到不久前，这种团结还被指责为对富人舒适地位的侵犯。[2] 假如不要求富裕独立经营者本身对再分配努力作出更多的贡献，那么现在的问题就是，国民团结将以牺牲工薪阶层为代价来重新分摊负担。事实上，随着独立经营者向赚取工薪的职业迁入，受雇就业者壮大了队伍，并提升了群体的精算前景，因而有机会证明他们也可以自私地捍卫所获得的特权——当有人提出在该阶级内部（工人和薪金雇员之间）重新分摊负担时，他们再次被给予一个机会并成功把握住了。

牺牲了受雇就业者的利益来进行再分配，并不是受雇就业者反对新普惠主义改革的唯一理由。由于新的立法是针对贫困独立经营者的，它提供的福利是很有限的，通常为统一费率的和部分税收融资的，这同工薪阶层的利益相矛盾。在英国和斯堪的纳维亚，国民养老金制度（基本是非缴费型的或由普遍负担得起的保费供资）是可行的，因为除了基本的或严格的私人缴费社会保险安排外，它先于所有其他安排。在法国和德国，由保费供资的和同收入挂钩的社会保险制度已经发展起来了，现在如果不以宽松条件向独立经营者提供慷慨的、不伤自尊的福利的话，便很难将税收融资措施纳入这种福利体系和公共援助之间，这将使长期以来习惯于为自身福利买单的工人阶级感到沮丧。

新普惠主义立法造成了左翼和右翼在社会政策上的对立，他们表达的立场同战后时相反。与1945年一样，法国的冲突更加尖锐和明显。大量独立经营者境况变差，税收制度不公平，政府不愿提供必要的补贴来缓解有关再分配的对立情绪，加之人们对战后冲突的痛苦回忆，使这里的争斗变得激烈而持久。工薪阶层和左翼将这种改革视为直接侵犯了其来之不易的权利，于是竭力加以阻挠。在德国，情况虽大体相似，但较为平和。战后，所有德国人都陷入了与占领者的抗衡，而不仅是左右两派的较量，故争斗一直不太激烈。独立经营者的影响力不那么大，对如何处理他们的争议较小，提出的有关问题都是零散细碎的。工匠问题是社会保险内部再分配对立情绪长期发酵的第一个表现。到了20世纪70年代，这个问题已经减小到可控程度。由于普惠主义改革使得衰落的独立经营者成为工薪阶层社会保险制度的受益者，绝大多数独立经营者获得了满意的待遇，因而左翼和右翼可以达成有争议的妥协，使改革立法得以通过。

虽然最初选择全民性养老金方式的那些国家并没有逃脱困扰欧洲大陆发展的经济和人口变化问题，但它们的社会保障安排受到的影响较小。益格鲁-斯堪的纳维亚的体系将每个加入者视为单个的个体，而法国和德国则将他们视为某个阶层的成员。在最初选择普惠主义方式的国家中，人口结构的变化几乎未被注意到，繁荣的群体在为衰落的群体承保，但他们自己并不明了这一点。相比之下，在欧洲大陆，再分配成为明显的政治辩论主题，不同的社会类别在福利大厦的裂缝中陷入争斗。

最终部分地实现了1945年的团结愿景，这是痛苦的争斗和谈判的结果。不断衰落的独立经营者和工会组织是分歧最大的两个群体，前者要求重新分配，后者抵制这种对工薪阶层特权的索求。政客们试图在这两大利益群体之间进行调解。中间和右翼政党在内部争议中分成两端。一端是为陷入困境的自雇人士利益说话的人；另一端是老式的自由主义者——仍希望国家不干预中产独立经营者的事务，经济现代化者——积极寻求防止任何对过时社会群体的不合理溺爱，以及工会主义者——更关心工人的福祉。

相比之下，左翼政党更加一如既往地遵循工薪阶层的观点，反对普惠主义方式，不过，政客们期望扩大吸引自雇人士这一点有助于引入一种温和的因素。虽然左翼尽其所能地保护工薪阶层的利益，但同贝弗里奇时代的中、右翼接受当时代表工人提出的类似动议相比，左翼现在被迫更多地接受有利于独立经营者的团结式改革。独立经营者，特别是在法国，仍然是一个庞大、重要和强大的群体。疏远他们是有风险的，而以让步赢得他们的忠诚在政治上是有利可图的。在这种新的背景下，社会政策改革只是衰落的独立经营者能够用他们的支持换取的许多让步之一。[3] 由于政治派别的动机复杂且模棱两可，敌对态度并不是绝对的。最终，独立经营者的要求有所缓和，工会接受了妥协，右翼在如何慷慨对待独立经营者的问题上出现分歧，尽管怀有牢骚，但就某种形式的普惠式再分配社会政策达成了协议。

欧洲大陆的团结式改革在"二战"后失败，三十年后取得了成功。同之前帮助工薪阶层相比，代表衰落独立经营者进行再分配的任务似乎不那么繁重，政治妥协的可能性也不那么两极分化。但现在团结起来的最重要原因是，这里精英阶层中的权势群体认为这样做对他们最为有利。在1945年，富裕的独立经营者代表该社会类别的所有人设法避免了分担工人的风险，仅承担自身群体中较穷者的似乎较轻的负担。随着经济和社会的发展，这种算计日益显得愚蠢可笑，他们逐渐发现了从更广泛的团结中可以得到好处，可将不幸自雇人士的费用转嫁给工薪阶层。[4] 在1945年，不受命运青睐和需要帮助者（当时是工人）为团结式改革孤军奋战，获胜的机会微乎其微。在20世纪60年代和70年代，一些原本兴旺和享有特权的精英有理由改变立场，加入不幸的群体（正在衰落的独立经营者）寻求再分配帮助，从而在政治上产生了群聚效应，使团结式改革成为可能。最后，还需提及医疗保险引起的特殊再分配问题。从表面上看，实物医疗福利似乎对所有人都是一律的，至少在某一特定的风险群体中是如此。因此，以支付能力为基础的融资措施似乎要求富裕阶层作出不成比例的牺牲，并且比统一费率或与风险挂钩的缴费型方法导致的阻力更大。实际调查的结果几乎没有改变这种普遍的公平观念，它显示，医疗福利的消费事实上因阶层而异，往往随着收入的提高而增加。虽然人们尚不很清楚医疗保险的最终再分配效应，但情况很可能是这样的：由于采用统一缴费标准，以及风险分类不够复杂，资源将从穷人向富人身上转移*。[5]

## 法国独立经营者：分离主义的衰落和解体

在法国，首先是农场主和农民对社会团结表达了新的欢迎态度，随后很快为大多数自雇人士所认同。[6] 农业独立经营者的人口和经济发展前景在1945年既已十分暗淡，排除了独自承担风险的可能，因而，他们对其他独立经营者当时制定的分离主义路线丝毫不感兴趣，既迅速又容易地转而支持承诺减轻负担的普惠主义社会保险。农业经济遭受的打击如此显著**，大中型农场主即使付出最无私的努力也无法满足广大农民的基本

---

\* 医疗保险通常没有统一费率保费，而是根据人们的年龄、健康和家庭情况来确定保费。然而，比方说，65岁的人都付同样的保费，假若富人一般活得更长一些，那么他们从卫生系统中获得的好处就可能比穷人多，因而就出现了从穷人往富人的再分配。

\*\* "二战"结束后，大多数国家的农业逐渐变得更加机械化和集中化，小型家庭农场输给了大型企业农场，因此当时从事农业劳动的人口比过去大幅度减少。

生存需求。[7] 尽管其他独立经营者已建立了自己的排他主义保险计划，仍深信贫富之间的关系已充分取得平衡，至少可以在分离的社会类别内安排最低收入保障，但农民们消极地抵制任何对其微薄资源的威胁，并等待国家主动采取措施。[8]

反过来，政府为农业人口提出了一种基于缴费的养老金制度，根据地籍收入按比例评定保费，依据严格的资产测查，重新分配为穷人融资的统一费率福利。[9] 针对农民无法独自承担负荷的模糊理由，采取了一个农业家庭津贴制度，由专项基金和财政部可能提供的预付款资助。[10] 中间和右翼政党反对企图以这种方式在职业范围内再分配的任何动议。他们认为，还应引入一个适当的社会保险计划，其福利与缴纳保费成比例，以确保在政府提案中支付最多但受益最少的大农场主不会威胁改革的成功。[11] 议会劳工委员会通过征收两种形式的保费达成了妥协：一种是富人和穷人同等的人均保费，另一种是与收入成比例的保费。作为回报，农场主将得到依据资产测查的津贴和同收入挂钩的养老金。[12] 在全体会议上，激进党反对差别化福利，赞成对所有人实行统一费率，无论收入多少，由分级缴费供资，在此之上增加自愿参加的补贴计划（这是战后斯堪的纳维亚的制度）。激进党的努力消除了同收入挂钩的因素，使这部法律变成一个奇特的"混血儿"，与政府最初的建议相似，却很少有人满意。现在，一项统一费率、依据资产测查的津贴部分地在全国融资，部分地在职业计划内通过缴费进行再分配，其中一半按收入比例计算，没有规定收入上限。[13]

这项法律在农民中激起的反抗，十年后也发生在了小型独立经营者中。亨利·多格里斯（Henri Dorgerès）长期以来一直致力于阻止政府对农民实施社会立法，在其卓越职业生涯的巅峰期，他创立了农民保护委员会（Comités de Défense Paysanne）。[14] 一些中小型地主是多格里斯主义者，在政治上一直抱有反国家集权的情结，将他们的麻烦归咎于巴黎当局，同时又要求政府满足自己的需求。多格里斯拒绝接受这种他描述为成本昂贵、福利微薄的制度，提出让农民跟公务员领取同等的养老金。他敦促追随者们不要缴纳保费，这在法国西部的几个地区获得了支持，那里素有基层抵抗的传统，尤其是在卡尔瓦多省（Calvados）。[15]

　　尽管北方地区富裕的大农场主对下层人的这类怨言感到厌恶，但他们同样不喜欢1952年的法律。跟其他富裕的独立经营者一样，他们不愿承受超比例的负担。改革给农业带来的是唯一一个将导致重大再分配的自雇人士养老金计划，大农场主将支付巨额保费而没有回报，这让他们很难接受。作为回应，他们提出了下列要求：所有人都不需经过资产测查而领取津贴；同收入挂钩的保费应设上限；设立的保险制度应合理使保费和福利达到同等水平；向国家转移至少一半的养老负担以解决农业的特殊困难。[16] 此处的论点是，在狭隘的社会群体中进行再分配已无法完成为之规定的任务。这是由农民们首先提出的，在后来的几年里，其他独立经营者将接着以不同方式重复这一观点。现在，贫穷的自雇人士已无法从富裕的自雇人士那里得到足够的支持，他们将从更大的社区中获得帮助。土地及其高贵居民的不满情绪在法国议会引起了强烈的反响，大农场主的抱怨未被置之不理。[17] 三年后，进一步的改革将依据地籍收入的应缴保费减半，限制了职业范围内的再分配。此外，对于那些因富有而丧失领取福利资格的人，重新引入了1952年法律所取消的缴费型保险计划。[18]

　　议会中的两极都对农民的福利持关切态度，证明这个不断衰落但人口众多的阶级仍在发挥影响。在战后的改革中，人们假定农民可为社会保障支付大量费用，而左翼现在慷慨地提出让国家承担一大部分费用。[19]在右翼阵营的赞同声中，激进党人安德烈·利奥蒂（Andre Liautey）转而鼓吹一些措施，令人疑心地联想到贝弗里奇或战后斯堪的纳维亚的改革。他声称，分离主义的社会政策同法律面前人人平等的原则相抵触。相反，所有公民都应获得基本生活保障金，通过按比例收税来融资。[20]

大农场主中持温和态度的一些人接受了政府改革中体现的妥协。由于农业是唯一享受全社区援助的职业类别，他们同意，要求富裕农场主额外付出努力才是公平的。虽然最初的法律在大农场主和小农场主、富裕农民和贫穷农民之间进行了过度的再分配，但1955年实行的渐进式团结是可以接受的。然而，那些最不愿意承担任何再分配责任的大农场主把这个问题推向了极端。最突出的代表人物是雅克·勒罗伊·拉杜里亚（Jacques Le Roy Ladurie），他曾担任维希政府的农业部长，后成为抵抗者，此时是卡尔瓦多省的代表。他的儿子伊曼纽尔后来成为一位著名的历史学家。出于对父亲的叛逆，这个儿子当时正在撰写一本关于朗格多克（Languedoc）小农户的书。[21]拉杜里亚甚至拒绝了当前法案中有限的团结，而支持精算正确、无再分配的制度。他坚认，为贫困农民提供帮助，不应是社会群体内部相互补偿，而应是全国团结一致。[22]虽然拉杜里亚在这一轮争战中失败了，但因为仅限于职业范围的团结在继续瓦解，他的建议中所体现的理念——让整个社区来承担富裕独立经营者所拒绝的负担——最终将赢得胜利。

## 农民的医疗保险

在第五共和国时期，农业医疗保险制度也出现了类似的再分配问题，它对仅在独立的社会类别内组织的有限团结是一个考验。[23]医疗保险应该是强制性的吗？穷人将获得同类别中富裕者的资助还是国家的援助？这个系统要反映谁的利益？这是一些主要的问题。如果在再分配方面完全中立，那么安排也可能是自愿加入的。强迫加入至少意味着团结的可能性，这使大农场主非常担心。农民在这些问题上的分歧几乎反映了西格弗里德（Siegfriedian）理论的地理特征。*在北方，大农场经营的谷物产区，例如卢瓦尔河谷或将波尔多和梅茨对分的轴心地带，农场主们倾向于一种仅承保严重风险的保险体系，由不实行再分配的统一保费供资，采用多元化的组织结构。在南方，家庭经营的小型自给式农业地区，农民们倾向于统一、综合管理和全面涵盖的制度，其保费同收入挂钩（富人的负担相应最重）。[24]

在1958年的代表大会上，主要的农业利益组织"全国农民工会联盟"（Fédération nationale des syndicats d'exploitants agricoles，简称FNSEA）勉强地通过了强制加入原则，从而避免了在这个问题上的重大分裂。[25] 在很大程度上，新成立的全国青年农民中心（Centre national des jeunes agriculteurs，简称CNJA）对这一结果起了决定性作用。该组织试图推进中小型农场经营现代化，缓和行业内日益尖锐的贫富分化。[26] 然而，尽管小农场主的这一局部胜利给大农场主造成了伤害，但尚不严重。情况很快就明了了，农业医疗保险虽是强制性的，但并不是以牺牲大农场主为代价。农民工会联盟拒绝了要求小农户按地籍收入成比例缴费，也拒绝了至少一半按统一费率缴费（养老金制度是这样解决的），而是要求完全采取统一费率和人均保费。该组织坚持认为，它不仅应在农业领域，而且应在全国范围内发挥团结的作用。[27]

---

* "二战"结束后，大多数国家的农业变得更加机械化和集中化，小型家庭农场输给了大型企业农场，因此当时从事农业劳动的人口比过去大幅度减少。

事实上，尽管大农场主的提议最终在其组织内被拒绝，但政府的法案却与之非常相似。[28] 在议会里，委员会主张在职业范围内进行重大的再分配，但最终的立法证明其野心没有那么大。[29] 医疗保险只补偿成年人的严重风险。资金源于略微按收入等级划分的人均保费，但主要承担再分配的是国家给予农业系统的补贴。[30] 该法案遭到相关委员会和左翼政党的反对，但在戴高乐主义者（Gaullists）及其盟友的支持下通过，成为法律。[31]

医疗保险朝着瓦解农民分离主义的方向迈进了一步。在养老金问题上，最初的一个团结式解决方案已在1955年被扼杀。当人们的注意力转向医疗保险时，那些受到再分配威胁的人不允许再犯同样的错误。从一开始，大农场主就成功地让较小的农场自担风险，除非整个社区都同意参与分担。农业是第一个受到排他主义社会政策失败打击的领域。它的经济和人口发展不平衡，大农场主明确表态不愿承担超比例成本，全国其他行业出于必要性、负疚感和怜悯心等伸出的援手，化解了这个行业因分担风险而形成的稀薄黏合剂。在这一过程中，无论是大农场主还是小农场主，最终都发现了相似的利益。一旦来自职业范围之外的融资可能超越再分配冲突的零和博弈，上下便团结起来抓住获益的机会。农业的特殊情况使农民获得全社会的援助成为可能，而其他独立经营者就不那么容易争取到了。

## 非（农业）/非（工薪）阶层

一旦农民得到了这些福利，其他自雇人士也坚持要求同等的待遇。最初为非农业、非工薪阶层（les non-nons，简称"非/非"）推出的医疗保险与1945年的情况类似。富裕的独立经营者，以中小企业联合总会和罗杰·米洛特领导的全国中产阶级联络暨行动委员会为代表，拒绝普惠主义解决方案，效仿他们二十年前的立场，为确保挫败瓜分富裕阶层利益的团结行动，将在三类非/非群体（自由职业人士、工商业独立经营者和工匠）内分别建立最低保障的、无再分配的医疗保险。这三类群体是在 1948 年为养老金目的而划定的。[32] 允许自由选择自行掌控保险公司，仅补偿严重风险，并允许自愿加入补充计划。[33] 以侵占其利益为代价的再分配幽灵仍然困扰着舒适的独立经营者。[34] 然而，这一次将不会出现战后明显的表面和谐局面。压力重重的小型独立经营者奋起反抗，推翻了其上层就分离主义和不再重新分配措施达成僵化共识的轻率假设。[35] 反过来，富裕阶层设法将穷人的再分配奢望转移给国家，这推动了事态的发展，最终实现了 1945 年的团结主义愿景。

小型非/非群体意识到了团结的必要性，并发现了推动实现自身愿望的能力。关于这一变化，手工艺和小型建筑企业联合会（Confederation de l'artisanat et des petites entreprises du batiment，简称 CAPEB，以下简称"手工艺联合会"）的例子最引人注目。该联合会由精力充沛、尽人皆知的马塞尔·勒科尔（Marcel Lecoeur）创建并领导，将建筑行业的工匠们组织了起来。关于医疗保险，它最初的立场同独立经营者的标准观点几乎没有区别。工匠们虽然不是成员，但起初同意米洛特委员会的指导方针，在这个问题上一致支持非/非群体的分离主义立场。[36]

然而，这一共识很快就破裂了。手工艺联合会发现，一种持平的再分配体系对小工匠很不利，仅覆盖他们能够独立承担的有限风险。两个考虑促使其领导人重新审视这一问题。首先，为了应对财政困难，当时的政府考虑对"一般制度"实行部分财政化。[37] 如果工匠们作为消费者和纳税人为工人的福利承担责任，那么他们自己也享有对等的福利似乎才是公平的。第二，议会关于独立经营者医疗保险的各种动议使工匠注意到了再分配的好处。[38] 有了同收入挂钩的保费供款，他们当中最穷的人便可获得全保险，否则是无法得到的。[39] 鉴于最弱势成员的要求，手工艺联合会改变了原来的做法，转而支持团结一致的改革。这些成员已经意识到他们将从覆盖所有人的风险库中获益。总而言之，勒科尔抨击了全国中产阶级联络暨行动委员会和富裕独立经营者拒绝在非/非独立经营者之间实行团结互助。他认为，社会保障的本质是相互补偿和再分配，正如在工薪阶层计划中所体现的，为获得同等的实物福利，行政长官需要比他的看门人支付更高的保费。[40]

随着工匠们从支持分离主义转向团结，独立经营者之间为再分配利益而进行的潜在斗争再次爆发。作为最弱势的非/非群体代表，手工艺联合会是最早认识到再分配好处的组织之一。与其他独立经营者相比，工匠们对风险及其成本的再分配更感兴趣，因为他们往往年龄较大、更需要帮助。同时，他们也比较熟悉再分配的好处，因为他们在当学徒期间往往曾归属于"一般制度"。[41] 尽管手工艺联合会的领导人都是该职业内的富裕成员，从团结制度中获益最少，但该群体最关心的问题仍然得到了足够的重视。[42] 假如仅限于工匠，而不是将三个非/非群体融合在单一的风险库中，那么对他们中的富裕阶层来说，再分配会是更沉重的负担。[43] 因而，工匠们寻求团结所有非/非群体成员的意图受到了自雇人士同事的驳斥。中小企业联合会很清楚地认识到，工匠希望得到的利益将会要求其他独立经营者支付更高的保费。[44]

在戴高乐主义者和独立共和党（Independent Republicans）组成的执政联盟中，寻求团结的小型独立经营者和抵制团结的富裕者之间的分歧反映了出来。在戴高乐主义者一方，由于蓬皮杜（Georges Pompidou）

欣赏普惠主义社会保障的最初理念——将福利扩展到全民,劳工部长吉尔伯特·格兰德瓦尔斯(Gilbert Grandvals)对实行新社会政策的信心大大增加了。[45] 对于格兰德瓦尔斯阵营来说,拒绝团结互助的只是那些会失去利益的自私的独立经营者。解决办法是在所有非/非群体之间强迫进行再分配,将他们的医疗保险附加到工薪阶层的"一般制度"中,但不将两者合并。[46] 与之对应的立场,是由每个群体自主地组织并仅提供最低保障,这得到了财政部长吉斯卡德·德斯坦(Giscard d'Estaing)的支持,由财政部的专业人员制定,反映了全国中产阶级联络暨行动委员会建议的一种分离主义做法。[47]

1966年,让-马塞尔·詹内尼(Jean-Marcel Jeanneney)接管了社会事务部,进行了妥协谈判,从而解决了部长层面的反对意见。他的法案作出了两个决定。慷慨地扩大到农业领域的国民团结计划不包括非/非类,甚至其中的最贫困者。[48] 非/非类群体的医疗保险所需资金只能来自自雇人士。同时,因此导致的再分配威胁将受到限制。缴纳的保费必须同收入成比例,但支付的百分比随着收入增高而急剧降低。工薪阶层和农民在其制度中获得的福利将比较低,目前国家补贴高达70%以上。[49] 这项规定只覆盖严重风险,其他风险则可通过每一个非/非类别内的补充措施来涵盖。举例说,自由职业者只为其同类别的小风险买单,而不是为所有独立经营者的小风险买单。其他补偿弱势群体的手段也受到严格的限制。在缺乏国民团结的气氛下,政府被迫退回到非/非群体中的富裕者可接受的吝啬再分配,并提出了相应的限制性安排。[50]

议会中出现了有趣的事态发展,中间和右翼党派越来越多地支持以前左翼倡导的改革。[51] 法国社会主义者和共产党也得到了议会另一端其他人的响应,公开谴责政府措施的不足和缩减。资产阶级政党的发言人现在代表小型独立经营者的利益挑战自身阵营中（以财政部长为代表）的保守主义者，后者主张现代化的、由技术专家管理的、以商业为导向的保险制度，对日渐衰落的独立经营者提出的特殊要求并不十分赞同。戴高乐主义者雅克·赫伯特（Jacques Hébert）是这一新趋势的集中体现，他代表最贫穷的独立经营者要求建立一种团结式保障制度，以确保所有公民之间的平等。尽管赫伯特充满激情地发表了雄辩式演说，而且他的名字本身即唤起了长期以来为中下层受压迫阶级疾呼的传统*，并让人想到一种现代的激进主义，但结果仍未能阻止法案的通过。对内容做了一些改进后，法案在一上午几个小时内顺利通过一读。左翼投了弃权票。[52]

该法案通过后仅确定了非/非群体医疗保险的基本框架，尚需17项法令来最终敲定细节。制定这些文件是一个漫长而非同寻常的过程，致使医疗保险的实施推迟了两年，这给了富裕独立经营者充分的机会，在法律正式实施之前加进了一些对他们有利的细节。其结果是建立了一个复杂的行政结构，限制了非/非群体中不同类别之间的联系。根据传统独立经营者组织的建议而任命的代表选举了该系统的中央行政委员会，中小企业联合总会的副主席古斯塔夫·德劳（Gustave Deleau）和全国中产阶级联络暨行动委员会的米洛特重新担任领导，他们都是自雇人士的精英代表。[53]

## 宣战了

尽管富裕的独立经营者设法为自己量身定制了医疗保险制度，但

---

* 这里指他跟一位历史人物同名同姓。雅克·赫伯特（Jacques Hébert, 1754—1794），法国记者、作家、出版商和政治家，法国大革命的一位领导人，他的成千上万追随者被称为赫伯特主义者；他有时也被人们称作"杜塞内斯神父"（Père Duchesne），取自他创办的一家报纸的名称。

他们很快就受到了不幸运群体的挑战。许多因素综合在一起，引发了小型独立经营者的暴力抗议，尤其是由国防信息委员会—全国独立经营者行动联盟（Comité d'information et de défense-Union nationale des travailleurs indépendants，简称CIDUNaTI，以下简称"行动联盟"）动员起来的店主们，他们的"指明灯"是来自拉巴蒂·蒙加斯科（La Bâtie Montgascon）的咖啡店主杰拉德·尼库德（Gerard Nicoud），一个早熟的年轻人。[54] 这些群体感到财政改革将他们逼到了墙角，特别是引入增值税，加之其他繁重的税收负担和来自大型零售商的竞争，可将成千上万效率较低的小企业推向破产。[55] 医疗保险的负担只是众所周知压倒骆驼的最后一根稻草。早些时候，小型独立经营者接受让较富裕同事代表整个群体发言的特权，现在，他们不再满足于被动地观望了。他们从1968年的事件中吸取教训：法兰西第五共和国关闭官僚机构竞技场，让那些被排斥在外的人别无选择，只能走上街头。[56] 行动联盟的活动家们想在这些方面做得比学生和工人更值得骄傲，采用了战术手册中所有的破坏手段，包括围攻社会保险和税务局，销毁记录，组织起来拒绝缴费，等等。[57] 结果尼库德被当局通缉，在几个月里，除了有选择地接触报刊记者之外，他成功地四处躲藏。医疗保险改革点燃了店主的抗议怒火，养老金也引发了类似的问题和反应。

行动联盟所关注的问题与促使工匠重新考虑其对团结式社会政策立场的问题相同。长期以来对工薪阶层有利的发展，以及政府有意加快改革的努力，使小型独立经营者受到了挤压。行动联盟的目标是确保必要的再分配，以补偿他们的经济困难。在制定医疗保险政策时，传统独立经营者组织的领导人忽视了最需要帮助的同类，从而迫使贫困者自谋生路。[58] 行动联盟甚至错误地认为勒科尔和手工艺联合会是独立经营者精英的代表。事实上，工匠和店主的反应之间的真正区别是，这两个非/非群体的老牌领导人在如何满足贫困者展现出的团结雄心方面能力各不相同。小工匠的抗议很快就反映为高层态度的转变。小工匠联合会非同寻常的民主灵活性有助于促成这一令人欣慰的结果。[59] 工匠的职业地位通常是非/非群体中最不受惠顾的，这一职业的结构特点使之在整体上处于任何风险再分配制度的潜在接受端，不仅是贫穷的工匠，较富有的工匠在团结互助的体系中也有利可图。相比之下，工商业独立经营者和自由职业者的领导层非常清楚地意识到，在团结式制度下，他们不仅要为本类别中的穷人买单，还要为工匠买单。由于非/非群体中的富裕者及其利益在这里仍占主导地位，这些类别中的小型独立经营者被迫反对那些原则上应当为他们代言的机构。[60]

工匠和店主均代表小资产阶级中最不受命运惠顾的成员来要求团结互助。他们之间的不同在于，手工艺联合会倾向于将独立经营者附属于"一般制度"，甚至可能让他们加入；而行动联盟跟保守的中产阶级有同样的心理，害怕与受雇就业者之间的联系过于紧密。令人担心的是，一体化导致被工薪阶层吞没。独立经营者没有雇主的资助，无法承担所需支付的保费。最后，该组织坦率地承认，由于当局准确地了解工人缴纳保费所依据的工资数额，若将自雇人士纳入"一般制度"，有可能会对他们的收入进行审查，这是不受自雇人士欢迎的。[61] 相反，行动联盟的活动分子要求非/非群体中的富裕者和国家团结一致，共同帮助陷入困境的自雇人士。他们认为，出于社会福利的目的把独立经营者分割成对立群体的做法是旧日的法团主义，而赞成一种包括所有自雇人士的统一方案。毋庸置疑，他们的再分配意图未能赢得非/非群体中其他人的友谊。[62] 行动联盟要求增加行政代表权，试图结束传统的自雇人士领导者的主导地位，这也加深了穷人和富人之间的敌对情绪。反过来，不同独立经营者群体之间的团结朝着店主们的长期目标迈出了一步，提供最低保障水平的社会福利。从工资单扣除保费将部分地变为税收融资，减轻他们所代表的法国经济中劳动密集型、非现代化行业的负担。[63]

在20世纪60年代末，法国贫困的独立经营者认清了一个现实，那是更具国家经济统制倾向的斯堪的纳维亚同行们很久以前就弄明白了的。他们现在终于意识到自命不凡的自力更生传统的缺陷，下层中产阶级开始向更大范围的社区寻求援助，并要求普惠主义、最低收入保障、通常为统一费率的社会政策，其资金来源是税收和主要由其他人缴费支付的再分配。下一步是，说服富裕的独立经营者相信也会因此得利，然后克服工人们的敌意，展望代表独立经营者寻求团结的前景。

政府对非/非群体抗议作出的反应相对迅速。1969年8月，公共卫生和社会保障部长罗伯特·布林（Robert Boulin）与独立经营者举行的两次会议变成了"巴别塔"，围绕社会政策争论不休，无法达成妥协，于是主动权便留给了政府。不过，这些争论表明自雇人士中的其他有名望者也经历了跟勒科尔和工匠领袖们同样的演变。3月，古斯塔夫·德劳呼吁在国民团结的基础上建立一个医疗保险体系。德劳是中小企业联合总会副主席、国家非农业就业者健康和生育保险基金（Caisse nationale d'assurance maladie et maternité des travailleurs non salariés des professions non agricoles，简称CANAM，以下简称"非农业就业者基金"）的首任主席。此时，在自下而上的持续反抗后，中小企业联合总会确认接受了再分配的方式。职业上自力更生、不欠国家分厘的自豪感——法国中产阶级曾经具有的奋斗精神——现已完全被击溃。倘若团结互助是不可避免的，那么最好所有人一起分摊，而不是仅由独立经营者负担。[64]

最终出台的法律根据小型独立经营者的意愿修改了医疗保险制度。[65] 保险的覆盖范围扩大了，在某种程度上，它仅是正式确定了迫于行动联盟的抗议作出的让步。为了允许富人和穷人之间再分配，保险基金是按地区组织的，不再按职业划分。然而在实践中，这种合并只包括了工匠和工商业独立经营者，未涉及自由职业者，他们作为一个群体，在没有帮助的情况下有较强的应对风险能力，比非/非类中其他人的安全性高。选举替换了行政委员会的任命，尼库德升任非农业就业者基金主席（任期仅几个月）。[66] 除了提高保费之外，还增加了额外的职业计划融资来源。政府现在为最贫穷的独立经营者支付保费，尤其减轻了自由职业者的负担，他们感激地接受了这项措施。[67] 通过扩大缴费规模，并要求用国家基金（National Fund）来援助陷入财政困境的地方保险公司，增强了各个类别之间的团结。[68] 在议会辩论中，青睐排他主义社会政策的老掉牙论点消失了。现在，所有党派都竞相表态，支持某种形式的普惠主义措施，平等地涵盖全民，尽管在特定情况下仍有所区分。[69]

1972年，在基层抗议的推动下，政府再次提出了一项养老金法案，将工匠和工商业独立经营者的社会保障与工薪阶层的"一般制度"相结合。融资通过缴纳保费来保证，包括向某些"特殊的"商人收费。这类商人正式注册成立了公司，却没有按照公司法的规定将身份转为公司雇员，因而仍属于独立经营者类别。国家补贴弥补了独立经营者的人口发展不平衡问题。允许各种非/非类人士像工薪阶层那样建立补充安排以获得额外的福利。[70] 行政委员会选举制度的改革确保了小型独立经营者的公平代表性。[71] 该法律协调了非/非类的养老金保险和"一般制度"，而不是将两者融合在一起。自由职业者反对任何形式的整合；店主们依旧担忧自身利益会被一个共享体系吞没；工匠对完全合并的支持度不够；政府担心工薪阶层反对代表独立经营者利益直接再分配。布林警告说，没必要转弯抹角，整合将是以牺牲受雇就业者为代价的一种团结。[72]

在议会辩论中，所有党派都再次赞美团结式社会保障制度。戴高乐主义者克劳德·佩雷特（Claude Peyret）甚至欢呼即将到来的普惠主义体制，作为实现了空想社会主义创始人傅立叶（Charles Fourier）预言的"保障主义"（le garantisme）。其他代表则援引了外国（瑞典）的范例，这在法国议会中是首次。社会民主党被迫在两点之间踩钢丝，一方面是要求他们支持团结的呼声；另一方面是面临工薪阶层为独立经营者的优厚待遇买单的可能。第二年，曾任图尔市的保守党市长、时任商业部长的让·罗耶（Jean Royer）签署了《商业及手工业定向法》（*Orientation Law for Commerce and Artisanry*），这表明官方对小型独立经营者的高度关注。该法律批准的措施远远超越了行动联盟对保护小型独立经营者免受现代化行业竞争所要求的。[73]

## 德国工匠：分配中的烫手山芋

归因于纳粹推行的社会福利，德国成为最早将自雇人士纳入社会保险的欧洲大陆国家之一。国家社会主义党（National Socialist）的一项计划通过的25项条款中有15条是承诺扩大法定的养老供给。纳粹劳工组织负责人罗伯特·莱伊详细地拟订了一项国民供给计划（Staatsburgerversorgung），它脱离了德国本土的传统做法，所有公民均可享受由税收融资的福利措施。[74]随后与捍卫较传统做法的劳工部发生的争议，导致了两种旨在挫败莱伊勃勃野心的温和改革措施。一是允许所有德国人，无论是挣工资的还是其他人，自愿参加工人的或薪金雇员的养老保险。二是，一年后的《手工业者供给法》（*Handerkerversorgungsgesetz*，1938）为工匠们推出了强制性养老保险。[75] 尽管工匠在学徒期内一般被视为工人，但出师之后，作为中产独立经营者，在白领的保险体系中被赋予了更恰当的社会地位。只有收入低于特定工资上限的薪金雇员才纳入这个保险，但所有的工匠都被强制加入了。不过，作为回报，他们被允许选用私营保险。这项改革的直接结果是增加了社会保险制度的收入，主要投资于国家债券，供纳粹支配，并由私营保险公司承保那些不加入法定计划的工匠，为这类公司提供了一笔意外之财。[76]

从长远来看，这项法律造成了一个再分配的两难困境，使工匠和薪金雇员处于对立的地位。纳粹允许工匠们在私营保险和社会保险之间进行选择，这对白领的社会保险体系是不利的 *。[77] 虽然该体系在1942年提高了薪金雇员的保费，以支付这种不平等团结的成本，但没有要求工匠们作出同等的牺牲。[78] 战后，各个占领区对工匠的处理方式有所不同。[79] 在柏林和德国东部，采用私营保险的可能性被排除了，所有工匠都跟其他独立经营者一起被纳入普惠主义体系。美国人维持1938年的法律不变，英国人暂时禁止豁免。1948年的货币改革造成了更大的影响，从旧币到新币的兑换率大幅降低了采用私营保险的工匠所持有的人寿保险价值。[80] 而那些仍选择法定保险的人又受到了保费上涨的冲击。战争刚结束时的环境只会使已成熟的改革形势恶化。解决工匠养老金的结构性问题又花了十五年时间，并引发了激烈的争论。

---

\* 那些风险最小的人选择私营保险公司，从而获得更有利于自己的条款；而那些留在社会保险体系中的人是风险最大的，其风险成本更高。

尽管许多工匠能够很好地适应战后的环境，但作为一个群体，他们的经济状况千差万别。[81] 最成功的企业通常是机械化的和资本密集型的，需要将收益进行再投资，而不是用于支付保费，因而它们有理由支持在社会保险方面拥有更大的选择自由。[82] 其主要的利益组织——德意志手工艺中央协会（Zentralverband der Deutschen Handwerk，简称ZDH），主张允许工匠们在蓝领和白领养老金制度之间自行选择，并且有权采用私营保险，希望通过豁免给其中的最富裕者以薪金雇员的待遇。[83] 20世纪50年代初，中间和右翼政党试图通过废除1938年法律中的强制投保来反映工匠们的政治意愿，但他们的观点仍然过于矛盾，不可能立即通过立法。

在随后的几年里，一种矩形利益关系逐渐形成了：富裕的工匠们寻求豁免保险义务的自由，并得到资产阶级政党中一些人的支持；政府的改革者希望为贫困的独立经营者提供福利，因而不愿豁免较富裕的人；工薪阶层希望避免以牺牲其利益为代价来进行再分配；社会民主党的政客和工会成员呢，则试图在代表独立经营者采取团结式措施和关注本党主要选民的担忧之间保持平衡。[84]

具体来说，问题在于是否把工匠单独列为一个风险社群，将其人口和经济的不平衡状况暴露出来，唤起人们为这个群体的福利进行必要再分配的注意力。工匠们在总体上很高兴能够匿名地融入薪金雇员之中。相反，工薪阶层认为没有理由承担工匠们的风险，他们认为由国家来负担是更为合理的。劳工部提出的一项法案试图在工匠和薪金雇员之间取得平衡。它承认，只有在白领养老保险计划中单独划出工匠风险池，才能公平地授予手工艺中央协会所要求的特殊权利。另外，政府拒绝完全豁免薪金雇员帮助工匠的责任。[85] 当工会和工薪阶层的社会保险机构强烈反对工匠有权采用私营保险时，该法案便在委员会中夭折了。[86] 在1957年养老金改革之前的时期，最后决战的壕沟挖得更深了。1953年，薪金雇员赢得了令人信服的多数，拒绝分摊工人的负担，坚持白领养老保险制度自主，随后又要求将工匠逐出该制度。[87]

1956年，德国基督教民主联盟（Christlich-Demokratische Union，简称CDU）提出一项法案，试图达成妥协，由国家给白领养老保险系统提供一些补贴，以支付涵盖工匠福利的额外成本，并给工匠建立单独记账系统。同时设立收入上限，目的是免除白领中最富裕者的投保义务。然而，社会民主党人并不满意，抱怨工匠们不愿承担自己的风险。工会更固执地坚持己见，试图将工匠完全排除在工薪阶层的社会保险之外。工匠们反驳说，由于职业群体内部的再分配已不足以支撑，因而需要广泛的团结互助。左翼通过阻止富裕工匠被豁免成为会员，赢得了部分胜利。[88] 1957年颁布的养老金改革法案在白领体系内给工匠们单独设立了资本基金，这一临时解决方案得到了认可，即让工匠们与薪金雇员加入同一保险但保留单独的账户。在工匠们提出抗议之后，他们被允许在入会十五年后可以豁免，但这是一项为取得平衡的让步——仅豁免富人，其他人必须始终投保。[89]

虽然手工艺中央协会批准了这些妥协建议，但工薪阶层和工匠之间的关系仍然相当紧张。此时，不仅左翼政党、劳工运动、基督教民主联盟的工会成员和雇主支持将工匠从薪金雇员的养老保险中排除出去，并建立他们自己的独立制度，阿登纳的几位同僚，尤其是劳工部长斯托尔克，也同意这个观点。[90] 斯托尔克是前工会领袖，他对工匠们希望把负担转嫁给工薪阶层不表同情。他认为，废除工匠的独立资本基金、将其成员移进蓝领保险计划几乎是某种形式的私产征用。[91] 这种日益加剧的两极分化使基督教民主联盟面临复杂的两难局面。左翼有一个共识，倾向于给工匠提供福利，但不能完全是以牺牲工薪阶层为代价。相比之下，基督教民主联盟沿一条轴线分裂，一方是由中等企业论坛（Diskussionskreis Mittelstand）组织起来的中产独立经营者的代表，另一方是党的社会委员会（Sozialausschüsse）中工薪阶层利益的支持者。[92]此外，在政府内部，持自由主义保守党主张的财政部长路德维希·埃哈德（Ludwig Erhard）认为，国家没有理由干预中产独立经营者，总理阿登纳则对独立经营者的衰退抱有更多家长式的担忧。这一矛盾在1957年《养老金改革法案》立法的第三阶段开始时得到了解决。总理在1957年10月的就职演说中对独立经营者表示了新的关切，指出他们当中有很多人陷入了困境，人们需要对此采取行动。[93] 劳工部改名为劳工和社会秩序部（Ministry for Labor and the Social Order），以承认需要关注的不仅是工薪阶层。西奥多·布兰克（Theodor Blank）被任命为部长。

重新优化后的该部无疑有了这样一位领导人，他能够将前任对工薪阶层的关注同更传统的社会政策保守观点结合起来，这种保守观点拒绝斯托尔克对战后改革者的普惠主义野心可能仍抱有的同情（至少在阿登纳看来）。布兰克的提议调和了在心中并存的自由主义和家长作风，既考虑到曾经因为自立而自豪的独立经营者的经济地位在削弱，同时充分尊重其长期存在的特殊性。他希望延长投保义务，以保证小工匠得到充分的保险，并对将工人和工匠区别对待感到担忧。他倾向于把工匠从工薪阶层的安排中转移到自雇人士的计划中去。从富裕自雇人士的角度来看，这将是更糟糕的。[94]

布兰克是社会排他主义方式的捍卫者，他卷入了与党内中产阶级的斗争之中，后者现在敏锐地意识到，仅限于一个群体的风险再分配对独立经营者是不利的。他和该党的社会政策专家跟自雇人士谈判，试图达成一种战术性和平协定，但没有成功。[95] 虽然工匠们坚持缴费十五年后可获得豁免的权利，但他们不可能通过取消单独记账来损害工薪阶层的利益（劳工部乐观地误判了这一点）。在白领养老保险体系内单独记账，可将工匠们的财政赤字同其他群体的隔离开来，使薪金雇员免于承担独立经营者的风险成本。[96] 与此同时，工匠们厌倦了以等待来解决其内部的分歧，开始寻求新盟友。他们在一向具可塑性的自由党中占了上风，说服该党改弦更张，转而支持基督教民主联盟里的中产阶级。工匠们的抵抗力增强了，由于这一大转变而产生的自由民主党（Freie Demokratische Partei，简称FDP）法案使政府避免全面让步的希望开始破灭。[97] 在阿登纳的支持下，基督教民主联盟被迫制定出了一项非常符合手工艺中央协会愿望的对立提案。[98]

在议会委员会里，争论又开始了。工匠们坚持被纳入工人的养老保险体系，但在成为会员的有限年头之后有权获得豁免。他们的发言人列举了大量惊人的数字和统计信息，勇敢地反驳了一种普遍看法，即工匠们不成比例的负担威胁着工薪阶层的利益。可是，布兰克的论点在总结中又动摇了。他承认，人口结构的演变削弱了排他主义式安排。由于独立经营者向受雇就业群体转移，工薪阶层的人口膨胀了，重新分配应该在全民中进行，而不是仅在工匠群体中。对面的战壕里排列着工薪阶层及其社会保障机构。薪金雇员养老保险公司的发言人对工薪阶层的团结表现出了初步的理解，工匠们更愿意加入蓝领体系令他松了一口气。德国工会联盟与白领工会一起拒绝废除工匠的任何单独的资本基金，并支持某种排他主义安排，这属于早先中间和右翼党派的立场。[99]

随后发生了一些变化。在工人的体系中，对工匠的强制保险年限为十八年。他们缴纳的保费与工薪阶层的平均缴费额相等，并且不依据个人收入评估，从而减少了向最富有工匠收取的数额。议会委员会一致认为，不应因工匠的利益让工人处于不利地位，但仍然废除了单独的资本基金，尽管坚持保留不同的簿记，这是防止工匠完全融入工薪阶层体系的最后一道脆弱的屏障。[100] 在接下来的几个月里，工匠们密集地游说政府。法案的二读主要是围绕分开记账和团结的问题。基督教民主联盟里的中产阶级成功地推动了取消单独记账，使工匠与工人的体系完全融合。社会民主党试图将工匠的风险负担从工薪阶层转移到国家，但劳而无功。他们预测，这种直接再分配可能会引发社会保险体系内的阶级斗争。左翼强调阶级对立和过时的社会等级观念，未来基督教民主联盟政府的财政部长库尔特·施米克（Kurt Schmiicker）雄辩地呼吁建立右翼曾经反对的全民保险（Einheitsversicherung）。社会差别已经变得更加不稳定了。由于职业之间的人口变化，一个群体得益于另一个群体的衰落，因而再分配应在没有国家调解的情况下，在不幸者和发达者之间直接进行。[101] 尽管遭到左翼的强烈抗议，该法案还是在中间和右翼党派的支持下通过，成为法律。

## 德国的其他独立经营者：扫尾工作

为德国的其他独立经营者争取福利的过程不那么针尖对麦芒。在战后试图建立全民性保险的尝试失败后，独立经营者长期处于孤立境地。直到20世纪50年代中期，独立经营者走向衰落，由于害怕失去他们的政治支持，社会政策的注意力才开始集中到这类人身上。[102] 和法国一样，农场主是首先遭受人口和经济灾难打击的，因而也是第一个值得干预的群体。[103] 在乡村，关于独立经营者与国家（以及社会保障）之间适当关系的传统观念变化是缓慢的。农业组织，诸如德国农民协会（Deutscher Bauernverein），是由富裕农场主领导的，这些人对法定保险不感兴趣，起初对福利倡议持怀疑态度。但随着同工薪阶层不断提高的优惠待遇进行比较，他们逐渐改变了认识。斯托尔克、自由民主党和社会民主党都赞成在该行业内建立农业养老金制度。基督教民主联盟最终也被说服，并在1957年养老金改革后不久通过了一项有关法律。尽管基督教民主联盟坚持纯粹的缴费型融资，但很快就发现，农业的经济困境不可避免地需要慷慨的补贴。[104] 1963年后，农民协会消除了挥之不去的疑虑，公开支持扩大社会保护，热切地争取国家资助以达到与工薪阶层的平等。

继农场主之后，其他经济窘迫的独立经营者也要求享受法定保险。工匠们原本会是这场战役中的勇敢步兵，但他们已获得了保障，因此在战斗开始之前就"退役"了。那些境况一般的独立经营者，尤其是店主和其他小零售商，被抛在了后面。他们孤军作战，亦常常缺乏法国同类的丰富战术，因而花了更长的时间来实现自己的目标。德国店主扮演着近似法国工匠的角色，他们是贫困独立经营者团结一致谋求利益的晴雨表。店主是没有强制纳入的最大独立经营者群体，他们要么自愿加入工薪阶层的养老保险计划，要么寻求获得同工匠类似的待遇。[105] 由于此时他们在人口构成和经济发展上的不利前景已非常明显，排他主义社会福利对他们没有任何诱惑力。[106] 在全民性的再分配中，独立经营者不再丧失优势，其中的最富裕者也被包括在内了。[107]

境况优裕的法国自雇人士起初是由不太幸运的群体迫使参与再分配改革的，而在德国，许多富有的独立经营者是自己发现了团结式福利的优点。以自由职业者为例，与有资本投资的独立经营者不同，他们像工薪阶层一样依赖于劳动和维持收入的手段。战争期间和战后的通货膨胀、货币贬值和改革抹杀了他们早期的自助尝试，削弱了老一辈退休后不必求助于公共援助的希望，并认识到国家干预的必要性。自由职业者也为法定安排所吸引，被其强大的向心力拉进了工薪阶层养老保险的轨道。[108] 战争刚结束时，他们对国家提供养老保险的前景无动于衷。[109] 然而，在1957年养老金改革成功一年之后，他们的态度发生了变化。现在，大多数人都希望加入工薪阶层的体系，许多人寻求某种形式的法定安排，只有少数人情愿免受政府的关注。[110]

独立经营者中尤其受到法定安排吸引的往往是富裕阶层。譬如，早期为律师们建立排他主义安排的尝试失败了，然而，20世纪50年代中期，关于工薪阶层养老金改革的提议承诺了保值的、依据国民财富指数的福利和国家补贴，这为法律行业开辟了新的前景。由于律师不再像工人或薪金雇员那样更有社会保障，德国律师协会（Deutscher Anwaltsverein，简称DAV）此时认为，自由职业者也有权得到社区的援助。[111] 尤其是其中年轻人的态度（他们往往之前是薪金雇员，有机会体验工薪阶层的特权），使得以分离主义方式解决律师养老金问题的希望破灭了。然而，并不是所有自由职业者都赞同律师们的立场。[112] 事实证明，医生们的态度尤其顽固，他们更愿意继续保留运作好的自治养老系统。他们对国家补贴的前景表示欢迎，但认为没有理由跟其他群体合并。[113]

独立经营者并不是对团结发出不和谐之音的唯一群体。社会保险的分散格局使得工人和薪金雇员之间的关系易受类似人口因素的影响，这刺激了分配竞争。经济中第三产业的增长使白领社会保险受益，却损害了蓝领社会保险，工薪阶层的这两个养老金制度在财政上的严格分离受到了破坏。[114] 1964年提出了一个初步解决方案，结束了对当过工人的薪金雇员的补贴（该补贴的目的是弥补他们当工人时赢得的权益）。现在，为了弥补蓝领阶层的人口缺陷，国家补贴在两种制度之间进行差额分配。不顾薪金雇员的反对而引入这种改革，使工薪阶层有机会证明，并非只是独立经营者才有能力为私利而争吵。[115] 看起来不公平的是仅要求较穷的雇员通过这些间接补贴来帮助工人；而且，在1967年，强制养老金保险的做法甚至扩大到收入最高的人，取消了以需求作为成员的条件。对这两种制度关系的最终规定，通过直接金融纽带将白领和蓝领养老金连接起来，将再分配的冲击从国家转移到社会保险制度本身的内部运作之中。[116]

在此有必要提及法国在工薪阶层间调解关系的类似措施。由于干部阶层的补充养老金计划是以超过上限的收入为基础，在将"一般制度"限于低缴费和低福利的情况下，高级薪金雇员成功地争取到了利益。*随着白领和蓝领财富的分化，工人们需要帮助。在某种程度上，政府无法通过不成比例地按工资增长提高对"一般制度"的缴费率来从下面切入干部阶层的计划，因而薪金雇员必须更直接地给工人的补充安排提供帮助。鉴于干部阶层在避免任何形式的融合方面具有明显的经济和组织利益，他们最终同意了一个折中方案：在保留自己的计划之外，加入蓝领系统来帮助工人。[117]

## 最终部分实现了1945年的团结愿景

20世纪60年代中期，普惠主义社会保险计划在德国蓬勃发展起

---

\* 　干部的补充养老金制度是从"一般制度"的结束点起始，因此干部们愿意将"一般制度"限制在低工资水平，这样他们自己的计划就可以按更多的工资收入计算，从而获得更多的福利。

来。[118] 1966年，一个政府委员会报告称，许多独立经营者的贫困境况降低了他们对自助的希望值，建议进行包容各方的全民范围的改革。[119]比贝弗里奇晚了二十年，自由党现在提出税收融资、统一费率福利的建议。就社会民主党来说，恩斯特·舍伦伯格制订了所谓"国民保险计划"（Volksversicherung）。甚至在中产阶级与自由党人和工会主义者长期斗争的基督教民主联盟内部，一种反映下层中产阶级成功的立场开始出现。尽管这似乎是一个推动普惠主义制度的机会，照理说他们的想法应当是很坚定的，但战后左翼要求改革的呼声现在充其量只能在社会民主党中引起模棱两可的反应。在这个国家，工薪阶层从缴费型、同收入挂钩的安排中获得了良好的待遇，而斯堪的纳维亚模式的规定则增加了一种令人不安的可能性，即其他群体可以付出很少的努力来换取慷慨的福利。工会已经抱怨说，工人长期以来缴费获得的保险福利并不比税收融资的公共援助高多少。[120] 如果现在所有人的保险都由全社会来支付，左翼将面对其追随者的不满。

在社会民主党内，每当涉及普惠主义、统一费率、税收融资的社会政策，总是令人不安地听到两种不同的声音：一种是对瑞典社会民主主义英勇胜利的仪式赞歌；另一种是对在德国国内采取类似措施的忧虑，怀疑它给中产独立经营者的好处可能比给工人的更多。[121] 1959年，在巴德戈德斯堡（Bad Godesberg）召开的党代会上就这类改革进行辩论，人们表达了模棱两可的态度，社会民主党正式宣布了他们团结产业工人阶级以外其他群体的雄心。[122] 该党领导人认为，人民的党为人民，建立国民养老金制度顺理成章。在大会上，呼吁普惠主义的动议来自法兰克（Franks）内地，代表贫困的小型独立经营者。虽然党的领导人也对普惠主义感兴趣，但舍伦伯格代表着党的社会政策专家，他们对税收融资的普惠主义持保留态度，击败了这个动议。

舍伦伯格采用机敏的语言技巧说服了社会民主党，建立一个法定的最低收入保障养老金制度（以同收入挂钩的福利为主，而不是国民养老金）。他的应对策略一直得到延续，后来该党的社会政治家们寻求吸引新选民的方案和建议，同时又不触怒传统的追随者。[123] 社会政策专家们一致认为，国民养老金模式虽然很吸引人，但在历史发展情况与瑞典相反的德国是不可能实行的。在斯堪的纳维亚，首先出现的是普惠主义、公共融资、统一费率的措施，它给私人安排及后来的差别化缴费型社会保险留下了空间。而在德国，工薪阶层已有了自己的福利保障，若引入斯堪的纳维亚的制度，它将特别惠及那些非受雇就业的群体，事实上，这将意味着侵占工人利益和补贴中产阶级。[124]

1965年，社会民主党将国民保险计划作为对冲赌注掩盖了对社会政策的怀疑。这种社会政策是打着团结辞令的幌子，以牺牲工薪阶层为代价来帮助独立经营者。[125] 所有德国人都将被纳入社会保险，但不融合在一起，而是采用奇怪的模糊语言来表述一种社会类别特定的国民保险，即薪金雇员、工人、矿工，独立经营者均有各自的计划，最后是一些特殊群体。成为成员是自愿的，其系统的管理和融资是自主的，得到的国家补贴与工薪阶层的相当。对工匠和农民的供给没有任何改变。工薪阶层的福利设了一个底线，低于这个水平便不会下降。因而，社会民主党的计划在一个光亮的现代门面背后几乎没有什么新鲜货色。工人和薪金雇员计划中重新引入了1957年废除的最低税率，独立经营者可以借助公共补贴来帮助自己，但必须将公共补贴的价值与私营保险费的税收减免进行比较。

1966年的选举产生了社会民主党和基督教民主党大联盟（Great

Coalition of Social and Christian Democrats），将福利供给的范围扩大到独立经营者的动力减弱了。尽管劳工部长代表独立经营者声称支持开放工薪阶层的社会保险制度，但他没有主动采取行动。根本的分歧仍使维护既得权利的工薪阶层跟要求再分配援助的独立经营者相互对立。[126]目前，扩大养老保险制度覆盖面的雄心受到了阻碍，一是因为财政问题，另外似乎是因为社会民主党对工人利益重新作出了承诺。[127] 然而，在随后的立法期间，制定了一系列参照1957年养老金改革的措施，普惠主义倡议最终取得了成果。这一次，政治主动性来自相反的一方。*执政的社会民主党与自由党结成联盟，而在野的则被迫提出了与政府的建议非常相似的提案。

1972年10月16日颁布的《养老保险改革法》（*Pension Insurance Reform Law*）包括了三项措施。前两项满足了工会长期以来的要求，一是灵活的退休年龄，二是给予收入极低的长期缴费者最低收入保障福利，这使工薪阶层不得不接受的再分配负担减轻了一些。[128] 最后一项措施与他们的利益相矛盾：工薪阶层的养老保险计划暂时对其他阶层开放，可自愿加入。[129] 随着这些措施的实施，社会民主党放弃了在国民保险计划中单独为独立经营者进行安排的希望。他们的逆转在很大程度上反映了这个问题涉及的面很广。已有三分之二的独立经营者加入了养老保险。他们被工薪阶层制度的魅力所吸引，越来越多地利用学徒期或其他曾经受雇的理由要求继续享有会员权利。由于跟社会保险完全不沾边的独立经营者很少，最好的办法似乎是将剩下的都囊括进工薪阶层制度，而不是再搞一个分离计划。[130]

---

\* 这次是社会民主党掌权并推行改革，而在1957年的养老金重大改革中是基民党掌权并作为改革者。

工会方面并未平静地接受独立经营者与工薪阶层的这种强制性婚姻。他们同意独立经营者应受到保护，但主张通过一个单独系统来安排，以便明确谁为他们的福利买单。若政府愿意承担涵盖独立经营者风险的超比例成本，他们表示欢迎，但不赞成以牺牲工薪阶层为代价。工会联盟领导人格德·穆尔（Gerd Muhr）总结说，如果德国有一个由税收融资的国民保险计划，将自雇人士包括在内，这将是很好的。但是，在仍为工薪阶层保留旧的融资体系的情况下，为新加入者引入普惠主义、非缴费型福利，这是不公平的。[131]

　　当就该法案的细节进行辩论时，工薪阶层担心再分配改革的成本会从他们的账户中扣除。结果证明，这种担忧是有道理的。右翼希望将独立经营者跟工薪阶层同等对待，要求他们要么永久加入养老保险制度，要么完全不加入。相比之下，社会民主党则没有那么严格，允许独立经营者自愿加入，可以选择何时加入、加入多长时间以及缴纳多少注册费。基督教民主联盟采取了一种妥协做法，中产阶级对工会主义者作出了重大让步。[132] 另外，自愿加入是社会民主党为照顾自由党联盟伙伴而采取的立场，这引起了工会对基金选择的担忧。[133] 由于在过渡时期赢得了微弱的多数票，两种形式的成员资格最终都获得了许可。关于为独立经营者提供福利的慷慨程度，政府和反对党之间也存在分歧。1957年，基督教民主联盟违背左翼的意愿（但得到了工会的支持），在阻止自雇人士加入养老金体系方面起了最直接的作用。现在，它以欢迎他们归来作为补偿。[134] 负担得起保费的独立经营者被允许按当年的保险费率支付，一直可追缴到1956年。社会民主党则含糊其词地表示反对。[135] 尽管劳工部最初的草案提出了类似的慷慨提议，但最终法案明确规定：仅允许按照目前的有效费率进行追缴，否则自雇人士获得的好处对其他人将是不公平的。然而，在委员会中，基督教民主联盟的慷慨出价被证明在政治上是不可抗拒的。[136]

追溯缴费是对富裕独立经营者有吸引力的一项提议。譬如，律师们很快就利用了它的可能性。法律专业人士获知，由于缴费额是按当年的价值计算的，因此，即使保费水平迄今已翻了两番，他们仍可按照旧的费率获得权益。[137] 相反，工薪阶层则对这种追溯缴费的优惠感到愤怒。工会抱怨说，虽然被强制加入的自雇人士很少，但许多人追缴了保费，仅从制度中捞取好处，从而破坏了团结。他们警告说，社会保险并不是一头在天堂吃草、在人间挤奶的牛。[138] 然而，尽管在执行方面存在这样的缺陷，尽管在议会为即将到来的选举安装的电视摄像机前上演了一场异常激烈的政治争吵，这项法律还是一致通过了。鉴于联盟的少数代表放弃，反对派得以重新提出并通过被委员会否决的大部分修改意见，从而在该法律中留下了可与执政党相媲美的印记。

## 新普惠主义在法国的胜利

德国工薪阶层养老保险计划的向心力吸引了许多独立经营者加入其中。而在法国，社会政策体系严重分化，迫使寻求福利制度巴尔干化的改革者将现有零散的供给汇合起来，以应对不同群体的不同风险。工薪阶层的"一般制度"虽然是最重要的制度，但仅是几种制度之一，非/非类群体即使在需要的时候也拒绝与之融合。为了对社会成本进行再分配，零星地建立起了一些补偿性财政联系，包括在"一般制度"和针对不同工薪阶层的不完善特殊计划之间，在非/非类的不同计划之间，以及在工薪阶层和农场主之间。20世纪70年代初期，这种财政联系被规范化并推广，奠定了普惠主义制度的基础。与战后情况不同的是，此时的团结式改革是由中间和右翼党派发起的，左翼进行抵制。

1974年10月提出了一项法案，设想通过逐步协调现有的社会保险制度，为所有法国人提供家庭津贴以及保健、生育和养老福利。[139] 由于各种分离计划拒绝融合，而且也出于一些技术上的原因，建立普惠主义体系的第一步是允许各个计划保持独立管理，同时在彼此之间再分配成本。[140] 为此提出了两个层次的补偿计划。[141] 在准确地知道收入数额的工薪阶层中，不同的社会保险和计划将相互补偿，不仅考虑到人口不平衡和风险发生率的差异，而且考虑到成员缴费能力的差异。不仅技术工人为矿工买单，富人也帮助穷人。相比之下，关于独立经营者的收入和缴费能力的准确数字很少，因而他们的计划与工薪阶层的计划之间的补偿仅以人口差异为基础，使富裕阶层在整体衰退中相对不受影响。[142] 问题的症结在于拟议的再分配。基于自雇人士大量人口向工薪阶层转移的有利条件，政府可通过"一般制度"提供或至少输送大部分再分配资金给独立经营者*。[143] 法案指定用酒精税来支付这种跨行业人口转移的费用，正如一个世纪前俾斯麦的立法，部分福利不是官方资助的，而是由接受保障者的酗酒恶习来资助的。[144] 尽管如此，由于以这种方式筹集的资金不能保证事实上够用，工薪阶层仍面临着直接再分配的威胁。

左翼对这些建议表示怀疑。他们担心，通过"一般制度"进行再分配是企图将负担转移给工薪阶层。尽管工薪阶层接受一定的责任来补偿独立经营者的人口失衡，但几乎对利他主义无动于衷，因为承担非/非类群体风险的不成比例开支并不仅是经济压力的结果。自雇人士的寿命往往比工人更长，工薪阶层为什么要给他们提供额外的养老金开支？独

---

\* 随着经济的发展，工薪阶层的人数日益增多，自雇人士日益减少。因而"一般制度"（工薪阶层的福利体系）运作良好，政府可从中提取资金，将其重新分配给自雇人士。

立经营者缴纳的保费少，为什么要帮助他们支付开支？工人们认为，在各种社会排他主义保险制度之间的再分配不应先于协调，而是要像对工薪阶层那样确定独立经营者的准确收入，以此为前提，将其保费定在相应的水平。与德国相同，已拥有缴费型社会保险的法国工人阶级的代表也回避了关于基本或统一费率、普惠主义和公共资助措施的提案。[145] 政府的许多支持者同样也不高兴，最终争取到了劳工部长米歇尔·杜拉弗（Michel Durafour）的让步。其中最重要的一项承诺是，施加于"一般制度"的再分配负担暂时不会超过为此目的分配的资金。左翼表示反对，但这项法案在中间和右翼党派的支持下获得通过，成为法律。

进一步推广社会保障的两项措施相对来说比较温和。[146] 他们采取"收拾残余"行动，将涵盖范围扩大到剩下百分之几的法国人，包括私人侦探、婚礼跟妆师、算命师、妓女、自由职业教师、流浪汉和大厅搬运工等等。中间和右翼党派欢迎这种以团结取代慈善的做法，将传统中产阶级中的穷人和边缘群体纳入社会保险的框架，使他们免于接受公共援助的耻辱。[147] 对此，工薪阶层再次进行抵制，不愿承担首当其冲的费用，也不采信政府以追加资金来减轻国民团结责任的承诺。他们担心，这一改革可能会使社会保险沦为一种最低福利的初级制度，给职业养老金计划和私营保险公司留下追求利润的空间。1945年的倡议试图在最高的共同标准上统一社会福利供给，而现在这些倡议的目标是最小共同标准。[148]

\* \* \* \* \* \* \* \* \* \*

就解决社会负担分配的问题而言，分离主义者的团结主张并不坏。但是，就像萨基（Saki）笔下的厨师一样，这些解决方案最后都无疾而终。*社会分离主义从盛行到衰落不过二十年。1945年，工人们期望从共同风险池中获益，而富裕的独立经营者担心自己会遭到损失，因而阻止了改革。在欧洲大陆就社会保险立法之初，甚至在"二战"结束时，挣工资、贫困和易受风险影响这些特征可能是同时存在于某个群体的，但这些特征之间没有必然的联系。到了20世纪60年代，随着其他群体出现衰落且无法独立应对风险，需要帮助群体的身份便发生了变化，上述特征也不再并存了。[149]

战后法国的平衡是这样实现的——以给自雇人士提供社会保障作为交换，承诺每个计划自我管理，并赋予最有影响力的成员决定其计划性质的权力。这是一种脆弱的平衡，很快就被经济和人口结构的变化所打破，这些变化摧毁了中产独立经营者的地位，他们长期以来一直是法国社会的标志。非/非类别群体人口向受雇就业者的迁移使排他主义制度在精算上变得更为不利。成功适存者和弱势同类之间的敌对情绪激化了。贫困和社会分化程度的加剧导致无论是在每个类别内还是在各个类别间都需要进行再分配，而这种迅速增加的再分配负担超出了繁荣的独立经营者愿意并能够独自承担的范围。同1945年一样，国民团结（即所有人分摊负担）从理论上说是一个解决办法，而这一次，富裕独立经营者带来的新视角也使之成为一个可企及的现实。因为自雇人士中重要而强大的精英现在也可从再分配的社会政策中获益，将他们的负担转移到工薪阶层及整个社会，所以，团结是可能实现的。

德国的发展情况也很相似，虽然没有出现高卢人的尖锐对抗。在自雇者人口日益减少的情况下，相对于单独制定政策来说，将他们融入工

---

\* 此处借用英国作家萨基（本名为赫克托·休·门罗，1870—1916）的一个双关语游戏—— "The cook was a good cook, as cooks go; and as cooks go, she went"。

薪阶层占主导的养老保险制度成为一个比较明智的解决办法。除了少数例外，分离主义做法对德国的独立经营者从来都没有诱惑力。由于所涉及的独立经营者人数不多，以牺牲工薪阶层为代价的普惠主义改革成为一个解决方案，劳工运动可能会发出哀叹，但无法成功地抵制它。法国的普惠主义解决方案则引起了更大的争议。其问题的规模、公平融资的困难，以及人们对战后激烈对抗的挥之不去的记忆，致使普惠主义方案不得不违背工薪阶层及其代表的意愿而强行得到通过。然而，由于衰落的独立经营者仍是一个具有政治和选举重要性的社会群体，他们对再分配改革的追求引起了德法两国各个政治派别的关注。甚至左翼也做不到无条件地为工薪阶层的担忧辩护，从而疏远自雇人士。中间和右翼政党从团结式倡议中发现了新的利益，左翼又无法完全抵制这些措施，这最终促成在贝弗里奇时代首次提出的团结主义愿景的实现，不论过程是多么迂回曲折。

# 结语：福利改革的社会基础

在过去的十年里，对欧洲历史的社会解读受到了打击。尤其是围绕法国大革命展开了一场史学之战，争论的焦点是，将意识形态和政治目标同特定阶级联系起来（仿佛它们必然产生于这种社会土壤）的解释是否具有实用性。[1] 保守的贵族、新兴的资产阶级和早期无套裤汉，都退下了历史舞台。福利制度的社会解读，作为基于阶级来解读现代欧洲历史的一部分，也必须对类似的方法论缺陷承担责任。观察者通常将工人及其在社会等级制度中的弱势地位同他们在团结式福利政策中的利益直接联系起来。再分配是自下而上的要求。那些遭受风险和不幸的人是推动团结式改革的最显著力量。工业无产阶级即是这个群体。

这种逻辑，作为社会解读的基础，建立在两类群体（风险类别和社会阶层）的排斥上。再分配的赢家自然会拥护团结（幸运者伸出的援助之手），再分配的输家则会抵制团结。风险类别由社会保险精算的风险再分配零和演算来确定，而特定的社会阶层是由完全不同的、更模糊的因素构成的，两者是否总会一致地交集呢？这是另一个问题。在某些国家的特定时期，工人们尤其受到再分配社会政策的吸引。但是，作为一个阶级，他们的利益并不总是同高风险和低财富的风险类别相一致。在19世纪的斯堪的纳维亚半岛，工人不可能成为社会政策关注的对象。在20世纪末的欧洲大陆，从前的中产独立经营者衰落了，其贫困和受风险影响的程度超过了工人，成为最渴望获得由他人支付的社会政策帮助的群体。工人们也不总是从福利制度中获益最多的群体，甚至在大部分情况下都不是。

然而，假如说继承的劳工主义/社会解读有缺陷的话，那么，迄今为止提供的一些选择更适合作为某种批评而不是替代。在最一般的层面上（分析工业化或政治动员），它们无法解释国家之间的差异。至于更直接的原因，它们对比较方法的贡献很小。即使将注意力集中于国家结构这样的重要因素上，它们关注的也仅是导致国家差异的可能必要的但几乎不充分的原因。最重要的是，后社会解读（postsocial interpretations）丧失了先前解释变革原因的无可比拟的力量——福利政策对之作出反应的社会经济发展。

然而，批评社会解读并不意味着完全放弃它。本书的探讨试图在发挥这种方法长处的同时克服它的某些弱点。本书试图阐述和发展劳工主义方法中固有的但过于狭隘地采用的逻辑；试图对福利制度作出一种适用于各种国家经验的社会解释，论证福利制度是由许多不同群体的利益相互作用而形成的，这些群体的关注不可能一成不变地符合劳工主义解读的二元逻辑：工人阶级施压和中产阶级抵制之间的对抗。此外，确定了导致团结式福利政策跌宕命运的三个主要因素。

（1）首先，也是最明显的，特定社会群体的关切确实对社会政策的决定产生了直接影响。占主导地位的利益反映了所实施的福利制度的性质。尽管19世纪斯堪的纳维亚已经采用了团结式社会保险，但无论工人阶级还是左翼政党都不是这一改革的动力，后来将之归功于他们是一种时代错置。北欧福利制度的独特性是由政治上新兴的农业中产阶级的利益决定的，他们既不能被排除在社会政策的利益之外，也不愿意比城市的对手承担更多的成本。同样，战后英国和斯堪的纳维亚半岛的团结式措施不仅反映了穷人的利益，而且反映了中产阶级对享受慷慨法定福利的渴望。与此相反，在欧洲大陆，福利立法确实旨在以削弱富人的利益为代价来使不幸者受益，而恰恰这个原因导致了它的失败，因为资产阶级动员了起来，保护自己免受改革者的再分配掠夺。由于大陆的自力更生者在风险再分配方面没有直接利益，他们仍试图让每个社会群体自行制定政策。然而，到了20世纪60年代和70年代，资产阶级在人口和经济发展状况的推动下对团结产生了兴趣，并相应地改变了立场，转而支持再分配。阶级利益确实决定了福利政策之争的结果，但具体情况不尽相同。劳工主义的社会解读认为一个阶级与再分配改革之间存在着一种特殊的静态关系。这种联系的一致性并未得到足够的证明。在任何特定时期的不同国家，以及在每个国家不同的发展时期，从团结式立法中获益最大的群体均是不一样的。

另外还有两个因素，使得用再分配社会政策来识别任何特定阶级的说服力更小。首先，社会政策最初的选择限制了后来改革者的行动自由；其次，决定团结式改革命运的不同利益之间的斗争（这是社会逻辑的一个要素）。详见（2）（3）。

（2）社会政策的抉择一旦作出，将对后来可能的事态发展产生决定性影响。早先在某些情况下易于作出的决定免除了后来的争端。斯堪的纳维亚半岛早在19世纪即已实行了普惠主义制度，给予所有阶级中的穷人由税收融资而来的福利，它之后的变化必然不同于欧洲大陆的发展。在欧洲大陆，最先出现的是仅限于工薪阶层的缴费型社会保险。法国和德国工人已获得的权益阻碍了这些国家效仿贝弗里奇时代盎格鲁－斯堪的纳维亚发展的统一费率、税收融资的平等主义模式。直到后来，在20世纪60年代和70年代，当自雇人士意识到其中的利益时，沿着这条路线进行改革才成为可能。战后，人们倾向于选择分离式社会政策，为进行风险再分配而将单个群体内的穷人和富人捆绑在一起，这最终使得欧洲大陆的新普惠主义立法成为必要。分离主义一直是富裕独立经营者和拒绝与工人分摊负担的白领工薪阶层的要求。然而，一旦自雇人士开始衰落，而工薪阶层作为一个群体繁荣发展，富裕独立经营者便认识到融入更大风险池中的优势，并握住了他们早先拒绝的团结援助之手。相反，英国和斯堪的纳维亚半岛早期措施的特征是统一费率社会保险，因为限制在最低收入保障水平的国家干预日益明显不足，后来不得不痛苦地重新作出调整，转向俾斯麦式同收入挂钩的安排。

这种变化逻辑的一个推论是，决定是支持还是反对团结式社会政策改革的，往往既是福利制度的发展，同样也是整个社会的发展。社会保险、社会和阶级之间形成了一种三角关系。只有在社会和人口（或在蒂特穆斯的例子中是外交政策）的发展向资产阶级揭示了对再分配的潜在需要之后，资产阶级才会对团结产生兴趣。但仅凭这些变化本身是不够的。直到社会保险体系的运作也增强了中产阶级潜在的再分配利益，才有可能采取团结一致的举措。战后，推动英国和斯堪的纳维亚半岛普惠主义改革的不仅是社会普遍存在的脆弱感，更具体和直接的是资产测查对中产阶级自助努力构成的威胁。20世纪60年代，法国和德国独立经营者希望与工人分摊负担，不仅是由于他们经济状况的衰退，更具体地说，是由于战后改革的社会分离主义方案将同一职业类别的所有人绑在了一起，以达到再分配目的。于是，那些本来会抵制团结式方案的富裕群体便开始寻求某种途径，将成本从自己所在的小风险池分散到更大的社区中去。

（3）最后，也是最重要的，还有一个社会逻辑的因素。虽然劳工主义解读错误地将某个特定阶级同团结式福利制度联系起来，但它正确地强调了再分配逻辑中的贫困群体向富裕群体寻求补偿的特征，这是将特定群体与改革联系起来的基础。来自下层的压力很重要，但各个国家的底层阶级是不同的：19世纪末，英国和德国的底层阶级是工人，斯堪的纳维亚的底层是佃农、小农和农业工人。因为社会保险主要是根据风险类别进行再分配，仅间接地在精算师列表之外的类别中进行再分配，所以，再分配赢家和输家的具体阶级身份在不同国家和不同时期有所变化。从社会角度来讲，风险类别在很大程度上是不确定的，除了在有限的历史背景之下。

但是，即使对社会解读进行修正，将那些在再分配中有直接利益的天生不幸者的身份变化考虑进去，这种解释也是不够的。来自下层的压力本身不足以实现团结式改革。"二战"后在欧洲大陆，左翼和劳工运动无法战胜右翼、独立经营者和薪金雇员的抵抗。英国和斯堪的纳维亚半岛团结式措施的胜利被认为是自下而上变革的经典范例，事实上，它同样是中产阶级的胜利。直到特权群体发现他们与弱势群体在风险再分配方面有着共同的利益，负担才有可能真正地重新分配。

这种情况在欧洲福利制度的发展过程中至少发生过两次。尽管历史学家对于在遥远的时空进行大量比较会很自然地采取谨慎态度，但这里的相似之处是显而易见的。在19世纪的斯堪的纳维亚半岛，农业精英希望劳动者的状况得到改善，无论是农工还是雇农；同时，他们自己也寻求被纳入国家的福利体系。他们提出的解决方案（普惠全民、由国家资助的措施）将这种改革的成本转移到城市、官僚和商业阶层，这是农场主在世纪之交赢得的更大政治胜利的一部分。帮助穷人的团结立法诞生于一场斗争，这场斗争也将负担从一群精英转移给了另一群精英。

四分之三个世纪之后，欧洲大陆也实行了真正的团结式再分配改革。战后在这里实现的分离式社会方案是将每个群体的安排隔离开来，在各群体内部的所有人之间进行再分配，而不是由优势群体直接负担弱势群体。随着经济的发展，过去看来很重要的社会定义遭到了严重破坏，曾经自力更生的群体承受着沉重的压力，而对受雇就业群体有利，于是，战后分离主义方式背后的利益结构解体并重新组合。当富裕独立经营者发现将最需要帮助的自雇人士的成本转移到整个社会于己有利时，从前反对团结的人便成为最热心的支持者，强大到足以将理想变为现实。反过来，工薪阶层虽然以前是支持团结的，现在却对那些早先拒绝他们的人采取了吝啬的态度。不幸群体在这两种情况下赢得的再分配改革，都仅是因为政治上具有决定性意义的精英群体也会从中获益。

社会保险所体现的团结是基于可能影响到所有群体的动机、原因和关注。利益再分配的逻辑促使在人口和经济上处于劣势者申请加入一个广泛的风险共同体。另外，那些利益受到威胁的人，有权投票反对不幸群体加入，如在1945年的欧洲大陆；或根据自己的设计来制定团结的方式，如在战后的英国和斯堪的纳维亚半岛。只有当权力和利益碰巧吻合，幸运群体中的一些人认识到他们在改革中的优势，才有可能进行重大的再分配改革。这种新的团结主义愿景——根据需要制定正义，昨日的慈善变成今天的平等——并不是一个广泛的、根本性的社会变革（新崛起阶层作为弱势群体和被压迫者要求再分配，其利益体现在福利政策之中）的结果，也不是中产阶级接受阿尔弗雷德·马歇尔式开明观点（所有凡人终有共同忧患）的结果。相反，团结式改革是敌对利益之间狭隘争斗的结果，它偶尔能够披上崇高原则和美好理想的外衣，但无法掩饰是派别冲突和精明交易的产物。只有当资产阶级内部有足够强大的群体能从或许有助于穷人的措施中获利时，只有当在社会保险的再分配谈判演算中形成一个利益相关的联盟，它是强大的并有足够的动机将负担转移给其他群体时，团结式改革才能成功。如同其他任何社会变革一样，团结式改革是讨价还价的结果。

因为福利制度的基础是建立在这种含混模糊的动机之上的，基于总是需要帮助的群体和幸运群体（除了他们，也需要防范某些风险）之间分享的利益，所以考察的重点要么是精英，他们以社会政策的形式作出直接牺牲而赢得长期的利益；要么是不幸者，他们在某些情况下抢到了好处。这两个着眼点均不能令人满意。为了理解福利制度的发展，还有必要分析中产阶级扮演的角色，该阶级内部成员的命运、财富和前景有所不同，其利益也有差异。

再分配最终是一个零和博弈。经济的增长，馅饼的加大，使围绕再分配的争议变得不如过去那么激烈了。然而，从一个世纪以来社会保险改革不断引发的争论来看，任何参与者都从未忽视分散风险再分配的精密细节。所有的社会群体都时刻关注着谁将为谁买单。将要失去利益的群体会抱怨和抵制。在无知的面纱被揭开之后，现实世界中的团结在可识别的不幸群体和幸运群体之间转移负担。只要社会阶层和风险类别始终重合，使某些人获利而对另一些人不利，团结就不太可能实现。当权力、财富和低风险同属于一个群体时，如此幸运的人们对团结式措施几乎不会感兴趣，并且能够回避。在这种情况下，当富人和幸运者面对社会鸿沟另一侧的穷人和易受风险影响的群体时，有可能行慈善之举，但不会采取团结行动。在没有外部力量影响（比如国家能够根据非政治力量的标准来进行分配）的情况下，对任何再分配的产生只有两种解释。

受命运惠顾者尽管有直接的理由避免但仍接受了某种再分配，其原因可能是：（1）出于不是最狭隘自私的动机（无论是为长期保留特权还是为满足人道主义的关怀）；（2）命运不济者在某些情况下赢得了能够迫使富人这样做的力量。

第一种可能性，在没有非理性和非现实的精英慈善热潮的情况下，无法解释超出某个最低限度（即维持现有秩序或总效用最大化所需）的再分配。第二种可能性，从理论上讲可以解释负担的真正再分配，但又会提出新的问题。假如有一场彻底的革命，不幸群体可能会重新构造分配的层次，包括初级和次级分配。在这种情况下，注意力将转向体现在新的奖励结构中的重大变化，社会政策改革只是其中的一个要素。更为一致地来看，鉴于初级分配中广泛而根本的改变，社会政策现在仅需担当不大紧迫的再分配职能。然而，恰恰因为团结式福利制度没有成为这种彻底变革的一部分（即使在它最成功的国家），所以这种解释口径遇到了困难。再分配的社会政策改革，要么是力量从幸运者向不幸者显著转移的证据（劳工主义、社会民主的观点），要么是复杂的波拿巴主义策略（马克思的理论）的一部分，即在允许精英保持其地位的前提下作出让步。在第一种情况下，因果关系颠倒了。根本性的变革并不先于此，因而允许实行团结式社会政策；福利改革是这一重大变革的组成部分。那么问题就是，在没有包括社会政策改革在内的任何大规模革命的情况下，如何捍卫劳工主义的观点？如果没有革命，我们怎么知道，即使慷慨的社会政策也只是为维护社会稳定和现存秩序而付出的代价？在没有巨大动荡的情况下，优裕的阶级仅对来自下层的压力作出反应，而本身却没有在改革中留下任何印迹，这一结论在多大程度上令人信服呢？

波拿巴主义者认为福利制度是对被压迫者的操纵，社会民主党/劳工主义者则认为福利制度是被压迫者的真正胜利。这两种解释，在最极端的情况下，是相互矛盾的。除非其影响力得到削弱，否则它们不可能和解：改革可能维护现有秩序，也能帮助弱势群体；精英群体有时可能反对改革，因为他们不知道自己最终会从中受益，而不是因为他们真正作出了让步。处于这两端中间的立场并不比任何一端更强，而是一端或另一端在逻辑上失效的版本。相反，我们需要的是一个论证，它具有解释中间立场的实证性和解释两端立场的逻辑力。无论是波拿巴主义者的还是社会民主党的方法，最终都假设只有两个参与者（富裕者和贫困者）陷入相互争斗。他们的特殊身份多有变化。得天独厚的群体过去是德国腓特烈·威廉时期的容克地主和工业家，如今成了撒切尔夫人的支持者。命运不济的群体，早期是产业工人阶级，现在也包括了少数族裔、残疾人、单身母亲和其他边缘人（从传统蓝领的角度来看）。然而，这种基本的二元论模式仍然解不开社会解读的这个谜团：穷人如何能够从富人那里得到比微薄福利更多一些的好处？

正是由于对社会解读无法打破这种二元论模式感到沮丧，人们开始寻找在利益和目标上超越这种阵地战范围的其他机构，首先便是国家。然而，对这种"解困神灵"的呼吁虽然诱人，却并无必要。基于社会的解释倾向于忽略阶级和风险类别之间的不同。然而，假如这些群体摆脱了任何必然的身份，那么就有了社会解读的一种不同口径，它能够解释在不幸群体未取得重大胜利的情况下，真正团结式改革是如何实现的，并且解释再分配可能代表了一些幸运者的真正让步，同时仍然维护其他幸运者的权力和特殊利益。这种剖析揭示出一种情况：来自不幸群体的人和某些在其他意义上处于优势的人形成了一个子群，他们有着共同的目标，能够对抗再分配中的失利者联盟。这些失利者的构成也是多样的，但在政治上势力较弱。在有些情况下，参与者双方共享足够的巧合利益，构成了团结一致的法定人数。对通常被视为不可调和的两极冲突（幸运儿和倒霉蛋之间）的中心作出社会解读是有可能的。事实上，直到人们审视了"全有"与"全无"之间的中心地带，团结式社会政策及其摇摆不定的命运才能得到解释。

在高度分层的社会中，再分配发生在穷人和富人之间，通过慈善机构和公共援助机构进行。这里的争议是不幸者和幸运者、下层和上层的对立。随着社会极端贫富分化的状况逐渐让位于中产阶级的兴旺发达，资产阶级便不能对再分配措施无动于衷了。在过去，由于王室官僚有时通过向仍被剥夺选举权的资产阶级收税来帮助穷人，而且由于自信的中产阶级渴望其他人效仿自力更生，不愿意帮助那些不自立的人，因而再分配起初被限制在最低水平。然而，坚持自由主义的资产阶级针对风险再分配需要的这种解决办法只是暂时的；在对任何未锁定在盎格鲁中心轨道上的福利制度的比较分析中，它也不具有非同寻常的特征。风险的程度和影响均随着现代经济的增长而成倍地加大，因而出现了某种形式的再分配需要。自力更生变成越来越难以捍卫的目标，甚至对资产阶级来说也是如此。工人们每天面临工业技术带来的危险，丧失了除劳动以外的其他个人资源，在某些国家承诺分散新风险后果的保障系统中，他们是第一批服务对象。但是没过多久，他们就不是唯一的受惠者了。团结式措施很快也开始吸引其他人，包括曾经能够独自应对命运和环境并引以为自豪的群体。

在某种程度上，再分配措施不再是一个仅涉及高低两个极端的问题，而是开始涉及处于社会支点的一个重要阶级。这些措施必然会重新引导以风险和社会地位来区分的群体内部的资源流动。社会保险，尤其是团结式倾向的社会保险，只有在人口构成具有一定同质性的群体中才有可能实行。在高度分层的人口结构中，阶级和风险之间的关系过于平行，以至于在不改变现状的情况下无法就再分配负担达成共识。在一个比慈善之举更雄心勃勃的再分配制度中，占多数的、贫穷的、需要帮助的芸芸大众将会获利，而占少数的、受命运青睐的富裕者只能受损。互惠的可能性是社会保险的一个先决条件，特别是当其目标超越了有限群体而要涵盖大部分人口时。那些不属于最贫困但却容易遭受某些风险的人必须相信，他们可能也容易受到伤害，也将从互惠中受益。除非在概念上将阶级和风险区分开来，否则这是不可能的。再分配风险池至少必须具有足够的人口同质性，风险而非阶级类别才是其主要的区分特征。倘若社会保险不是仅限于对风险影响的再分配，并且克制了进一步纠正潜在社会不平衡的野心，中产阶级也不可能认识到他们在改革中的利益。

　　拆开团结式福利制度中部分中产阶级的包袱，并不能揭示其当初选择这条路线的原因。资产阶级的利益可以而且曾经以许多其他方式得到照顾，有些涉及不同形式的法定干预，另一些则相反，是试图限制国家发挥作用。在某些情况下，一个涵盖全民的风险池解决了中产阶级的担忧，因为在更广泛的范围内，事情的发生似乎是偶然的，或至少是毫无准备的。欧洲大陆的独立经营者在20世纪60年代寻求普惠主义措施，以摆脱战后改革的分离主义做法在无意中造成的困境。在其他情况下，中产阶级发现了欣然接受法定关注的直接经济动机，正如在英国和斯堪的纳维亚，养老金的范围甚至扩大至钱囊充足的人。然而最重要的是，一些国家的资产阶级决定以社会政策的名义实行法定干预，而不是采取其他手段来寻求解决方案，这是由意识形态群体的更广泛动机决定的。*

对于中产阶级的一名成员来说，他的财富和风险都处于平均水平，在风险再分配方面，充分正统精算的社会保险同私营保险之间并无很大的区别。除了对效率和管理的某些考虑之外，它既没有提供任何特殊的好处，也没有令人生畏的坏处。公共风险再分配是否仅限于最贫困者而让自力更生者自助？法定干预的范围是否应该扩大，使资产阶级变成既是再分配的主要来源又是主要接受者？这些问题对于一个普通的中产阶级来说无关紧要。是自己选择私营保险，还是为获得法定福利纳税，这两者对于他们几乎没有实质上的区别。因此，他们作出不同选择的原因应该从意识形态领域中去寻找。在对政府的依赖已被接受并司空见惯的国家，第二种方案是显而易见的解决办法。在其他国家，关于法定干预的优劣展开了长期而令人不安的争论，至今仍未休止。在国家被视为此类事务的适当代理人的情况下，社会政策也必须将中产阶级包括在内，因为它已从维持最贫困者生存的手段演变为广泛的风险再分配系统。[2]

对于穷人来说，这两种选择之间的差别就大得多了。在国家被排除在个人风险管理之外或国家干预受到限制的情况下，穷人最后只能求助于公共援助。相比之下，在政府成为资产阶级的主要保险经纪人的国家里，弱势者则通过紧紧依靠幸运者而获益。中产阶级首先为自己安排事务，穷人则是一种相对成功的涓滴效应（trickle-down）的受惠者。由于这种自私的动机，同时惠及中产阶级的社会立法比仅为穷人保留的措施

---

* 中产阶级看到可通过两种方式使自己的利益得到关照：要么让他们单独安排，允许采用私人保险；要么让国家制定包括他们在内的普惠性社会政策。这两种方法的选择不仅是理性的计算和自身利益的问题，还有出于意识形态的考虑，因为在一些国家，中产阶级可以相信国家是最佳的保障所在，而在另一些国家，中产阶级则比较难以接受国家的干预。

更加稳定，并得到更坚定的支持。20世纪70年代的福利削减可能（甚至尤其）印证了这一点，它对那些特别针对或仅考虑穷人的项目和政策造成了最严重的打击，同时在很大程度上没有影响到中产阶级的应得权益。[3] 从长远来说，不幸群体从那些牢牢地植根于资产阶级的利益和喜好的福利制度中获益最大。[4]

对于最成功的社会政策（最稳定的福利制度）具有的"中产阶级取向"，可以根据不同的政治立场作出各种评估。在某些人看来，它或许证实了这样一种信念：零敲碎打的改革永远无法超越现存社会的局限性，社会政策再次被揭示为资产阶级的一种伎俩，只是附带地对最需帮助者起到了作用。[5] 相反，在另一些人看来，"中产阶级取向"可能表明如何能使改革最具成效并且持久，采取哪些策略能够将穷人的利益和命运与富人的财富联系起来；它还表明，团结为什么是一项显著的成就，尽管它是妥协的而不是绝对的，是结盟的而不是胁迫的产物。团结——根据需要分配资源的群体决定——只是误导性地同利他主义相似。利他主义是一种私人情感，通常局限于志趣相投者的狭小圈子。团结式改革，就得以实现的少数情况而言，是普遍自利和互惠互利的结果。它不是道德问题，而是政治问题。

# 致　谢

　　比较研究不仅扩大了所提问题的范围，而且扩展了试图回答这些问题的义务。在学术上，首先要感谢我的论文导师查尔斯·梅尔（Charles Maier，本书是在该论文的基础上撰写的），他制定了许多其他比较历史学家试图效仿的标准。同样也要感谢我的博士生富兰克林·福特（Franklin Ford）。下述人士给我提供了宝贵的建议、鼓励和指南，以及帮助审阅书稿，在此一并致谢：本特·罗尔德·安徒生（Bent Rold Andersen）、厄恩斯特·安徒生（Ernst Andersen）、多特·本尼森（Dorte Bennedsen）、皮埃尔·博尼（Pierre Bony）、约翰·布鲁尔（John Brewer）、詹姆斯·克罗宁（James Cronin）、吉因特·达斯（Günter Dax）、弗朗索瓦·埃瓦尔德（Francois Ewald）、阿里斯·菲奥雷托斯（Aris Fioretos）、卡尔-阿克塞尔·杰泽尔（Carl-Axel Gemzell）、索兰·戈德曼（Solange Goldman）、让·格罗布（Jean Grob）、凯瑟琳·格罗斯（Catherine Gross）、彼得·霍尔（Peter Hall）、芬·汉普森（Fen Hampson）、休·赫克洛（Hugh Heclo）、努德·海涅森（Knud Heinesen）、汉斯·吉因特·霍克茨（Hans Günter Hockerts）、S. A. 霍伊拜（S. A. Hoybye）、马德琳·赫德（Madeleine Hurd）、拉尔斯·诺比·约翰森（Lars Norby Johansen）、汉斯·迪特尔·克里坎普（Hans Dieter Kreikamp）、斯坦恩·库恩勒（Stein Kuhnle）、皮埃尔·拉罗克（Pierre Laroque）、丹尼斯·莱弗尔（Denis Lefevre）、丹尼尔·利文（Daniel Levine）、亨里克·杰西·马德森（Henrik Jess Madsen）、厄内斯特·梅（Ernest May）、乔恩·亨里克·彼得森（Jorn Henrik Petersen）、克里斯蒂·佩蒂拉特（Christine Petillat）、G. R. 纳尔逊（G.R. Nelson）、弗朗西斯·内特（Francis Netter）、多米尼克·施纳珀（Dominique Schnapper）、托马斯·A. 施瓦茨（Thomas A.Schwartz）、泰达·斯考切波（Theda Skocpol）和帕特·塞恩（Pat Thane）。此外，还有辛勤的研究助理格雷戈里·帕斯（Gregory Pass）和克莱尔·帕森斯（Clare Parsons）。

已故的加斯顿·里姆林格（Gaston Rimlinger）是比较福利研究领域的先驱者，他尤其慷慨地抽出时间给我提供帮助。哥本哈根议会图书馆（Parliamentary Library in Copenhagen）的工作人员给了我出乎意料的热情接待，允许我查阅他们收藏的政府文件。本书的初稿是在法兰克福大学图书馆里撰写的，在那个像公共汽车终点站一样熙熙攘攘的地方，即使是最易分心的人也别无选择，只能专心地工作。

关于为完成这项学术研究的漫长旅行而提供资源，我必须向以下机构致以诚挚的谢意：克虏伯基金会（Krupp Foundation）、德国学术交流中心（DAAD）、美国斯堪的纳维亚基金会（American-Scandinavian Foundation）和哈佛大学历史系（History Department of Harvard University）。

在搜集学术资料的旅程中，我也收获了无数的友情：哥茨岛（Gotts Island）的贝拉·施特劳斯（Bella Strauss），马萨诸塞州剑桥市的伊丽莎白和威廉·珀塞尔夫妇（Elizabeth & William Purcels），纽约市的伊萨和奥尔加·拉古萨（Isa & Olga Ragusa），哥本哈根的莫滕·维斯特

（Morten Vest）和蒂娜·埃里克森（Tina Eriksson），斯卡姆斯特鲁普（Skamstrup）的布赖恩·麦奎尔（Brian McGuire）和安·佩德森（Ann Pedersen），斯德哥尔摩的玛丽安·奥伯格（Marianne Oberg），伦敦的露丝·埃利希（Ruth Ehrlich），牛津的莱泽克·科拉科夫斯基（Leszek Kolakowski）和塔玛拉·科拉科夫斯卡（Tamara Kolakowska），法兰克福的穆特·米勒（Mut Miiller）和伊特·道奇（Ite Deutsch），奥格尔谢姆（Oggersheim）的戈特弗里德和厄娜·里克特（Gottfried & Erna Richter），尤其是圣奥古斯丁（Sankt Augustin）的彼得·斯坦奇和雷纳特·斯坦奇（Peter & Renate Stanges），他们是我在德国的第一批朋友。阿伦·罗德里格（Aron Rodrigue）和彼得·曼德勒（Peter Mandler），作为同事和志同道合者，一直关注着成书的整个过程。

近年来，有一个受欢迎的趋势，即在第一部学术著作的鸣谢中向配偶/缪斯/打字员的祭坛跪拜的仪式消亡了。达格玛·里希特（Dagmar Richter）是一名建筑师，我很高兴地说，他有比担任学术支持人员更好的事要做。然而，如果没有这次查阅档案的旅行，我和他将永远不会有交集。我无法想象还有什么友谊能比同这本书的联系更快乐、更紧密的了。约翰·鲍德温（John Baldwin）和詹妮·乔肯斯（Jenny Jochens），作为我的父母和同事，是我有生以来的榜样和激励者。本书的成果至少也是归功于他们的。

最后，我唯一最感痛心的遗憾是，我的妹妹，一个初露萌芽的学者，即将完成她的论文，却未能活着看到这一天。她死于酒后驾车者的撞击，是这种现代灾难的又一位受害者，对此我们的社会只能勉强地面对而无力控制。本书谨献给她，以怀念她的快乐、优雅和魅力。

# 缩略语

**ABA**  Arbejderbevægelsens Bibliotek og Arkiv, Copenhagen

劳工运动图书和档案馆，哥本哈根

**ACDP**  Archiv für Christlich Demokratische Politik, St. Augustin

基督教民主政策档案馆，圣奥古斯丁

**AdsD**  Archiv der sozialen Demokratie, Bonn

社会民主档案馆，波恩

**AGIRC**  Association générale des institutions de retrait des cadres

干部退休机构总协会

**AK**  Andra kammaren

（瑞典）下议院

**AN**  Archives nationales, Paris

国家档案馆，巴黎

**ARA**  Arbetarrörelsens Arkiv, Stockholm

劳工运动档案馆，斯德哥尔摩

**ATP**  Arbejdsmarkedets Tillægspensions Huset, Hillerød

（丹麦）养老金计划，希勒罗德

**BA**  Bundesarchiv, Koblenz

联邦档案馆，科布伦茨

**BA/Zw** Bundesarchiv, Zwischenarchiv, St. Augustin

联邦档案馆/政府档案馆，圣奥古斯丁

**BdfB** Bundesverband der freien Berufe

联邦职业协会

**BRAK** Bundesrechtsanwaltskammer, Bonn

联邦律师协会，波恩

**BT** Deutscher Bundestag

德国联邦议会

**CANAM** Caisse nationale d'assurance maladie et maternité des travailleurs non salariés des professions non agricoles, Paris

国家非农业就业者健康和生育保险基金（简称"非农业就业者基金"），巴黎

**CANCAVA** Caisse autonome nationale de compensation de l'assurance vieillesse artisanale

全国自营职业养老保险补偿基金

**CAPEB** Confédération de l'artisanat et des petites entreprises du bâtiment, Issy-les-Moulineaux

手工艺和小型建筑企业联合会（简称"手工艺联合会"），伊西－莱斯－穆利诺

**CDU** Christlich-Demokratische Union

基督教民主联盟

**CFTC** Confédération francaise des travailleurs chretiens

法国基督教工人联合会

**CGC** Confédération générale des cadres

干部联合总会

**CGPME**　Confédération générale des petites et moyennes entreprises

中小企业联合总会

**CGT**　Confédération générale du travail

劳工联合总会

**CGTU**　Confédération générale du travail unitaire

统一劳动联合总会

**CIDUNaTI**　Comité d'information et de défense - Union nationale des travailleurs indépendants

国防信息委员会——全国独立经营者行动联盟

**CNJA**　Centre national des jeunes agriculteurs

全国青年农民中心

**CNPF**　Conseil national du patronat français

法国雇主全国委员会

**CNR**　Conseil national de la résistance

全国抵抗委员会

**CRD**　Conservative Party Archives, Conservative Research Department, Oxford

保守党档案，保守主义研究系，牛津

**CSU**　Christlich-Soziale Union

基督教社会联盟

**DAF**　Deutsche Arbeitsfront

德国劳工阵线

**DAG**　Deutsche Angestelltengewerkschaft

德国雇员工会

**DAV** Deutscher Anwaltsverein

德国律师协会

**DGB** Deutscher Gewerkschaftsbund Archives, Düsseldorf

德国工会联合会，杜塞尔多夫

**DP** Deutsche Partei

德国政党

**FDGB** Freier Deutscher Gewerkschaftsbund

德国自由工会联合会

**FDP** Freie Demokratische Partei

自由民主党

**FK** Första kammaren

（瑞典）上议院

**FNSEA** Fédération nationale des syndicats d'exploitants agricoles

全国农民工会联盟

**FNSP** Fondation nationale des sciences politiques, Paris

国家政治科学基金会，巴黎

**FT** Folketinget

（丹麦）议会

**HDE** Hauptgemeinschaft des Deutschen Einzelhandels, Cologne

德国零售商总会，科隆

**HSSC** Health and Social Services Committee

健康和社会服务委员会

**Iä** International Labor Organization

国际劳工组织

***JO Déb*** Journal officiel, Débats parlementaires, Assemblée nationale

国民议会辩论官方公报

***JO Doc*** Journal officiel, Documents parlementaires, Assemblée nationale

国民议会文件官方公报

**Labour** Labour Party Archives, London

工党档案，伦敦

**LO** Landsorganisationen, Stockholm

工会联合会，斯德哥尔摩

**LSE** London School of Economics

伦敦政经学院

**LT** Landstinget

（丹麦）上议院

**MRP** Mouvement republicain populaire

人民共和运动党

**NEC** National Executive Committee

国家执行委员会

**NHS** National Health Service

（英国）国民保健服务体系

**OMGUS** Office of Military Government, United States

军政府办公室，美国

**ORGANIC** Organisation autonome nationale des industriels et commerçants, Paris

国家工商自治组织补偿基金，巴黎

**PCFSS**　Policy Committee on the Future of the Social Services

社会服务未来政策委员会

**PRO**　Public Record Office, Kew

（英国）公共档案局，基尤

**RA/D**　Rigsarkivet, Copenhagen

（丹麦）国家档案馆，哥本哈根

**RA/S**　Riksarkivet, Stockholm

（瑞典）国家档案馆，斯德哥尔摩

**SACO**　Sveriges Akademikers Centralorganisation

瑞典专业协会联合会

**SAP**　Sveriges socialdemokratiska arbetareparti

瑞典社会民主党

**SFIO**　Section française de l'Internationale ouvrière

国际劳工组织法国分部

**SfU**　Socialförsäkringsutskott

社会保险委员会

**SGSOA**　Study Group on Security and Old Age

保障和养老问题研究小组

**SIC**　Committee on Social Insurance and Allied Services

社会保险及相关服务委员会

**SIF**　Svenska industritjänstemannaförbund

瑞典工业服务协会

**SIIWC**　Social Insurance and Industrial Welfare Committee

社会保险及工业福利委员会

**SOU**    Statens offentliga utredningar

（瑞典）国家委员会报告

**SPD**    Sozialdemokratische Partei Deutschlands

德国社会民主党

**SSSC**    Social Services Sub-Committee

社会服务分委员会

**SVAG**    Sozialversicherungsanpassungsgesetz

社会保障适应法

**SVK**    Socialvardskommitten

社会福利委员会

**TCO**    Tjänstemännens centralorganisation

官员中央组织（专业雇员联合会）

**TGWU**    Transport and General Workers' Union

运输总工会

**TUC**    Trades Union Congress, Archives, London

（英国）工会联盟，档案馆，伦敦

**UCCMA**    Union des caisses centrales de la mutualité agricole, Paris

中央农业共同基金会社，巴黎

**UDSR**    Union democratique et sociale de la résistance

民主和社会抵抗联盟

**UNR-UDT**    L'union pour la nouvelle republique - Union démocratique du travail

新共和国联盟—民主劳动联盟

**VAB**    Versicherungsanstalt Berlin

柏林保险公司

**ZDH**　Zentralverband der Deutschen Handwerk

德意志手工艺中央协会

**2LU**　Andra lagutskott

其他工作委员会

**1SäU**　Första särskilda utskott

第一届专门委员会

**2SäU**　Andra särskilda utskott

其他专门委员会

# 注 释

## 中文版总序

1 Edward Baines, *History of the Cotton Manufacture in Great Britain* (np 1835); Sven Beckert, *Empire of Cotton: A Global History* (New York 2015).

2 Jorge Luis Borges, "On Exactitude in Science," in Borges, *Collected Fictions* (New York 1998) 325.

3 Heinz-Gerhard Haupt and Jürgen Kocka, eds., *Comparative and Transnational History: Central European Approaches and New Perspectives* (New York 2010) 研究了其中的一些方法。

4 John Stuart Mill's *Philosophy of Scientific Method*, Ernest Nagel, ed. (New York 1950), Book III, Ch. 8, pp 211-27.

5 这方面更多的思想见Peter Baldwin, "Comparing and Generalizing: Why All History is Comparative, Yet No History is Sociology," in Deborah Cohen and Maura O'Connor, eds., *Comparison and History: Europe in Cross-National Perspective* (New York 2004)。

6 Michele J. Gelfand, et al., "Differences Between Tight and Loose Cultures: A 33-Nation Study," *Science*, 332 (2011).

7 Alistair Davidson, *The Invisible State: The Formation of the Australian State* (Cambridge 1991).

8 Lars Trägårdh, "Statist Individualism: On the Culturality of the Nordic Welfare State," in Øystein Sørensen and Bo Stråth, eds., *The Cultural Construction of Norden* (Oslo 1997) 253-82. 一个更详细的观点见 Henrik Berggren and Lars Trägårdh, *Ärsvensken människa? Gemenskap och oberoende i det moderna Sverige* (Stockholm 2015)。

9 Johan Anderberg, *Flocken* (Stockholm 2021).

10 Kipling, "The English Flag."

## 导言

1 Joseph Schumpeter, "The Crisis of the Tax State," in A. Peacock et al., *International Economic Papers* (New York, 1954), p.7, quoted in Michael Mann, "State and Society, 1130-

1815: An Analysis of English State Finances," *Political Power and Social Theory*, 1 (1980), 168.

2　弗朗索瓦·埃瓦尔德 (François Ewald) 对社会保险和福利制度的世界历史意义进行了权威性分析，见 *L'état providence* (Paris, 1986), esp. pp.395-405。福柯也讨论了这部杰出作品中阐述的一些主题，见 "Un système fini face à une demande infinie: Entretien avec Michel Foucault", in Robert Bono (ed.), *Sécurité sociale: L'enjeu* (Paris, 1983)。关于类似雄心勃勃但不太冒险的社会政策概念，见 Stein Ringen：*The Possibility of Politics: A Study in the Political Economy of the Welfare State* (Oxford, 1987), ch.1。

3　来自盎格鲁-撒克逊阶层之外的一个预兆，见 Alberto Masferrer, "El mínimum vital" (1929), in his *El mínimum vital y otras obras de carácter sociológico* (Guatemala, 1950), esp. pp.200-09。

4　马歇尔的社会公民身份概念被描述为盎格鲁-撒克逊版本的礼俗社会（Gemeinschaft），见 Anne-Lise Seip, Om velferdsstatens framvekst (Oslo, 1981), p. 17。关于各种权利的融合，见 Maurice Cranston, "Humans Rights, Real and Supposed," in D. D. Raphael (ed.), Political Theory and the Rights of Man (London, 1967)。关于对克兰斯顿的批评，见 Raymond Plant et al., *Political Philosophy and Social Welfare: Essays on the Normative Basis of Welfare Provision* (London, 1980), pp.74-82; and David Watson, "Welfare Rights and Human Rights," *Journal of Social Policy*, 6, 1 (January 1977)。

5　"Citizenship and Social Class," in his *Class, Citizenship and Social Development* (Chicago, 1963). 关于社会权历史的阐述，见 Gaston V. Rimlinger, "Capitalism and Human Rights", *Daedalus*, 112, 4 (Fall 1983)。

6　Quoted in John Saville, "The Welfare State: An Historical Approach," *New Reasoner*, 1, 3 (Winter 1957-58), 14.

7　这就是为何只有英国和瑞典的通史研究将它们当前的国家本质定义为福利国家。See T. O. Lloyd, *Empire to Welfare State: English History 1906-1967* (Oxford, 1970); Pauline Gregg, *The Welfare State: An Economic and Social History of Great Britain from 1945 to the Present Day* (London, 1967); and Kurt Samuelson, *From Great Power to Welfare State: 300 Years of Swedish Social Development* (London, 1968).

8　参考文献见后。

9　"……社会主义劳工运动试图创造'制度化'福利制度，在这种福利制度中，政治在分配过程中自然地扮演着市场和家庭的角色。相比之下，资产阶级势力则追求'边缘化'的社会政策，只有当市场和家庭无法发挥其作为个人供应者的自然角色时，公共政策才是恰当的。" Gøsta Esping-Andersen and Walter Korpi, "Social Policy as Class Politics in Post-War Capitalism: Scandinavia, Austria, and Germany," in John H. Goldthorpe (ed.), *Order and Conflict in Contemporary Capitalism* (Oxford, 1984), pp.185, 181). See also Gøsta Esping-Andersen, "Power and Distributional Regimes," *Politics and Society*, 14, 2 (1985), p.224.

10 值得面对的不幸或风险，与其说是既定目标，还不如说是一种社会建构。然而，就社会保险而言，这类非常有趣的问题可以被认为已经解决了。See Mary Douglas & Aaron Wildavsky, *Risk and Culture: An Essay on the Selection of Technical and Environmental Dangers* (Berkeley, 1982); Mary Douglas, *Risk Acceptability according to the Social Sciences* (New York, 1985); Nick Manning, "Constructing Social Problems," in Manning (ed.), *Social Problems and Welfare Ideology* (Aldershot, 1985); and Malcolm Spector and John I. Kitsuse, *Constructing Social Problems* (New York, 1987), esp.ch.5.

11 这种经济再分配既通过向富人索取比穷人更多的资金（通过保费或间接地通过税收）来实现，也通过资产测查扣减富人在某种意义上有权获得的福利。针对性（目标式）福利是经济再分配的一种形式，因而，减少资产测查（将在第二章中讨论）在很大程度上是富裕阶层试图减少这种再分配。

12 因而，在社会政策的其他激励性元方法中采取过于静态的方式是不充分的。Abram de Swaan, *In Care of the State: Health Care, Education and Welfare in Europe and the USA in the Modern Era* (Cambridge, 1988), esp. pp.167-77.

13 关于再分配的文献很多，就欧洲来说主要着眼于英国。可首先参考 Adrian L.Webb and Jack E.B.Sieve, *Income Redistribution and the Welfare State* (London, 1971), esp. ch.1; Julian Le Grand, *The Strategy of Equality: Redistribution and the Social Services* (London, 1982); and Frank Field et al., *To Him Who Hath: A Study of Poverty and Taxation* (Harmondsworth, 1977), ch.9。其概述见 Hannu Uusitalo, "Redistribution and Equality in the Welfare State," *European Sociological Review*, 1, 2 (September 1985)。

14 Peter Taylor-Gooby, "The Distributional Compulsion and the Moral Order of the Welfare State," in Adrian Ellis and Krishan Kumar (eds.), *Dilemmas of Liberal Democracies* (London, 1983), p. 110.

15 社会保险也产生了新的，或者说是激化了不受欢迎的再分配对立情绪：为人父母者同无子嗣者，体面的工人同浪费的穷人，小店主同大规模分销商，租客同房主，等等。一些人认为，制造这种新的对立是一种有意的策略，目的是转移注意力，缓和更基本和更危险的阶级仇恨。事实上这似乎源于社会保险在风险类别方面的表达，而不是更广泛意义上的阶级划分。See Vic George and Paul Wilding, *The Impact of Social Policy* (London, 1984), pp.215-17.

16 For example William Baumol, *Welfare Economics and the Theory of the State*, 2nd edn (Cambridge, Mass., 1965).

17 Kenneth J. Arrow, "Uncertainty and the Welfare Economics of Medical Care", in his *Essays in the Theory of Risk-Bearing* (Amsterdam, 1971), p.185.

18 Richard Titmuss, *The Gift Relationship* (London, 1971). 对这种方法的尖锐批评参见 Kenneth J. Arrow, "Gifts and Exchanges," in Edmund S. Phelps (ed.), *Altruism, Morality and Economic Theory* (New York, 1975)。More generally see David Collard, *Altruism and Economy: A Study in Non-Selfish Economics* (Oxford, 1978); Harold M. Hochman and J.

D. Rogers, "Pareto Optimal Redistribution," *American Economic Review*, 59, 4 (September 1969); and Mordecai Kurz, "Altruistic Equilibrium," in Bela Balassa and Richard Nelson (eds.), *Economic Progress, Private Values and Public Policy* (Amsterdam, 1977).

19  关于对经济理性的通常定义（一致性、自我利益最大化）的批评，见 Amartya Sen, *On Ethics and Economics* (Oxford, 1937), chs. 1, 2; and Amartya Sen, "Rational Fools: A Critique of the Behavioural Foundations of Economic Theory," in his *Choice, Welfare and Measurement* (Oxford, 1982)。

20  正式发表于 Kenneth E. Boulding, "Notes on a Theory of Philanthropy", in Frank G. Dickenson (ed.), *Philanthropy and Public Policy* (New York, 1962)。这个基本的经济逻辑也有生物学上的变体；见 Robert L. Trivers, "The Evolution of Reciprocal Altruism," *Quarterly Review of Biology*, 46, 1 (March 1971)。关于解决这个问题的理性选择方法，见 Michael Hechter, *Principles of Group Solidarity* (Berkeley, 1987)。

21  就弱势群体的责任来说，对这一论点的倒置并不使之更具说服力，参见 Robert E. Goodin, *Protecting the Vulnerable: A Reanalysis of Our Social Responsibilities* (Chicago, 1985)。

22  David Miller, "Altruism and the Welfare State", in J. Donald Moon (ed.), *Responsibility, Rights and Welfare: The Theory of the Welfare State* (Boulder, 1988). 为证明即使没有这样的规定，慈善的本能也会付诸行动，见 Robert Sugden, *Who Cares? An Economic and Ethical Analysis of Private Charity and the Welfare State*, Institute of Economic Affairs, Occasional Paper 67 (London, 1983); and Robert Sugden, "On the Economics of Philanthropy," *Economic Journal*, 92, 366 (June, 1982)。

23  Theodor Geiger, *On Social Order and Mass Society: Selected Papers*, ed. Renate Mayntz (Chicago, 1969), pt.3.

24  J. Donald Moon, "The Moral Basis of the Democratic Welfare State," in Amy Gutmann (ed.), *Democracy and the Welfare State* (Princeton, 1988), pp.35-36.

25  借用阿尔弗雷德·柯班（Alfred Cobban）的不朽术语来描述基于社会阶级及其演变的解释，他抨击了这种方法的经典例子——作为资产阶级革命的法国大革命；见 *The Social Interpretation of the French Revolution* (Cambridge, 1964)。

26  Kurt Samuelsson, "The Philosophy of Swedish Welfare Policies," in Steven Koblik (ed.), *Sweden's Development from Poverty to Affluence, 1750-1970* (Minneapolis, 1975), pp.345-46. 进一步的参考文献见第一、二章的导言。

27  Richard Titmuss, *Problems of Social Policy* (London, 1950); Richard Titmuss, "War and Social Policy," in his Essays on "The Welfare State", 2nd edn (London, 1963).

28  例如 James E. Cronin, *Labour and Society in Britain, 1918-1979* (London, 1984), p. 112。在这一观点中，团结和阶级分裂因而是对立的；见 Max Adler, *Die solidarische Gesellschaft, Soziologie des Marxismus,* vol.3 (Vienna, 1964), pp. 12-13。

29  丹麦社会民主党社会事务部长 Frederick Borgbjerg 在 1924 年的一次预算辩论中说："从

历史上看，广大人民的利益总是同整个社会的利益相一致，而上层阶级的利益却永远不会一致。"（*Rigsdagstidende*, FT, 29 October 1924, col. 885，quoted in Daniel Levine，*Poverty and Society: The Growth of the American Welfare State in International Comparison* [New Brunswick, 1988], p.204.）This was the percolated version of Marx's formulation that the proletariat "has a universal character by its universal suffering and claims no particular right because no particular wrong, but wrong in general is perpetuated against it" (*Contribution to the Critique of Hegel's Philosophy of Law* in Karl Marx and Friedrich Engels, Collected Works [New York, 1975], vol. 3, p. 186).

30  英国左翼劳工运动关于这一点的逻辑是一个很好的例子，见John Clarke et al., *Ideologies of Welfare: From Dreams to Disillusion* (London, 1987), pp.112-13。

31  Ann-Katrin Hatje，*Befolkningsfrägan och välfärden: Debatten om familjepolitik och nativitetsökning under 1930- och 1940-talen* (Stockholm, 1974), pp.178-83; Lisbet Rausing，"The Population Question: The Debate over Family Welfare Reforms in Sweden, 1930-38"，*Europäische Zeitschrift für politische Ökonomie*, 2, 4 (1986); Ann-Sofie Kälvemark，*More Children of Better Quality? Aspects of Swedish Population Policy in the 1930's* (Uppsala, 1980), pp.55-57. See also Alva Myrdal and Gunnar Myrdal: *Kris i befolkningsfrägan* (Stockholm, 1934）pp.202-03.

32  Herman Deleeck, "L'effet Mathieu: De la répartition inégale des biens et services collectifs," *Recherches sociologiquesy* 9, 3 (1978). See also Herman Deleeck, "Social zekerheid en inkomensverdeling," in his *Ongelijkheden in de welvaartsstaat* (Antwerp, 1977), esp. pp. 155-61.

33  Brian R. Fry & Richard F. Winters，"The Politics of Redistribution," *American Political Science Review*, 64, 2 (June 1970), 517; George J. Stigler, "Director's Law of Public Income Redistribution," *Journal of Law and Economics*, 13, 1 (April 1970); Francois Sellier, *Dynamique des besoins sociaux* (Paris, 1970).

34  一些例外包括令人愉快的不和谐尝试，试图把福利制度描绘成其"统治阶级"——中产阶级社会工作者的工作 (Jørgen S. Dich, Den herskende klasse: En kritisk analyse af social udbytning og midlerne imod den, 4th edn [Copenhagen, 1973])，它依赖于Kjeld Philip的研究，尤其是他的Staten og Fattigdommen (Copenhagen, 1947) 和"Social Legislation and Political Power," *Zeitschrift für die gesamte Staatswissenschaft*, 106, 1 (1950)。在论述丹麦社会政策中的资产阶级倾向之后，这些基于丹麦经验的观点或许就不那么令人惊讶了。See also Arne Hojsteen and Gunnar Viby Mogensen, "Demokrati, socialpolitik og fordelingspolitik," *Socialt tidsskrift*, 49, 11 (1973). 可能在Arthur Gould的论文中找到有价值的延续。"The Salaried Middle Class in the Corporatist Welfare State," *Policy and Politics*, 9, 4 (October 1981); Arthur Gould, "The Salaried Middle Class and the Welfare State in Sweden and Japan," *Policy and Politics*, 10, 4 (October 1982); and Robert E. Goodin and Julian Le Grand (eds.), *Not Only the Poor: The Middle Classes and the Welfare State*

(London, 1987). See also Richard Titmuss, "The Role of Redistribution in Social Policy," in his *Commitment to Welfare* (London, 1968); and Matti Alestalo el al., "Structure and Politics in the Making of the Welfare State: Finland in Comparative Perspective," in Risto Alapuro et al. (eds.), *Small States in Comparative Perspective: Essays for Erik Allardt* (n.p., 1985), pp. 190-91.

35  See the anger at the middle class's unadmitted appropriation of social policy in Brian Abel-Smith, "Whose Welfare State?", in Norman MacKenzie (ed.), *Conviction* (London, 1958).

36  Douglas E.Ashford, *The Emergence of the Welfare States* (Oxford, 1986), pp. 78-100. See, more generally, William Logue, *From Philosophy to Sociology: The Evolution of French Liberalism, 1870-1914* (Dekalb, III., 1983).

37  Andrew Vincent and Raymond Plant, *Philosophy, Politics and Citizenship: The Life and Thought of the British Idealists* (Oxford, 1984); Peter Clarke, *Liberals and Social Democrats* (Cambridge, 1978); Michael Freeden, *The New Liberalism: An Ideology of Social Reform* (Oxford, 1978); Ross Terrill, *R. H. Tawney and his Times: Socialism as Fellowship* (Cambridge, Mass., 1973); Stefan Collini, *Liberalism and Sociology: L. T. Hobhouse and Political Argument in England, 1880-1914* (Cambridge, 1979).

38  Kathi V.Friedman, *Legitimation of Social Rights and the Western Welfare State: A Weberian Perspective* (Chapel Hill, 1981), pp. 5-24 and *passim*.

39  这就是试图解释在英国的旧《济贫法》结束和福利制度开始之间出现严厉自由主义插曲的原因。类似地，正是这些论点解释了美国福利政策的滞后是北美繁荣的一个功能：比起其他地方，那里有足够多的人生活足够富裕，因而自力更生似乎是一个更长久可行的解决办法。然而，在福利制度的长期发展过程中，特别是在那些福利制度最成功的国家里，这种资产阶级的反干预主义属于不正常的例外。

40  Julia Parker, *Social Policy and Citizenship* (London, 1975), ch.9.

41  除了极端自由主义者，他们拒绝将社会公正定义为社会对个人的无理授权；见F. A. Hayek, *The Mirage of Social Justice* (Chicago, 1976), ch.9。

42  一些人认为，这种说法在社会心理意义上只能为社会工作者、改革者和知识分子精英所接受，但对领取福利的大众没有实际意义。See Robert Pinker, *Social Theory and Social Policy* (London, 1971), p. 142.

43  错误归因。这句话出自路易斯·布兰科，马克思仅引用过一次，其传达的含义与马克思的正义概念或缺乏正义的概念完全不同；见Robert C. Tucker, "Marx and Distributive Justice," in Carl J. Friedrich and John W. Chapman (eds.), *Nomos VI: Justice* (New York, 1963)。关于对马克思基于需要的正义感的论证，见Ramesh Mishra, "Marx and Welfare", *Sociological Review*, 23, 2 (May 1975), 292–93。

44  John Rawls, *A Theory of Justice* (Cambridge, Mass., 1971). 有些人还认为，由于需求和欲望很难以任何一致性加以区分，因而要求满足需要的主张是软弱的。See Robert E. Goodin, *Reasons for Welfare: The Political Theory of the Welfare State* (Princeton, 1988), ch. 2.

45 戴维·米勒（David Miller）的 *Social Justice* (Oxford, 1976) 是一个非常有趣的尝试，试图将道德哲学同历史社会学相结合，但其缺陷是，未能处理"需要即是正义"而引发的真正重要问题（社会公民身份、社会主义社会），也未能对特殊和边缘社会形式（乌托邦社区、嬉皮士公社、集体农场）进行考察。

46 当然，在戴维·米勒所描述的每一种社会形态中都有普遍接受的分配方式，现在的社会仍然存在着各种按地位分配的情况，封建社会中也存在着按需要分配和按地位分配。See Torstein Eckhoff, *Justice: Its Determinants in Social Interaction* (Rotterdam, 1974), ch. 8.

47 在这一点上，我要感谢休·赫克洛（Hugh Heclo）的帮助。

48 Albert O. Hirschman, "Rival Views of Market Society", in his *Rival Views of Market Society and Other Recent Essays* (New York, 1986).

49 Claus Offe, "Democracy against the Welfare State? Structural Foundations of Neoconservative Political Opportunities," in J. Donald Moon (ed.), *Responsibility, Rights and Welfare: The Theory of the Welfare State* (Boulder, 1988), pp. 213-18.

50 Harold M. Hochman, "Contractarian Theories of Income Redistribution," in Elhanan Helpman et al. (eds.), *Social Policy Evaluation: An Economic Perspective* (New York, 1983), p. 216.

51 Anton Zahorsky, *Der Solidarismus: Eine Kritik der Lehre vom Consensus in der Gesellschaft* (Munich, 1930), p.32. See also Niklas Luhmann, "Die Differenzierung von Interaktion und Gesellschaft: Probleme der sozialen Solidaritat," in Robert Kopp (ed.), *Solidaritat in der Welt der 8oer Jahre: Leistungsgesellschaft und Sozialstaat* (Basel, 1984), p.79.

52 Miller, *Social Justice*, p.231.

53 在遭遇灾难时，慈善事业可能受到鼓励，因为在匮乏的情况下，慈善者捐助的效用会增加：苦难越大，给予的满足感就越大。这使得它的高尚性有所降低；见 Louis De Alessi, "The Utility of Disasters," Kyklos, 21, 3 (1968)。关于经济学家之间的争论，见 Louis De Alessi, "Towards an Analysis of Postdisaster Cooperation," *American Economic Review*, 65, 1 (March 1975)。

54 尽管他没有看到团结仅是从交流网络中产生的，并插入了一个权利和义务体系，将公民紧密地联系在一起，而不仅是利益的相互依赖；见 Hirschman, "Rival Views," pp. 119-20。See also Raymond Plant, "Community: Concept, Conception and Ideology," *Politics and Society*, 8, 1 (1978), 102-03.

55 Thomas L. Haskell, "Capitalism and the Origins of the Humanitarian Sensibility," *American Historical Review*, 90, 2 (April 1985) and 90, 3 (June 1985); de Swaan, *In Care of the State*.

56 J. E. S. Hayward, "Solidarity: The Social History of an Idea in Nineteenth Century France," *International Review of Social History*, 4, 2 (1959); Sanford Elwitt, *The Third Republic Defended: Bourgeois Reform in France, 1880-1914* (Baton Rouge, 1986), pp. 170-216; Jacques Donzelot, *L'invention du social: Essai sur le déclin des passions politiques* (Paris, 1984), ch. 2. 有关法律理论，请参见 Dieter Grimm, *Solidarität als Rechtsprinzip: Die*

*Rechts-und Staatslehre Léon Duguits in ihrer Zeit* (Frankfurt, 1973), esp. pp. 38-46。

57 Léon Bourgeois, *Solidarite* (Paris, 1902), pp. 109-14.

58 如William Graham Sumner 所说，"因此，此刻被钉在树下的那个人是我们中的一员。他在此刻被击垮了。明天可能是你，后天可能是我。正是在共同危险中的共同弱点，使我们有了一种利益一致性来拯救那些现在身处悲惨境遇的人"（*What Social Classes Owe to Each Other* [New York, 1883], pp. 158-59)。

59 前两个是对Thomas Nagel的过度简化，见*The Possibility of Altruism* (Oxford, 1970)，最后一个见Robert Axelrod, *The Evolution of Cooperation* (New York, 1984)。

60 Richard Zeckhauser, "Risk Spreading and Distribution," in Harold M. Hochman and George E. Peterson (eds.), *Redistribution through Public Choice* (New York, 1974).

61 第四种可能性见Marcel Mauss, *The Gift: Forms and Functions of Exchange in Archaic Societies* (Glencoe, 111., 1954), pp. 64-66。

62 关于福利制度的分析包括Jens Alber, *Worn Armenhaus zum Wohlfahrtsstaat* (Frankfurt, 1982), ch.2; Ramesh Mishra, *Society and Social Policy: Theoretical Perspectives on Welfare*, 2nd edn (London, 1981); John Myles, "Comparative Public Policies for the Elderly: Frameworks and Resources for Analysis," Anne-Marie Guillemard (ed.), *Old Age in the Welfare State* (London, 1983); Ian Gough, *The Political Economy of the Welfare State* (London, 1979); and Peter A. Köhler, "Entstehung von Sozialversicherung: Ein Zwischenbericht," in Hans F. Zacher (ed.), *Bedingungen für die Entstehung und Entwicklung von Sozialversicherung* (Berlin, 1979)。一项调查显示了最近的女权主义观点，见Michael Sullivan, *Sociology and Social Welfare* (London, 1987)。

63 关于扫除复杂障碍的尝试，见Hannu Uusitalo, "Comparative Research on the Determinants of the Welfare State: The State of the Art," *European Journal of Political Research*, 12, 4 (December 1984)。

64 Detlev Zollner, *Offentliche Sozialleistungen und wirtschaftliche Entwicklung* (Berlin, 1963); Philipps Cutwright, "Political Structure, Economic Development, and National Security Programs," *American Journal of Sociology*, 70 (1965); Peter Flora et al., "Zur Entwicklung der westeuropaischen wohlfahrtsstaaten," *Politische Vierteljahresschrift*, 18 (1977); Peter Flora and Jens Alber, "Modernization, Democratization and the Development of Welfare States in Western Europe," in Peter Flora and Arnold J. Heidenheimer (eds.), *The Development of Welfare States in Europe and America* (New Brunswick, 1981).

65 Philipps Cutwright, "Income Redistribution: A Cross-National Analysis," *Social Forces*, 46 (1967); Henry Aaron, "Social Security: International Comparisons," in Otto Eckstein (ed.), *Studies in the Economics of Income Maintenance* (Washington, DC, 1967); Koji Taira and Peter Kilby, "Differences in Social Security Development in Selected Countries," *International Social Security Review*, 2 (1969); Guy Peters, "Economic and Political Effects on the Development of Social Expenditures in France, Sweden and the United Kingdom," *Midwest*

*Journal of Political Science*, 16 (1972); David Collier and Richard Messick, "Prerequisites versus Diffusion: Testing Alternative Explanations of Social Security Adoption," *American Political Science Review*, 69 (1975); André Laurent, "La sécurité sociale et l'évolution des sociétés," *Droit social*, 4 (April 1967), 243; Peter Flora and Arnold J. Heidenheimer, "The Historical Core and Changing Boundaries of the Welfare State," in Flora and Heidenheimer, *Development of Welfare States*, pp. 64-65.

66  Hans Achinger, *Sozialpolitik als Gesellschaftspolitik: Von der Arbeiterfrage zum Wohlfahrtsstaat*, 2nd edn (Frankfurt, 1971), ch. 2; René König, "Strukturwandlungen unserer Gesellschaft - Ausgangspunkt für die Begründung der sozialen Sicherheit," in *Sozialer Ordnungsauftragim letzten Drittel unseres Jahrhunderts* (Bielefeld, 1967), pp. 32-39; Harold L. Wilensky and Charles N. Lebzux, *Industrial Society and Social Welfare* (New York, 1964); J. R. Hay, *The Origins of the Liberal Welfare Reforms 1906-1914* (London, 1975), pp. 54-55.

67  Victor George, *Social Security and Society* (London, 1973); Gough, *The Political Economy of the Welfare State*.

68  Jens Alber, "Die Entwicklung sozialer Sicherungssysteme im Licht empirischer Analysen," in Zacher (ed.), *Bedingungen*, pp.153-54.

69  波拿巴主义的论点最适合于德国，但也扩展到了英国. See Elie Halévy, *Imperialism and the Rise of Labour* (London, 1951), pt. 2, ch. 2; Derek Fraser, *The Evolution of the British Welfare State* (London, 1973), p.129; and J. R. Hay, "The British Business Community, Social Insurance and the German Example," in Wolfgang J. Mommsen (ed.), *The Emergence of the Welfare State in Britain and Germany, 1850-1950* (London, 1981), pp. 120-21.

70  Gaston V. Rimlinger, *Welfare Policy and Industrialization in Europe, America and Russia* (New York, 1971), ch.4; Jürgen Tampke, "Bismarck's Social Legislation: A Genuine Breakthrough?" in Mommsen, *Emergence of the Welfare State*, p.73.

71  Hans-Peter Ullmann, "Industrielle Interessen und die Entstehung der deutschen Sozialversicherung 1880-1889," *Historische Zeitschrifu* 2.29, 3 (December 1979); J. R. Hay, "Employers and Social Policy in Britain: The Evolution of Welfare Legislation, 1905-1914," in Pat Thane and Anthony Sutcliffe (eds.), *Essays in Social History*, vol. 2 (Oxford, 1986); J. R. Hay, "Employers' Attitude to Social Policy and the Concept of 'Social Control,' 1900-1920," in Pat Thane (ed.), *The Origins of British Social Policy* (London, 1978); Frances Fox Piven and Richard A. Cloward, *Regulating the Poor: The Functions of Public Welfare* (New York, 1971); Walter I. Trattner, *Social Welfare or Social Control? Some Historical Reflections on Regulating the Poor* (Knoxville, 1983); Tim Guldimann et al., *Sozialpolitik als soziale Kontrolle* (Frankfurt, 1978).

72  For example, Elmar Altvater, "Some Problems of State Interventionism: The 'Particularization' of the State in Bourgeois Society," in John Holloway and Sol Picciotto (eds.), *State and Capital: A Marxist Debate* (London, 1978). 马克思主义者的一种功能主

义学派对社会政策的研究考虑到了这些最新的理论发展，见 Norman Ginsburg, *Class, Capital and Social Policy* (London, 1979)。

73  James O'Connor, *The Fiscal Crisis of the State* (New York, 1973); Claus Offe, *Contradictions of the Welfare State* (London, 1984).

74  社会民主党的转变可以追溯到1899年；见 Florian Tennstedt, *Vom Proleten zum Industriearbeiter: Arbeiterbewegung und Sozialpolitik in Deutschland 1800 bis 1914* (Cologne, 1983), pp. 408-12。

75  "社会上层对平等的要求并不强烈。它们从底层涌出" (Roger A. Cloward and Frances Fox Piven, "Moral Economy and the Welfare State," in David Robbins et al.[eds.], *Rethinking Social Inequality* [Aldershot, 1982], p. 213)。

76  Anthony Downs, *An Economic Theory of Democracy* (New York, 1957), p.198; Gerhard Lenski, *Power and Privilege: A Theory of Social Stratification* (New York, 1966), pp. 308-25; Francis G. Castles and R. D. McKinlay, "Public Welfare Provision, Scandinavia and the Sheer Futility of the Sociological Approach to Politics," *British Journal of Political Science*, 9, 2 (1979), 168; Francis G. Castles, *The Social Democratic Image of Society* (London, 1978), p. 75.

77  在只根据收入来对理性利益最大化者分层的人口中，上面的51%很可能会阻碍对下面49%的再分配。如果没有其他因素能够使得低收入者联合起来反对高收入者，那么，坚定地纵向式再分配是不可能实现的。See James M. Buchanan and Gordon Tullock, *The Calculus of Consent: Logical Foundations of Constitutional Democracy* (Ann Arbor, 1962).

78  Gunnar Heckscher, *The Welfare State and Beyond: Success and Problems in Scandinavia* (Minneapolis, 1984), p. 39; Peter Lösche and Michael Schöling, "Sozialdemokratie als Solidargemeinschaft," in Richard Saage (ed.), *Solidargemeinschaft undKlassenkampf: Politische Konzeptionen der Sozialdemokratie zwischen den Weltkriegen* (Frankfurt, 1986), pp. 365-69; Esping-Andersen, "Power and Distributional Regimes," 227; Anton Evers, *Solidarität und Interesse: Die deutschen Gewerkschaften im Spannungsfeld von Anspruch und Wirklichkeit* (Frankfurt, 1979), pp. 20-22.

79  Evelyne Huber Stephens and John D. Stephens, "The Labor Movement, Political Power and Workers' Participation in Western Europe," *Political Power and Social Theory*, 3 (1982); Walter Korpi, *The Working Class in Welfare Capitalism: Work, Unions and Politics in Sweden* (London, 1978); John D. Stephens, *The Transition from Capitalism to Socialism* (London, 1979); Michael Shalev, "Class Politics and the Western Welfare State," in Shimon E. Spiro and Ephraim Yuchtman-Yaar (eds.), *Evaluating the Welfare State* (New York, 1983).

80  Ian Gough, "State Expenditures in Advanced Capitalism," *New Left Review*, 92 (1975); Jürgen Kohl, *Staatsausgaben in Westeuropa* (Frankfurt, 1985); Francis G. Castles, *The Impact of Parties: Politics and Policies in Democratic Capitalist States* (London, 1982); Manfred Schmidt, *Wohlfahrtsstaatliche Politik unter bürgerlichen und sozialdemokratischen Kegierungen* (Frankfurt, 1982); Francis D. Castles and R. D. McKinlay, "Does Politics

Matter? An Analysis of the Public Welfare Commitment in Advanced Democratic States," *European Journal of Political Research*, 7, 2 (June 1979).

81  Lars Björn, "Labor Parties, Economic Growth and the Redistribution of Income in Five Capitalist Democracies," *Comparative Social Research*, 2 (1979); Christopher Hewitt, "The Effect of Political Democracy and Social Democracy on Equality in Industrial Societies: A Cross-National Comparison," *American Sociological Review*, 42, 3 (June 1977); F. Gould and B. Roweth, "Politics and Public Spending," *Political Quarterly*, 49, 2 (April-June 1978).

82  Richard Titmuss, "Universal and Selective Social Services," in his *Commitment to Welfare*, p.116; Bent Rold Andersen, "Rationality and Irrationality of the Nordic Welfare State," in Graubard, *Norden*, p.117; Gøsta Esping-Andersen, *Politics against Markets: The Social Democratic Road to Power* (Princeton, 1985), pp. 145-49, 155-60, passim, Gøsta Esping-Andersen and Walter Korpi, "From Poor Relief to Institutional Welfare States: The Development of Scandinavian Social Policy," in Robert Erikson et al. (eds.), *The Scandinavian Model: Welfare States and Welfare Research* (Armonk, 1987), pp. 41-43; Gøsta Esping-Andersen, "The Political Limits of Social Democracy: State Policy and Party Decomposition in Denmark and Sweden," in Maurice Zeitlin (ed.), *Classes, Class Conflict, and the State* (Cambridge, Mass., 1980); Michael Shalev, "The Social Democratic Model and Beyond: Two 'Generations' of Comparative Research on the Welfare State," *Comparative Social Research*, 6 (1983), 325; Gøsta Esping-Andersen, "Politische Macht und wohlfahrtsstaatliche Regulation," in Frieder Naschold (ed.), *Arbeit und Politik* (Frankfurt, 1985), pp. 472-77.

83  关于北欧福利模式，见 Peter Baldwin, "Class, Interest and the Welfare State: A Reply to Sven E. Olsson," *International Review of Social History*, 34, 3 (1989); Andersen, "Rationality and Irrationality of the Nordic Welfare State," pp. 117-21; Shalev, "The Social Democratic Model"; Ivo Colozzi, "II modello scandinavo di Welfare State" in G. Rossi and P. Donati (eds.), *Welfare State: Problemi e alternative*, 2nd edn (Milan, 1983); and Erikson, *The Scandinavian Model*。

84  "制度化" 这个词出自 Richard Titmus，见 his *Social Policy: An Introduction* (London, 1974), pp. 30-31。关于各种变体，见 Seip, *Om velferdsstatens framvekst*, pp. 11-18; and Norman Furniss and Timothy Tilton, *The Case for the Welfare State: From Social Security to Social Equality* (Bloomington, 1977), pp. 14-20。

85  Peter Flora, "On the History and Current Problems of the Welfare State," in S. N. Eisenstadt and Ora Ahimeir (eds.), *The Welfare State and its Aftermath* (Totowa, 1985), pp. 20-22. 这也是法国试图对福利制度进行国际分类的含蓄结论，该分类将福利制度分为来自公共援助的国家（英国和斯堪的纳维亚）和来自社会保险的国家（欧洲国家），认为这是平行的而不是连续的趋势。See Guy Perrin, "La securite sociale comme mythe et comme realite," *Revue beige de securite sociale*, 8, 10 (October 1966); Guy Perrin,

"Pour une theorie sociologique de la securite sociale dans les societes industrielles," *Revue francaisedesociologie*, 8, 3 (July-September 1967); Jean-Jacques Dupeyroux," L'evolution des systemes et la theorie generate de la securite sociale," *Droit social*, 28, 2 (February 1966); Jean-Jacques Dupeyroux, *Droitde la securite sociale*, 8th edn (Paris, 1980), pp. 111-14; Jacques Fournier and Nicole Questiaux, *Traitedu social*, 2nd edn (Paris, 1978), pp. 452-53; and ILO, *Approaches to Social Security: An International Survey* (Montreal, 1942), pp. 80-85. For a similar typology, see Ake Elmer, *Svensk socialpolitik* (Malmo, 1983), pp. 257-65.

86  Harold L. Wilensky, *The "New Corporatism," Centralization and the Welfare State* (London, 1976); Harold L. Wilensky, "Leftism, Catholicism and Democratic Corporatism: The Role of Political Parties in Recent Welfare State Development," in Flora and Heidenheimer, *Development of Welfare States*; Ramesh Mishra, *The Welfare State in Crisis: Social Thought and Social Change* (Brighton, 1984), ch. 4. 对英国的类似法团主义方法，见 Alan Cawson, *Corporatism and Welfare: Social Policy and State Intervention in Britain* (London, 1982)。

87  尽管这种社会解释不仅适用于北方。See Joop M. Roebroek, *De politieke toekomst van de sociale zekerheid: Politieke eisen en maatschappelijke krachtsverhoudingen* (Nijmegen, 1986), esp. pp. 62-67; and Göran Therborn, "Neo-Marxist, Pluralist, Corporatist, Statist Theories and the Welfare State," in Ali Kazancigil (ed.), *The State in Global Perspective* (Paris, 1986).

88  Jon Eivind Kolberg and Per Arnt Pettersen, "Om velferdsstatens politiske basis," *Tidsskrift for samfunnsforskning*, 22, 2/3 (1981); Lars Nørby Johansen and Jon Eivind Kolberg, "Welfare State Regression in Scandinavia? The Development of the Scandinavian Welfare States from 1970 to 1980," in Eisenstadt and Ahimeir, *Welfare State*, pp. 172-74.

89  这种认识也促使了Shalev 所说的第二代社会民主对福利制度的解释，这种解释符合温和左翼和发达社会政策的简单结合。See Shalev，"The Social Democratic Model and Beyond."

90  Theda Skocpol, *States and Social Revolutions* (Cambridge, 1979); John Breuilly, *Nationalism and the State* (Chicago, 1982); Charles Bright and Susan Harding (eds.), *Statemaking and Social Movements* (Ann Arbor, 1984); Peter B. Evans et al. (eds.), *Bringing the State Back In* (Cambridge, 1985); James G. March and Johan P. Olsen, "The New Institutionalism: Organizational Factors in Political Life," *American Political Science Review*, 78, 3 (September 1984); Robert R. Alford and Roger Friedland, *Powers of Theory: Capitalism, the State and Democracy* (Cambridge, 1985); Eric A. Nordlinger, *On the Autonomy of the Democratic State* (Cambridge, Mass., 1981). For an overview of debates, see Martin Carnoy, *The State and Political Theory* (Princeton, 1984). See also Kenneth H. F. Dyson, *The State Tradition in Western Europe: A Study of an Idea and Institution* (New York, 1980).

91  非常初步的理论分析可见于David Billis, *Welfare Bureaucracies: Their Design and Change in Response to Social Problems* (London, 1984)。

92  Hugh Heclo, *Modern Social Politics in Britain and Sweden: From Relief to Income Maintenance* (New Haven, 1974); Margaret Weir et al. (eds.), *The Politics of Social Policy in the United States* (Princeton, 1988); Gary P. Freeman, "Voters, Bureaucrats and the State: On the Autonomy of Social Security Policymaking," in Gerald D. Nash et al. (eds.), *Social Security: The First Half-Century* (Albuquerque, 1988). 综合的尝试见Jerald Hage and Robert A. Hanneman, "The Growth of the Welfare State in Britain, France, Germany and Italy: A Comparison of Three Paradigms," *Comparative Social Research*, 3 (1980); Jerald Hage et al., *State Responsiveness and State Activism* (London, 1989); and Stanley DeViney, "Characteristics of the State and the Expansion of Public Social Expenditures," *Comparative Social Research*, 6 (1983). 就英国来说，对公务员角色的强调至少可以追溯到 David Roberts, *The Victorian Origins of the British Welfare State* (New Haven, 1960)。P. Ford也强调了这一点，见 *Social Theory and Social Practice* (Shannon, 1968), pt. 3, chs. 3, 4。Gunnar Myrdal 对官僚制的作用进行了早期反思，见 "The Relation between Social Theory and Social Policy", *British Journal of Sociology*, 4, 3 (September 1953)。此处对休·赫克洛的书归类有点误导，尽管他强调行政因素，但他的分析超越了简单的分类，具有罕见的机智和全面性，或许是社会政策方面最好的论著。

93  One of the themes of Keith G. Banting, *Poverty, Politics and Policy: Britain in the 1960s* (London, 1979).

94  例如20世纪初的英国和美国；见Ann Shola Orloff and Theda Skocpol, "Why Not Equal Protection? Explaining the Politics of Public Social Spending in Britain, 1900-1911, and the United States, 1880s-1920," *American Sociological Review*, 49, 6 (December 1984)。

95  在战时和战后时期，官僚机构在英国扮演了重要角色，而法国因争议而分裂，政府的角色受到严重限制；见Ashford, *Emergence of the Welfare States*, ch. 5。

96  Douglas E. Ashford, *British Dogmatism and French Pragmatism: Central-Local Policymaking in the Welfare State* (London, 1982); Peter Bogason, "Capacity for Welfare: Local Governments in Scandinavia and the Welfare State," *Scandinavian Studies*, 59, 2 (Spring 1987).

97  如 William Reddy 的挑衅性论点，尽管他对阶级概念的替换并不令人满意；见William M. Reddy, *Money and Liberty in Europe: A Critique of Historical Understanding* (Cambridge, 1987), ch. 1。

98  近年来，针对非自愿关闭商店的保险和其他措施的设计旨在将实际上的失业保险扩大到自雇人士。

99  鼓励强调福利制度的形式而不是它的规模，见 Theo Berben et al., "Stelsels van sociale zekerheid: Na-oorlogse regelingen in West-Europa", *Res Publica: Belgian Journal for Political Science*, 28, 1 (1986), 111, *passim*; and Catherine Jones, *Patterns of Social Policy: An Introduction to Comparative Analysis* (London, 1985), pp. 79-83。

100 Peter Baldwin, "The Social Bases of the European Welfare State: Class, Interest and the

Debate over a Universalist Social Policy, 1875-1975," diss., Harvard Univ., 1986.

## 第一章

1　Jean-Jacques Dupeyroux, *Evolution et tendances des systèmes de sécurité sociale des pays membres des communautés europeennes et de la Grande-Bretagne* (Luxemburg, 1966), p.55.

2　"The 'welfare state' is one particular outcome of demands that logically flow from the position in which wage earners find themselves" (Gøsta Esping-Andersen, "Power and Distributional Regimes," *Politics and Society*, 14, 2 [1985], 227). See also Franz-Xaver Kaufmann, *Sicherheit als soziologisches und sozialpolitisches Problem: Untersuchungen zu einer Wertidee hochdifferenzierter Gesellschaften* (Stuttgart, 1970), p. 18. 在 Klaus Christoph 的一个简单公式中也可以找到类似的想法, *Solidarität* (Baden-Baden, 1979), pp. 9-16。

3　"... the Scandinavian model is inextricably linked with the strength of the Social Democratic parties and the trade union movement" (Lars Norby Johansen, "Welfare State Regression in Scandinavia? The Development of the Scandinavian Welfare States from 1970 to 1980," in Else Øyen (ed.), *Comparing Welfare States and their Futures* [Aldershot, 1986], pp. 129-30). See also Gøsta Esping-Andersen, *Politics against Markets: The Social Democratic Road to Power* (Princeton, 1985), p. 156. 在 Korpi 看来，工人阶级的组织程度和工人阶级对政治执行者的控制程度是解释工人手中权力资源的变量，从而可解释团结福利政策的不同命运, see Walter Korpi, "Social Policy and Distributional Conflict in the Capitalist Democracies: A Preliminary Comparative Framework," *West European Politics*, 3, 3 (October 1980), 307-09。

4　特殊的例子见 William Doyle, *Origins of the French Revolution*, 2nd edn (Oxford, 1988), pt. 1; David Blackbourn and Geoff Eley, *The Peculiarities of German History: Bourgeois Society and Politics in Nineteenth-Century Germany* (Oxford, 1984); and Peter Baldwin, "Social Interpretations of Nazism: Renewing a Tradition," *Journal of Contemporary History*, 25, 1 (January 1990)。一般概述见 William M. Reddy, *Money and Liberty in Europe: A Critique of Historical Understanding* (Cambridge, 1987), ch. 1。

5　Asa Briggs 拒绝将俾斯麦的措施命名为"福利制度"，因为他们怀有波拿巴主义的意图；见 "The Welfare State in Historical Perspective," *Archives europeennes de sociologies* 2, 2 (1961), 247-49。

6　Daniel Levine 讨论了一个例外, "The Danish Connection: A Note on the Making of British Old Age Pensions," *Albion*, 17, 2 (Summer 1985)。

7　Roland Huntford, *The New Totalitarians* (London, 1971); Marquis Childs, Sweden: *The Middle Way* (New Haven, 1936). 对于社会民主共识的左派批评，见 John Fry (ed.), *Limits of the Welfare State: Critical Views on Post-War Sweden* (Westmead, 1979)。

8　论瑞典理想型职业生涯，见 Arne Ruth, "The Second New Nation: The Mythology of Modern Sweden," in Stephen R. Graubard (ed.), *Norden: The Passion for Equality* (Oslo, 1986)。

9　Volker Hentschel, "Das System der sozialen Sicherheit in historischer Licht 1880 bis 1975," *Archiv für Sozialgeschichte*, 28 (1978), 311; Esping-Andersen, *Politics against Markets*, p. 153.

10　Jens Alber, "Die Entwicklung sozialer Sicherungssysteme im Licht empirischer Analysen," in Hans F. Zacher (ed.), *Bedingungen für die Entstehung und Entwicklung von Sozialversicherung* (Berlin, 1979), pp.160, 163.

11　尽管具有讽刺意味，一些经常被认为是俾斯麦式的特征（差别化的利益、大量缴费的融资）是对手强加给他的妥协。

12　论普惠主义是社会民主／劳工福利国家的一个关键特征，有关斯堪的纳维亚，见 Robert Erikson et al. (eds.), *The Scandinavian Model: Welfare States and Welfare Research* (Armonk, 1987), pp. vii-viii, 41-43; Esping-Andersen, *Politics against Markets*, p. 147; Korpi, "Social Policy and Distributional Conflict in the Capitalist Democracies," 303; and Jürgen Hartmann, "Social Policy in Sweden (1950-80)," in Roger Girod et al. (eds.), *Social Policy in Western Europe and the USA, 1950-80* (New York, 1985), p. 95。有关英国，见 Arthur Marwick, *Britain in the Century of Total War* (Boston, 1968), p. 343; Arthur Marwick, *British Society since 1945* (London, 1982), pp. 50-51; Alan Sked and Chris Cook, Post-War Britain: A Political History, 2nd edn (Harmondsworth, 1984), pp. 38-39; Eric Shragge, *Pensions Policy in Britain: A Socialist Analysis* (London, 1984), p. 42; Pat Thane, *Foundations of the Welfare State* (London, 1982), p. 267; and Brian Abel-Smith, "The Welfare State: Breaking the Post-War Consensus," *Political Quarterly*, 51, 1 (January-March 1980), 17。有关法国，见 Jean-Pierre Jallade, "Redistribution and the Welfare State: An Assessment of the French Socialists' Performance," *Government and Opposition*, 20, 3 (Summer 1985), 344-45。更一般的概论，见 Julia Parker, *Social Policy and Citizenship* (London, 1975), p. 14; and Jens Alber, *Vom Armenhaus zum Wohlfahrtsstaat* (Frankfurt, 1982), p.48。我发现，唯一认识到普惠主义远不是工人阶级或工会的要求这一点的是 Göran Therborn, "Neo-Marxist, Pluralist, Corporatist, Statist Theories and the Welfare State," in Ali Kazancigil (ed.), *The State in Global Perspective* (Paris, 1986), p. 224; and Göran Therborn, "The Working Class and the Welfare State, " in Pauli Kettunen (ed.), *Det nordiska i den nordiska arbetarrörelsen* (Helsinki, 1986), p. 13。这种认识的微弱痕迹见 Gøsta Esping-Andersen, "Citizenship and Socialism: De Commodification and Solidarity in the Welfare State," in Martin Rein et al. (eds.), *Stagnation and Renewal in Social Policy* (Armonk, 1987), pp. 90-91。

13　On flat-rate benefits as particularly egalitarian and socialist, and an earnings-related approach as the reverse, see Ståle Seierstad, "The Norwegian Economy," in Natalie Rogoff Ramsoy (ed.), *Norwegian Society* (Oslo, 1974), pp. 82-84; Francis G. Castles, *The Social Democratic Image of Society: A Study of the Achievements and Origins of Scandinavian Social Democracy in Comparative Perspective* (London, 1978), pp. 72-73; Bent Rold Andersen, "Rationality and Irrationality of the Nordic Welfare State," in Graubard, *Norden;*

*John Myles, Old Age in the Welfare State: The Political Economy of Public Pensions* (Boston, 1984), pp. 38-41; Esping-Andersen, *Politics against Markets*, p. 158, n. 11; A. I. Ogus, "Great Britain," in Peter A. Köhler et al. (eds.), *The Evolution of Social Insurance, 1881-1981* (London, 1982), p. 203; Lars Norby Johansen, "Denmark," in Peter Flora (ed.), *Growth to Limits: The Western Welfare States since World War II* (Berlin, 1986), vol. 1, pp. 300-01; Bob Jessop, "The Transformation of the State in Post-War Britain," in Richard Scase (ed.), *The State in Western Europe* (London, 1980), pp. 66-67; Gerhard A. Ritter, *Social Welfare in Germany and Britain* (Leamington Spa, 1986), p. 169; Herman van Gunsteren and Martin Rein, "The Dialectic of Public and Private Pensions," *Journal of Social Policy*, 14, 2 (April 1985), 131; Neil J. Mitchell, "Ideology or the Iron Laws of Industrialism: The Case of Pension Policy in Britain and the Soviet Union," *Comparative Politics*, 15, 2 (January 1983), 192-93; Massimo Paci, "Long Waves in the Development of Welfare Systems," in Charles S. Maier (ed.), *Changing Boundaries of the Political* (Cambridge, 1987), pp. 193-94; Claus Offe, "Democracy Against the Welfare State? Structural Foundations of Neoconservative Political Opportunities," in J. Donald Moon (ed.), *Responsibility, Rights and Welfare: The Theory of the Welfare State* (Boulder, 1988), p. 222.

14  Gøsta Esping-Andersen and Walter Korpi, "From Poor Relief to Institutional Welfare States: The Development of Scandinavian Social Policy," in Erikson et al. (eds.), *The Scandinavian Model*, p. 54; Anne-Lise Seip, *Om velferdsstatens framvekst* (Oslo, 1981), pp. 15-17; James Dickinson, "Spiking Socialist Guns: The Introduction of Social Insurance in Germany and Britain," *Comparative Social Research*, 9 (1986), 100-01; Marcel Ruby, *Le solidarisme* (Paris, 1971), pp. 173-74; Erich Gruner, "Soziale Bedingungen und sozialpolitische Konzeptionen der Sozialversicherung aus der Sicht der Sozialgeschichte," in Zacher, *Bedingungen*, p.113; Therborn, "Working Class and the Welfare State," p. 14; Gøsta Esping-Andersen, "Politische Macht und wohlfahrtsstaatliche Regulation," in Frieder Naschold (ed.), *Arbeit und Politik* (Frankfurt, 1985), pp. 486-87; and Gary P. Freeman, "Voters, Bureaucrats and the State: On the Autonomy of Social Security Policymaking," in Gerald D. Nash et al. (eds.), *Social Security: The First Half Century* (Albuquerque, 1988), pp. 153-54. But see also Iver Hornemann Møller, *Klassekamp og sociallovgivning 1850-1970* (Copenhagen, 1981), p. 202; and Goran Therborn, "Classes and States: Welfare State Developments, 1881-1981," *Studies in Political Economy*, 14 (Summer 1984), 23-24.

15  Esping-Andersen, "Politische Macht und wohlfahrtsstaatliche Regulation," pp. 474-77; Esping-Andersen, "Power and Distributional Regimes," 231-34; Esping-Andersen, *Politics against Markets*, p.154. 类似的二分法是分析美国制度的基础，见 Jerry R. Cates, *Insuring Inequality: Administrative Leadership in Social Security*, 1935-54 (Ann Arbor, 1983)。

16  这与杰里比（Jellyby）夫人以牺牲自己的家庭为代价关心殖民地原住民的做法正好相反，狄更斯（在《荒凉山庄》中）称之为"望远镜式慈善"，即同情和排斥是成正比的；

见 Robert Pinker, "Egoism and Altruism: A Critique of the Divergence," in his *The Idea of Welfare* (London, 1979)。关于试图定义和利用团结，见 John Logue, "Social Welfare, Equality and the Labor Movement in Denmark and Sweden," *Comparative Social Research*, 6 (1983), 249, 274, n.5; Helga M. Hernes, "Scandinavian Citizenship," *Ada Sociologica*, 31, 3 (1988), 202。关于小群体团结的理论化，见 Kenneth E. Boulding and Martin Pfaff (eds.), *Redistribution to the Rich and the Poor* (Belmont, Calif., 1972), pp. 4-5。

17　斯堪的纳维亚共识政治的理论充其量是模糊的；例如参见 Harry Eckstein, *Division and Cohesion in Democracy: A Study of Norway* (Princeton, 1966), esp. chs. 5, 6, 7。较好发展的是联合民主的概念，然而斯堪的纳维亚国家不属于这一范畴；参见 Arend Lijphart, *Democracy in Plural Societies: A Comparative Exploration* (New Haven, 1977), pp. 109-14; Arend Lijphart, *Democracies: Patterns of Majoritarian and Consensus Government in Twenty-One Countries* (New Haven, 1984), ch. 2; and Neil Elder et al., *The Consensual Democracies? The Government and Politics of the Scandinavian States* (Oxford, 1982), ch. 1, esp. p. 9。

18　Esping-Andersen, *Politics against Markets*, pp. 154, 145, 148; Gøsta Esping-Andersen and Walter Korpi, "Social Policy as Class Politics in Post-War Capitalism: Scandinavia, Austria and Germany," in John H. Goldthorpe (ed.), *Order and Conflict in Contemporary Capitalism* (Oxford, 1984), pp. 183-85; Gøsta Esping-Andersen, "Social Class, Social Democracy, and the State," *Comparative Politics*, 11, 1 (October 1978); Gøsta Esping-Andersen, "The Political Limits of Social Democracy: State Policy and Party Decomposition in Denmark and Sweden," in Maurice Zeitlin (ed.), *Classes, Class Conflict, and the State* (Cambridge, Mass., 1980); and Gøsta Esping-Andersen and Walter Korpi, "From Poor Relief to Institutional Welfare States: The Development of Scandinavian Social Policy," in Robert Erikson et al. (eds.), *The Scandinavian Model: Welfare States and Welfare Research* (Armonk, 1987), pp.43-45.

19　For examples of such anachronism, see Åke Elmér, *Från fattigsverige till välfärdsstaten: Sociala förhållanden och socialpolitik i Sverige under nittonhundratalet*, 7th edn (Stockholm, 1975), p.127; Stein Kuhnle, "The Beginnings of the Nordic Welfare States: Similarities and Differences," *Acta Sociologica*, 21 (1978), supplement, p. 26; Guy Perrin, "L'assurancesociale - ses particularités - son rôle dans le passé, le présent et l'avenir," in Peter A. Köhler and Hans F. Zacher (eds.), *Beiträge zu Geschichte und aktueller Situation der Sozialversicherung* (Berlin, 1983), pp. 40-41; Thomas Wilson (ed.), *Pensions, Inflation and Growth: A Comparative Study of the Elderly in the Welfare State* (London, 1974), p.159; Esping-Andersen and Korpi, "From Poor Relief to Institutional Welfare States," pp. 45-46; Hugh Heclo and Henrik Madsen, *Policy and Politics in Sweden* (Philadelphia, 1987), p.156; and Gerhard A. Ritter, "Entstehung und Entwicklung des Sozialstaates in vergleichender Perspektive," *Historische Zeitschrift*, 243, 1 (August 1986), 56-58.

20 对战后改革的误读见第二章。

21 声称斯堪的纳维亚福利国家模式的基础是在20世纪40年代和50年代建立的，见 Esping-Andersen, *Politics against Markets*, p. 157; Esping-Andersen and Korpi, "From Poor Relief to Institutional Welfare States," pp. 42, 49; Esping-Andersen, "Politische Macht und wohlfahrtsstaatliche Regulation," p. 483; and Esping-Andersen and Korpi, "Social Policy as Class Politics," p.185。

22 统一费率在当时不是一个重要的问题。将在第二章中讨论。

23 有参考价值的叙述包括 *Danmarks Sociallovgivning* (Copenhagen, 1918-20); Harald Jørgensen, *Studier over det offentlige Fattigvæsens historiske Udvikling i Danmark i det 19. Aarhundrede* (Copenhagen, 1940); Cordt Trap, *Om Statens Stilling til Ubemidledes Alderdomsførsorgelse iflere europæiske Lande* (Copenhagen, 1892); and Jørgen Dich, "Kompendium i socialpolitikkens historie: 1. Udviklingen indtil 2. Verdenskrig," unpubl. MS., 2nd edn (n.p., 1967)。Daniel Levine, *Poverty and Society: The Growth of the American Welfare State in International Comparison* (New Brunswick, 1988) 可查到有关丹麦的有用信息。比Jørgen Dich 和其他人的简略描述更系统化和更详细的见Jam Henrik Petersen's extensive account in *Den danske alderdomsforsørgelseslovgivnings udvikling: Bind 1. Oprindelsen* (Odense, 1985)。这里参考的是更详细的未出版手稿（标题相同），欧登塞大学（University of Odense）的一篇论文 (1985)。

24 Kjeld Philip, *Staten og Fattigdommen: Fern Kapitler afdansk Kulturpolitik* (Copenhagen, 1947); Kjeld Philip, "Social Legislation and Political Power," *Zeitschrift für die gesamte Staatsu/issenschaft*, 106, 1 (1950).

25 *Betænkning, afgiven af den ved de allerhoieste Resolutioner af 28de Mai og 11te Juni 1869 til at tage Fattigvcesenets Ordning m.m. under Overveielse nedsatte Kommission* (Copenhagen, 1871), p. 19.

26 Dich, "Kompendium," p. 19; Petersen, "Alderdomsforsørgelseslovgivningens udvikling," pp.143-48.

27 *Betænkning afgiven af den ifolge Kgl. Resolution af 28de September 1875 til Undersøgelse af Arbejderforholdene i Danmark nedsatte Kommission Copenhagen,* 1878), pp. 71-77, 81-83. 有关背景见 G. Warmdahl, "Statens Stilling til Arbejdersporgsmaalet i Halvfjerdserne: Arbejderkommissionen af 1875," in Povl Engelstoft and Hans Jensen (eds.), *Sociale Studier i dansk Historie efter 1857* (Copenhagen, 1930)。

28 Rigsarkivet, Copenhagen (RA/D), PR 404-07-2, Arbejderkommissionen af 1875, minutes, 8 December 1875 I1876?]. This was the argument put forth by V. Falbe-Hansen: a professor of statistics, he was a Conservative deputy at the time, but later joined the upper house as a royal appointee and a Liberal.

29 *Betænkning... til Undersøgelse af Arbejderforholdene*, pp. 87-89.

30 有关1891年前的复杂谈判，见 Petersen, "Alderdomsforsørgelseslovgivningens udvikling,"

ch. 12; Dich, "Kompendium," pp. 23-26; and Trap, *Statens Stilling*, pp. 260-77。最新和全面的叙述见 Troels Fink, *Estruptidens politiske historie, 1875-1894*, 2 vols. (Odense, 1986), esp. vol. 2, chs. 5, 11。

31  N. Neergaard, *Erindringer* (Copenhagen, 1935), pp. 235-40. See also Kristian Hvidt (ed.), *Frede Bojsens politiske erindringer* (Copenhagen, 1963), pp. 189ff.

32  *Rigsdagstidende*, FT, 14 October 1890, cols. 44-46; FT, 30 October 1890, cols. 440-47. See also Poul Kierkegaard, "Frede Bojsen som Socialpolitiker," in Povl Engelstoft and Hans Jensen (eds.), *Mænd og Meninger i dansk Socialpolitik, 1866-1901* (Copenhagen, 1933). 自由党在这里向保守党作出的让步是放弃修改关税立法的要求，它必然会降低总体税收负担。他们试图将以糖取代啤酒的关税同土地改革结合起来，以牺牲城市工人为代价，为乡村劳动者提供有利条件。See Frede Bojsen, *Lovgivningsværket 1890-95 og dets Følger* (Copenhagen, 1898), p. 4; and Petersen, "Alderdomsforsørgelseslovgivningens udvikling," p. 27.

33  *Rigsdagstidende*, FT, 6 November 1890, cols. 460-70, 475-76, 503-16, 531ff; *Socialdemokraten*, 11 March 1891.

34  Marcus Rubin, "Hvad koster en Alderdomsforsorgelse for de danske Arbejdere?," *Nationaløkonomisk Tidsskrift*, 26 (1888), 357-58; Rubin, "Alderdomsforsørgelsesforslaget," Nationaløkonomisk Tidsskrift, 29 (1891), 44-48; Trap, *Statens Stilling*, p. 256.

35  Marcus Rubin, *Om Alderdomsforsørgelsen* (Copenhagen, 1891), pp. 12-16.

36  Letter of Rubin to Edvard Brandes, 9 December 1890, in Lorenz Rerup (ed.), *Marcus Rubins brevveksling, 1870-1922* (Copenhagen, 1963), vol. 1, pp. 319-20; Marcus Rubin, *Nogle Erindringer* (Copenhagen, 1914), pp. 143-44.

37  *Rigsdagstidende*, FT, 17 December 1890, cols. 1611-20; Tillæg A, 1890-91, cols. 3074-78; FT, 20 December 1890, cols. 1720-29, 1734, 1738-42, 1744-50, 1753-58, 1770-72, 1819-23, 1826-34.

38  尽管保守党政府首脑埃斯楚甫不得不接受同温和自由主义者的妥协；见 *Statsrådets forhandlinger*, 1872-1912, vol. 12 (Copenhagen, 1976), pp. 382-83; Neergaard, *Erindringer*, pp. 247-50; and Hvidt, *Bojsens erindringer*, pp. 198-202。

39  1890年，政府提出改革《济贫法》，将贫困救济发放给符合条件的穷人，而他们不必承担通常的耻辱后果。因为宪法剥夺了济贫对象的选举权，自由党对济贫体系之外的援助有兴趣（后来社会民主党也将分享）。见 *Rigsdagstidende*, 1890-91, Tillæg A, cols. 3393ff; FT, 11 March 1891, cols. 4537-45, 4591-97。

40  保守党设法将州政府每年退还市政开支的义务限制在200万克朗以内，从而使农民获得国家援助的希望破灭。直到1902年，在议会之争的最终决议和自由党的胜利之后，这一限制才被取消。见 Neergaard, *Erindringer*, p. 248。

41  *Rigsdagstidende*, 1890-91, Tillæg A, cols. 3393ft; FT, 11 March 1891, cols. 4537-45, 4591-97.

42  尽管在养老金法案通过之前的过程中自由党明显地分裂为两大阵营，但保守党也分为绥靖派和不妥协派。后者曾短暂考虑与激进的自由党人结盟,反对中间派同僚,以避免温和派的过分要求。国家补贴和放弃养老金的自助缴费基础是保守党向自由党作出的主要让步;见K. S. Rasmussen, "Højres Stilling til den sociale Lovgivning, belyst ved Fattigloven og Alderdomsforsørgelsen, 1870-91," in Engelstoft and Jensen, *Mænd og Meninger*, pp. 139-41。有关酒税的详细情况,见Sven Røgind, *Alkoholbeskatningen i Nordens Lande* (Copenhagen, 1933), pp. 11-15。

43  对社会民主党和农场主的关系及对整个欧洲社会主义历史的重要影响的杰出描述,见Hans-Norbert Lahme, *Sozialdemokratie und Landarbeiter in Dänemark* (1871-1900) (Odense, 1982)。See also Henning Grelle, *Socialdemokratiet i det danske landbrugssamfund, 1871-ca. 1903* (Copenhagen, 1978); and Georg Nørregaard and Hans Jensen, "Organisationsforsøg blandt Landarbejderne," in Povl Engelstoft and Hans Jensen (eds.), *Bidrag til Arbejderklassens og Arbejderspørgsmaalets Historie i Danmark fra 1864 til 1900* (Copenhagen, 1931).

44  因此社会民主党拒绝了激进自由党人法案的完全合理的假设,即农村地区的生活成本比城市地区低,福利差别是必要的。See *Rigsdagstidende*, FT, 20 December 1890, col. 1823. In general, see Petersen, "Alderdomsforsørgelseslovgivningens udvikling," pp. 210-11.

45  Torben Berg Sørensen, *Arbejderklassens organisering og socialpolitikkens dannelse* (Copenhagen, 1978), pp. 104-05, 168-74. 技术工人和小型独立经营者是该党的中流砥柱;见Vagn Dybdahl, *Partier og erhverv: Studier i partiorganisation og byerhvervenes politiske aktivitet ca. 1880-ca. 1913* (Aarhus, 1969), vol. 1, p. 246。

46  P.Knudsen, *Sygeforsikring og Alderdomsforsørgelse: Betænkning afgiven af det paa de kobenhavnske og frederiksbergske Sygekassers Fællesmøde den 29de og 30te August 1883 nedsatte Udvalg* (Copenhagen, 1888), pp. 245-63 and *passim*.

47  Else Rasmussen, "Socialdemokraternes Stilling til de sociale Spørgsmaal paa Rigsdagen, 1884-1890," in Engelstoft and Jensen, *Mænd og Meninger*, p. 149.

48  *Socialdemokraten*, 15 January 1891.

49  Hertha Wolff, *Die Stellung der Sozialdemokratie zur deutschen Arbeiterversicherungsgesetzgebung von ihrer Entstehung an bis zur Keichsversicherungsordnung* (Berlin, 1933), pp. 45-46.

50  社会民主党对缴费型融资的兴趣建立在保费和在行政委员会中的代表性之间的联系上,而在丹麦,这一动机是不存在的,因为丹麦的地方当局管理着这一体系。法国的CGT也是如此。见Henri Hatzfeld, *Du paupérisme à la sécurité sociale* (Paris, 1971), p. 252。

51  这种结果是由从温和专制主义时期继承下来的对国家的信仰所促成的,这仍然是斯堪的纳维亚所有政治派别的特征。弄清楚一个必要的模糊问题的尝试包括Daniel Levine, "Conservatism and Tradition in Danish Social Welfare Legislation, 1890-1933: A Comparative View," *Comparative Studies in Society and History*, 20, 1 (January 1978), 56-57; Bernd Henningsen, *Die Politik des Einzelnen: Studien zur Genese der skandinavischen Ziviltheologie: Ludvig Holberg, Søren Kierkegaard, N. F. S. Grundtvig* (Göttingen, 1977),

pp. 27-33; and Bent Rold Andersen, "Rationality and Irrationality of the Nordic Welfare State," in Graubard, *Norden*, pp. 119-21。

52  丹麦人自夸，在他们的大邻国中，城市是进步的，农村是保守的，而丹麦的情况则相反；见 Edvard Brandes, *Fra 85 til 91: En politisk Oversigt* (Copenhagen, 1891), p. 82。

53  Svend Aage Hansen, *Økonomisk vækst iDanmark* (Copenhagen, 1972), vol. 1, chs. 8, 9; Ole Bus Henriksen and Anders Ølgaard, *Danmarks* udenrigshandel, 1874-1958 (Copenhagen, 1960)。英文概述见 Michael Tracy, *Agriculture in Western Europe* (New York, 1964); Roy Millward, *Scandinavian Lands* (London, 1964), ch. 8; and Øyvind Østerud, "The Transformation of Scandinavian Agrarianism," *Scandinavian Journal of History*, 1, 3/4 (1976)。斯堪的纳维亚经济体在这方面的比较非常有趣；见 Dieter Senghaas, *The European Experience: A Historical Critique of Development Theory* (Leamington Spa, 1985), chs. 2, 3; and Ulrich Menzel, *Auswege aus der Abhängigkeit: Die entwicklungspolitische Aktualität Europas* (Frankfurt, 1988), chs. 2, 3。

54  令人难忘的比较研究见 Alexander Gerschenkron in *Bread and Democracy in Germany* (Berkeley, 1943), pp. 39-40。See also Charles P. Kindleberger, "Group Behavior and International Trade," in his *Economic Response: Comparative Studies in Trade, Finance and Growth* (Cambridge, Mass., 1978).

55  1903年的税收改革证实了1901年的政治转变，当时自由党政府取代了保守党政府。城市财产被纳入了负担分配，并对收入和财富征收了一般税。负担明显从农村转移到城市。See accounts in H. C. Henningsen, "Beskatningsproblemet i Nutiden," in Even Marstrand et al. (eds.), *Den danske Stat* (Copenhagen, 1929); Sven Røgind, *Danmarks Statsog Kommuneskatter* (Copenhagen, 1915), pp. 7-12; Michael Koefoed, "Skattesystemerne af 1802 og 1903," *Nationaløkonomisk Tidssknft*, 41 (1903); K. A. Wieth-Knudsen, *Dansk Skattepolitik og Finansvæsen* (Copenhagen, 1928), pp. 47-52; and Gunnar Thorlund Jepsen, *Skatterne før, nu og 1 1985* (Albertslund, 1975), pp. 36-37.

56  Vagn Dybdahl, *Historisk kommentar til nationaløkonomi*, 2nd edn (Copenhagen, 1972), p. 135.

57  Helge Nielsen and Victor Thalbitzer, *Skatter og Skatteforvaltning i ældre Tider* (Copenhagen, 1948), p. 127; K., "Hvorledes fordele Skatterne i Danmark sig paa de forskellige Samfundsklasser?," *Nationaløkonomisk Tidsskrift*, 32 (1894), 203-05; A. Clausager, "Godsernes Beskatningsforhold," in Therkel Mathiassen (ed.), *Herregaardene og Samfundet* (Copenhagen, 1943), pp. 283-84. But see also Thorkild Kjærgaard, "The Farmer Interpretation of Danish History," *Scandinavian Journal of History*, 10, 2 (1985), 110-11.

58  Clausager, "Godsernes Beskatningsforhold," pp. 283-84.

59  谷物税是根据土地的肥力（以收获的谷物来测量）征收的，更接近于对农业收入征税，而不是对占有土地本身征税。见 J. Sørensen, *L'organisation du cadastre en Danemark et son développement depuis le moyen âge jusqu'en 1910* (Copenhagen, 1910)。

60 关于德国企业相对来说不在乎缴费供款融资，见 Hans-Peter Ullmann, "Industrielle Interessen und die Entstehung der deutschen Sozialversicherung 1880-1889," *Historische Zeitschrift*, 229, 3 (December 1979); and Hans-Peter Ullmann, "German Industry and Bismarck's Social Security System," in Wolfgang J. Mommsen (ed.), *The Emergence of the Welfare State in Britain and Germany, 1850-1950* (London, 1981)。

61 德国的缴费型制度之所以奏效，是因为它针对的是产业工人贵族。由于丹麦的立法侧重于工资较低的农业劳动者，因而缴费型是行不通的。

62 Poul Møller, *Gennembrudsår: Dansk politik i 50'erne* (Copenhagen, 1977), p. 2.

63 后来的一份记录发现，事实上乡村地区从养老金立法中获利最多；见 *Rigsdagstidende*, 1896-97, Tillæg B, cols. 3101-10。

64 Bojsen, *Lovgivningsværket 1890-95*, pp. 4-5; L. V. Birck, *Told og Accise* (Copenhagen, 1920), p. 217; Michael Koefoed, "Skatterne i Danmark 1870-1900," *Nationaløkonomisk Tidsskrift*, 40 (1902), 374.

65 因而自由党的利益几乎完全与俾斯麦的希望背道而驰，俾斯麦希望通过间接税（包括社会保险缴费）的形式，为国家提供独立于议会控制的新收入来源。由于宪法危机与第一部社会保险立法的巧合，他们的动机是一种策略，这有助于解释所选择的不同融资体系。

66 Aage Sørensen, "Om Alderdomsunderstøttelse i Danmark, Australien med Ny Zeland og England," *Tidsskrift for Arbejderforsikring*, 5 (1909-10), 3-7.

67 Petersen, "Alderdomsforsargeseslovgivningens udvikling," ch. 10; Philip, Staten og Fattigdommen, pp. 68-70; Jørgen Dich, *Den herskende klasse: En kritisk analyse af social udbytning og midlerne imod den*, 4th edn (Copenhagen, 1973), pp. 25-28; Hans Jensen, "Landarbejderspørgsmålets Udvikling i Danmark fra ca. 1870 til ca. 1900," in Engelstoft and Jensen, *Bidrag til Arbejderklassens Historie*, pp. 48-54; Fink, *Estruptidens politiske historie*, vol. 2, ch. 6.

68 即使是保守的房地产所有者也希望看到国家更多地关注农村的需求，并越来越愿意与农场主中的自由党人一道实现这一目标，养老金法只是其中一个因素。对人造黄油（有利于工人阶级的预算，但极大伤害黄油生产商）的攻击是最初的结果之一，随后在1893—1894年，有人提议建立一个由国家担保信贷银行的农业委员会，并取消什一税。关于所谓黄油战争，见 Jørgen Hoist-Jensen, "Smørkrigen," *Jyske samlinger*, row 5, vol. 7 (Aarhus, 1946-47), esp. pp.23, 39, 42-43, 51。

69 因此，出口专业化有助于在经济部门内部和跨越政治鸿沟建立联系，而不仅是在城市和农村、农业和工业之间，正如 Peter Katzenstein 在对小国民主法团主义起源的非常有趣的研究中所指出的那样；见 Peter J. Katzenstein, *Small States in World Markets: Industrial Policy in Europe* (Ithaca, 1985), pp. 165-68。

70 *Betænkning afgiven af den af Indenrigsministeriet d. 4 Juli 1885 til Overvejelse af Spørgsmaalene om Sygekassernes Ordning og om Arbejdernes Sikring mod Følgerne af*

*Ulykkestilfcelde under Arbejdet nedsatte Commission* (Copenhagen, 1887), pp. 92-100.

71  委员会决定，同向小农场收取保费所带来的行政管理问题相比，其保费微不足道。
For the numbers, M. Koefoed, "Hartkornet som Maalestock for Landbrugsproduktionen og Landbrugsskatterne," *Nationaløkonomisk Tidsskrift*, 37, 3/4 (1899), 220-21. See also *Rigsdagstidende*, LT, 4 November 1889, col. 305.

72  *Rigsdagstidende*, 1888-89, Tillæg A, cols. 1623-28, 1635-36; LT, 16 October 1888, cols. 116-18, 120-24, 12.6-29, 138-39.

73  *Rigsdagstidende*, 1888-89, Tillæg B, cols. 2218-49; LT, 22 October 1889, cols. 83-86; 1889-90, Tillæg B, cols. 611-25; LT, 14 March 1890, cols. 1139-42.

74  *Rigsdagstidende*, FT, 24 November 1890, cols. 1185-91.

75  *Rigsdagstidende*, FT, 22 October 1891, cols. 473-77, 497-98, 504-06; FT, 5 December 1895, cols. 2053-73; FT, 7 December 1895, cols. 2111-12.

76  *Rigsdagstidende*, 1890-91, Tillæg B, cols. 1384-89; 1891-92, Tillæg A, cols. 2997-3014; FT, 12 March 1891, cols. 4678-92; FT, 2 December 1895, cols. 1951-54，1981-85, 1958; FT, 4 December 1895, cols. 2005-26.

77  Bramsen是采取独立自主方式的保守党人，关注社会政策。他反对由雇主分担风险、支持个人责任的立场表述见 *Englands og Tydsklands Lovgivning for Arbejdere i Industri og Haandværk* (Copenhagen, 1889), pp. 299-318; *Arbejderes Forsikring imod Ulykkestilfælde* (Copenhagen, 1884); *Hvilke Fordringer bør der stilles til en Lov om Arbejdsgivernes Pligt til at forsørge tilskadekomne og forulykkede Arbejdere og deres Efterladte?* (Copenhagen, 1890); *Lovforslaget om Arbejderes Sikring imod Følgerne af Ulykkestilfælde og dets Forhold til den tydske saakaldte "Socialreform"* (Copenhagen, 1889); and "Socialreform og Arbejderulykkesforsikring," in *Nationaløkonomisk Forenings Festskrift i Anledning af Foreningens femogtyve-aarige Bestaaen* (Copenhagen, 1897), pp. 60-64。1891年 Berg去世后，激进的自由党领袖J. C. Christensen接替了他在议会辩论中的角色。

78  *Rigsdagstidende*, FT, 4 December 1895, cols. 2005-26.

79  *Rigsdagstidende*, FT, 23 February 1897, cols. 4655-61, 4675.

80  *Rigsdagstidende*, FT, 5 December 1895, cols. 2079-82.

81  Entreprenørforeningen. *Rigsdagstidende*, FT, 9 December 1895, cols. 2187-94.

82  Fællesrepræsentationen for Dansk Industri og Håndværk. 有关背景见 Dybdahl, *Partier og erhverv*, vol. I, pp. 288-94。

83  *Rigsdagstidende*, FT, 5 December 1895, cols. 2085-94; 24 October 1896, cols. 661-78; 12 November 1896, cols. 1149-60; Jul. Wulff, *Faa vien NcæingsskatiStedetforen Ulykkesforsikring? Nogle Ord til Overvejelse for danske Haandværkere og Industridrivende* (n.p., 1896), copy in the Royal Library, Copenhagen. 他们的提议仅得到社会民主党的支持，后者对工人和手工业雇主们观点的碰巧一致表示欢迎；见 *Rigsdagstidende*, FT, 12 November 1896, cols. 1140, 1161-65, 1178-82, 1189-90。Wulff与丹麦工业和手工艺界的联

合代表倡导一种反自由的保护主义政策，旨在调和工人和小雇主之间的矛盾；见 Wulff, *Om Haandværkerpolitik*, speech 5 August 1895, printed transcript in the Royal Library, Copenhagen。

84  Ullmann, "Industrielle Interessen."

85  与通常一样，每个国家的统计数据组织方式略有不同，因而很难比较。尽管如此，在19世纪末，德国经济仍比丹麦经济更明显地由大型企业主导（日期分别为1895年和1897年）。在丹麦，拥有超过100名员工的公司仅占劳动力的19%，与德国拥有200名及以上员工的公司比例几乎相同。同时，以就业人数衡量，丹麦中小企业与大型企业的比例明显高于德国（2.92∶1.75）。数据来自 Danmarks Statistik, *Statistisk Aarbog*, 1898, table 33; *Statistisches Jahrbuch fur das Deutsche Reich*, 1905, p. 33; and *Statistik des Deutschen Reiches*, new series, vol. 119, p.43。

86  *Rigsdagstidende*, 1895-96, Tillæg B, cols. 1873ff.

87  *Rigsdagstidende*, 1896-97, Tillæg B, cols. 969-70.

88  除了有一种普遍的看法，即许多人看起来打算领取养老金，却活不到有资格领取的那天。

89  关于社会民主党的提案，见 *Rigsdagstidende*, 1895-96, Tillæg A, cols. 2351-62; FT, 2 December 1895, cols. 1935-46，1967。

90  *Rigsdagstidende*, FT, 23 February 1897, cols. 4646-51.

91  Per Hultqvist, *Försvar och skatter: Studier i svensk riksdagspolitik från representationsreformen till kompromissen 1873* (Göteborg, 1955); Per Hultqvist, *Försvarsorganisationen, värnplikten och skatterna i svensk riksdagspolitik 1867-1878* (Göteborg, 1959); Torgny Nevéus, *Ett betryggande försvar: Värnplikten och arméorganisationen i svensk politik 1880-1885* (Stockholm, 1965); Peter Gårestad, "Jordskatteförändringar under industrialiseringsperioden 1861-1914," *Historisk tidskrift* (Stockholm), 4 (1982).

92  Jörn Svensson, *Jordbruk och depression 1870-1900: En kritik av statistikens utvecklingsbild* (Malmö, 1965); G. A. Montgomery, *The Rise of Modern Industry in Sweden* (London, 1939), pp. 145ft; Sten Carlsson, *Lantmannapolitiken och industrialismen: Partigruppering och opinionsförskjutningar i svensk politik 1890-1902* (Stockholm, 1953), pp. 65-81; Arthur Montgomery, *Svensk tullpolitik 1816-1911* (Stockholm, 1921), ch. 7; Jan Kuuse, "Mechanisation, Commercialisation and the Protectionist Movement in Swedish Agriculture, 1860-1910," *Scandinavian Economic History Review*, 19, 1 (1971).

93  Dankwart A. Rustow, *The Politics of Compromise: A Study of Parties and Cabinet Government in Sweden* (Princeton, 1955), pp. 40-42. For more detail, see Douglas V. Verney, *Parliamentary Reform in Sweden, 1866-1911* (Oxford, 1957); Edvard Thermænius, *Riksdagspartierna, Sveriges Riksdag*, vol. 17 (Stockholm, 1935), ch. 6, esp. pp. 128-30; Per Sundberg, *Ministärerna Bildt och Åkerhielm: En studie i den svenska parlamentarismens förgdrdar* (Stockholm, 1961).

94  有关早期历史见 Edvard Thermaenius, *Lantmannapartiet: Dess uppkomst, organisation och*

*tidigare utveckling* (Uppsala, 1928)。

95 细节见 Leif Lewin, *Ideology and Strategy: A Century of Swedish Politics* (Cambridge, 1988), ch. 2。关于这一时期意识形态与社会政策之间难以平衡的问题，见 Ingrid Hammarstrom, "Ideology and Social Policy in the Mid-Nineteenth Century," *Scandinavian Journal of History*, 4, 2 (1979)。

96 Henrik Jess Madsen 强调了斯堪的纳维亚农业党之间的区别和差异，见 "Social Democracy in Postwar Scandinavia: Macroeconomic Management, Electoral Support and the Fading Legacy of Prosperity," diss., Harvard Univ., 1984, pp.102-03。

97 关于养老金的标准化效用见 Åke Elmér, *Folkpensioneringen i Sverige: Med särskild hänsyn till ålderspensioneringen* (Lund, 1960)。详细阐述及早期发展见 Karl Englund, *Arbetarförsäkringsfrågan i svensk politik, 1884-1901* (Uppsala, 1976); Hans Peter Mensing, "Erscheinungsformen schwedischer Sozialpolitik im ausgehenden 19. Jahrhundert: Adolf Hedin, das Arbeiterversicherungskomittee und die Gewerbeaufsicht nach 1890," diss., Univ. of Kiel, 1979; Hugh Heclo, *Modern Social Politics in Britain and Sweden: From Relief to Income Maintenance* (NewHaven, 1974), pp. 178-95. Arthur Montgomery 调查了社会保险辩论的发端，见 *Svensk socialpolitik under 1800-talet,* 2nd edn (Stockholm, 1951)。

98 Englund, *Arbetarförsäkringsfrågan*, pp. 27-31; Håkan Berggren, "För rättvisa och trygghet: En studie i S. A. Hedins socialpolitiska verksamhet til mitten av åttiotalet," in Håkan Berggren and Göran B. Nilsson, *Liberal socialpolitik, 1853-1884* (Stockholm, 1965), pp. 214-15; Leii Kihlberg, *Folktribunen Adolf Hedin* (Stockholm, 1972), pp. 101-17; *Riksdagens protokoll*, Motion AK 1884: 11, p. 24 and *passim*.

99 *Riksdagens protokoll*, AK 1884: 14, pp. 20-23, 30-37; Englund, *Arbetarförsäkringsfrågan*, pp. 30-32.

100 *Arbetareförsäkringskomiténs betänkande* (Stockholm, 1889), vol. 1, pt. 3, pp. 43-73.

101 *Nya arbetareförsäkringskomiténs betänkande* (Stockholm, 1893), vol. 1, pp. 25-107. 关于对第一个建议的批评，见 *Arbetareförsäkringskomiténs betänkande*, vol. 1, pt. 3, pp. 95-97; and Englund, *Arbetarförsäkringsfrågan*, pp. 66-69。

102 指年收入低于 1800 克朗的被雇佣劳动者，首先将包括 15% 的人口（35% 的经济活动人口），但不包括处于工薪阶层和自雇阶层之间的边缘临时工。这些人在德国已经被涵盖了，不幸的是瑞典人认为没有理由重复这种做法。

103 工资高于或低于一定限度通常可用于区分城市工人与农村工人及所有妇女。

104 *Nya arbetareförsäkringskomiténs betänkande*, vol. 1, pp. 141-48.

105 丹尼尔森代表了农场主中的一类人，他们所继承的对参议院上层阶级的仇恨从未消失。在关税争议之后，他调整新的政治格局并将农场主与一些保守党人联合起来的能力是有限的，因而在 1895 年该党重新统一时，他在农场主中的影响力也是有限的。

106 *Riksdagens protokoll*, Prop. 1895: 22, pp. 37-39, 43-58.

107 *Riksdagens protokoll*, 2SäU 1895: 2, pp. 42-44, 49-50; FK 1895: 26, 27 April 1895, pp. 11-

12, 45; FK 1895: 27, 27 April 1895, pp. 10-11.

108 *Riksdagens protokoll*, Prop. 1898: 55, pp. 12-21.

109 *Riksdagens protokoll*, Motion AK 1905: 168.

110 Ålderdomsförsäkringskommittén, vol. 1, *Betänkande och förslag angående allmän pensionsförsäkring* (Stockholm, 1912), esp. pp. 57-59, 63-64, 68-73, 91-92, 99, 107.

111 瑞典人关注成本的一个重要原因与其人口特征有关，特别是人口的老龄化；见 Ålderdomsförsäkringskommittén, *Kostnadsberäkningar*, vol. 2, p. 120; *Allmän pensionsförsäkring*, pp 61-63; Riksarkivet, Stockholm (RA/S), 20/1, Ålderdomsförsäkringskommittén, *Commission to Statsrådet*, 9 March 1910; and Anders Lindstedt, *Förslaget till lag om allmän pensionsförsäkring* (Stockholm, 1913), pp. 8-10。

112 *Allmän pensionsförsäkring*, pp. 57-59, 63-64, 68-73, 91-92, 99, 107. 迄今为止缴费最低且人数最多的阶层，涵盖了农村人口和大多数妇女；第二位的是大多数产业工人和小企业独立经营者；缴费最高的是收入最好的工薪阶层和自雇人士。最低的缴费是两个克朗，显著低于德国的同等水平 (3.70 克朗)。

113 斯堪的纳维亚辩论的一个特点是关注家庭内部的援助，孩子们对必须赡养父母的怨恨心理，以及接受这种援助者的羞耻感。例证包括RA/S, Ålderdomsförsäkringskommittén, 20/4, Folkpensioneringskongressen, 12-14 October 1910, minutes, Öra Kommun; and *Allmän pensionsförsäkring*, pp. 20, 45. For Denmark, *see Betænkning, afgiven af den ved de allerhøieste Resolutioner af 28de Mai og ute Juni 1869 til at tage Fattigvcesenets Ordning m.m. under Overveielse nedsatteKommission* (Copenhagen, 1871), pp. 7-8; and *Rigsdagstidende*, FT, 17 December 1890, col. 1616; 20 December 1890, cols. 1796, 1834。现代的一个说法是，福利制度的目的是通过使所有人相互独立来解放他们；见 Preben Wilhjelm and Ebbe Reich, "Ulighederne skal bevares: Interview med H. C. Seirup," *Politisk revy*, 3, 61 (26 August 1966), 13-14. "It is not inequality that is the problem," as Voltaire observes in his *Philosophical Dictionary*, "but dependence"。

114 *Riksdagens protokoll*, Prop. 1913: 126, pp. 28, 34, 48, 50, 126-27, 186-87.

115 重新引入市政生活费补贴将引发社会民主党和农场主之间的一场大战，前者因造福城市而支持这项补贴，后者出于同样的原因而表示不满，从而在1936年推翻了社会民主党政府，但这将成为当年晚些时候社会民主党和农场主组成政府的交易的一部分。

116 这也是农民利益组织的第一个繁荣期；见 Birger Hagärd, "Den politiska bonderörelsens framväxande-organisationssträvanden före 1910," *Statsvetenskaplig tidskrift*, 64, 1 (1982)。

117 Leif Lewin et al., *The Swedish Electorate*, 1887-1968 (Stockholm, 1972), pp. 279-80.

118 There are overviews in Lennart Jörberg, "The Industrial Revolution in the Nordic Countries," *The Fontana Economic History of Europe*, vol. 4, pt. 2 (New York, 1976-77); Lennart Jörberg, *Growth and Fluctuation of Swedish Industry, 1869-1912* (Lund, 1961); and Lennart Jörberg, *The Industrial Revolution in Scandinavia, 1850-1914* (London, 1970).

119 有关数据（需要重新计算以便比较），见 Danmarks Statistik, *Statistisk Aarbog*, 1896,

table 22; and *Historisk statistik för Sverige*, vol. 2, table D12。关于晚些时期的数据，见 Therkel Matthiassen, *Herregaardene og Samfundet* (Copenhagen, 1943), pp.111-17。

120  John Lindgren, *Det socialdemokratiska arbetarpartiets uppkomst i Sverige 1881-1889* (Stockholm, 1927), pp. 291-94.

121  G. Hilding Nordström, *Sveriges socialdemokratiska arbetareparti under genombrottsåren 1889-1894* (Stockholm, 1938), pp. 184-85, 256, 261, 388-98, 613-23; Hjalmar Branting, "Industriarbetarpartiellerfolkparti?," (1895) in his *Tal och skrifter*, vol. 8 (Stockholm, 1929), pp. 48-50.

122  Herbert Tingsten, *The Swedish Social Democrats: Their Ideological Development* (Totowa, N.J., 1973), pp. 115-95; Seppo Hentilä, "The Origins of the Folkhem Ideology in Swedish Social Democracy," *Scandinavian Journal of History*, 3, 4 (1978); Lars Bjorlin, "Jordfrägan i svensk arbetarrörelse 1890-1920," in *Arbetarrörelsens ärsbok* (1974); Birger Simonsen, *Socialdemokratin och maktövertagandet: SAP: s politiska strategi 1889-1911* (Goteborg, 1985), chs. 7, 8.

123  Seppo Hentilä, *Den svenska arbetarklassen och reformismens genombrott inom SAP före 1914* (Helsinki, 1979), pp. 228-29; Ragnar Edenman, *Socialdemokratiska riksdagsgruppen 1903-1920* (Uppsala, 1946), pp. 165-99, 278-80.

124  Arbetarrörelsens Arkiv (ARA), Stockholm, Sveriges Socialdemokratiska Arbetareparti (SAP), Riksdagsgruppen, minutes, 19 February 1913, 28 March 1913, 31 March 1913, 10 April 1913.

125  ARA, SAP, Partistyrelsen, minutes, 14 April 1913; Landsorganisationen (LO), *Berättelse*, 1913, p. 10.

126  *Riksdagens protokoll*, FK 1913: 34, 21 May 1913, pp. 31-36.

127  *Riksdagensprotokoll*, AK 1913: 48, 21 May 1913, pp. 44-64; AK 1913: 49, 21 May 1913, pp. 31-36.

128  尽管在20世纪70年代有对税收的强烈抵制，但通过渐进措施为社会政策提供资金成为一种政治责任，改革引入了更多的间接和专项征税；见 Barbara Haskel, "Paying for the Welfare State: Creating Political Durability," *Scandinavian Studies*, 59, 2 (Spring 1987)。累进税的重要性在20世纪50年代的瑞典达到顶峰，而今天，累进税只占总额的一半；见 Enrique Rodriguez, "Den progressiva inkomstbeskattningens historia," *Historisk tidskrift* (Stockholm), 4 (1982), 543。

## 插叙

1  José Harris, *Unemployment and Politics: A Study in British Social Politics 1886-1914* (Oxford, 1972); Ludwig Preller, *Sozialpolitik in der Weimarer Republik* (Kronberg, 1978).

2  失业（作为一种宏观经济现象，其中一个事件往往在统计上同另一个事件相关联）不同于人口统计学上可预测的老年发病率，也不同于相对随机和个体的发病率（瘟疫等除外）及残疾发生率，作为一种现象，它打破了通常精算合理性的界限，或者至少需要一个横跨多个国家经济的风险池（当然，在全球经济衰退情况下，即使这样也不够）。

3   Reichstag, *Stenographische Berichte, 1888-89*, Aktenstück 10, 22 November 1888, esp. pp. 49-63

4   Reichstag, *Stenographische Berichte*, 6 December 1888, p.1400; 1888-89, Aktenstück 141, 22 March 1889, p. 913; Aktenstück 10, p. 53; Gerhard A. Ritter, *Social Welfare in Germany and Britain: Origins and Developments* (Leamington Spa, 1986), pp. 44-45; Walter Vogel, *Bismarcks Arbeiterversicherung: Ihre Entstehung im Kräftespiel der Zeit* (Brunswick, 1951), p. 45.

5   Reichstag, *Stenographische Berichte*, 6 December 1888, pp.141B-C.

6   Reichstag, *Stenographische Berichte*, 6 December 1888, pp.155B-156A.

7   Reichstag, *Stenographische Berichte*, 7 December 1888, p.194 C.

8   Reichstag, *Stenographische Berichte*, 7 December 1888, p.173D; 10 December 1888, p. 210B; 1888-89, Aktenstück 141, p.913.

9   Vogel, *Bismarcks Arbeiterversicherung*, p. 153.

10  Otto Quandt, *Die Anfänge der Bismarckschen Sozialgesetzgebung und die Haltung der Parteien* (Das Unfallversicherungsgesetz 1881-1884) (Berlin, 1938), pp. 24-25. This is an interesting example of the ambiguities of scholarship during the Nazi era: it has some nasty things to say about Jews and quotes Mein Kampf once, but is otherwise useful.

11  Hans-Peter Ullmann, "Industrielle Interessen und die Entstehung der deutschen Sozialversicherung 1880-1889," *Historische Zeitschrift*, 229, 3 (December 1979), 584-88. For similar worries on pensions see Reichstag, *Stenographische Berichte*, 7 December 1888, pp. 168B, 179D.

12  Monika Breger, *Die Haltung der industriellen Unternehmerzurstaatlichen Sozialpolitik in den Jahren 1878-1891* (Frankfurt, 1982), pp. 79ff; Ullmann, "Industrielle Interessen," 588-91; Detlev Zöllner, "Landesbericht Deutschland," in Peter A. Köhler and Hans F. Zacher (eds.), *Ein Jahrhundert Sozialversicherung* (Berlin, 1981), p. 73; Vogel, *Bismarcks Arbeiterversicherung*, pp.39-44; Quandt, *Anfänge*, 54.

13  Ullmann, "Industrielle Interessen," 609.

14  Reichstag, *Stenographische Berichte*, 7 December 1888, pp. 168B-C.

15  Reichstag, *Stenographische Berichte*, 7 December 1888, pp. 177A-B, 186B-187c; 10 December 1888, pp. 223C-226A; 10 December 1888, p. 203C. 类似的事故保险模式见 Hans Rothfels, *Theodor Lohmann und die Kampfjahre der staatlichen Sozialpolitik (1871-1905)* (Berlin, 1927), p. 53。

16  Ritter, *Social Welfare*, pp. 72ff; Lothar Machtan, "Workers' Insurance versus Protection of the Workers: State Social Policy in Imperial Germany," in Paul Weindling (ed.), *The Social History of Occupational Health* (London, 1985).

17  Vernon L. Lidtke, *The Outlawed Party: Social Democracy in Germany, 1878-1890* (Princeton, 1966), ch. 6; Hans-Peter Benöhr, "Soziale Frage, Sozialversicherung und Sozialdemokratische Reichstagsfraktion (1881-1889)," *Zeitschrift der Savigny-Stiftung für Rechtsgeschichte*, Germanische Abteilung, 98 (1981); Gaston V. Rimlinger, *Welfare Policy and Industrialization in Europe, America and Russia* (New York, 1971), pp. 122-30.

18  Hertha Wolff, *Die Stellung der Sozialdemokratie zur deutschen Arbeiterversicherungsgesetzgebung von ihrer Entstehung an bis zur Reichsversicherungsordnung* (Berlin, 1933), pp.36-37.

19  P. H. J. H. Gosden, *Self-Help: Voluntary Associations in the 19th Century* (London, 1973); Leslie Hannah, *Inventing Retirement: The Development of Occupational Pensions in Britain* (Cambridge, 1986), ch. 1.

20  Bentley B. Gilbert, "The Decay of Nineteenth-Century Provident Institutions and the Coming of Old Age Pensions in Great Britain," *Economic History Review*, 17 (2nd series), 3 (1965).

21  James H. Treble, "The Attitudes of Friendly Societies towards the Movement in Great Britain for State Pensions, 1878-1908," *International Review of Social History*, 15, 2 (1970).

22  Pat Thane, "Non-contributory versus Insurance Pensions 1878-1908," in her *The Origins of British Social Policy* (London, 1978), pp. 88-89; Lloyd-George in parliament, June 1908, quoted in Rex Pope et al. (eds.), *Social Welfare in Britain, 1885-1985* (London, 1986), pp. 23-24; J. R. Hay, *The Origins of the Liberal Welfare Reforms 1906-1914* (London, 1975), pp. 33-34.

23  Treble, "Friendly Societies," 272.

24  Doreen Collins, "The Introduction of Old Age Pensions in Great Britain," *Historical Journal*, 8, 2 (1965), 251-52.

25  Patricia Mary Williams, "The Development of Old Age Pensions Policy in Great Britain, 1878-1925," diss., Univ. of London, 1970, p. 465.

26  Ronald V. Sires, "The Beginnings of British Legislation for Old-Age Pensions," *Journal of Economic History*, 14, 3 (Summer 1954), 247; Henry Pelling, "The Working Class and the Origins of the Welfare State," in his *Popular Politics and Society in Late Victorian Britain*, 2nd edn (London, 1979); Martin Pugh, *The Making of Modern British Politics 1867-1939* (New York, 1982), pp. 74-75. On the historiography of working-class pressure, see Hay, *Liberal Welfare Reforms*, pp. 25-29.

27  Pat Thane, "The Working Class and State 'Welfare' in Britain, 1880-1914," *Historical Journal*, 27, 4 (1984).

28  Arthur Marwick, "The Labour Party and the Welfare State in Britain, 1900-1948," *American Historical Review*, 73, 2 (December 1967).

29  E. P. Hennock, "The Origins of the British National Insurance and the German Precedent, 1880-1914" and J. R. Hay, "The British Business Community, Social Insurance and the

German Example," in Wolfgang J. Mommsen (ed.), *Emergence of the Welfare State in Britain and Germany, 1850-1950* (London, 1981). Generally, see E. P. Hennock, *British Social Reform and the German Precedent: The Case of Social Insurance, 1880-1914* (Oxford, 1987).

30  Eric J. Evans (ed.), *Social Policy 1830-1914: Individualism, Collectivism and the Origins of the Welfare State* (London, 1978), sect. 23.

31  Williams, "Pensions," p. 407.

32  Yves Saint-Jours, "France," in Peter A. Köhler and Hans F. Zacher (eds.), *The Evolution of Social Insurance, 1881-1981* (London, 1982), p. 94.

33  Dominique Ceccaldi, *Histoire des prestations familiales en France* (Paris, 1957).

34  "干预主义激进党"最终不得不承认失败;见 Judith F. Stone, "The Radicals and the Interventionist State: Attitudes, Ambiguities and Transformations, 1880-1910," *French History*, 2, 2 (June 1988)。

35  然而,与英国相比,法国的政治传统倾向于期望国家发挥更积极的作用。Douglas Ashford 认为,法国自由主义的不太教条的性质促进了对福利制度的接受。他的论点尽管在思想领域可能具有说服力,但几乎无法解释为什么在实际立法中法国人落后于所谓自由主义的英国人。See Douglas E. Ashford, *The Emergence of the Welfare States* (Oxford, 1986), pp. 78-100.

36  Saint-Jours, "France," pp. 136-37; Louis Musy, *Les incidences économiques de la sécurité sociale* (Fribourg, 1954), p. 34.

37  Henri Hatzfeld, *Du paupérisme à la sécurité sociale: Essai sur les origines de la sécurité sociale en France, 1850-1940* (Paris, 1971), pp. 7-12.

38  Pierre Laroque, "Social Security in France," in Shirley Jenkins (ed.), *Social Security in International Perspective* (New York, 1969), p. 183.

39  或者至少是最公开的敌意,因为大型雇主也反对;见 Judith F. Stone, *The Search for Social Peace: Reform Legislation in France, 1890-1914* (Albany, 1985), pp. XV, 107, 114-15。

40  Hatzfeld, *Paupérisme*, ch.5, pt.4.

41  关于小型的开放经济体的脆弱性助长民主法团主义,见 Peter J. Katzenstein, *Small States in World Markets: Industrial Policy in Europe* (Ithaca, 1985)。

42  大量细节见 Irène Bourquin, *"Vie ouvrière" und Sozialpolitik: Die Einführung der "Retraites ouvrières" in Frankreich um 1910* (Bern, 1977)。

43  Bourquin, *"Vie ouvrière"*, pp. 157-58, 170. More generally, see Arthur Bovet, *Les assurances ouvrières obligatoires et leur rôle social* (Bern, 1901), pp. 239-43.

44  Hatzfeld, *Paupérisme*, pp. 234-38, 247-48.

45  SFIO 的改革主义还表现在它愿意同时在累进税(Caillaux 的法案)和比例代表制改革上妥协;见 Kerry Davidson, "The French Socialist Party and Parliamentary Efforts to Achieve Social Reform, 1906-1914," diss., Tulane Univ., 1970, chs. 4, 5。

46  Georges Lefranc, *Les expériences syndicates en France de 1939 à 1950* (Paris, 1950), pp.309-10.

47　Generally, see E. Antonelli, *Comment furent votées les assurances sociales* (Paris, 1933).

## 第二章

1　Pierre Rosanvallon, *La crise de l'état providence* (Paris, 1981), p. 29.

2　C. A. R. Crosland, "The Transition from Capitalism," and R. H. S. Crossman, "Towards a Philosophy of Socialism," in Crossman et al., *New Fabian Essays* (London, 1952), pp.25, 60. 回顾性的重新评估可见于Anthony Crosland, "Socialism Now," in his *Socialism Now and Other Essays* (London, 1974); and R. H. S. Crossman, "The Lessons of 1945," in his *Planning for Freedom* (London, 1965)。

3　有关背景，见Tapani Paavonen, "Reformist Programmes in the Planning for Post-War Economic Policy during World War II," *Scandinavian Economic History Review*, 31, 3 (1983)。

4　论社会保障的概念，见Felix Schmid, *Sozialrecht und Recht der sozialen Sicherheit: Die Begriffsbildung in Deutschland, Frankreich und der Schweiz* (Berlin, 1981), pp. 43-52; Hans Günter Hockerts, "Die Entwicklung vom Zweiten Weltkrieg bis zur Gegenwart," in Peter A. Köhler and Hans F. Zacher (eds.), *Beitrage zu Geschichte und aktueller Situation der Sozialversicherung* (Berlin, 1983), pp. 141-47; and Franz-Xaver Kaufmann, *Sicherheit als soziologisches und sozialpolitisches Problem: Untersuchungen zu einer Wertidee hochdifferenzierter Gesellschaften* (Stuttgart, 1970), ch. 3。关于"福利国家"一词的历史及用法，见A. M. Donner, *Overde term "Welvaartsstaat"* (Amsterdam, 1957); Stein Kuhnle, *Velferdsstatens utvikling: Norge i komparativt perspektiv* (Bergen, 1983), pp. 21-31; D. C. Marsh, *The Welfare State: Concept and Development* (London, 1980), ch. 2; and Rosanvallon, *Crise de l'état providence*, appendix 1。

5　Georges Gurvitch, *The Bill of Social Rights* (New York, 1946); Pierre Laroque in Notes documentaires et études, 450 (25 October 1946); E. F. Rimensberger, *Qu'est-ce que le plan Beveridge?* (Neuchâtel, 1943), pp. 15-16. In Italy, the Vanoni Plan, sometimes compared to other countries' postwar blueprints, came a decade later and was more concerned with production than redistribution; see Guido Menegazzi, *I fondamenti del solidarismo* (Milan, 1964), pp.211-14.

6　Janet Beveridge, *Beveridge and his Plan* (London, 1954), pp. 7, 168. See also Guy Perrin, "Pour une théorie sociologique de la sécurité sociale dans les sociétés industrielles," *Revue française de sociologie*, 8, 3 (July-September 1967), 313.

7　A. T. Peacock and J. V. Wiseman, *The Growth of Public Expenditure in the United Kingdom*, 2nd edn (London, 1967); Henry Roseveare, *The Treasury: The Evolution of a British Institution* (London, 1969), p. 278; Gregor McLennan et al. (eds.), *State and Society in Contemporary Britain* (Cambridge, 1984), chs. 2, 3.

8　Richard Titmuss, *Problems of Social Policy* (London, 1950), pp. 506-07; Titmuss, "War and Social Policy," in his *Essays on "The Welfare State"*, 2nd edn (London, 1963); Maurice

Bruce, *The Coming of the Welfare State*, 4th edn (London, 1968), p. 326; T. H. Marshall, *Social Policy* (London, 1965), ch. 6; Jose Harris, "Some Aspects of Social Policy in Britain during the Second World War," in Wolfgang J. Mommsen (ed.), *The Emergence of the Welfare State in Britain and Germany, 1850-1950* (London, 1981); Arthur Marwick, *Class, Image and Reality in Britain, France and the US A since 1930* (New York, 1980), ch. 11; Arthur Marwick, "Problems and Consequences of Organizing Society for Total War," in N. F. Dreiziger (ed.) *Mobilization for Total War* (Waterloo, 1981); Robert E. Goodin and John Dryzek, "Risk-Sharing and Social Justice: The Motivational Foundations of the Post-War Welfare State," in Goodin and Julian Le Grand (eds.), *Not Only the Poor: The Middle Classes and the Welfare State* (London, 1987). Travis L. Crosby 以另一种方式论证了这个问题，争战改变的不是精英的态度，而是穷人的态度，见 *The Impact of Civilian Evacuation in the Second World War* (London, 1986)。一场挑衅性的争论试图扭转这种观点，把战时的决定描绘成英国长期衰落的关键，见 Correlli Barnett, *The Audit of War: The Illusion and Reality of Britain as a Great Nation* (London, 1986)。

9    Arthur Marwick, "Middle Opinion in the Thirties: Planning, Progress and Political 'Agreement'," *English Historical Review*, 79, 311 (April 1964); Tony Cutler et al., *Keynes, Beveridge and Beyond* (London, 1986), ch. 1.

10   Andrew Vincent and Raymond Plant, *Philosophy, Politics and Citizenship: The Life and Thought of the British Idealists* (Oxford, 1984); Bill Jordan, *Freedom and the Welfare State* (London, 1976), ch. 15; John Stevenson, *British Society 1914-1945* (London, 1984), pp. 322-29.

11   Nigel Harris, *Competition and the Corporate Society: British Conservatives, the State and Industry 1945-1964* (London, 1972), pt. 2; John Selim Saloma III, "British Conservatism and the Welfare State: An Analysis of the Policy-Process within the British Conservative Party," diss., Harvard Univ., 1961, ch. 2.

12   Kent Zetterberg, *Liberalism i kris* (Stockholm, 1975); Rolf Torstendahl, *Mellan nykonservatism och liberalism: Idébrytningar inom Högern och Bondepartierna 1918-1934* (Uppsala, 1969); *Bertil Ohlins memoarer, 1940-1951* (Stockholm, 1975), pp. 79-80.

13   The "people's home" ideology, later appropriated by the Social Democrats, had originally been a paternalist Conservative conceit; see Bernd Hennigsen, *Der Wohlfahrtsstaat Schweden* (Baden-Baden, 1986), pp. 312-13.

14   对蒂特穆斯的怀疑态度，见 Kevin Jefferys, "British Politics and Social Policy during the Second World War," *Historical Journal*, 30, 1 (1987); and Edwin Amenta and Theda Skocpol, "Redefining the New Deal: World War II and the Development of Social Provision in the United States," in Margaret Weir et al. (eds.), *The Politics of Social Policy in the United States* (Princeton, 1988)。关于"战争是变革的使者"的其他论文的修订和完善，见 Harold L. Smith (ed.), *War and Social Change: British Society in the Second World*

*War* (Manchester, 1986); and Arthur Marwick (ed.), *Total War and Social Change* (London, 1988)。

15   Alva Myrdal, "Internationell och svensk socialpolitik," in *Ett genombrott: Den svenska socialpolitiken: Utvecklingslinjer och framtiåsmdl* (Stockholm, 1944), pp. 443-44; Hans Achinger, *Soziale Sicherheit: Eine historisch-soziologische Untersuchung neuer Hilfsmethoden* (Stuttgart, 1953), pp. 14-15; Edeltraut Felfe, *Das Dilemma.der Theorie vom "Wohlfahrtsstaat": Eine Analyse des "schwedischen Modells"* (Berlin, 1979), pp. 32-33. This is the theme of Harold J. La ski, *Reflections on the Revolution of our Time* (New York, 1943) and, similarly, R. H. Tawney, *Equality*, 3rd edn (London, 1938), pp. xvii-xviii.

16   Gøsta Esping-Andersen, *Politics against Markets: The Social Democratic Road to Power* (Princeton, 1985), p. 157; Gøsta Esping-Andersen and Walter Korpi, "From Poor Relief to Institutional Welfare States: The Development of Scandinavian Social Policy," in Robert Erikson et al. (eds.) *The Scandinavian Model: Welfare States and Welfare Research* (Armonk, 1987), pp. 42, 49; Gøsta Esping-Andersen, "Politische Machtundwohlfahrtsstaatiiche Regulation," in Frieder Naschold (ed.), *Arbeit und Politik* (Frankfurt, 1985), p. 483; Gøsta Esping-Andersen and Walter Korpi "Social Policy as Glass Politics in Post-War Capitalism: Scandinavia, Austria and Germany," in John H. Goldthorpe (ed.) *Order and Conflict in Contemporary Capitalism* (Oxford, 1984), p.185. 社会公民身份概念对劳工理论的持续重要性的例子，见 Walter Korpi, "Power, Politics and State Autonomy in the Development of Social Citizenship: Social Rights during Sickness in Eighteen OECD Countries since 1930," *American Sociological Review*, 54, 3 (June 1989)。

17   Walter Korpi, "Social Policy and Distributional Conflict in the Capitalist Democracies: A Preliminary Comparative Framework," *West European Politics*, 3, 3 (October 1980), 304-05; Walter Korpi, *The Democratic Class Struggle* (London, 1983), ch. 9; Gøsta Rehn, "The Wages of Success," in Stephen R. Graubard, *Norden: The Passion for Equality* (Oslo, 1986), p. 148; Esping-Andersen, *Politics against Markets*, pp. 30-36 and *passim*.

18   Sara A. Rosenberry, "Social Insurance, Distributive Criteria and the Welfare Backlash: A Comparative Analysis," *British Journal of Political Science*, 12, 4 (October 1982); Harold L. Wilensky, *The Welfare State and Equality* (Berkeley, 1975), pp. 37-42, 54-59.

19   认为社会权利和普惠主义、团结式福利制度是民主社会主义的骄傲，见 Esping-Andersen and Korpi, "From Poor Relief to Institutional Welfare States," pp. 43-45。

20   充分考虑到贝弗里奇和斯堪的纳维亚时期改革的许多不同之处，特别是这两套福利制度在后来所遵循的不同道路和取得的成功程度，当代改革家和后来的观察家都发现了这些体系的相似之处与欧洲大陆的俾斯麦方法不同。正如安德森 和 Korpi 在谈到斯堪的纳维亚战后几年的改革时所说："这种模式是贝弗里奇的，而不是俾斯麦的。"见 Esping-Andersen and Korpi, "From Poor Relief to Institutional Welfare States," p. 49; and Esping-Andersen, *Politics against Markets*, p. 157。

21 在这一点上，Olsson 和我的意见比粗略阅读他的批评似乎更为一致；见 Sven E. Olsson, "Working Class Power and the 1946 Pension Reform in Sweden: A Respectful Festschrift Contribution," *International Review of Social History*, 34, 2 (1989); and Peter Baldwin, "Class, Interest and the Welfare State: A Reply to Sven E. Olsson," *International Review of Social History*, 34, 3 (1989)。

22 相反，工党对中产阶级感兴趣的改革的支持有助于在这些群体中争取选票；见 James E. Cronin, *Labour and Society in Britain, 1918-1979* (London, 1984), ch. 7; and John Bonham, *The Middle Class Vote* (London, n.d. [1954]), ch. 10。

23 For example, Barbara Wootton, "The Labour Party and Social Services," *Political Quarterly*, 24, 1 (January-March 1953), 56-57.

24 James Griffiths, *Pages from Memory* (London, 1969), p. 70.

25 Public Record Office, Kew (PRO) T 172/2093, Overseas Planning Committee (Special Issues Sub-Committee), "Report of Beveridge Committee on Social Services: Treatment in Overseas Propaganda," 23 November 1942; Janet Beveridge, *Beveridge and his Plan*, ch.14. See also *Hansard*, 16 February 1943, col. 1642. 除非另有说明，否则随后的档案参考均指 PRO 中的材料。

26 Sir George Reid 抱怨说，委员会用很大一部分时间听取证据，其余时间用于听取主席的意见；见 ACT 1/689, "Draft Beveridge Report: Talk at Treasury on 22nd July 1942"。对贝弗里奇观点的一个很好的总结，见 Karel Williams and John Williams, *A Beveridge Reader* (London, 1987)。

27 最佳记述见 Jose Harris, *William Beveridge: A Biography* (Oxford, 1977); Kenneth O. Morgan, *Labour in Power, 1945-1951* (Oxford, 1984); Paul Addison, *The Road to 1945* (London, 1977); and Henry Pelling, *The Labour Governments, 1945-51* (London, 1984)。

28 此故事见 Richard Silburn, "Social Assistance and Social Welfare: The Legacy of the Poor Law," in Philip Bean and Stewart MacPherson (eds.), *Approaches to Welfare* (London, 1983)。

29 Richard Titmuss, *Commitment to Welfare* (London, 1968), pp. 129, 191, 195; Wootton, "Labour and Social Services," 66. 这是一个源远流长的逻辑；见 Edwin Cannan, "The Stigma of Pauperism, " *Economic Review*, 5, 3 (July 1895), 389-91. 对消除《济贫法》污名的关注或许可以解释英国社会理论家对应得权益的特别关注，以及他们对基于抽象的公民身份概念而非双边交换权利的普遍合法性的怀疑；见 Robert Pinker, *Social Theory and Social Policy* (London, 1971), ch. 4; Robert Pinker, "Social Policy and Social Justice," *Journal of Social Policy*, 3, 1 (1974); and Angus McKay, "Charity and the Welfare State," in Noel Timms and David Watson (eds.), *Philosophy in Social Work* (London, 1978)。

30 数据见 *Social Insurance and Allied Services*, Cmd. 6404, appendix A, para. 47。

31 PIN 8/150, Donald Fergusson to T. H. Sheepshanks, 31 May 1944.

32 PIN 8/135, "Report on the Agricultural Unemployment Insurance with Special Reference to the Question of Amalgamation with the General Scheme," 15 July 1942; Cmd. 6404, paras.

143-48.

33　CAB 87/77, Committee on Social Insurance and Allied Services (SIC), minutes, 6 May 1942, Q 2210. The TUC also squashed pleas from within the organization from other similarly advantaged groups for special treatment; see TUC Archives, London, Joint Social Insurance and Workman's Compensation and Factories Committee, minutes, 21 May 1942; and TUC, *Annual Report*, 1942, p. 228.

34　CAB 87/77, SIC minutes, 14 January 1942, Q 324 to Q 326.

35　他们的组织包括全国商会协会（the National Association of Chambers of Commerce）、全国记者联合会 (the National Union of Journalists) 以及零售业及同类组织社会保险委员会 (the Retail Trades and Kindred Organizations' Committee on Social Insurance)。

36　ACT 1/695, minutes of a meeting between William Jowitt and the Retail Trades Committee, 9 July 1943.

37　ACT 1/695, minutes of a meeting between William Jowitt and the Retail Trades Committee, 9 July 1943.

38　零售商们掀起了对再分配的最后一轮讨价还价，他们希望本群体患病率相对较低的情况（显然与女性在其中的代表性不足有关）反映为较低的缴费额；见 PIN 8/76, minutes of a meeting between the Minister of National Insurance and the Retail Trades Committee, 9 January 1945; Retail Trades Committee, "Memorandum relating to the White Paper (Cmd. 6550) on National Health Insurance [sic] and its Relation to Class II," 5 February 1945。

39　CAB 87/79, SIC (42) 20, 10 March 1942.

40　CAB 87/79, SIC (42) 54, 28 May 1942; CAB 87/77, SIC minutes, 18 March 1942, 3 June 1942.

41　Cmd. 6404, para 449; CAB 87/79, SIC (42) 3, 16 January 1942.

42　有助于说服财政部接受普惠主义的优点；见 ACT 1/692, "19 November [1942] - Beveridge Report"。

43　ACT 1/692, G. S. W. Epps to Sir Wilfrid Eady, 9 December 1942.

44　如果富人被拒之门外，20年后，不向他们支付福利的储蓄将超过没有他们缴费的损失，预计为2500万法郎，见 CAB 87/13, PR (43) n, 9 February 1943。

45　据我所知，贝弗里奇记录中唯一提到这种暗示的是 CAB 87/79, SIC (42) 47, 9 May 1942。

46　"贝弗里奇计划虽然不是作为党的文件来写的，但本质上是自由主义的，旨在将基本安全（一直有足够的生活保障）与公民管理自己和家属生活的自由以及这样做的责任结合起来" (London School of Economics, Beveridge Papers, vm/60, Beveridge to Gabrielle Bremme, n.d. [but after 1961])。

47　Cmd. 6404, para. 304.

48　Jose Harris, "Social Planning in War-time: Some Aspects of the Beveridge Report," in J. M. Winter (ed.), *War and Economic Development* (Cambridge, 1975), pp. 250-51.

49　Stephan Leibfried, "Sozialpolitik und Existenzminimum: Anmerkungen zur Geschichte der englischen Entwicklung," *Zeitschrift für Sozialreform*, 29, 12 (December 1983).

50  CAB 87/78, SIC minutes, 17 June 1942, Q 4720; memos from PEP and the Fabian Society, in *SocialInsurance and Allied Services: Memoranda from Organizations*, Cmd. 6405; John Pinder (ed.), *Fifty Years of Political and Economic Planning* (London, 1981), pp. 92-93.

51  工会回避了这些问题，认为战后最低工资会比以前高得多；见 CAB 87/77, SIC minutes, 14 January 1942, Q 338, Q 426, Q 433, Q 439; and CAB 87/79, SIC (42) 27, 3 April 1942。

52  一般贫困线见 Aldi J. M. Hagenaars, *The Perception of Poverty* (Amsterdam, 1986), ch. 1。

53  斯堪的纳维亚生活费用的地域差异被认为比英国更明显，尽管差异可能并没有那么大。从1939年到1951年，英国乡村人口占总人口的比例从24%下降到21%，而在1945年，丹麦和瑞典的乡村人口分别占52%和57%，生活成本和工资差异更难确定。1943年就这个问题任命的一个瑞典委员会指出，除芬兰外，没有一个国家像瑞典人那样彻底地审查了这个问题，但这是否因为这个问题在其他地方不那么严重尚不得而知。英国的统计数字对这个问题保持沉默，而斯堪的纳维亚的统计数字提供了大量的资料，表明了对这个问题的相对重视（假如不是固有的问题）。1945年，瑞典工人的工资在最低和最昂贵地区之间的差距高达60%。1941年，住房成本变化高达90%，总生活费用在那一年增长了31%，1944年增长了27%。贝弗里奇挑选的数据显示，英国工业家庭的租金差别同样大，甚至更大（1937—1938年超过100%）。然而，食物、衣服、燃料和照明的支出仅相差11%。See *Annual Abstract of Statistics*, 1938-50, table 13; *Statistisk årbog*, 1946, table 5; *Historisk statistik för Sverige*, vol. 1, table A4; *Statistisk årsboky* 1947, table 204; *Betänkande angående dyrortsgrupperingen*, SOU 1945: 32, pp. 104, 114, 317; and Cmd. 6404, table 4.

54  CAB 87/78, SIC minutes, 28 July 1942, 25 August 1942; CAB 87/79, SIC (42) 3, 16 January 1942; CAB 87/81, SIC (42) ii5, 23 July 1942; CAB 87/82, SIC (42) i33, 18 August 1942; Cmd. 6404, paras. 197-215.

55  See also Jose Harris, "Did British Workers Want the Welfare State? G. D. H. Cole's Survey of 1942," in Jay Winter (ed.), *The Working Class in Modern British History* (Cambridge, 1983), pp. 213-14.

56  Cmd. 6404, appendix A, para. 83. 然而，随着人口统计和过渡措施的影响，国家的作用有望在未来得到加强。

57  有关背景见 Alan Deacon and Jonathan Bradshaw, *Reserved for the Poor: The Means Test in British Social Policy* (Oxford, 1983), ch. 3。

58  CAB 87/82, SIC (42) i36, 20 August 1942.

59  他认为，1941年的《确定收入法案》(*Determination of Means Act*) 消除了30年代为失业引入的令人讨厌的家庭收入测查，减轻了资产测查带来的耻辱感；见 CAB 87/76, SIC (41) 20, 11 December 1941; SIC minutes, 15 October 1941; CAB 87/79, SIC (42) 3, 16 January 1942; and CAB 87/77, SIC minutes, 11 February 1942。

60  CAB 87/77, SIC minutes, 14 January 1942, Q 357 to Q 361; 6 May 1942, Q 2327, Q 2351.

61  CAB 87/77, SIC minutes, 14 January 1942, Q 358 to Q 360.

62  CAB 87/77, SIC minutes, 11 February 1942.

63  关于这件事以及后来财政部为修改贝弗里奇计划所作努力的细节，见 CAB 87/81, SIC (42) 100, 10 July 1942, SIC (42) 100 (revise) (pt. HI), I October 1942; T 161/1165/S48497/3, D. N. Chester, "Old Age Pensions," 13 May 1944; ACT 1/689, Epps to Sir Richard Hopkins, 28 July 1942; Keynes, "The Plan for Social Security," 10 August 1942, Note on talk in Beveridge's rooms, 10 August 1942; and ACT 1/687, Note on talk between Beveridge and Treasury representatives, 20 August 1942. See also Hubert Douglas Henderson, "The Principles of the Beveridge Plan," in his *The Inter-War Years and Other Papers* (Oxford, 1955), pp. 191-208; Jose Harris, *Beveridge*, pp. 407ff; and William Beveridge, *Power and Influence* (London, 1953), pp. 306-09。

64  ACT 1/686, Beveridge, "Pensions Finance," 16 July 1942.

65  有关背景见 Chris Phillipson, *Capitalism and the Construction of Old Age* (London, 1982), pp. 28-35。

66  工会联盟自然拒绝了贝弗里奇延长平均工作寿命的希望；见 CAB 87/77, SIC minutes, 6 May 1942, Q 2246, Q 2255, Q 2333。

67  Cmd. 6404, para. 244. 不久前，宾利·吉尔伯特曾写信给凯恩斯，解释贝弗里奇关于退休条件的理由。贝弗里奇在一份有点偏见的报告中称，他是从维持生计的养老金起步的。随后，他对仍在工作的人可能会获得丰厚福利感到震惊，并提出了退休条件。退休条件吸引他的一点是可作为战后劳动力短缺的解决方案，并以其自身的优点成为他的计划的一个组成部分。吉尔伯特声称，贝弗里奇现在并不热衷于维持生计的养老金，而是需要这些养老金来证明退休条件是合理的，因为没有足够的福利，就无法执行退休条件。因此，吉尔伯特总结道："一项基本原则现在仅作为第二基本原则的推论而存在，而第二基本原则本身只是作为第一基本原则的推论而产生的。"（ACT 1/689, Gilbert to Keynes, 6 August 1942）

68  CAB 87/77, SIC minutes, 11 February 1942; CAB 87/80, SIC (42) 73, 16 June 1942; CAB 87/81, SIC (42) 100, 10 July 1942; CAB 87/82, SIC (42) i36, 20 August 1942; ACT 1/686, Muriel Ritson to G. S. W. Epps, 25 June 1942.

69  Cmd. 6404, para. 294. Similarly, see William Beveridge, *Insurance for All and Everything* (London, 1924), p. 13.

70  ACT 1/686, Epps to E. Hale, 2 July 1942.

71  PIN 8/115, Official Committee on the Beveridge Report, minutes, 23 December 1942.

72  ACT 1/689, Gilbert to Keynes, 6 August 1942. 凯恩斯在此的立场与他早先的观点形成了鲜明的对照。他曾认为，让新的阶层注册进来可让福利系统从他们多年的贡献中获利。吸收富人财富的希望正在消退。See J. M. Keynes, *Activities 1940-1946, Collected Writings*, vol. 27 (London, 1980), pp. 237-38; and ACT 1/692, "19 November [1942] - Beveridge Report."

73  PIN 8/116, CBR 10, 15 December 1942 and "Principles of a Subsistence Basis for Rates of Benefit"; CAB 123/45, RP (43) 6, 14 January 1943. 菲利普斯委员会因此遵循了国际劳工组织向贝弗里奇提出的建议的精神，该建议拒绝将向所有人发放生活津贴视为浪费，而是建议提供足够的养老金，以使三分之二的老年人脱离针对性补贴，同时努力消除资产测查的耻辱名声；见 CAB 87/79, SIC (42) 47, 9 May 1942. See also BIT, *Securitesociale: Ses principes, les problemes qui se posent a la suite de la guerre* (Montreal, 1944), p. 24。

74  关于菲利普斯委员会，见 PIN 8/115, Official Committee on the Beveridge Report, minutes, 22 December 1942; PIN 8/116, CBR 1, 16 December 1942; and CAB 123/45, RP (43) 6, 14 January 1943。 有关优先重建事项委员会和内阁审议，见 CAB 87/13, PR (43) 9, 7 February 1943; ACT 1/694, Gilbert to Epps, 5 February 1943; CAB 65/33, Cabinet minutes, 14 January 1943, 1 February 1943; and CAB 66/34, WP (43) 58, 11 February 1943。

75  PIN 8/148, "White Paper on Social Security: General Outline for the Secretary of State."

76  卫生部也有比较世俗的动机，即官僚主义的私利。如果社会保险的其他分支也不能实行普惠主义，基于假设所有人都通过社会保险基金缴费的全面的国民保健服务体系将在财政上受到损害。见 CAB 87/13, PR (43) 7, 3 February 1943。 此时，该部预计其资源的百分比将比最终通过缴费获得的要大得多。

77  ACT 1/694, Gilbert to Epps, 5 February 1943; Gilbert, "Beveridge- Rates of Benefit," 27 October 1943.

78  CAB 65/33, Cabinet minutes, 12 February 1943. On the influence of American opinion vis a vis the report, see CAB 123/45, WP (43) 59, 10 February 1943; PREM 4/89/2/part 2, Cherwell to Churchill, 11 February 1943; and CAB 65/33, RP (43) 5, 11 January 1943, summarized in Peter Baldwin, "The Social Bases of the European Welfare State: Class, Interest and the Debate over a Universalist Social Policy, 1875-1975," diss., Harvard Univ., 1986, p. 209.

79  PREM 4/89/2/part 2, Kingsley Wood to Churchill, 17 November 1942.

80  CAB 65/33, Cabinet minutes, 12 February 1943.

81  CAB 65/33, Cabinet minutes, 12 February 1943; PIN 8/7, minutes, meeting between Jowitt and the TUC, 8 April 1943; stenographic minutes in the TUC Archives, box 474; T 172/2093, Gilbert, "Subsistence Principle on Benefits," 15 February 1943.

82  TUC, *Annual Report*, 1942, pp. 224-25.

83  Labour Party, *Annual Conference*, 1942, pp. 133-42; Labour Party Archives, London, RDR 128/August 1942; Emanuel Shinwell, *I've Lived through it All* (London, 1973), p. 175.

84  Labour, RDR 185/January 1943; TUC Archives, Joint Social Insurance and Workman's Compensation and Factories Committee, minutes, 9 February 1943.

85  Hartmut Kopsch, "The Approach of the Conservative Party to Social Policy during World War II," diss., Univ. of London, 1970; J. D. Hoffman, *The Conservative Party in Opposition 1945-51* (London, 1964), pp. 35-41. 这份报告收藏在保守党档案馆，牛津，保守党研究部，

CRD 2/28/6。

86 CAB 87/13, PR (43) 41, 12 July 1943; CAB 65/43, Cabinet minutes, 4 July 1944. 有关战后计划的背景，见 J. M. Lee, *The Churchill Coalition* (Hamden, Conn., 1980), ch. 5。有关辩论，见 *Hansard* 16-18 February 1943; Alan Bullock, *The Life and Times of Ernest Bevin* (London, 1967), vol. 2, pp. 225ff; Kenneth Harris, Attlee (London, 1982), pp. 221ff; and Bernard Donoughue and G. W. Jones, *Herbert Morrison: Portrait of a Politician* (London, 1973), pp. 314-16。

87 CAB 87/5, Reconstruction Committee, minutes, 24 January 1944.

88 *Social Insurance: Part I*, Cmd. 6550, paras. 8, 33.

89 CAB 87/12, Reconstruction Committee, minutes, 1 November 1943; CAB 87/13, minutes, 24 January 1944.

90 CAB 123/244, Chester to Lord President, "Beveridge Report - Suggested Plan of Work PR (43) 19," 6 April 1943; T 161/1165/S48497/3, Chester, "Old Age Pensions," 13 May 1944.

91 T 161/1165/S48497/3, Chester to Keynes, 13 May 1944; Keynes to Gilbert and Hopkins, 15 May 1944; Gilbert to Hopkins, 22 May 1944.

92 Numbers in PIN 8/59, Government Actuary, "Comparisons of the Cost of the Government's Proposals with the Beveridge Plan," 5 June 1944.

93 根据贝弗里奇的计划，一个在1945年满55岁、收入微薄的工薪者将获得19先令的养老金。两年提升一次，1955年上升到24先令。在1965年，一个新加入的独立经营者可获得14先令，终生保持不变。新的提案使这两种人都获得20先令养老金，尽管新加入的阶层通常比工人的缴费时间要短得多。See also Leslie Hannah, *Inventing Retirement: The Development of Occupational Pensions in Britain* (Cambridge, 1986), pp. 53-54; and J. C. Kincaid, *Poverty and Equality in Britain* (Harmondsworth, 1973), pp. 28-29.

94 Cmd. 6404, para. 292. 转为现收现付制的效果如此富有戏剧性，以至于乔维特（Jowitt）要求作出解释。他想知道，一个大幅度扩展的养老金计划是如何使政府比以前花费更少的。正如希普尚克斯（Sheepshanks）所能报告的，答案是取消所有的重要基金，这样新成员支付的保费和从老成员那里收取的较高金额就表现为净利润，使该系统目前的账户资金增大，只有一部分被给现有成员增加的养老金吸收。通过取消基金，政府在1945年的养老金支出中所占的份额将从6300万英镑降至5800万英镑，而缴费收入是去年的三倍，从4600万英镑增至1.3亿英镑。"人们不会用这种方式陈述这个问题，"希普尚克斯的线人警告说，"除非尽可能清楚地提出解决这个谜团的办法，我知道你同意，不以这种伪装来公开这件事的理由是相当明显的。" (PIN 8/84, note, T. H. [Hutson] to Sheepshanks, 27 October 1944) See also Vic George, *Social Security: Beveridge and After* (London, 1968), p. 58.

95 For the background, see Kenneth Morgan, *Labour in Power*, pp. 143-51; Ben Pimlott, *Hugh Dalton* (London, 1985), chs. 25, 26; and Alec Cairncross, *Years of Recovery: British Economic Policy 1945-51* (London, 1985), ch. 1.

96　或者实际上征收了二次税。See Mike Reddin, "Taxation and Pensions," in Cedric Sandford et al. (eds.), *Taxation and Social Policy* (London, 1980), pp. 127-28.

97　PIN 18/6, J. Walley, "Retirement Condition and Earnings Rule," 6 June 1945.

98　CAB 134/697, Cabinet, Social Services Committee, minutes, 3 September 1945, 22 November 1945, 26 November 1945; SS (45) 19, 9 November 1945; CAB 129/5, CP (45) 323, 5 December 1945.

99　Griffiths, *Pages from Memory*, p. 85; *Hansard*, 6 February 1946, cols. 1741-42. J. Hess, "The Social Policy of the Attlee Government," in Wolfgang J. Mommsen (ed.), *The Emergence of the Welfare State in Britain and Germany, 1850-1950* (London, 1981), gives him the benefit of the doubt.

100　CAB 134/697, SS (45) i8, 9 November 1945; Hansard, 6 February 1946, cols. 1740-41.

101　Alan Deacon, "An End to the Means Test? Social Security and the Attlee Government," *Journal of Social Policy*, 11, 3 (July 1982), 297-98; D. N. Pritt, *The Labour Government 1945-51* (London, 1963), p. 46.

102　*The Times*, 5 July 1948, quoted in PIN 19/189, "National Insurance Scheme, Departmental Working Group No. 1, First Interim Report," September 1952. A similar middle-class argument could easily be made also for the NHS; see, for example, Harry Eckstein, *The English Health Service: Its Origins, Structure and Achievements* (Cambridge, Mass., 1958), ch. 2; Vivienne Walters, *Class Inequality and Health Care: The Origins and Impact of the National Health Service* (London, 1980), pp. 35-44, 104-12; and Michael Foot, *Aneurin Bevan* (London, 1973), vol. 2, pp. 188-89.

103　论瑞典的事业发展是理想型的, 见 Arne Ruth, "The Second New Nation: The Mythology of Modern Sweden," in Stephen R. Graubard (ed.), *Norden: The Passion for Equality* (Oslo, 1986)。

104　Ake Elmér, "Danmark i den svenska folkpensionsdebatten," in *Festskrift til Frederik Zeuthen* (Copenhagen, 1958), pp. 55-65.

105　Gustav Möller, *Från Fattighus-Sverige till Social-Sverige* (Stockholm, 1948), p. 13. 来自英国的动力和灵感在斯堪的纳维亚改革中几乎没有发挥作用。与此相反的主张见 Hockerts, "Die Entwicklung vom Zweiten Weltkrieg bis zur Gegenwart"; Jean-Jacques Dupeyroux, *Evolution et tendances des systèmes de sécurité sociale des pays membres des communautés européennes et de la Grande-Bretagne* (Luxemburg, 1966), pp. 160-61; and Jean-Jacques Dupeyroux, "L'évolution des systèmes et la théorie generate de la sécurité sociale," *Droit social*, 28, 2 (February 1966), 113。Norway, perhaps because of the government in exile in London, may be the exception; see Kuhnle, *Velferdsstatens utvikling*, p. 155.

106　"人民养老金"是斯堪的纳维亚福利国家模式的决定性特征之一的一种说法, 见 Bent Rold Andersen, "Rationality and Irrationality of the Nordic Welfare State," in Graubard,

*Norden*, p. 119。养老金的标准工作见Åke Elmér, *Folkpensioneringen i Sverige: Med särskild hänsyn till ålderspensioneringen* (Lund, 1960)。一般的叙述见Rolf Broberg, *Sä formades tryggheten: Socialförsäkringshistoria*, 1946-19-72 (n.p., 1973)。

107 RA/S, Socialvärdskommitten (SVK), 1185/133, "Promemoria i frägan om pensionsavgifter och grundpensioner i en reformerad folkpensionering," 26 April 1945; 1185/2, SVK minutes, 13 November 1942; *Ulredning och förslag angäende lag om folkpensionering*, Statensoffentligautredningar (SOU) 1945: 46, pp. 124-25; Bernhard Eriksson, "Beveridgeplanen och socialförsäkring i Sverige," *Svensk sjukkassetidning*, 38, 2 (February 1945), 41; Bernhard Eriksson, *Vär framtida socialvärd* (Stockholm, 1943), p. 10; ARA, Bernhard Erikssons Arkiv, 7, 1965/1256, speech MS, "Riktlinjer för socialvärdsreformen," pp. 13-14.

108 SOU 1945: 46, pp. 138-39.

109 RA/S, 1185/3, SVK minutes, 2 October 1944, Eriksson, Ostlind, Hojer; Eriksson, *Vär framtida socialvärd*, pp. 5-6.

110 RA/S, Moderata Samlingspartiets Deposition, AH: 1, Representantskapet, minutes, 1 November 1943 and Bilag 5.

111 RA/S, Moderata samlingspartiet, AI: 2, Högerns Riksstämma, minutes, 16 June 1944, Sjoquist, Arrhén; minutes, 17 June 1944, Stjernlöf, Magnusson, Bagge; "Programuttalande." See also Gunnar Heckscher, "Konservativ socialpolitik," in his *Unghögern: Politiska essayer* (Stockholm, 1934), pp. 121-34.

112 For the background, see Elisabeth Sandlund, *Svenska dagbladets historia* (n.p., 1984), vol. 3, pp. 126-28, 204-07. See also Elis Hàstad, *En activ tnedelklasspolitik* (Stockholm, 1944).

113 RA/S, Moderata samlingspartiet, AIV: 2, Överstyrelsen, minutes, 8 December 1944, Bilag 2, motion no. 2; RA/S, Moderata samlingspartiet, Partiledarna, Fritjof Domö/4, MS for speech, 9 December 1944.

114 RA/S, Moderata samlingspartiet, Partiledarna, Domö/5, MS of a speech to Högernklubben, Stockholm, 3 October 1945.

115 RA/S, Igor Holmstedts Samlingom Högerpartiet, 2, "Mäloch medel inom socialpolitiken: En diskussionspromemoria." 从这个意义上说，他们延续了旧保守主义意识形态的倾向；见Nils Elvander, *Harald Hjärne och konservatismen: Konservativ idédebatt i Sverige 1865-1922* (Uppsala, 1961), pp. 295-97。

116 Dag W. Scharp (ed.), *Frihet och framsteg: En krönika om Högerpartiet* (Nyköping, 1959), p. 112; Kurt Samuelsson, "The Philosophy of Swedish Welfare Policies," in Steven Koblik (ed.), *Sweden's Development from Poverty to Affluence, 1750-1970* (Minneapolis, 1975), pp. 342-43. 20世纪30年代的家庭政策改革在这里有一个连续性；见Lisbet Rausing, "The Population Question: The Debate over Family Welfare Reforms in Sweden, 1930-38," *Europäische Zeitschrift für politische Ökonomie*, 2 4 (1986)。

117 RA/S, Moderata samlingspartiet, AI: 3, Högerns extra Riksstämma, 1-2 February 1946, Hjalmarsson's speech, appended to the minutes.

118 RA/S, Holmstedts Samling, 1, Högerns Programkommitte, preliminary draft: of the program, section 8; Högerns Riksorganisation, *Frihet och framsteg: Kommentar till Högerns handlingsprogratn* (Stockholm, 1946), esp. pp. 110-202.

119 RA/S, Holmstedts Samling, 2, "Màl och medel inom socialpolitiken."

120 RA/S, Holmstedts Samling, 2, 2, P. Hj. Fagerholm, "Nägra synpunkter pä inkomst-och behovsprövning inom socialvärden."

121 RA/S, Moderata samlingspartiet, AI: 3, Högerns extra Riksstämma, 1-2 February 1946, Hjalmarsson的发言附在会议记录中。

122 当时讨论是否取消资产测查的两个例子是养老金和学校就餐。该党同意取消对养老金的资产测查（迄今为止是两者中更重要的一个），只有激进分子也在推动取消第二个。See RA/S, Moderata samlingspartiet, AIV: 2, Överstyrelsen, minutes, 31 January 1946, Järte, Wistrand, Falla, Nylander, Ohlsson, Hjalmarsson; AI: 3, Högerns extra Riksstämma, minutes, 1-2 February 1946; and Högerns Riksstämma, minutes, 17-18 June 1946.

123 Quoted in Scharp, *Frihet och framsteg*, p. 452.

124 Möller不得不出面劝说工会搁置退休金计划，直到养老金改革得到解决；见LO Archives, Stockholm, Landssekretariatet, minutes, 2 January 1945。

125 如果不是因为有一个未经检验的假设，即团结式社会政策一定是社会民主党的主意，那么就没有理由感到惊讶，资产阶级政党通常反对昂贵的改革，现在似乎已经转而支持最奢侈的替代方案。安德森感到不安的是，事实证明，资产阶级政党"令人惊讶地愿意在民意似乎有利于他们的时候接受普惠主义、非缴费型计划"，这一点是可以理解的，因为安德森假设普惠主义是社会民主党的一个特别的目标。见 Esping-Andersen, *Politics against Markets*, p. 157; and, similarly, Stig Hadenius et al., *Sverige efter 1900* (Stockholm, 1967), pp. 194-95。唯一把问题搞清楚的是Göran Therborn, "The Working Class and the Welfare State," in Pauli Kettunen (ed.), *Det nordiska i den nordiska arbetarorölsen* (Helsinki, 1986), pp 52-55。

126 Sveriges Socialdemokratiska Arbetareparti (SAP), *Protokoll*, 1944, pp. 432-33.

127 His account is to be found in "Inkomstprövade pensioner?" in Gustav Möller, "Hägkomster," *Arbetarörelsens ärsbok* (1971), pp. 180-82.

128 ARA, SAP, Partistyrelsen, minutes, 16 January 1944; SAP, *Protokoll*, 1944, pp. 435-37.

129 ARA, SAP, Partistyrelsen, minutes, 9 December 1945; Tage Erlander, 1940-1949 (Stockholm, 1973), pp. 147-48.

130 *Arbetarrörelsens efterkrigsprogram* (Stockholm, 1944). Nor was mention made in the party's 1944 program; see *Frän Palm till Palme: Den svenska socialdemokratins program, 1881-1960* (Stockholm, 1972), pp. 160-68.

131 ARA, SAP, Partistyrelsen, minutes, 23 April 1944, Wigforss; *Bondeförbundets medlemsblady*

2 (June 1946); RA/S, Bondeförbundet-Centerpartiets Arkiv, AI: 4, Riksstämman, minutes, 30 June to 2 July 1946 and Bilag 30, speech by Axel Pehrsson-Bramstorp, 30 June 1946.

132 Ernst Wigforss, *Minnen* (Stockholm, 1950-54) Vol.3, p. 304; *Riksdagens protokoll*, AK 1948: 31, 3 July 1948, p. 58. 保守党在对此事的陈述中充分肯定了普惠式养老金的重要性；见Högerns Riksorganisation, *Politisk valhandbok* (1946), pp. 150-53; and Gösta Lindskog, *Med Högern för Sveriges framtid* (Stockholm, 1954), pp. 449-51。

133 *Riksdagens protokoll*, Prop. 1946: 220, pp. 65-99.

134 人口统计学家对战后人口老龄化的预测促使人们努力鼓励老年人继续工作。

135 尽管如此，情况还是模棱两可。资产测查的污名似乎对城市阶层的影响大于农村阶层（与丹麦的情况不同），而农村对针对性福利的帮助是不客气的。这样做之后，乡村居民对消除以需要作为条件得到好处似乎印象并不深刻。See RA/S, 1185/1, "Promemoria angående folkpensionering," 25 September 1940; Tilläggspromemoria till P.M. den 25 Sept. 1940; SVK, minutes, 23 October 1940, 28 February 1939, Dahlstrom, Höjer; and Riksdagens protokoll, FK 1946: 25, 19 June 1946, pp. 98-100.

136 por Erlander, see also ARA, Erlanders Arkiv, BI: 7, MS for speech, Kalmar and Nybro, 3 February 1946, pp. 2-4; and MS speech, Stockholm, 9 May 1946, "Barnkostnadernas fördelning," pp. 14-16.

137 ARA, SAP, Riksdagsgruppen, minutes, 29 January 1946, 5 March 1946; ARA, Per Albin Hanssons Arkiv, 1b, Dagböcker och minnesanteckningar, 2 March 1946.

138 *Riksdagens protokoll*, Prop. 1946: 220, pp. 107-22; 1SäU 1946: 1, p. 32.

139 这与保守党的意愿一致，即通过同收入挂钩的保费来提供统一费率的福利，富裕阶层的缴费比例跟他们的福利大致相等，见 RA/S, Holmstedts Samling, 2, Högerns Programkommitté, "Några synpunkter på inkomst-och behovsprövning inom social värden," and "Social trygghet"。

140 *Riksdagens protokoll*, AK 1946: 27, 20 June 1946, pp. 3-41. See also ARA, Erlanders Arkiv, BI: 8, MS speech, Torsby et al., 7 July 1946; "Valföredrag 1946," pp. 5-6. 从后来关于是否通过资产测查来决定生活费补充的辩论中，可看出社会民主党对针对性福利的矛盾心理；见Gustaf Jonasson, *Per Edvin Sköld*, 1946-1951 (Uppsala, 1976), pp. 57-61; and "Dyrtidstilläggen," in *Arbetarrörelsens ärsbok* (1971), pp. 187-89。

141 埃米尔·利德斯特兰（Emil Liedstrand）的研究包括了挣工资者与自雇人士利益的巧合，他主张废除资产测查的论点在这两个群体中流传开来。See Tjänstemannarorelsens Arkiv, Bergendal, 5 30/6, Liedstrand, "Några erfarenheter rörande verkningarna av behovsprövningen inom socialförsäkringen," 31 August 1945; Emil Liedstrand, "Behovsprövning inom folkpensioneringen," *Han Werk och smäindustriy*, 1 (1946), pp. 19-20; and Emil Liedstrand, "Behovsprövningen inom folkpensioneringen och närgränsande delar av den svenska socialvärden," *Nordisk försäkringstidskrift*, 26, 1 (1 January 1946).

142 For indications to this effect, see RA/S, Holmstedts Samling, 2, "Några synpunkter på

inkomst-och behovsprövning inom socialvärden."

143 *Riksdagens protokoll*, FK 1946: 25, 19 June 1946, pp. 106-08.

144 Nils Elvander, *Svensk skattepolitik, 1945-1970: En studie i partiers och organisationers funktion* (Stockholm, 1972), pp. 26-66. "养老金不以资产测查为条件主要是保守党的M. Skoglund和A.Hagärd干的事。这是公正和正确的，但也昂贵。一位忧心忡忡的保守党人问我，即使沃伦伯格也会得到养老金，这是否属实？'当然，'我回答，'如果这项税收政策继续下去，他可能会需要（这笔养老金）的。'"(Ivar Anderson, *Frän det nära förfiutna: Människor och händelser 1940-1955* [Stockholm, 1969], p. 197) 这是瑞典的一个笑话。

145 Enrique Rodriguez, *Offentlig inkomstexpansion: En analys av drivkrafterna bakom de offentliga inkomsternas utveckling i Sverige under 1900-talet* (Uppsala, 1980), pp. 40, 55-56; Enrique Rodriguez, *Den svenska skattehistorien* (Lund, 1981), ch. 4.

146 See note 53.

147 在瑞典，成本差异不仅体现在城市和农村之间，而且体现在北方和南方之间；见 Betänkande angàende dyrortsgrupperingen, SOU 1945: 32, p. 105。

148 ARA, SAP, Partistyrelsen, minutes, 23 April 1944; SAP, *Protokoll*, 1944, pp. 438-39. For Conservatives, see RA/S, Moderata samlingspartiet, AI: 3, Högerns extra Riksstämma, minutes, 1-2 February 1946, Wik; and Holmstedts Samling, 2, "Social trygghet." On Agrarians see Diane Sainsbury, *Swedish Social Democratic Ideology and Electoral Politics, 1944-1948: A Study of the Functions of Party Ideology* (Stockholm, 1980), pp. 57-58; and RA/S, Bondeförbundet-Centerpartiets Arkiv, AI: 3, Riksstämman, minutes, 18-19 June 1945, Wahlund, Ridder, Larsson, Berlin.

149 Gustaf Jonnergard, *Sä blev det Centerpartiet: Bondeförbunds-och Centeridéerna frän fyrtiotaletfram till 1960* (Stockholm, 1984), pp. 65-69. See Zetterberg, *Liberalism*, pp. 176-85, 在这场辩论的第一阶段，投诉立即开始；见RA/S, Bondeförbundet Centerpartiets Arkiv, AI: 4, Riksstamman, minutes, 1-2 July 1946, para. 46, Bilag 25。

150 RA/S, 1185/2, SVK minutes, 20 March 1941, Nordgren, Eriksson; SVK minutes, 1 October 1941, 1 September 1942; *Utredning och förslag angäende lag om allmän sjukförsäkring,* SOU 1944: 15, pp. 145-47.

151 RA/S, 1185/3, SVK minutes, 20 June 1945, Byttner, Nordgren.

152 RA/S, 1185/2, SVK minutes, 13 November 1942.

153 *Riksdagens protokoll*, Prop. 1946: 312, p. 87-91; LO, Berättelse, 1945, p.156.

154 在为数不多的支持统一费率的人中，有一个人考虑到了行政管理的简单性，并通过观察指出，由于穷人不会在医疗保险的高收入类别中投保，因而国家将向富人支付比穷人更高的补贴；见ARA, SAP, Riksdagsgruppen, minutes, 25 October 1945。This was also Möller's argument; see "Sjukförsäkringen," *Arbetarrörelsens ärsbok* (1971), pp. 190-92.

155 *Riksdagens protokoll*, Prop. 1946: 312, pp. 135-41。

156　*Riksdagens protokoll*, AK 1946: 42, 18 December 1946, pp. 7-12, 23-24; 3SäU 1946: 1; Motion FK 1946: 380.

157　*Sjukforsdkring och yrkesskadeforsa'kring*, SOU 1952: 39; Riksdagens protokoll, Prop. 1953: 178.

158　适用于芬兰的类似认识，见 Herman van Gunsteren and Martin Rein, "The Dialectic of Public and Private Pensions," *Journal of Social Policy*, 14, 2 (April 1985), 133-34。总的来说，芬兰的案例证实了这里提出的一些观点，包括普惠主义和统一费率养老金的农业基础；见 Olli Kangas, *Politik och ekonomi i pensionsförsäkringen: Detfinska pensionssystetnet i ett jämförande perspektiv, Institutet för socialforskning* (Stockholm), *Meddelande*, 5 (1988), pp. 12-15, 20-22, 29-31。更一般的概括见 Matti Alestalo, *Structural Change, Classes and the State: Finland in an Historical and Comparative Perspective*, University of Helsinki, Research Group for Comparative Sociology, Research Reports 33 (1986), esp. pp. 133-37; and Matti Alestalo and Hannu Uusitalo, "Finland," in Peter Flora (ed.), *Growth to Limits: The Western European Welfare States since World War II* (Berlin, 1986), vol. 1, esp. pp. 209-11, 262。挪威的类似情况见 Aksel Hatland, *The Future of Norwegian Social Insurance* (Oslo, 1984), pp. 48-50。

159　Henrik Pers, *Velfærdstatens gennembrud i Danmark: Den politiske debat omkring folkepensionens indførelse* (Copenhagen, 1981), pp. 27-29; Arbejderbevægelsens Bibliotek og Arkiv (ABA), Copenhagen, Socialdemokratiets Arkiv, 899/1, Aldersrentespargsmalet, Wm. Villumsen, "Aldersrente - Folkeforsikring: En Redegørelse."

160　战时的一个委员会也对这些提议进行了批判性的处理，见 *Betænkning angäende udvidet aägang til at oppebare indtægt ved siden af aldersrenten* (Copenhagen, 1945)，pp. 79-83。

161　*Protokoll for den 24. socialdemokratiske partikongres i København den 19.-22. August 1945*, pp.76-79, 96-99.

162　*Fremtidens Danmark* (n.p. 1945), p.79.

163　Det Radikale Venstres Rigsdagsgruppe, *Efterkrigstidens samfund* (Odense, n.d. [1945]). 自 19世纪以来，丹麦和法国都有一个传统，即政治命名只是有限地考虑到意识形态的面貌，例如现在处于中间派的政党保留其原来持左派立场时的名称。Det Radikale Venstre 字面意思为 "激进的左派"，但已不合时宜。

164　Pers, *Velfærdstatens gennembrud*, pp. 34-47.

165　Folkeforsikringskommissionen af 1948, *Betænkning om folkepension*, Betænkning 123/1955, pp. 77-87. For an English summary, see "Report of a Commission on National Pensions in Denmark," *International Labour Review*, 75, 4 (April 1957).

166　一旦已经存在非缴费型措施，就难以实行全基金式安排，这是表明社会政策的最初决定导致后来选择余地缩小的一个例子。在下一章中，这些考虑有助于解释欧洲大陆不可能遵循相反的路线（在同收入挂钩的缴费型社会保险建立之后再引入统一费率、非缴费型措施）。丹麦养老金政策的发展说明了这一决定论，见 *Betænkning vedrørende en forsikringsmæssig overbygning pä aldersrenten, afgivet afdet under 20 August 1946 nedsatte Aldersrenteudvalg* (Copenhagen, 1951), pp. 1-25。20世纪30年代美国改革家面临着类似的选择，见Bruno Stein, "Funding Social Security on a Current Basis: The 1939 Policy Change in the United States," in Douglas E. Ashford and E. W. Kelley (eds.), *Nationalizing Social Security in Europe and America* (Greenwich, Conn., 1986)。

167  Betænkning 123/1955, pp. 130-34.

168  The self-consciously provocative analyses of Jørgen Dich that identify middle-class groups most directly as the beneficiaries of universalism and attribute reform solely to their influence are therefore stimulating but insufficient; see Jørgen S. Dich, "Folkepensioneringen," *Nationaløkonomisk tidsskrift*, 91, 6 (1953); and Jørgen S. Dich, *Den herskende klasse: En kritisk analyse af social udbytning og midlerne itnod den*, 4th edn (Copenhagen, 1973), pp. 59-60.

169  Kaj Bundvad, *Folkepension* (Copenhagen, 1953), pp. 9-13.

170  RA/D, Det Radikale Venstre, 17/3, Landsmoder, 1945, "Udkast til Landsmodets Udtalelse"; 3/3, Rigsdagsgrupperne, Korrespondance m.m., 1949-1953, "Bemærkning af Kjeld Philip om overbygning over aldersrenten" and "Udkast til Betænkning II"; RA/D, Socialministeriet, F. 19-199/68, A-10, Folkeforsikringskommissionen, "Status for Folkeforsikringskommissionen pr. 6 Juni 1952"; Det Radikale Venstre, *Socialliberale tanker i dansk politik* (Copenhagen, 1950), pp. 209-11.

171  RA/D, Det Radikale Venstre, 117/5/5, Partikontoret/sekretariatet, Partisekretser Bjørn Hansens Kreds- og amtsmøder med partiets tillidsmænd, S.Bjørn Hansen, "Referat fra Kredsturen 6. Juli til 6. August 1953"; 125/6, Rejsesekretær Nic. Hurup 1948-1963, Korrespondance og indberetninger 1953, Hurup to Bjørn Hansen, 18 November 1953.

172  G. Drachmann, "Hen imod folkepension: En gennemgang af Folkefbrsikringskommissionens betænkning," *Socialt tidsskrift*, 31, 5/6 (May-June 1955), 173.

173  *Folketingstidende*, 23 November 1955, cols. 1216-22; 24 November 1953, col. 1317; Thomas Christensen, "Hvorfor folkepension og hvordan?" *Husmandshjemmet*, 6, 15/16 (24 April 1956), 3; *Langelands folkeblad*, 5 May 1956; *Ugens politik*, 16, 26 (11 May 1956); *Fyns venstreblad*, 21 May 1955; Det Radikale Venstre, *Politisk ärbog og almanak* (1957), p. 68.

174  Pers, *Velfærdstatens gennembrud*, p. 112.

175  保守党和自由党反对将所有人包括在内，这是在社会民主党议会小组的一次会议上指出的，会上讨论了争取进一步支持改革的战术可能性，但是社会自由党毫不妥协地要求涵盖全民。见Folketingets Bibliotek, Copenhagen, Socialdemokratisk Folketingsgruppe, minutes, 7 June 1956。

176  RA/D, Det Radikale Venstre 125/9, Partikontoret/sekretariatet, Rejsesekretær Nic. Hurup, 1948-63, reports from Hurup, 12 April 1956, 16 April 1956, 14 May 1956.

177 RA/D, Venstre IV/31, Venstres Folketingsgruppe, minutes, 4 June 1953, 17 August 1953, 18 August 1953; Knud Larsen et al., Venstre: 50 är for folkestyret (Holte, 1979), pp. 195-96; RA/D, Socialministeriet, F. 19-199/68, A-IO, "Status for Folkeforsikringskommissionen pr. 6 Juni 1952."

178 "Folkepensionens indførelse," Socialt tidsskrift, 37, 3 (March 1960), 84-86.

179 RA/D, Venstre II/4, Venstres Landsorganisation, minutes, 19 September 1955, 20 September 1955. 在20世纪50年代中期，农民们刚开始出于自身利益而接受新的公共努力。1958年开始实行慷慨的农业补贴。战前，工人阶级得到的公共资金是农民的七倍。到1963年，这一比例已经逆转。See Henrik Christoffersen, Det offentlige og samfundsudviklingen (Copenhagen, 1978), pp. 104-06; Jørgen S. Dich, "Udviklingen af skatte- og tilskudspolitikken siden 1939: Et bidrag til forklaring af de politiske kræfter in Danmark," Økonomi og politik, 39, 3 (1965), 243-49; and Anton Steen, "The Farmers, the State and the Social Democrats," Scandinavian Political Studies, 8, 1/2 (June 1985).

180 Betænkning 123/1955, pp. 143-47; Folketingstidende, 2 December 1954, col. 1204; 7 December 1954, col. 1303; 14 December 1954, col. 1592.

181 Folketingstidende, 23 November 1955, cols. 1168-1205; 24 November 1955, cols.1261-62, 1305.

182 Folketingstidende 1955-56, Tillæg B, cols. 785-1114, 1175-88; 21 June 1956, cols. 5303-15; 12 September 1956, cols. 5528-40; 14 September 1956, cols. 5645-5701; 21 September 1956, cols. 5793-5812; RA/D, Venstre IV/49, Venstres Folketingsgruppe, minutes, 13 September 1956; Bent Hansen, Velstand uden velfærd: En kritik af det danske klassesamfund (Copenhagen, 1973), p. 40; Folketingsärbog, 1971-72, pp. 358-61. For more details, see Baldwin, "Social Bases", pp. 287-90.

183 Folketingstidende, 26 September 1956, cols. 5877-5993; Poul Møller, Gennembrudsär: Dansk politik i 50'erne (Copenhagen, 1977), p. 97.

184 Folkepensionslcommissionen af 1961, Betænkning om almindelig folkepension, Betænkning 324/1963.

185 RA/D, F.19-199/200, Udvalget vedr. Folkepensionskommissionen af 1961, 1961-63, minutes, 11 April 1962, 26 April 1962. 舆论也持怀疑态度，见Niels Halck and Frede Østergärd, Omkring den almindelige folkepension (Copenhagen, 1964), p.29; and Gunnar Thorlund Jepsen, "Alderspensionering i Danmark," Nationaløkonomisk tidsskrift, 102, 1/2 (1964), 61。

186 Interview with Kaj Bundvad, Funktionær tidende, 49, 2 (April 1964), 26.

187 Folketingstidende, 29 January 1964, cols. 2452-58; 13 February 1964, cols. 3088-90, 3100, 3103-4, 3113.

188 Folketingstidende, 1963-64, Tillæg B, cols. 865-76, 14 May 1964; Folketingets Bibliotek, Socialdemokratiske Folketingsgruppe, minutes, 14 May 1964.

189 *Folketingstidende*, 22 May 1964, cols. 5367-68.

190 这一逻辑清楚地反映在 Anna Hedborg and Rudolf Meidner, *Folkhemsmodellen* (n.p., 1984), pp. 184-87。

191 For example, Sidney Verba et al., *Elites and the Idea of Equality* (Cambridge, Mass., 1987), p. 40; Erik Allardt, "The Civic Conception of the Welfare State in Scandinavia," in Richard Rose and Rei Shiratori (eds.), *The Welfare State East and West* (New York, 1986), p. 113; Esping-Andersen and Korpi, "From Poor Relief to Institutional Welfare States," p. 70; Korpi, "Social Policy and Distributional Conflict," p. 304.

192 Titmuss, "The Role of Redistribution in Social Policy," and "Universal and Selective Social Services," in his *Commitment to Welfare*, pp. 191, 122; Richard Titmuss, "Welfare 'Rights': Law and Discretion," *Political Quarterly*, 42, 2 (April-June 1971). See also C. A. R. Crosland, *The Future of Socialism* (London, 1956), pp. 142-46; and Kathleen Jones et al., *Issues in Social Policy* (London, 1978), pp. 50-54.

## 第三章

1 Theo Berben et al., "Stelsels van sociale zekerheid: Na-oorlogse regelingen in West Europa," *Res Publica: Belgian Journal for Political Science*, 28, 1 (1986), 128-32.

2 Wolfgang Abenroth, "Soziale Sicherheit nach dem zweiten Weltkrieg: Die sozialgeschichtlichen Ursachen der Extension der sozialen Sicherheit," in Frank Benseler (ed.), *Festschrift zum achtzigsten Geburtstag von Georg Lukács* (Neuwied, 1965); Jean-Jacques Ribas, "Sécurité sociale et classes sociales en France," *Droit social*, 15, 7 (July-August 1952), 479; Guy Perrin, "Pour une théorie sociologique de la sécurité sociale dans les sociétés industrielles," *Revue française de sociologie*, 8, 3 (July-September 1967), 317. 因此，在这种观点下，战后法国工人阶级和社会主义倾向的初步改革是无法维持的；见 Patrice Grevet, *Besoins populaires et financement public* (Paris, 1976), pp. 461-64; and Anne-Marie Guillemard, *Le déclin du social: Formation et crise des politiques de la vieillesse* (Paris, 1986), ch.1。

3 论法国税收结构的薄弱环节，见 Carolyn Webber and Aaron Wildavsky, *A History of Taxation and Expenditure in the Western World* (New York, 1986), pp. 547-50。

4 因此，该叙述具有误导性，见 Gøsta Esping-Andersen, "Politische Macht und wohlfahrtsstaatliche Regulation," in Frieder Naschold (ed.), *Arbeit und Politik: Gesellschaftliche Regulierung der Arbeit und der sozialen Sicherung* (Frankfurt, 1985), p. 475。

5 On the theory, see René Monin, *Problèmes de la retraite: Débat capitalisation-répartition* (Paris, 1958).

6 A group the Germans, with an unusually unsentimental term, call the *alte Last* or, if truly octogenarian, the *uralte Last*.

7 有关法国社会政策的文献少得可怜。每一个研究法国战后社会政策的学生都要感谢一本书，它最初是哈佛大学的一篇论文：Henry C. Galant, *Histoire politique de la sécurité sociale française 1945-1952* (Paris, 1955)。See also Gabrielle Bremme, *Freiheit und soziale Sicherheit: Motive und Prinzipien sozialer Sicherung dargestellt an England und Frankreich* (Stuttgart, 1959); Yves Saint-Jours, "France," in Peter A. Köhler and Hans F. Zacher (eds.), *The Evolution of Social Insurance, 1881-1981* (London, 1982); Thomas Wilson (ed.), *Pensions, Inflation and Growth: A Comparative Study of the Elderly in the Welfare State* (London, 1974), ch. 6; Pierre Laroque, "Le plan français de sécurité sociale: Sa conception, ses dix premières années," in *Association régionale pour l'étude de l'histoire de la sécurité sociale*, 1ᵉʳ colloque régional: "Vingt ans de sécurité sociale," 1945-1965 (Nancy, 1979); and Guillemard, *Le déclin du social*. The standard bibliography is Nadine Dada and Anne Proutiere (eds.), *Bibliographic pour servir à l'histoire de la sécurité sociale, de l'assistance et de la mutualité en France, de 1789 à nos jours*, 2 vols. (Bordeaux, 1980-83). The Comité d'histoire de la sécurité sociale, under Laroque's direction, is working on a history of French social security.

8    The CNR's Action Program (15 March 1944) is to be found in Réne Hostache, *Le Conseil national de la résistance* (Paris, 1958), pp. 457-63.

9    Harold Macmillan, *War Diaries: Politics and War in the Mediterranean, January 1943-May 1945* (London, 1984), p. 281; Georges De Gaulle, *Discours et messages* (Paris, 1970) vol. 1, p. 208; John F. Sweets, *The Politics of Resistance in France, 1940-1944* (Dekalb, 111., 1976), p. 74.

10   See also Daniel Mayer, *Les socialistes dans la résistance* (Paris, 1968), p. 172.

11   Comité général d'études de la France combattante, *Les cahiers politiques*, appendix xvi of Diane de Bellescize, "Le Comité général d'études de la résistance," diss., Univ. of Paris II, 1974. 否则，抵抗运动对战后社会改革的构想是模糊的；见 Henri Michel, *Les courants de pensée de la résistance* (Paris, 1962), pp. 401-02; and Henri Michel and Boris Mirkine-Guetzévitch, *Les idées politiques et sociales de la résistance* (Paris, 1954), ch. 15。

12   Assemblée nationale, Archives, Paris, Commission du travail, minutes, 29 June 1945, Georges Buisson. For simplicity's sake, the parliamentary committee responsible for social policy is called the Commission du travail through a number of minor name changes. See also *Cahiers français d'information*, 73 (1 December 1946), 29-30; Institut de science économique appliquee, *La sécurité sociale* (Paris, 1945), vol. 1, pp. 170-71, vol. 2, p. 175; Marcel Tardy, "Plan français et plan britannique de sécurité sociale," Le monde, 24/25 June 1945; and Romain Lavielle, *Histoire de la mutualité: Sa place dans le régime français de sécurité sociale* (Paris, 1964), pp. 141-43.

13   拉罗克在1984年初夏的一次谈话中否认多尼翁的计划对后来的改革有任何影响。论多尼翁，见B. A. Chapuis, "Les groupements professionals et la sécurité sociale," mémoire, Faculté de droit et des sciences économiques de Dijon, 3 November 1961, p. 28（copy in the

FNSP )。和德国一样，右翼和中间派也利用了附加在占领期间酝酿的普惠主义改革计划的污名谴责后来类似的企图；见 *JO Déb*, 31 July 1945, p. 1688。

14　Michel Guérin et al., "La réforme du minimum vieillesse," Revue francaise des affaires sociales, 34, 4 (October-December 1980), 411.

15　Pierre Laroque, "Le plan francais de securite sociale," *Cahiers français d'information*, 51 (February 1946), 11; Pierre Laroque, "Le plan français de sécurité sociale," *Revue française du travail*, 1, 1 (April 1946), 16; Archives nationales, Paris (AN), SS7922, Commission chargçe d'étudier les modifications à apporter à Pordonnance du 19 octobre 1945, minutes, 24 November 1947. See also Claude Petit, *La sécurité sociale en Grande-*Bretagne (Le plan Beueridge) (Paris, 1953), p. 67.

16　Pierre Laroque, "From Social Insurance to Social Security: Evolution in France," *International Labour Review*, 57, 6 (June 1948), 569ff.

17　Gerhard A. Ritter, *Social Welfare in Germany and Britain* (Leamington Spa, 1986), pp. 93-94. 虽然后来干部的类别扩大了，但仍然不如薪金雇员。由于这里的比较不是在干部和雇员之间，而是每个国家的工人与薪金雇员之间，以及前者作为一个群体希望分享后者所享有的更好财富，因而没有必要对社会类别进行严格的类比。我感谢罗伯特·达恩顿 (Robert Darnton) 的谨慎。战后比利时的改革以一种更类似于德国的方式将工人和薪金雇员区分开来，见 Arthur Doucy, *La sécurité sociale en Belgique: Le plan van Acker* (Paris, 1946)。

18　For details, see Henry Lion, *Régime de retraites et de prévoyance des cadres* (Paris, 1955); and Pierre de Baudus de Fransures, *L'évolution du régime de rétraites et de prévoyance des cadres de 1947 à 1969* (Paris, n.d.).

19　Antoine Prost, "Jalons pour une histoire des retraites et des retraités (1914-1939), " *Revue d'histoire moderne et contemporaine*, 11 (October-December 1964), 278; Roger Casati, *L'organisation d'un régime de prévoyance et de retraites en faveur des cadres de l'Industrie* (Paris, 1938).

20　一般来说的老年人阶级差别见 Anne-Marie Guillemard, *La vieillesse et l'état* (Paris, 1980), pp. 89ff; and Anne-Marie Guillemard, *La retraite: Une mort sociale: Sociologie des conduites en situation de retraite* (Paris, 1972)。

21　*JO Doc*, 8 March 1945, 290, pp. 362-63; Hans Ziegler, *Versicherungs- und Solidaritätsprinzip im schweizerischen und im französischen Sozialrecht* (Geneva, 1958).

22　Francis Netter, "Les retraites en France au cours de la période 1895-1945," *Droit social*, 9/10 (September-October 1965), 517; Francis Netter, "La sécurité sociale en France," *Notes documentaires et études*, 451 (25 October 1946), 14.

23　Ordinances of 30 December 1944; see "Social Insurance Measures in France," *International Labour Review*, 52, 1 (July 1945), 83-84; "Wage Increases in Liberated France," *International Labour Review*, 50, 5 (May 1945), 610; and Assemblée nationale, Archives, Commission des finances, minutes, 12 January 1945, Parodi.

24 例证见 Assemblée nationale, Commission du travail, minutes, 17 July 1946, Croizat。

25 例如，Parodi's introduction of the 4 October 1945 ordinance; see *JO Doc*, 5 July 1945, 507, p. 665。

26 有关例证见 Labor Minister Croizat's press conference, *Notes documentaires et études*, 346 (6 July 1946)。

27 *Le creuset*, 2, 35 (15 May 1946); 1, 15 (15 July 1945); *JO Déb*, 31 July 1945, p.1678.

28 Archives nationales/Fondation nationale des sciences politiques, Paris (AN/FNSP), MRP Archives, 350 AP 13, Commission des professions independantes, minutes, 13 December 1945.

29 AN/FNSP, 350 AP 14, MRP Archives, Réunion de la Commission de politique sociale et familiale, minutes, 15 December 1945, Nhys.

30 For indications of Communist awareness of the possibilities here, see the account of Benoit Frachon's comments in the Central Committee, 27 November 1946, Harvard University, Houghton Library, André Marty Archive, reel 13, AM/HB 4 ex. C, 28/X1/46, C. C. du 27/X1/46. I am indebted to Nathaniel Trumbull for this reference.

31 亨利·米克（Henri Meek）取代社会民主党人雷内·皮特斯（Réne Peeters）出任议会劳工委员会主席。

32 *JO Doc*, 26 June 1946, II -22, p. 8; 4 July 1946, II -86, p. 82.

33 政治家之间关于社会政策改革的争论反映在工会运动中。See Edouard Dolléans and Gérard Dehove, *Histoire du travail en France: Mouvement ouvrier et législation sociale* (Paris, 1955), vol. 2, pp. 290-95; Gaston Tessier," La Confédération française des travailleurs chrétiens et le plan actuel de sécurité sociale," *Droit social*, 9, 5 (May 1946), 209-20; and Gerard Adam, *La CFTC, 1940-1958: Histoirepolitique et idéologique* (Paris, 1964), pp. 139-44. For the background, see R. E. M. Irving, *Christian Democracy in France* (London, 1973), ch. 4.

34 *Le monde*, 13 July 1946.

35 Office universitaire de recherche socialiste, Paris, Comité directeur de la SFIO, minutes, 10 July 1946, Gazier, Priou.

36 Organized by a law of 30 October 1946.

37 *Le monde*, 13 July 1946, 14/15 July 1946.

38 *Le monde*, 25 June 1946, 10 July 1946, 11 July 1946. See also Commission du travail, minutes, 1 August 1946; and *JO Doc*, 2 August 1946, II-346, p. 287.

39 *JO Déb*, 8 August 1946, pp. 3062ff; Lion, *Régime de retraites*, p. 42.

40 The Parity Commission's records are to be found in Ministère des affaires sociales et de la solidarité nationale, Paris, Sous-direction de l'assurance vieillesse, Bureau V4.569, Commission nationale paritaire d'étude des régimes complémentaires de sécurité sociale. See

also Francis Netter, "L'élaboration de la convention collective nationale du 14 mars 1947," in AGIRC, *Le régime de retraites des cadres: 25 anniversaire 1947/1971* (Paris, n. d.); and Lion, *Régime de retraites*. Lion was a CGC representative in the commission.

41  Commission paritaire, minutes, 21 August 1946; sub-commission, minutes, 14 September 1946.

42  Commission paritaire, "Note pour monsieur le ministre sur l'état du problème des cadres," 1 October 1946.

43  Commission paritaire, Netter to the Labor Minister, 6 January 1947.

44  Commission paritaire, minutes, 4 January 1947.

45  *Le creuset*, 48 (15 January 1947).

46  *JO Déb*, 28 January 1947, pp. 111ff. They were spelled out in a letter to their organizations on 4 February 1947, printed in *Le creuset*, 50 (15 March 1947), reprinted in Lion, *Régime de retraites*, pp. 64-65. 它们在1948年8月23日的法律 (48-1307) 中正式确立。

47  Commission paritaire, minutes, 20 December 1946, de Lagarde, Netter.

48  对补充养老金免除津贴的资产测查同斯堪的纳维亚和英国采取的步骤相似，以前的针对性福利转变为全民养老金。无论是否需要都分到相当可观的福利，这样富裕阶层就不会对自助感到灰心。然而，法国的措施只是过渡性质，因为随着领取全额养老金的人口比例不断增加，津贴的重要性逐渐减弱。See Commission paritaire, note no. 674, Netter to Croizat, 29 January 1947.

49  最近的一个例子是（有关70年代初失业保险）干部和工人围绕团结式再分配的纠纷，见 Marcel David, *La solidarité comme contrat et comme éthique* (Paris, 1982), pp. 85-90。

50  For details, see Henry Lion, "La convention du 14 mars 1947 et son évolution," *Droit social*, 25, 7/8 (July-August 1962).

51  Tony Lynes, *French Pensions* (London, 1967), pp. 66ff.

52  Philippe Suet, *La retraite complémentaire des salariés non cadres* (Paris, 1966).

53  例如，在1961年3月6日社会民主党议会集团的会议上，一个有自尊的左翼政党能否关心雇员的问题仍然是一个根本性政策争论的对象 (FNSP, Groupe parlementaire socialiste, minutes)。

54  André Malterre, *La Confédération générate des cadres: La revoke des mal aimés* (Paris, 1972), pp. 26-27; *Le creuset*, 15 October 1964; Georges Lefranc, *Le mouvementsyndicalde la libération aux événements de mai-juin 1968* (Paris, 1969), pp. 18-19.

55  Commission paritaire, Netter, notes to the Labor Minister, 16 September 1946, 6 January 1947. See also Luc Boltanski, *The Making of a Class: Cadres in French Society* (Cambridge, 1987), pp. 92-93.

56  See, generally, Georges Benguigui and Dominique Montjardet, "The CGC and the Ambiguous Position of the Middle Strata," in Mark Kesselman (ed.), *The French Workers' Movement: Economic Crisis and Political Change* (London, 1984).

57 有关概述可见 B. Faure, "Généralisation de l'assurance vieillesse à l'ensemble de la population," *Droit social*, 12, 1 (January 1949); Roger Jambu-Merlin, "Le problème de la sécurité sociale des travailleurs non salariés aux lendemains de la libération," *Droit social*, 3 (March 1970) and Galant, *Sécurité sociale*。

58 *JO Doc*, 19 April 1946, 1146, pp. 1123-24.

59 政府知道自雇人士往往比工人更能够隐瞒收入，因而决定假设他们当中没有人比最贫困的工人更穷，要求他们缴纳相应的保费。

60 *JO Doc*, 19 April 1946, 1146, p. 1124.

61 Assemblée nationale, Commission du travail, minutes, 24 January 1946, Costes, Viatte.

62 Commission du travail, minutes, 14 February 1946, Viatte; *JO Déb*, 28 December 1947, p. 6407, Adrien Renard.

63 Commission des finances, minutes, 25 April 1946, Costes. See also, AN SS7922, Commission chargée d'étudier les modifications à apporter à la loi du 22 mai 1946 portant généralisation de la sécurité sociale, minutes, 4 June 1947, Daniel Mayer.

64 Commission du travail, minutes, 14 February 1946, Viatte, Jean Courteois.

65 右翼的计划也旨在确保必要的再分配；见 Commission du travail, minutes, 7 March 1946, 27 March 1946, Courteois。

66 Commission du travail, minutes, 14 February 1946, Costes; 27 March 1946, Laroque.

67 Commission du travail, minutes, 27 March 1946, 4 April 1946, 24 April 1946.

68 Commission du travail, minutes, 14 February 1946, Costes, Courteois; 7 March 1946, Costes; 24 April 1946, Costes, Meunier, Laroque.

69 Commission du travail, minutes, 17 April 1946, Peeters.

70 *JO Doc*, 25 April 1946, 1215, pp. 1206-07; Commission du travail, minutes, 24 April 1946, Philip.

71 The law of 22 May 1946. See *JO Déb*, 26 April 1946, p. 2384; and Gordon Wright, *The Reshaping of French Democracy* (Boston, 1948), pp. 168 ff.

72 Commission des finances, minutes, 28 August 1946; *JO Doc*, 3 September 1946, II-634, pp. 478-81.

73 该法案于1946年9月11日获得一致通过。

74 *JO Doc*, 12 December 1946, 79, pp. 54-55; Commission du travail, minutes, 20 February 1947.

75 *JO Doc*, 28 March 1947, 1142, p. 732.

76 Charles Viatte's own account is in his *La sécurité sociale* (n.p., 1947), pp. 40-43.

77 Commission du travail, minutes, 27 February 1947.

78 尽管当时制造的烟比火多，但委员会在这些最初争战中幸存下来。*Le figaro*, 17 March 1947, 26 March 1947, 3 April 1947, 10 May 1947, 17 May 1947, 6/7 July 1947; Suzanne Grevisse et al., *Succès et faiblesses de l'effort social français* (Paris, 1961), pp. 224-25.

79  *Le rond-point indépendant*, 15 March 1947; *Notes docwnentaires et études*, 583 (28 March 1947); Chambre de commerce de Paris/Bony Archives, 5$^{\text{iii}}$-52, Comité central des institutions sociales (de Lagarde), "Situation parlementaire concernant le projet de sécurité sociale," 28 March 1947. 这是皮埃尔·博尼（Pierre Bony）在巴黎有机博物馆收集的一系列文件之一，他非常友好地允许我在那里查阅这些文件。更多取自这个来源的材料被贴上了"博尼"的标签。关于政府计划取消对独立经营者的资产测查，见记者招待会的记录："La sécurité sociale à la date du 1$^{\text{er}}$ Janvier 1947," FNSP, Daniel Mayer Archives, 10.4。

80  Commission du travail, minutes, 20 March 1947, 27 March 1947, Moisan, Musmeaux, Viatte; Chambre de commerce/Bony, 5$^{\text{iii}}$-52, "Situation parlementaire concernant le projet de sécurité sociale." SFIO 在选举上严重依赖独立经营者，见 B. D. Graham, *The French Socialists and Tripartism*, 1944-1947 (London, 1965), pp. 214-15。

81  *JO Déb*, 28 March 1947, pp. 1227-28; AN, SS7920, Croizat to regional social security directors et al., 5 April 1947. 与此同时，由于不愿支付必要的款项，政府被迫同"一般制度"进行令人尴尬的贷款谈判，以寻求资金来给贫困的老年独立经营者提供福利。事实证明年轻的自雇人士不愿意支持，因而工薪阶层的缴费被用于这个目的，他们对这些未能促进阶级和睦精神（官方言论强调这种精神）的不合时宜的伎俩毫无热情，这是可以理解的。See AN, SS7921, Commission sur le pro jet de loi relatif à la reconduction de l'allocation temporaire aux vieux, minutes, 14 April 1947, Laroque, Tessier, Croizat.

82  The Surleau Commission's records are to be found in AN, SS7922, Commission chargée d'étudier les modifications à apporter à la loi du 22 mai 1946 portant généralisation de la sécurité sociale.

83  Surleau Commission, report by Bernard Lory. Bernard Lory 报告中的刻薄语气准确地反映了政府行政人员对独立经营者的态度，他们的讨论虽然争吵不休和混乱不堪，但实际上正在有效地推倒改革者计划建立的宏伟社保大厦。Bernard Lory 在对法国社会政策改革失败的描述中记录了这一经历。*La politique d'action sociale* (Toulouse, 1975), pp. 29-31.

84  Surleau Commission, minutes, 4 July 1947.

85  *JO Doc*, 9 December 1947, 2805, p.2206.

86  *JO Déb*, 28 December 1947, pp. 6404ff.

87  Chambre de commerce de Paris, *Les régimes sociaux des commerçants et industriels indépendents: Evolution et réforme* (Paris, 1979), vol. 1, p. 17.

88  Henri Hatzfeld, *Du paupérisme à la sécurité sociale* (Paris, 1971), pp. 242, 246.

89  Chambre de commerce de Paris/Bony Archives, 5$^{\text{iii}}$-52, dossier "Sécurité sociale des employeurs, 1946-1947," "Les nouvelles dispositions de la loi du 13 septembre 1946," sent by de Lagarde of the CNPF to the Paris Chamber of Commerce through his organization, the Comité central des assurances sociales, 15 October 1946. De Lagarde's complaint was echoed faithfully in Viatte's report on the MRP proposal to change the May 1946 law; see *JO Doc,* 28 March 1947, 1142, pp. 730-32.

90  Surleau Commission, sub-commission minutes, 12 June 1947, 17 June 1947. For similar arguments, see Commission du travail, minutes, 20 February 1947, Viatte; and *JO Doc*, 12 December 1946, 79, p. 55.

91  Surleau Commission, minutes, 4 July 1947, de Lagarde.

92  Chambre de commerce de Paris/Bony Archives, 5$^{\text{iii}}$-52, Assemblée des présidents des chambres de commerce de France, "La généralisation de l'assurance vieillesse," 23 December 1946; Chambre de commerce de Paris, *Bulletin mensuel*, NS, 4 (April 1947), 226. The Assemblée's conclusions were heavily influenced by de Lagarde's "Les nouvelles dispositions de la loi du 13 septembre 1946."

93  Caisse de compensation de l'organisation autonome nationale de L'ndustrie et du commerce.

94  ORGANIC/Bony, Sous-commission commerce et industrie de la Commission d'application de la loi du 17 Janvier 1948, "Rapport sur l'organisation intérieure de Passurance vieillesse des non salariés," 6 October 1948.

95  Assemblée des presidents des chambres de commerce de Punion française, *Compte rendu in extenso de la réunion, Paris 19 octobre 1948* (Paris, 1948), p. 43 (copy in the Chambre de commerce de Paris Archives).

96  为了实际证明这里制订的系统的吸引力, 见 Chapuis, "Les groupements professionnels," p. 51。

97  群体逃避职责的能力不同也发挥了很大作用。在50年代中期, 由于许多农场主逃避了直接税征收从而摆脱了社会保险的负担, 当讨论这一政策的建议时, 雇主反对税收资助的社会政策。19世纪, 农民试图将负担转移到城市阶层, 从相反的角度来看, 这些都是激发斯堪的纳维亚采取税收融资的原因。See Chambre de commerce de Paris, Archives, 5$^{\text{iii}}$-52, Commission du travail et des questions sociales, "Le fonds national d'assurance vieillesse," 11 February 1955.

98  他反对向一个被他描述为比工薪阶层富裕的群体提供政府补贴, 而这个群体在任何情况下都逃脱了征税的网, 因此也逃脱了应负担的公平份额, 见 Surleau Commission, minutes, 4 July 1947, Rosenwald。

99  Surleau Commission, sub-commission minutes, 17 June 1947, Portes; Roger Millot in *Le figaro*, 9 April 1947.

100  Surleau Commission, sub-commission minutes, 17 June 1947, Michel, Hunault.

101  Surleau Commission, sub-commission minutes, 25 June 1947.

102  政府采取了部分报复措施, 广泛界定了其他四类独立经营者, 以减少无组织的人数。1952年7月10日一项农业养老金计划通过为法律, 最终设立了第五个基金, 向所有与养老金有关的组织征税, 包括工薪阶层的组织。

103  如同工商业独立经营者将农场主和农民视为潜在的负担; 见 *JO Déb*, 31 July 1945, pp.1676-77。

104  Surleau Commission, minutes, 4 June 1947, Carrié; AN, SS7921, Francis Netter, "Note," 11

April 1947; Surleau Commission, minutes, 4 July 1947, Michel.

105　Commission du travail, minutes, 27 February 1947, Croizat.

106　Press conference, *Notes documentaires et études*, 453 (23 October 1946).

107　AN, SS7921, Netter, "Note," 11 April 1947.

108　*Les régimes sociaux*, vol. 1, p. 19. 工商集团的富裕人士也支持废除资产测查，因担心得不到任何福利的人将不会缴费；见 Surleau Commission, sub-commission minutes, 25 June 1947, de Lagarde (CNPF), Montaye (CGPME)。

109　工匠群体的领导人抱怨，在这个问题上，他们因社会地位而被疏远了；见 AN, SS7921, Netter, "Note," 11 April 1947, Stephanelli. Similarly, see Commission du travail, minutes, 24 April 1946, Bellanger, Musmeaux, Costes; and *JO Déb*, 28 December 1947, pp. 6405-06, Renard。

110　尽管有些人确实表现出对单一基金的偏好；见 *JO Doc*, 28 March 1947, 1142, p.732; and *Notes documentaires et études*, 583 (28 March 1947)。

111　所有研究德国战后社会政策的人都要感谢汉斯·吉因特·霍克茨（Hans Günter Hockert）的权威性研究——*Sozialpolitische Entscheidungen im Nachkriegsdeutschland: Alliierte und deutsche Sozialversicherungspolitik 1945 bis 1957* (Stuttgart, 1980)。有关简要介绍见 Hans Günter Hockerts, "Konrad Adenauer und die Rentenreform von 1957," in Konrad Repgen (ed.), *Die dynamische Rente in der Ära Adenauers und heute* (Stuttgart, 1978); "Sozialpolitische Reformbestrebungen in der frühen Bundesrepublik," *Vierteljahrshefte für Zeitgeschichte*, 25, 3 (July 1977); "Integration der Gesellschaft: Gründungskrise und Sozialpolitik in der frühen Bundesrepublik," *Zeitschrift für Sozialreform*, 32, 1 (January 1986); "Ausblick: Bürgerliche Sozialreform nach 1945," in Rüdiger vom Bruch (ed.), *"Weder Kommunismus noch Kapitalismus:" Bürgerliche Sozialreform in Deutschland vom Vormärz bis zur Ära Adenauer* (Munich, 1985); and "Sicherung im Alter: Kontinuität und Wandel der gesetzlichen Rentenversicherung 1889-1979," in Werner Conze and M. Rainer Lepsius (eds.), *Sozialgeschichte der Bundesrepublik Deutschland* (Stuttgart, 1983). Also useful are Florian Tennstedt, *Geschichte der Selbstverwaltung in der Krankenversicherung von der Mitte des 19. Jahrhunderts bis zur Gründung der Bundesrepublik Deutschland* (Bonn, n.d.), section E; and Gaston V. Rimlinger's classic study, *Welfare Policy and Industrialization in Europe, America and Russia* (New York, 1971), ch. 5.

112　*Zweiter ordentlicher Bundestag des Bayerischen Gewerkschafts-Bundes: Protokoll* (23-26 August 1948), pp. 225-27, Gustav Schiefer; SPD, *Ptfrte/tegProtokoll*, 1950, pp. 196-97.

113　Archiv der sozialen Demokratie (AdsD), Bonn, Walther Auerbach papers, 208, Anton Storch to Paul Otto, 5 November 1947.

114　*Protokoll der Gewerkschaftskonferenz der britischen Zone vom 21. bis 23. August 1946 in Bielefeld*, p. 40, Storch; Ludwig Preller, *Sozialpolitik: Kernfrage des Aufbaus*, 2nd edn

(Stuttgart, 1947), pp. 23-25; Michael Prinz, *Vom neuen Mitt el stand zum Volksgenossen: Die Entwicklung des sozialen Status der Angestellten von der Weimarer Republik bis zum Ende der NS-Zeit* (Munich, 1986), pt.4, esp. pp. 236, 273.

115　例如，有权获得六周病假工资的薪金雇员享有自己的保险基金的优势：这些人能够支付更高的医疗费用，因为他们不损失工资，所以负担较小。战争结束时，许多医生仍保留着两个不同的候诊室，以反映这种"种姓制度"。

116　Anton Storch, "Was erwarten die Arbeitnehmer von der Neuordnung der deutschen Sozialversicherung?" *Arbeitsblatt für die britische Zone*, 1, 4 (April 1947), 139; *Gründungs Kongress des DGB. 1. Bundes-Kongress des Deutschen Gewerkschaftsbundes der britischen Zone vom 22.-25. April 1947 in Bielefeld: Protokoll*, pp. 142-45, Storch.

117　Marie-Luise Recker, *Nationalsozialistische Sozialpolitik im Zweiten Weltkrieg* (Munich, 1985), pp. 98-121.

118　对莱伊的计划进行冷静甚至积极的评价，见 Frederik Zeuthen, *Social Sikring* (Copenhagen, 1948), pp. 42, 137; and Martin Broszat, "Plea for a Historicization of National Socialism," in Peter Baldwin (ed.), *Reworking the Past: Hitler, the Holocaust and the Historians' Debate* (Boston, 1990)。

119　尽管在被占领的波兰领土上也有类似的即兴表演，见 Petra Kirchberger, "Die Stellung der Juden in der deutschen Rentenversicherung," in *Sozialpolitik und Judenvernichtung: Gibt es eine Ökonomie der Endlösung?, Beiträge zur nationalsozialistischen Gesundsheits- und Sozialpolitik*, 5 (1983), pp.127-30。

120　Reinhart Bartholomäi et al. (eds.), *Sozialpolitik nach 1945: Geschichte und Analysen* (Bonn-Bad Godesberg, 1977), Baker, Foggon, Noetzel, Rosenberg and Orda; Eckart Reidegeld, *Die Sozialversicherungzwischen Neuordnungund Restauration.Soziale Kräfte, Reformen und Reformpläne unter besonderer Berucksichtigung der Versicherungsanstalt Berlin* (VAB) (Frankfurt, 1982); Eckart Reidegeld, "Die 'klassische Sozialversicherung' in der Entscheidung: Deutsche und alliierte Kräfte und Interessen vor und nach 1945," *Zeitschrift für Sozialreform*, 30, 11 and 12 (November and December 1984). Accounts by Schellenberg and Dobbernack of the VAB in 1945-46 are to be found in PRO, FO 1012/527. Schellenberg's papers in the AdsD contain nothing on this period.

121　对这种权宜之计和重大变革野心之间脱节的抨击，见 Rudolf Wissell, *Zur Gestaltung der Sozialversicherung* (Hamburg, 1947), pp.6-14。

122　AdsD, 01978, SPD Parteivorstand, Sozialpolitischer Ausschuss, minutes, 11 April 1948, Schieckel.

123　Magistrat der Stadt Berlin, minutes, 18 June 1945, Schellenberg, in *Berlin: Quellen und Dokumente, 1945-1951* (Berlin, 1964), pp. 619-21; Paul Zocher, *Neuaufbau und Leistung der Berliner Sozialversicherung* (Berlin, 1948), pp. 10-11.

124　Reidegeld, *Sozialversicherung*, p. 136.

125 Bundesarchiv, Koblenz (BA), Z40/101, fo. 1, Zentralamt für Arbeit in der britischen Zone, Hauptabteilung IV, "Bemerkungen zum Entwurf eines Gesetzes über die Sozialversicherung der werktätigen Bevölkerung von Gross-Berlin"; Peter Even, "Sozialversicherung für alle?" *Blätter für Steuerrecht, Sozialversicherung und Arbeitsrecht*, 2, 17/18 (September 1947), 182. See also "Dr. Wilhelm Dobbernack zum 80. Geburtstag," *Zeitschrift für Sozialreform*, 28, 8 (August 1982) 468-69.

126 必要性也孕育出一些发明，比如采用心理疗法来降低成本；见 Geoffrey Cocks, *Psychotherapy in the Third Reich: The Göring Institute* (New York, 1985)，p. 232。

127 Hockerts, *Entscheidungen*, pp.21-27.

128 霍克茨（Hockerts, *Entscheidungen*, pp. 28-33）给出了最初改革计划的普惠主义雄心的四个原因：（1）VAB开创了先例，（2）劳工运动在军事官僚机构中同德国人有着密切的联系，（3）德国改革者的目标同世界范围的改革计划一致，（4）盟国希望通过精简社会保险（包括增加新成员和降低福利）来节省资金和减轻常规土地预算的负担。第四个原因很重要。第一种是自欺欺人的，因为VAB需要同样的解释，不能作为理由。第二条无疑是正确的，但正如霍克茨本人承认的那样，与第四条相矛盾。正是工会和左翼不能支持盟军计划的原因令人感兴趣。第三个原因是表面的；当然，贝弗里奇与盟国提案的区别同样重要。

129 Karl Teppe, "Zur Sozialpolitik des Dritten Reiches am Beispiel der Sozialversicherung," *Archiv für Sozialgeschichte*, 17 (1977), 236-37.

130 Horst Schieckel, *Gegenwartsprobleme der Sozialversicherung* (Munich, 1947), pp. 89-90. 除了实行现收现付的明显必要性之外，盟国可能更倾向于没有资本储存，因为希特勒正是利用资本储存来资助他发动战争的，见 J. Wetta, *Etude sur la sécurité sociale en Allemagne,* Haut commissariat de la Republique francaise en Allemagne, Direction générale des affaires politiques, Division travail (n. p., 1951), p. 12; *Erster ordentlicher Kongress der Landesgewerkschaften Bayerns: Protokoll* (27-29 March 1947), p. 123, Christian Stock; and Zocher, *Neuaufbau undLeistung*, p. 15。

131 Zonenbeirat der britisch besetzten Zone, minutes, 14-15 August 1946, in *Akten zur Vorgeschichte der Bundesrepublik Deutschland 1945-1949*, vol. 1 (Munich, 1976), p. 682.

132 DGB Archives, Düsseldorf, dossier "Britische Zone. Zonenbeirat. Ausschuss für Sozialpolitik," Länderrat [of the US zone], Unterausschuss Sozialversicherung, minutes, 9-10 October 1946, Geiger, Bloch.

133 BA, Z40/50, fo. 1, Scheuble to R. W. Luce, 4 October 1947.

134 BA, Z40/49, fo. 1, Zonamt des Reichsaufsichtsamtes für das Versicherungswesen to Zentralamt für Arbeitsverwaltung und Sozialversicherung, 22 October 1946.

135 BA, Z40/177, fo. 1, Walther Heyn to W. Dobbernack, 24 August 1946, Dobbernack to Cole, 3 September 1946, and other letters here; AdsD, Kurt Schumacher papers, J74, Vereinigung der Handwerkskammern in der britischen Zone to the SPD, 12 November

1946. 关于其他独立经营者反对社会保险，见 J. Eckert, *Öffentliche Meinung zur Reform der Sozialversicherung* (Schliersee, n.d. [1948?]), pp. 31ff。

136  AdsD, Auerbach papers, 206, "Stellungnahme der Landwirtschaft zur Sozialversicherung: Ergebnis einer Besprechung bei Dr. Schlange-Schöningen am 25.10.1946."

137  *Erster ordentlicher Kongress der Landesgewerkschaften Bayerns: Protokoll* (27-29 March 1947), p. 119, Christian Stock; "Stellungnahme zu den Grundsätzen des Kontrollrates für die NeuGøstaltung der Sozialversicherung," 5 September 1946, in Reidegeld, *Sozialversicherung*, pp. 430-34.

138  Clashes among the zonal representatives is documented in DGB, Sozialpolitischer Ausschuss der Gewerkschaften in der britischen Zone, minutes, 4-5 March 1947; "Britische Zone. Zonenbeirat. Ausschuss für Sozialpolitik," Storch to Hans Böckler et al., 17 January 1947; Horst Schieckel, *Material zu den Gegenwartsproblemen der Sozialversicherung* (Munich, 1948), pp. 73-76; and Albert Behrendt, *Die Interzonenkonferenzen der deutschen Gewerkschaften* (Berlin, 1959), p. 202.

139  *Protokoll der Gewerkschaftskonferenz der britischen Zone vom 21. bis 23. August 1946 in Bielefeld*, p. 40; *Protokoll derersten Gewerkschaftskonferenz der britischen Zone vom iz. bis 14. März 1946*, p. 44. On Storch in general, see Hans Günter Hockerts, "Anton Storch (1892-1975)," in Jürgen Aretz et al. (eds.), *Zeitgeschichte in Lebensbildern* (Mainz, 1980), vol. 4.

140  *Gründungs-Kongress des DGB: Protokoll*, p. 155.

141  关于英军占领区对社会保险基金的零星补贴见 PRO, FO 1046/314。

142  PRO, FO 1051/294, MP/SI/42004/1, G.W. Cole to Public Expenditure Branch, Finance Division, 20 February 1947; DGB, "Britische Zone. Zonenbeirat. Ausschuss für Sozialpolitik," Storch to Hans Böckler et al., 17 January 1947.

143  DGB, "Britische Zone. Zonenbeirat. Ausschuss für Sozialpolitik," Storch to the Zonenvorstand of the Allgemeine Gewerkschaft, 26 November 1946; to Werner Hansen, 30 November 1946.

144  DGB, "Britische Zone. Zonenbeirat. Ausschuss für Sozialpolitik," Storch to Major A. E. Bramall, 23 November 1946; *Protokoll der Gewerkschaftskonferenz der britischen Zone vom 21. bis 23. August 1946 in Bielefeld*, p. 41.

145  Schieckel, *Material zu den Gegenwartsproblemen*, pp. 42-72; PRO, FO 1005/1573, ZAC/M (46) 9, minutes, 6 December 1946; AdsD, Auerbach papers 206, Storch to R. W. Luce, 25 November 1946; *Die Gewerkschaftsbewegung in der britischen Besatzungszone: Geschäftsbericht des deutschen Gewerkschafts-Bundes (britische Besatzungszone) 1947-1949* (Cologne, n. d.), p. 320; Walther Heyn, "Die Sozialpolitik in Adenauers Memoiren," *Deutsche Versicherungszeitschrifty* 8/9 (August-September 1966), pp. 208-10; Annelies Dorendor, *Der Zonenbeirat der britisch besetzten Zone: Ein Rückblick auf seine Tätigkeit*

(Göttingen, 1953), pp.106-11.

146 该委员会的报告反映了工会的温和意见，英军占领区中央经济办公室采取的极端保守立场证明了这一点。对它来说，盟军法案让人想起了莱伊计划（Ley Plan），它的缴费额高得离谱，雇员和工人的安排融合在一起，但这是为了后者的利益而加重前者负担的措施。See AdsD, Auerbach papers, 207, "Stellungnahme des Zentralamtes für Wirtschaft," 22 October 1946; DGB, "Britische Zone. Zonenbeirat. Ausschuss für Sozialpolitik," Storch to Central Economic Office, 23 January 1947.

147 Report by Wilhelm Polligkeit et al., 21 October 1946, reprinted in Fritz Curschmann, *Jederrnannund die Sozialreform* (Nürnberg-Mimberg, 1947), appendix i, pp. 135ff. Similarly, see AdsD, Auerbach papers, 208, "Richtlinien 'Zur Reform der Sozialversicherung'," 13 September 1947.

148 Länderrat of the US zone, minutes, 7 October 1947, in *Akten zur Vorgeschichte der Bundesrepublik Deutschland*, vol. 3 (Munich, 1982), pp. 581-85. Cf. Storch in *Erster ordentlicher Kongress der Landesgewerkschaften Bay ems: Protokoll*, p.119.

149 PRO, FO1005/770, DMAN/memo (47) 39, appendix B, 6 August 1947; FO1035/226; FO 1005/761, DMAN/M (47) 17, 5 August 1947.

150 Joseph Höffner, *Sozialpolitik im deutschen Bergbau* (Münster, 1956).

151 PRO, FO 1005/769, DMAN/memo (46) 95, appendix B, 15 November 1946; FO 1046/314, minute to Director of Public Finance from JRH[ynd?]; FO 1005/760, DMAN/M (46) 33, 15 November 1946.

152 PRO, FO 1051/295, minute G. W. Cole to Rouse, "Subsidisation of Social Insurance Funds," 14 August 1945.

153 PRO, FO 1005/763, DMAN/P (46) n, 17 January 1946, DMAN/P (46) n (secondrevise), 7 March 1946; FO 1005/760, DMAN/M (46) z, 22 January 1946; FO 1005/393, CORC/ P (46) 109, 23 March 1946.

154 PRO, FO 1005/766, DMAN/P (47) 30; FO 1005/770, DFIN/P (47) 176/1.

155 PRO, FO 1005/389, CORC/M (48) 1, 19 January 1948, Brownjohn, Lukianchenko.

156 PRO, FO 1005/389, CORC/M (48) 1, 19 January 1948, Brownjohn; FO 1005/375, CONL/M (48) 2, 30 January 1948, Robertson; DGB Archives, Zonenbeirat, Sozialpolitischer Ausschuss, minutes, 11 October 1947; BA, Z40/50, fo. 1, Beveridge, "Social Insurance in Germany," BBC transcript, 1948.

157 Hockerts, *Entscheidungen*, pp. 51-85; Tennstedt, Selbstverwaltung, pp. 241-42; PRO, FO 1005/375, CONL/M (48) 2, 30 January 1948.

158 On what follows, see Hockerts, *Entscheidungen*, pp. 85-106.

159 AdsD, Auerbach papers, 214, Ausschuss für Arbeit des Länderrates, minutes, 21 December 1948, Storch.

160 这些反对意见在早先不那么重要，因为没有补贴的社会保险（即使很慷慨）是德国人能够从可支配收入中自行决定的。现在情况不同了，因为涉及税款。See PRO, CAB 134/595, ORC (46) 6 (Overseas Reconstruction Committee), annex B, 19 January 1946.

161 OMGUS, Manpower Division, "Social Insurance and Occupational Costs," quoted in Reidegeld, *Sozialversicherungy*, p. 368; BA, Z40/322, Zentralamt für Arbeit in der britischen Zone, Bizonale Arbeitsgemeinschaft für Sozialversicherung, minutes, 13-14 July 1948, Dobbernack. 改革与联邦共和国内部政治和社会巩固之间的关系是一个主旋律——不仅对阿登纳和基督教民主联盟来说是如此，正如霍克茨所说的（*Entscheidungen*, pp. 284-85），而且对社会民主党来说也是如此。1953年1月，在汉诺威举行的社会民主党社会政策委员会公开会议上，这一主题给会议增添了色彩，特别是奥伦豪尔（Ollenhauer）的感人演讲，见AdsD, 01982, SPD, Sozialpolitischer Ausschuss, 23-24 January 1953。

162 在纳粹统治后期，公务员和其他工薪阶层之间的关系遭到破坏，见Ian Kershaw, *Popular Opinion and Political Dissent in the Third Reich: Bavaria 1935-1945* (Oxford, 1983), pp. 325ff。

163 Zonenbeirat, minutes, 14-15 August 1946, 23-24 October 1946, in *Akten zur Vorgeschichte*, vol.1, pp. 680-82, 978-79, Franz Spliedt; DGB Archives, SozialpolitischerAusschuss der Gewerkschaften in der britischen Zone, minutes, 4-5 March 1947; Curschmann, *Jedermann und die Sozialreform*, appendix 4, p. 149.

164 Heinrich Braun, *Motive sozialer Hilfeleistungen* (Frankfurt, 1955), pp. 42-43.

165 BA, Z40/50, fo.1, Angestellten-Kongress der britischen Zone, 12-14 February 1947. 然而，这方面的分歧已经公开，见Gründungs-Kongress des DGB: *Protokoll*, pp. 152-53。

166 关于薪金雇员的抱怨；见BA, Z40/53, fo.1; *Protokoll des Gewerkschaftstages der Angestellten-Gewerkschaften der amerikanischen und der britischen Zone am 12. und 13. April 1949*, pp.113-14; and *Versicherungswissenschaft und Versicherungspraxis*, 2, 6 (1948), 187 and 2, 8/9 (1948), 234。

167 *Protokoll der ersten Gewerkschaftskonferenz der britischen Zone vom 12. bis 14. März* 1946, p. 45. 1946年，薪金雇员与所谓汉堡计划（Hamburg Plan）有关，该计划主张只为经济弱势群体提供福利，而再分配努力只是自愿作出的。See Wilhelm Dobbernack, "Zur Neuordnung der deutschen Sozialversicherung: Reformen und Reformpläne," *Arbeitsblatt für die britische Zone*, 1, 3 (March 1947), 99.

168 Jürgen Kocka and Michael Prinz, "Vom 'neuen Mittelstand' zum angestellten Arbeitnehmer: Kontinuität und Wandel der deutschen Angestellten seit der Weimarer Republik, "in Werner Conze and M.RainerLepsius (eds.), *Sozialgeschichteder Bundesrepublik Deutschland* (Stuttgart, 1983), pp.239-47.

169 Archiv für Christlich Demokratische Politik, St. Augustin, VII/004, CDU, Bundesausschuss für Sozialpolitik, minutes, 18 October 1951.

170 论战后德国社会民主党对瑞典的浪漫化，见Arne Ruth, "The Second New Nation: The

Mythology of Modern Sweden," in Stephen R. Graubard (ed.), *Norden: The Passion for Equality* (Oslo, 1986), p. 253。

171 For an example, see DGB, "Britische Zone. Zonenbeirat. Ausschuss für Sozialpolitik," Storch to Industriegewerkschaft Eisen und Metall, 14 March 1947. A similar logic is suggested for American trade unionists in Eveline M. Burns, "Social Security in Evolution: Toward What?," *Social Service Review*, 39, 2 (June 1965), 140. See also Kjeld Philip, "Social Legislation and Political Power," *Zeitschrift für die gesamte Staatswissenschaft*, 106, 1 (1950), 32.

172 AdsD, 01978, SPD Parteivorstand, Sozialpolitischer Ausschuss, minutes, 11-13 April 1948.

173 AdsD, 01980, Sozialpolitischer Ausschuss, minutes, 17-18 November 1951. 社会民主党政治家是路德维希·普雷勒（Ludwig Preller）、沃尔特·奥尔巴赫（Walther Auerbach）和舍伦伯格（Schellenberg）；弗兰兹·莱宾斯基（Franz Lepinski）为工会主义者代言。

174 AdsD, 01981, "Vorlaufiger Entwurf, Grundlagen eines Sozialplans der SPD."

175 曾讨论过统一费率养老金的资产测查，但没有被纳入该计划，见 AdsD 01980, Sozialpolitischer Ausschuss, minutes, 5-6 July 1952。

176 See, for example, Ernst Schellenberg, "Unser Weg zur Sozialreform," in Max Richter (ed.), *Die Sozialreform* (Bonn, n. d.), G112; Bundestag, *Stenographische Berichte* 2/187, 2.1 January 1957, p. 10550.

177 AdsD, 01987, Preller to the Sozialpolitischer Ausschuss, 3 August 1959; 01988, Sozialpolitischer Ausschuss, minutes, 25-26 March 1960; SPD, *Protokoll*, 1959, pp. 250-59, 595.

178 See, for example, Louis Alvin, *Salaire et sécurité sociale* (Paris, 1947), p. 63.

179 AN, SS7922, Commission chargée d'étudier les modifications à apporter à l'ordonnance du 19 octobre 1945, minutes, 24 November 1947, Laroque; report by Daniel Pepy; minutes, 4 December 1947; *JO Doc*, 32.67, 5 February 1948, p. 116; 4347, 27 May 1948, pp. 1051-58; 4817, 1 July 1948, pp. 1468-69; *JO Déb*, 16 July 1948, pp. 4674-94.

180 por a not unbiased account, see CFTC, 70 *Jahre Sécurité Sociale in Elsass und Lothringen: Verdienst der Christlichen-Sozialen Bewegung, Versagen der Marxisten* (Strasbourg, 1955), pp. 24-32.

181 不新奇的是它的现收现付融资，被德国改革者美化为代际契约。贝弗里奇在凯恩斯的建议下放弃了这种融资方式。在法国，由于国家资金从未到位，长期以来现收现付制度一直是首选。See Hans Günter Hockerts, "German Post-War Social Policies against the Background of the Beveridge Plan," in Wolfgang J. Mommsen (ed.), *The Emergence of the Welfare State in Britain and Germany, 1850-1950* (London, 1981), p. 323; Netter, "Les retraites en France," 449.

182 Paul Peschke, *Geschichte der deutschen Sozialversicherung: Der Kampf der unterdruckten Klassen um soziale Sicherung* (Berlin, 1962), p. 433. 反讽和典故在未经翻译的情况下表现

得更好：在西方没有什么新鲜事（Im Westen nichts Neues）。

183　这将在第四章中叙述。

## 第四章

1　Richard Crossman, *The Diaries of a Cabinet Minister*, vol. 3 (London, 1977), p. 206.

2　Leif Lewin, *Ideology and Strategy: A Century of Swedish Politics* (Cambridge, 1988), pp.204-18.

3　虽然这三个国家的白领工薪阶层的社会地位相似，但他们的代表方式却有显著差异。在瑞典有组织的薪金雇员中，70%属于主要的白领工会，即TCO。另一个主要联盟是SACO。在丹麦，55%的人是在蓝领工会联合会之外组织起来的，但分散在三个主要的组织中。在英国，所有的雇员工会都属于工会联盟，34%的白领工薪阶层没有这样组织起来，他们属于非常分散的工会，不隶属于权力同TCO相当的任何有效的压力集团。See Statistisk årsbok, 1963, table 23; 1958, table 252; *Statistisk årbog*, 1963-64, table 19; 1958, table 208; and George Sayers Bain, *The Growth of White-Collar Unionism* (Oxford, 1970), tables 2.1, 3.1, 3.3.

4　Pace Hugh Heclo, *Modern Social Politics in Britain and Sweden: From Relief to Income Maintenance* (New Haven, 1974), pp. 263-68.

5　在医疗保险改革中，雇主放弃了反对协助社会政策融资的立场，创造出了进一步向同收入挂钩的缴费型方向改变的各种技术先决条件，见 Nils Kellgren, "LO i ATP-striden," in *Steg för steg: 1945-1973* (Stockholm, 1973), p. 94。

6　关于养老金的争端，比约恩·莫林（Björn Molin）的 *Tjänstepensionsfrågan: En studie i svensk partipolitik* (Göteborg, 1965) 是一部小经典（在该领域尚未出现大部头的经典著作）。所有的学生都对莫林的研究心存感激。莫林的分析是基于一个复杂的互补原因系统，在这个系统中，纯粹由利益决定的动机往往起着次要的作用，而不是政治策略的考虑。这种对利益因素的不重视，在一定程度上是莫林对利益重视不足的结果。因此，举例说，由于他未能解释的原因，他假设保守党和自由党——如果他们的利益单独起主导作用——会支持社会民主党事实上支持的同收入挂钩的措施，而左翼则应该支持统一费率、最低限度、据称是平等的福利。鉴于这一假设，他认为有必要引入一系列其他的（部分是多余的）因素来解释为什么事实上这些立场发生了逆转。For similar criticisms, see Stig Hadenius, "Partiers beslutprocess och tjänstepensionsfrågan," *Statsvetenskaplig tidskrift*, 69, 4 (1965), 348. Studies making use of Molin's work include Gøsta Esping-Andersen, *Politics against Markets: The Social Democratic Road to Power* (Princeton, 1985); Heclo, *Modern Social Politics*; Larry Hufford, Sweden's Power Elite (Washington DC, 1977); and Birgitta Nedelmann, *Rentenpolitik in Schweden: Ein Beitrag zur Dynamisierung soziologischer Konfliktanalyse* (Frankfurt, 1982). 难得的甚至怪诞的有关养老金世界的幕后内讧和中伤的记录，见 Leon Rappaport, *ATP-sveket: Determinantiva och ekonomiska aspekter* (Stockholm, 1980)。

7　工会联合会赞成采用法定解决办法，对雇主通过集体协议提供安排供应的建议态度冷淡，见LO Archives, Arbetsmarknadskommittén, minutes, 24-26 February 1944, 31 May to 1 June 1944。

8　*Allmän pensionsförsäkring*, SOU 1950: 33, pp. 57-58.

9　LO, *Berättelse*, 1951, pp. 212-15.

10　在过渡期，按收入严格划分福利等级具有一种特殊的效果，即向最富裕的人提供慷慨的福利，只需按比例付出很少的努力。同样，工会联合会希望将价值保障机制与价格挂钩，而不是与工资挂钩，以便最少地奖励那些最不需要的人。

11　*Allmän pensionsförsäkring*, SOU 1955: 32, pp. 37-66.

12　工人和薪金雇员的工资曲线不同，这被认为是常理，是当时专业组织所持立场的依据。后来的调查显示，两者之间的差异并不那么明显，问题也就烟消云散了。See Folke Schmidt, *Allmänna och privata pensioner: Mäl och medel* (Stockholm, 1974), p.182.

13　SOU 1955: 32. pp.72-295.

14　*Remissyttranden över pensionsutredningens slutliga förslag till allmän pensionsförsäkringy* SOU 1956: 31.

15　See also ARA, Tage Erlanders Arkiv, F XV: 2, LO: s utredningsavdelning, "Diskussions-promemoria angående förslagettill allmän pensionsförsäkring," 20 December 1955, pp. 2-4.

16　这将接近于1961年丹麦资产阶级政党通过引入全面普惠主义而实现的解决办法。

17　在这一点上，工会联合会的立场也被证明是灵活的。对于那些在挣工资者和独立经营者之间转换地位的人、职业妇女和受过长期教育的人，作为一种优惠待遇，全额养老金将在缴费35年后发放，而不是像普通工人那样要求职业生涯达到48年。

18　*Förbatträd pensionering*, SOU 1957: 7.

19　*Remissyttranden över Allmänna pensionsberedningens betänkande om förbättrad pensionering*, SOU 1957: 16.

20　SACO这个由受过专业训练的雇员组成的组织对于这个问题的态度，见ARA, Erlanders Arkiv, F XV: 2, ACO, "PM om folkpensioneringens kostnader och inkomstomfordelande verkningar,"1957, appendix to "SACO: s remissyttrande över Allmänna pensionsberedningens betänkande om förbättrad pensionering"; and Arne H. Nilstein, "White-Collar Unionism in Sweden," in Adolf Sturmthal (ed.), *White-Collar Trade Unions* (Urbana, 1966), p. 298。

21　同样有利的是拟议的过渡安排，与收入相关的超额补偿给了高收入者优厚的待遇。

22　Tjänstemannarörelsens Arkiv, Bergendal, 612/9, "Protokoll fört vid extra sammanträde med TCO: s representantskap lördagen den 16 mars 1957," Thord Wallen, Valter Åman. For SACO, see *SACO-tidningen*, 3, 1 (February 1956); 2; 3, 2 (April 1956), 27, 33; and ARA, Erlanders Arkiv, F XV: 2, SACO, "Redegörelse för den allmänna pensionsfrågans behandling inom SACO." For an excellent account of the TCO and superannuation, see Christopher Wheeler, *White-Collar Power: Changing Patterns of Interest Group Behavior in Sweden* (Urbana, 1975), ch. 6.

23 已有福利供给的群体的主要代表是瑞典工业服务协会（SIF-- Svenska industritjänst-emannaförbund）(SIF); see ARA, Erlanders Arkiv, F XV: 4, "SIF-ledningens mobilisering for 3: an utan motstycke i SIF: s historia"。

24 Tjänstemannarörelsens Arkiv, 612/9, Lennart Johansson to Otto Nordenskiöld, 9 March 1957; TCO, Representantskapet, minutes, 16 March 1957, Filip Anger, Harald Adamsson.

25 有关政府和社会民主党对这件事的有点不幸的反应，见 ARA, Erlanders Arkiv, F XV: 3, "De fackliga organisationerna och avtalslinjen," 12 April 1957。

26 Tjänstemannarörelsens Arkiv, 530/6, "P.M. angående TCO: s ställning till pensionsfrågan,"28 December 1955; 801/33, "Förslag beträffande TCO: s inställning till vissa problem angående allman tjänstepensionering," 30 December 1955.

27 Olof Ruin, *Mellan satnlingsregering och tvåpartisystem: Den svenska regeringsfrågan 1945-1960* (Stockholm, 1968), pp. 224-46; Gustav Jonasson, *L väntan på uppbrott? Bondeförbundet/Centerpartiet i regeringskoalitionens slutskede 1956-1957* (Uppsala, 1981); ARA, SAP, Partistyrelsen, minutes, 12-13 October 1956.

28 Molin, *Tjänstepensionsfrågan*, pp. 159-64. 左翼的政治策略也发挥了作用。社会民主党意识到，通过法定的解决办法无法赢得农民的支持，他们试图在支持自愿方式者之间加一个楔子，阻止农民加入和谐的资产阶级合唱团。 See Eckerberg to Erlander, 8 April 1958, quoted in *Tage Erlander, 1955-1960* (Stockholm, 1976), pp. 141-42. See also ARA, A Ia: 5, SAP, Riksdagsgruppens förtroenderåd, minutes, 19 November 1957, Erlander; Olof Ruin, *I välfärdsstatens tjänst: Tage Erlander 1946-1969* (Stockholm, 1986), pp. 322-23.

29 Hans Albin Larsson, *Partireformationen: Från Bondeförbund till Centerparti* (Lund, 1980), pp. 138-40; Jorma Enochsson and Roland Petersson, *Gunnar Hedlund* (Stockholm, 1973), p.102; Lars Niléhn, "Agrar intressepolitik: Från Bondeförbund till Centerparti," Scandia, 46, 2 (1980); Gustaf Jonnergård, *Så blev det Centerpartiet: Bondeförbunds- och Centeridéerna från fyrtiotalet fratn till 1960* (Stockholm, 1984), pp. 137-45.试图避免让农场主不断减少的财富被他人占取，农业党现在成了中央党。

30 可以从相关章节找到一份关于社会民主党退休金政策的详细记录：Björn von Sydow, *Kan vi lita på politikerna? Offentlig och intern politik i Socialdemokratins ledning, 1955-60* (Stockholm, 1978)。

31 ARA, SAP, Riksdagsgruppen, minutes, 1 November 1955.

32 ARA, SAP, Partistyrelsen, minutes, 25 September 1956; Riksdagsgruppen, minutes, 16 October 1956.

33 论以牺牲工人为代价使薪金雇员获利，见 Agnete Kruse and Ann-Charlotte Ståhlberg, *Effekter av ATP: En samhällsekonomisk studie* (Lund, 1977), pp. 23-44; and Ingemar Ståhl, "Sweden," in Jean-Jacques Rosa (ed.), *The World Crisis in Social Security* (Paris, 1982), pp. 116-17. See also RA/S, Bondeförbundet-Centerpartiets Arkiv, Riksdagsgruppen, F: 4, "ATP-avgifterna och de lagre inkomsttagarna"; and Nedelmann, *Rentenpolitik*, pp.259-64。

34 关于社会民主党的其他论据，为什么即使已经领取养老金的工薪阶层也会被退休金所吸引，见ARA, Erlanders Arkiv, F XV: 3, Gösta Rehn, "Kommentar till Adamssons framställning av motiven för SIF: s ställningstagande i pensions-frågan," 22 March 1957。

35 ARA, SAP, Partistyrelsen, minutes, 25 October 1957; Ulla Lindström, *I regeringen: Ur min politiska dagbok, 1954-1959* (Stockholm, 1969), pp. 170-77.

36 Sköld、Erlander和其他人也支持涵盖独立经营者，见ARA, SAP, A Ia: 5, Riksdagsgruppens förtroenderåd, minutes, 9 April 1957。

37 ARA, SAP, Partistyrelsen, minutes, 10 February 1958; Riksdagsgruppen, minutes, 11 February 1958, 25 March 1958.

38 *Riksdagens protokoll*, Prop. 1958: 55.

39 *Riksdagens protokoll*, AK 1958: 17, pp. 31-33, 37-40, 84-85, 173-74.

40 For Liberal self-flagellation in the post-mortem, see Folkpartiet, Riksdagsgruppens Arkiv, Stockholm, Riksdagsgruppen, minutes, 24 June 1958, Gustafsson, Christenson, Malmborg; minutes, 19 January 1960, Ohlin; and Herbert Tingsten, *Mitt liv: Tio år 1953-1963* (Stockholm, 1964), pp. 221ff. On the Liberals in general, see Björn Molin, "Folkpartiet och ATP-frågan," in *Liberal ideologi och politik 1934-1984* (n.p., 1984).

41 ARA, SAP, Riksdagsgruppen, minutes, 16 October 1958. 然而，对新阶层的突破程度不应被夸大；见Bo Särlvik, "Political Stability and Change in the Swedish Electorate," *Scandinavian Political Studies*, 1 (1966), 217-18。关于更一般的战术考虑，见Ingemar Lindblad, "Socialdemokratien i medelklassamhället," in Tage Erlander et al. (eds.), *Idé och handling* (Stockholm, 1960)。社会民主党对如何赢得工薪阶层的关注至少可以追溯到20世纪50年代初；见ARA, Erlanders Arkiv, F 1: 17, "Medelklassen och tjänstemännen," 8 November 1953; "Stig Lundgrens utkasttill tjänstemannakonferensen den 21 febr. 1954"。对党动员雇员的更批判性的态度，见B 1: 43, speech MS, "Partiet och tjänstemännen," 9 January 1958, Stockholm。

42 即使是最病态、最跛脚的议员也努力作了耸人听闻的陈述，没有破坏这种微妙的平衡，见Lindström, *I regeringen*, pp. 319-24. The legislative progress of the bill is recorded in *Riksdagens protokoll*, Prop. 1959: 100, SäU 1959: 1, AK1959: 16, 13-14 May 1959. This Liberal's retrospective ruminations are to be found in Ture Königson, *ATP-striden: Ett tioårsminne* (Jakobsberg, 1968). One of the aspects of the bill that did not find Königson's favor was also what he saw as its bias against workers. For a defense of Königson, see Lennan Garheden, *Folkpartiet och arbetarna* (Stockholm, 1974), pp. 94-101。

43 Molin, *Tjänstepensionsfrågan*, pp. 115-18.

44 RA/S, Moderata Samlingspartiets Deposition, A II: 1, Partirådet, minutes, 11 October 1960, Brundin, Bohman, Heckscher, Turesson, Nilsson, Sandström, Wallmark, Holmdahl; A IV: 3, Partistyrelsen, minutes, 10 October 1960, Torfgård, Agerberg, Heckscher; minutes, 23 February 1960, Walhgren; A IV: 3, Partistyrelsen, minutes, 17 October 1957, Svärd, Kyling.

在退休金计划成为法律后，自由党拒绝跟他们一起对其进行全面的攻击。

45　For examples, see *Riksdagens protokoll*, Motion AK 1961: 586, AK 1961: 30, FK 1961: 30; Motion AK 1963: 655, 2LU 1963: 5, AK 1963: 11; Motion AK 1975: 2128, SfU 1975: 15.

46　虽然那些没有受益的人认为，事实上他们是在为他人的利益买单，见 *Riksdagens protokoll*, 2LU 1961: 56, pp. 35-36.

47　LO, *Kongressprotokoll*, 1971, pp. 976, 992.

48　Kruse and Ståhlberg, *Effekter av ATP*, p. 11.

49　论社会民主党的基金策略，见 Folke Schmidt, *Allmänna pensioner*, pp. 62-69, 207。关于社会民主党的社会政策的新方向，见 Erik Åsgard, *LO och löntagarfondsfrägan* (Uppsala, 1978); the final chaptersof Leif Lewin, *Planhushållningsdebatten* (Stockholm, 1967); Walter Korpi, *Från undersåte till medborgare: Om fonder och ekonomisk demokrati* (Stockholm, 1982); Berndt Öhman, *Fonder i en marknadsekonomi* (Stockholm, 1982); Ulf Himmelstrand et al., *Beyond Welfare Capitalism* (London, 1981), pt. 4; William E. Paterson and Alastair H. Thomas (eds.), *The Future of Social Democratic Parties in Western Europe* (Oxford, 1986), pp. 200-09; Hugh Heclo and Henrik Madsen, *Policy and Politics in Sweden* (Philadelphia, 1987), ch. 6; and, for an optimistic account, John D. Stephens, *The Transition from Capitalism to Socialism* (London, 1979), pp. 177-94。

50　Carsten Vesterø Jensen, *Det tvedelte pensionssystem i Danmark* (Roskilde, 1982). 在英国，理查德·蒂特穆斯引起了人们对私人养老金税收补贴及其影响的关注，最有影响的是 "The Social Division of Welfare," in *Essays on "The Welfare State"*, 2nd edn (London, 1963)。

51　对丹麦退休金计划的杰出说明，见 George R. Nelson, *ATPs historie 1964-83 i hovedtræk* (Hillerød, 1984)。英文的简要阐述见 Gøsta Esping-Andersen, *Social Class, Social Democracy and State Policy: Party Policy and Party Decomposition in Denmark and Sweden* (Copenhagen, 1980), pp. 334-43, slimmed down to a paragraph in *Politics against Markets*, p. 163。

52　*Arbejdsmarkedets tillægspension*, Betænkning 341/1963, pp. 19-26.

53　ATPs Arkiv, Hillerød, Tillægspensionsudvalget af 1963, minutes, 2 September 1963, 21 October 1963.

54　Nelson, *ATPs historie*, p. 33.

55　"Tillægspension til alle?," *Arbejdsmændenes og specialarbejdernes fagblad*, 68, 23 (16 December 1963), p.569.

56　在有组织的白领工薪阶层中，1963年有41%隶属于工会联合会，其中80%隶属于文员及商务人员联合会（Handels-og Kontorfunktionarnes Forbund）；见 *Statistisk årbog*, 1965; *HK-bladet*, 63, 8 (October 1963), p.249。

57　Henning Friis et al., *Omkring tillægspensionen* (Copenhagen, 1963), pp. 16-19; Jørgen Alexandersen et al., *Den privatealderdomssikring* (Copenhagen, 1965), pp. 18-23, *Fællesrådet*, 7, 10 (December 1963), p.147.

58  *Fællesrådet*, 7, 6 (June-July 1963), pp.83-84; 7, 10 (December 1963), p.156.

59  Tillægspensionsudvalget af 1963, minutes, 27 May 1963.

60  尽管如此，委员会还是将所有的工薪阶层都包括在内，但对那些已有其他保障的人予以豁免，并推迟了对公务员的最终决定。这两位白领代表持不同意见，认为应该通过甚至吸收薪金雇员的方式，将雇主为退休金缴费的好处赋予所有工薪阶层。

61  Tillægspensionsudvalget af 1963, minutes, 2 September 1963.

62  LO, *Protokoll*, 1963, pp. 59-60; Tillægspensionsudvalgetaf 1963, minutes, 27 May 1963, "Samtale 6 September 1963 med direkter Vilner."

63  Tillægspensionsudvalget af 1963, minutes, 27 May 1963.

64  Tillægspensionsudvalget af 1963, "Arbejdet i Tillægspensionsudvalget: Forsøg på en orientering," 11 October 1963.

65  *Folketingstidende*, 16 January 1964, cols. 1990-95, 2002-07, 2011-18, 2021-24, 2027.

66  *Folketingstidende*, 1963-64, Tillæg B, cols. 269-372; Nelson, ATPs historic, p. 73; J. O. Krag and K. B. Andersen, *Kamp og fornyelse: Socialdemokratiets indsats i dansk politik 1955-1971* (Copenhagen, 1971), pp. 261-62.

67  Erik Eriksen at the Liberal Party congress, *Aktuel orientering*, 1 (1963-64), 7-9; *Aktuel orientering*, 2 (1960-61). On Danish Social Democrats' ideological vacillations, see Nils Elvander, *Scandinavian Social Democracy: Its Strength and Weakness* (Uppsala, 1979), pp. 21-22.

68  Venstres Landsorganisations Arkiv, Søllerød, "Udkast til program for Venstre"; Ernst Andersen, "Venstre og den socialetryghed," *Venstres månedsblad*, 16, 5 (October 1963), 226; Aktuel orienteringy, 6 (1963-64), 25-27.

69  1983年11月10日在哥本哈根与当时第二种选择的发言人安德森的谈话。据安德森说，斯文·赖尔曼（Sven Reiermann）在背后推动他作出了选择。

70  Venstres Landsorganisation, *Social tryghed i et moderne samfund* (n.p., 1964), pp. 52-53.

71  Knud Larsen et al., *Venstre: 50 år for folkestyret* (Holte, 1979), pp. 229-30; Venstres Landsorganisations Arkiv, mimeographed material sent to the press for the 1963 congress, Ernst Andersen's contribution.

72  ABA, Kaj Bundvad papers, B. Rold Andersen, "Oplæg" for a meeting of the party's Social Policy Committee, 12 December 1967.

73  Christian P. Fogtmann, *På frihedens vilkår* (Copenhagen, 1970), p.111; Torben Worre, "Forandringer i det danske partisystems sociale grundlag," in Mogens Pedersen (ed.), *Dansk politik i 1970'erne* (Copenhagen, 1979), p. 74.

74  RA/D, Socialministeriet, F.19-199/206, A-I, Tillægspensionsudvalget af 1964, minutes, 26 August 1964, Schlebaum; minutes, 27 April 1964, the chairman; *Betænkning om en udvidelse af Arbejdsmarkedets tillægspension til også at omfatte selvstazndige erhvervsdrivende*, Betænkning 373/1965, pp. 18-19, 24-25.

75 Friis et al., *Omkring tillægspensionen*, pp. 16-19; Alexandersen et al., *Private alderdomssikring*, pp. 18-23.

76 *Betænkning om principperne for en altnindelig tillægspension*, Betænkning 452/1967.

77 RA/D, F.19-199/206, A-I, Tillægspensionsudvalget af 1964, minutes, 6 May 1965, Drachmann, Agbo; 15 December 1965, Larsen; 9 February 1966, Drachmann; 24 February 1966, Larsen; H. Vitting Andersen, "Den mislykkede Tillægspensionsordning," *Sammenslutningen*, 17, 8 (August 1964); *Folketingstidende*, 1963-64, Tillæg B, cols. 349-52. See also Betænkning 341/1963, pp. 27f; RA/D, Det Radikale Venstre, 1980 Aflevering/2, "Informationsbrev."

78 由于未能将负担从整个社区转移到雇主身上，国家财政在丹麦社会政策中的作用仍然比斯堪的纳维亚的其他地方更重要，见 "Sammenligning af de sociale udgifter og omfanget af de sociale foranstaltninger i de nordiske lande," *Socialt tidsskrift*, 43, 8/9 (August-September 1967), 278-79; and Søren Rishøj Pedersen, "Det offentliges udgifter til sociale formål," in Pedersen (ed.), *Fagbevægel sen og socialpolitikken* (Copenhagen, 1976), pp. 87-88.

79 在这一点上，社会民主党和保守党的观点都完全改辙了，左翼现在赞成俾斯麦的解决办法，资产阶级政党已成为税收资助、统一费率、最低保障方法的最有力支持者，此种方法曾经被认为是特别具社会主义色彩的；见 *Politiken*, 1 November 1967。

80 *Folketingstidende*, 1 November 1967, cols. 885-92.

81 论保守党反对社会民主党的策略，见 Poul Møller, *Politik på vrangen* (n.p., 1974), pp. 114-16。

82 See Chapter 2.

83 *Folketingstidende*, 1 November 1967, cols. 843-93.

84 *Folketingstidende*, 6 December 1968, col. 2219; 30 January 1969, cols. 3433-34. 对统一费率福利的一定程度的针对性和需求测试也重新纳入了社会民主党的考虑范围；见 Nelson, *ATPs historie*, pp. 107-08; and ABA, Socialdemokratisk Pensionspolitisk Udvalg, "Ens pension til alle," 13 March 1980。

85 *Folketingstidende*, 12 October 1967, cols. 394-404; *Mogens Lykketoft, Kravet om lighed* (Copenhagen, 1973), pp. 126-28.

86 数据见 Erik Høgh and Mogens Nyholm (eds.), *Funktionærene 1964 - hvor står de?* (Copenhagen, 1964), vol. 1, p. 14; and Politisk månedsnyt, 8 (30 April 1964). 论自由党吸引工薪阶层的努力，见 *Venstres mdnedsblad*, 13, 6 (November 1960); 15, 5 (October 1962), p.242。

87 ABA, Socialdemokratiets Arkiv, 22/1, Programkommissionen, minutes, 31 March 1958.

88 LO, *Protokoll*, 1967, pp. 27-29.

89 ABA, Socialdemokratiets Arkiv, 549/1, Funktionær- og Tjenestemandsudvalget, minutes, 23 May 1964.

90 对于保险公司，这一立场是一个逐步发展的结果，可以追溯到 *Assurandøren*, 61, 25/26 (20 June 1956), 419-21; 68, 48 (28 November 1963), 763; 68, 50 (12 December 1963), 805;

71, 1/2 (6 January 1966), 48; and *Dansk forsikrings tidende*, 71, 16 (4 May 1964), 272。

91  RA/D, F.19-199/212, 4/21, Socialreformkommissionen, minutes, 13 October 1965, 14 December 1965, Seirup; Preben Wilhelm and Ebbe Reich, "Ulighederne skal bevares: Interview med H. C. Seirup," *Politisk revy*, 3, 61 (26 August 1966), 13-14; *Det sociale tryghedssystem: Struktur og dagpenge*, Betænkning 543/1969; *Socialreformundersøgelserne* (Socialforskningsinstitutets publikationer nos. 43, 44, 49, 53). In general, see Terkel Christiansen, *Synspunkter på 1970'ernes socialreform* (Odense, 1974); Henrik Liebetrau, *Dansk socialpolitiky 1974-1982* (Copenhagen, 1983); and Lars Nørby Johansen, "Denmark," in Peter Flora (ed.), *Growth to Limits: The Western European Welfare States since World War II* (Berlin, 1986), vol. 1.

92  RA/D, F.19-199/212, 60, Bilag 30, "Notat om arbejde i Socialreformkommissionen"; *Det sociale tryghedssystem: Serviceogbistand*, Betænkning 664/1972, pp. 336-37; *Principper for en reform af de sociale pensioner*, Betænkning 799/1977.

93  关于战后贝弗里奇的愿景未能实现同后期改革困难之间的关系，见 Michael S. Lund, "The Politics of a National Minimum Income: The Poor Law Coalition in Postwar Britain," in Douglas E. Ashford and E. W. Kelley (eds.), *Nationalizing Social Security in Europe and America* (Greenwich, Conn., 1986)。For a competent account of pensions policy, see Eric Shragge, *Pensions Policy in Britain: A Socialist Analysis* (London, 1984).

94  *Hansard*, 30 May 1946, col.1456, repeated in Labour Party, *Annual Conference*, 1946, p.117.

95  *Hansard*, 10 April 1951, cols. 847-53; 23 April 1951, col. 39; 26 April 1951, cols. 639-44; Alan T. Peacock, *The Economics of National Insurance* (Edinburgh, 1952), ch. 8. For the background, see Philip M. Williams, *Hugh Gaitskell* (London, 1979), ch. 8; Kenneth O. Morgan, *Labour in Power, 1945-1951* (Oxford, 1984), pp. 441-61; David Howell, *British Social Democracy: A Study of Development and Decay* (New York, 1980), ch. 6; and Jonathan Schneer, *Labour's Conscience: The Labour Left 1945-51* (Boston, 1988), ch. 8.

96  尽管针对性福利后来以收入保障和负所得税的形式再现了。

97  Labour Party Archives, London, R 107/April 1952, R 133/June 1952, R 208/January 1953, R 227/February 1953; Social Services Sub-Committee (SSSC), minutes, 10 February 1953.

98  TUC, *Annual Report*, 1954, pp. 141, 342; TUC Archives, London, Social Insurance and Industrial Welfare Committee (SIIWC), 10/2, 11 March 1953; General Council, minutes, 25 March 1953; SIIWC and Labour Party 1, 11 March 1953; Labour, SSSC, minutes, 11 March 1953.

99  有关争议见TUC Archives, box 160.3, David Ginsbury to C. R. Dale, 19 March 1953; SIIWC 11/2, 10 March 1954; SIIWC 14/4, 9 June 1954; TUC, *Annual Report*, 1954, p. 143; Labour, Joint meeting of SSSC and SIIWC, minutes, 13 April 1954; and TUC Archives, SIIWC 12, 14 April 1954.

100  Labour, R 458/January 1955.

101　Labour Party, *Annual Conference*, 1955, pp.195-200; TUC, SIIWC 1/4, 13 October 1954; SIIWC 4, 8 December 1954.

102　他先前的无知被记录在 Philip M. Williams (ed.), *The Diary of Hugh Gaitskell, 1945-1956* (London, 1983), p. 13。

103　Labour Party, *Annual Conference*, 1955, pp. 200-03. "我不知道这是什么。"据知他在谈到退休金时说 (Richard Crossman, *The Politics of Pensions* [Liverpool, 1972] pp. 10-13)。论当时党内的退休金政策，见 Labour, R 458/January 1955, R 460/January 1955, R 508/April 1955。

104　Labour, Joint meeting of the SSSG and SIIWC, minutes, 28 January 1955.

105　伦敦政经学院教授布莱恩·阿贝尔·史密斯（Brian Abel-Smith）也与这项工作密切相关。关于研学小组，见 Labour, NEC, minutes, 23 November 1955; and Douglas Jay, *Change and Fortune: A Political Record* (London, 1980), p. 250。关于蒂特穆斯及其学派，见 David Donnison, "Social Policy since Titmuss," *Journal of Social Policy*, 8, 2 (April 1979); David A. Reisman, *Richard Titmuss: Welfare and Society* (London, 1977); Paul Barker (ed.), *Founders of the Welfare State* (London, 1984); David Watson, "Richard Titmuss: Social Policy and Social Life," in Noel Timms (ed.), *Social Welfare: Why and How?* (London, 1980); and Fred Inglis, *Radical Earnestness: English Social Theory, 1880-1980* (Oxford, 1982), ch. 7。

106　Labour, Re 49/April 1956; TUC Archives, 160.3, Labour, Study Group on Security and Old Age (SGSOA), minutes, 4 July 1956.

107　Labour, Re 83/June 1956.

108　XUC Archives, 160.3, Labour, SGSOA, minutes, 27 June 1956, 4 July 1956.

109　Labour, Re 110/November 1956, Re 122/December 1956, Re 130/January 1957, Re 152/April 1957. The final version was *National Superannuation* (1957).

110　Labour, Re 43/April 1956, Re 83/June 1956. 对长期从事体力劳动者的关注所表现出的认真程度，可以通过最后文件中反对最佳收入年头规则的略显可笑的论调来间接地衡量（取自美国的例子，而不是瑞典的例子。在瑞典，社会民主党大约在此时得出了与工会相反的结论），它痛斥由此赋予拥有短期高收入的广播、电影、电视和舞台名人、作家以及职业体育运动员的优势。

111　Richard Titmuss, *The Irresponsible Society* (Fabian Tract 232, April 1960), reprinted in Brian Abel-Smith and Kay Titmuss (eds.), *The Philosophy of Welfare: Selected Writings of Richard M. Titmuss* (London, 1987). See also Richard Titmuss, *Income Distribution and Social Change* (London, 1962), ch. 7.

112　论瑞典国有化的适度性，见 Timothy A. Tilton, "Why Don't the Swedish Social Democrats Nationalize Industry?" *Scandinavian Studies*, 59, 2 (Spring 1987)。

113　Richard Crossman, *The Backbench Diaries of Richard Crossman*, ed. Janet Morgan (London, 1981), pp. 579-80. 阿贝尔·史密斯显然担心公众认为工党政府是在拿人们的养老积蓄

来赌博，几个月后，克罗斯曼相当不真诚地指示工党议员否认这些基金的受托人有兴趣购买工业控制权，见 Parliamentary Labour Party, minutes, 21 May 1957, on microfilm at the LSE。

114　TUC Archives, 160.3, Economic Committee, "Inquiry into Occupational Pension Schemes," 11 April 1956; SIIWC 5/3, 12 January 1956; TUC, *Annual Report*, 1956, p. 378.

115　As the TUC had already noted in SIIWC 6/1, 10 December 1953.

116　逐步接受的过程记录见 TUC Archives, SIIWC 6, 10 January 1957; SIIWC 10, 13 March 1957。

117　Labour, Home Policy Sub-Committee, minutes, 29 January 1957; Crossman, *Backbench Diaries*, pp. 571-72; TUC Archives, Report attached to SIIWC minutes, 13 February 1957; SIIWC 10, 13 March 1957; Labour, NEC, minutes, 17 April 1957; LSE, Titmuss Papers, Acton Files 12, Peter [Townsend] to Titmuss, 8 April 1957, giving an account of the Home Policy Sub-Committee of that day. 克罗斯曼不得不在伦敦政经学院的理论家和工会之间就几点问题进行调解，因为他们彼此都有同样的怀疑。例如，阿贝尔·史密斯主张废除工会倾向于精算公正的做法，而克罗斯曼则承认工会在政治上的必要性。克罗斯曼认为，公众相信精算是恰当的，工党的政策声明不能改变人们对这个问题的普遍看法。"如果我们公开谴责精算方法，"阿贝尔·史密斯勉强同意，"那么人寿保险办公室可能会设法说服这个国家，我们要求社会将其储蓄用于一个远不安全的计划——简言之，是一个克罗斯曼先生在洗澡时想出的计划"(Titmuss Papers, 12, Abel-Smith to Titmuss, 4 April 1957)。

118　LSE, Titmuss Papers, 12, Abel-Smith to Titmuss, 29 March 1957; Crossman, *Backbench Diaries*, pp. 580-83.

119　XUC, *Annual Report*, 1957, pp. 351-57; Crossman, *Backbench Diaries*, pp. 601-03.

120　Labour Party, *Annual Conference*, 1957, pp. 106-24.

121　Iain Macleod and Enoch Powell, *The Social Services: Needs and Means* (London, 1951); Conservative Party Archives, Conservative Research Department (CRD), Oxford, 2/30/7, National Insurance Policy Sub-Committee, minutes, 18 March 1952, 18 November 1952, 25 February 1953, 31 March 1953; CRD, 2/30/12, Health and Social Security Committee (HSSC), minutes, 24 July 1956.

122　Conservative Party, *Annual Conference*, 1957, p. 97.

123　Provision *for Old Age: The Future Development of the National Insurance Scheme,* Cmnd. 538 (October 1958).

124　CRD, 2/29/8, Policy Committee on the Future of the Social Services (PCFSS), minutes, 23 May 1960. For John Boyd-Carpenter's recollection of events, see his *Way of Life* (London, 1980), pp. 130-35.

125　CRD, 2/30/13, HSSC, minutes, 22 July 1958, 5 November 1958.

126　CRD, 2/30/15, HSSC, minutes, 14 February 1961. 当然，退出使那些富人免于很多再分

配，也减少了政府通过这种方式可以获得的资金。

127 一种不真诚的论点认为工党也同样利用了这一点，例如全国专业工人联合会（National Federation of Professional Workers）的代表被郑重地告知，在工党的再分配计划中使用的不是雇员缴的保费，而是雇主缴的保费；见LSE, Titmuss Papers, 80a, Labour, SGSOA, minutes, 3 February 1959。

128 CRD, 2/30/13, HSSC, minutes, 17 June 1958; CRD, 2/30/14, HSSC, minutes, 5 November 1958; CRD, 2/30/15, HSSC, minutes, 14 February 1961; CRD, 2/29/6, Brendon Sewili, "Pensions: Where We Are and Where We Are Going Next," PCFSS/60/25, 19 May 1960; CRD, 2/31/8, John O. Udal, "Principles and Social Services," PCFSS/60/5, 21 March 1960; CRD, 2/31/8, "Report of Pensions Committee," January 1957.

129 CRD, 2/30/13, HSSC, minutes, 22 July 1958.

130 *Hansard*, 28 October 1958, cols. 57-128; 29 October 1958, cols. 151-67; 11 November 1958, cols. 197-310; 27 January 1959, cols. 888-1014; 8 June 1959, cols. 670-73; 9 June 1959, cols. 838-929; CRD, 2/30/13, HSSC, minutes, 22 July 1958.

131 LSE, Titmuss Papers, 34, Abel-Smith to Titmuss, 1 May 1959.

132 基金的规模是威尔逊－克罗斯曼（Wilson-Crossman）和盖茨凯尔（Gaitskell）之间争论的焦点，由于在选举上受欢迎，盖茨凯尔倾向于减少对大量积聚资金的缴费；见 LSE, Titmuss Papers, 3, Abel-Smith, "Dinner with Dick Crossman on Wednesday May 13th"; 34, Abel-Smith to Titmuss, 1 May 1959; 80a, Labour Party, Joint meeting of the Finance and Economic Policy Sub-Committee and the SGSOA, 21 July 1959; Labour Archives, Re 588/July 1959。

133 LSE, Titmuss Papers, 3, Abel-Smith, "Meeting with the Representatives of the Co-ops, June 25th"; 80a, Labour Party, SGSOA, minutes, 25 June 1959; 3, SGSOA, minutes, 14 July 1959; 7, untitled note by Duval, Chief Actuary of the Cooperative Movement; Labour Archives, Re 579/July 1959.

134 Crossman, *Backbench Diaries*, p. 581.

135 关于蓝领对其他同收入挂钩的社会政策提案的关注点，见 Labour, RD 198/June 1962, SGSOA, minutes, 19 December 1961, Re 513/January 1959, RD 211/February 1962, SGSOA, minutes, 14 February 1962。

136 Labour, RD 80/July 1960, RD 174/October 1961, RD 194/January 1962, RD 250/April 1962, RD 270/May 1962. 背景材料见 Alan Warde, *Consensus and Beyond: The Development of Labour Party Strategy since the Second World War* (Manchester, 1982), pp. 59-61; and Stephen Haseler, *The Gaitskellites: Revisionism in the British Labour Party, 1951-64* (London, 1969), pp. 143-49。

137 见注3。有人认为，工会联盟无法像工会联合会那样有效地代表白领和蓝领工薪阶层的利益。这里的材料却恰恰证明相反。See Richard Scase, *Social Democracy in Capitalist Society: Working-Class Politics in Britain and Sweden* (London, 1977), pp.37-38;

Richard Scase, "Inequality in Two Industrial Societies: Class, Status and Power in Britain and Sweden," in Scase (ed.), *Readings in the Swedish Class Structure* (Oxford, 1976), p. 297; and Richard Scase, "Relative Deprivation: A Comparison of English and Swedish Manual Workers," in Dorothy Wedderburn (ed.), *Poverty, Inequality and Class Structure* (Cambridge, 1974), pp. 210-11.

138 Crossman, *Politics of Pensions*, pp. 17-19.

139 *National Superannuation and Social Insurance: Proposals for Earnings-Related Social Security*, Cmnd. 3883 (January 1969). For a lucid account, see Tony Lynes, *Labour's Pension Plan,* Fabian Tract 396 (London, 1969).

140 Crossman, *Backbench Diaries*, p. 985.

141 Crossman, *Diaries of a Cabinet Minister*, vol. 3, pp. 153-54, 176. See also Barbara Castle, *The Castle Diaries, 1964-70* (London, 1984), p. 751.

142 细节和背景见 Leslie Hannah, *Inventing Retirement: The Development of Occupational Pensions in Britain* (Cambridge, 1986), ch. 4。

143 TUC, *Annual Report*, 1969, pp. 528-38; Labour, *Annual Conference*, 1969, pp.286-87, 292.

144 TUC, *Annual Report*, 1970, pp. 250-51, 588-89. 论1972年工会联盟与工党在养老金问题上的分歧, 见 Michael Hatfield, *The House the Left Built: Inside Labour Policy-Making, 1970-75* (London, 1978), p. 263。

145 *Strategy for Pensions: The Future Development of State and Occupational Provision*, Cmnd. 4755 (September 1971). 这些计划与工党先前的计划形成的鲜明对比, 见 Richard Titmuss, *Social Policy: An Introduction* (London, 1974), ch. 8。

146 CRD, 2/29/8, PCFSS/60/25, 19 May 1960; PCFSS/60/26, 19 May 1960; Lynes, *Labour's Pension Plan*, p. 4.

147 休·赫克洛认为保守党的计划是该党脱离先前养老金辩论的产物, 与保守党的原则不一致, 或者该计划包含了该党不打算包含的内容, 他的理由尚不清楚; 见 Heclo, *Modern Social Politics*, pp. 280-81。

148 *Hansard*, 28 November 1972, col. 265. See also *Hansard*, 19 January 1970, cols. 162-63, David Ennals.

149 Labour, RD 202/December 1971, RD 222/December 1971, RD 237/January 1972, RD 250/February 1972, RD 364/May 1972; LSE, Titmuss Papers, 11, Labour Party, Social Policy Sub-Committee, Working Group on Pensions..., "Note for the Chairman for Meeting on January 5th [1972]."

150 *Better Pensions Fully Protected against Inflation: Proposals for a New Pension Scheme*, Cmnd. 5713 (September 1974).

151 Harold Wilson, The *Final Term: The Labour Government 1974-1976* (London, 1979), pp. 125-28; *Hansard*, 18 March 1975, col. 1502; David Pianchaud, "Social Security," in Nick Bosanquet and Peter Townsend (eds.), *Labour and Equality* (London, 1980), pp. 177-78.

## 第五章

1　当然，尽管情况千差万别，自雇人士的有些行业繁荣发展并能适应变化，其他行业则逐渐落后。工匠的例子见 Steven M. Zdatny, "The Artisanat in France: An Economic Portrait, 1900-1956," *French Historical Studies*, 13, 3 (Spring 1984); Marc Durand and Jean-Paul Frémont, *L'artisanat en France* (Paris, 1979), pt. 2; and Joseph Höffner, *Die Handwerkerversicherung im Hinblick auf die berufsständische Eigenart des Handwerks* (Stuttgart, 1959), pp. 54-61。

2　雷蒙德·阿隆当然是在概括更广泛的国家效力，他写道 "法国人在扩大他们福利的意义上倾向于扩大社会保障，而作为缴费者，却希望限制社会保障"（"Problèmes de la sécurité sociale," *Le figaroy*, 9 June 1948）。

3　从这个意义上说，社会政策是外围部门和精英阶层之间政治和经济利益更广泛共生关系的一个特别突出的方面，是一种现代的铁和黑麦联姻，被中间派和右翼用来制衡城市工薪阶层日益增长的力量，尽管左翼在这里也受到政治可能性的诱惑，见 Sidney Tarrow, *Between Center and Periphery: Grassroots Politicians in Italy and France* (New Haven, 1977), intro. and ch. 1; Suzanne Berger and Michael J. Piore, *Dualism and Discontinuity in Industrial Societie*s (Cambridge, 1980), esp. ch. 4。

4　这里有一个贫富联盟对抗中产阶级的现实世界版，戈登·图洛克（Gordon Tullock）将其发展为一种理论上的可能性："The Charity of the Uncharitable," *Western Economic journal*, 9, 4 (December 1971)。

5　J. Brunet-Jailly, "Note sur les effets redistributifs de l'assurance-maladie," *Revue d'économie politique*, 86, 5 (September-October 1976); J. Regnier and J.-Cl. Sailly, *France, pays des inégalités?* (Toulouse, 1980), pp. 90-99; Jean-Michel Belorgey, *La politique sociale* (Paris, 1976), pp. 276-77; A. J. Culyer, *The Political Economy of Social Policy* (Oxford, 1980), pp.124-27。

6　有关法国社会政策最新发展的阐述包括：Jean-Pierre Dumont, *La sécurité sociale toujours en chantier: Histoire - bilan - perspectives* (Paris, 1981); and Jacques Fournier and Nicole Questiaux, *Traité du social: Situations, luttes, politiques, institutions*, 2nd edn (Paris, 1978). Good on the Fifth Republic especially is Douglas E. Ashford, *Policy and Politics in France* (Philadelphia, 1982), ch. 6。有关法国社会政策机构的标准论述，见 Jean-Jacques Dupeyroux, *Droit de la sécurité sociale*, 8th edn (Paris, 1980)。

7　战后的改革者已经认识到将农民纳入社会保险的困难，见 Assemblée nationale, Archives, Commission du travail, minutes, 24 January 1946, Costes, Viatte, Delacheval, Landry; 27 March 1946, 21 February 1947。关于农民问题的概述，见 Sally Sokoloff, "Rural Change and Farming Politics: A Terminal Peasantry," in Philip G. Cerny and Martin A. Schain (eds.), *French Politics and Public Policy* (New York, 1980)。

8　他们的代表反对加入由其他独立经营者建立的分离式养老金体系，见 AN, SS7922,

Surleau Commission, sub-commission minutes, 25 June 1947。

9　地方的市长负责对政府资助的临时津贴进行资产测查，他们中的许多人显然将津贴视为市政总收入的一个值得欢迎的补充，故随意地批准领取津贴的申请。因而，新的资产测查变得更严格了。See *Le monde*, letters to the editor, 28 January 1947.

10　*JO Doc*, 8715, 14 December 1949, pp. 2236-38.

11　*JO Doc*, 11334, 17 November 1950, pp. 1998-99.

12　*JO Doc*, 3454, 27 May 1952, pp. 1113-14.

13　*JO Déb*, 6 June 1952, pp. 2687-2719. The law was that of 10 July 1952.

14　对多格里斯的概括研究，见 Gordon Wright, *Rural Revolution in France* (Stanford, 1964); Pascal Ory, "Le Dorgèrisme: Institution et discours d'une colère paysanne (1929-1939)," *Revue d'histoire moderne et contemporaine*, 22 (April-June 1975); and Malcolm Anderson, *Conservative Politics in France* (London, 1974), pp. 222-23. For Henri Dorgères's own account of the prewar years, see his *Au XXᵉ siècle: 10 ans de jacquerie* (Paris, 1959)。Robert Paxton 在进行有关多格里斯的研究。

15　Solange Goldman, "L'allocation de vieillesse agricole: La loi du 10 juillet 1952 à travers la presse agricole et les réactions de la profession," unpubl. MS to appear in Comité d'histoire de la sécurité sociale, *Colloque sur l'histoire de la sécurité sociale*. See also *La gazette agricole*, 14 March 1953, quoted in the MS of the section dealing with agriculture, prepared by UCCMA, of what is to become the *Histoire de la sécurité sociale par les textes*, to be published by the Association de l'histoire de la securite sociale, which Mme Goldman and Catherine Gross at UCCMA kindly allowed me to examine.

16　Goldman, "L'allocation de vieillesse." 这是中央农业共同基金会社（UCCMA）和全国农民工会联盟（FNSEA）的立场，战后农民组织与维希农民公司（Vichy Peasant Corporation）有着密切的联系，在这一时期主要为北方大农场主的利益说话。

17　For example, Roland Boscary-Monsservin's intervention; see *JO Déb*, 21 July 1954, pp. 3488-90.

18　这些变化是1955年1月5日法律的一部分。有关新系统的概述，见 Georges Callebat, *Le régime vieillesse des exploitants et artisans ruraux* (Lons-le-Saunier, 1955)。

19　共产党人被赋予了代表农业利益的复杂机构的权力，他们正朝着坚定支持小家庭农场和必要立法的方向前进，以使之与经济现实相抗衡；见 Geneviève Bastid-Burdeau, *La genèse de l'initiative législative: Un cas: L'agriculture 1958-1968* (Paris, 1973), pp. 32-35。

20　*JO Déb*, 21 July 1954, pp. 3488, 3501; 28 July 1954, pp. 3670-77; *JO Doc*, 8954, 22 July 1954, p. 1484.

21　叛逆一说纯属猜测。关于该父子的关系，见 Emmanuel Le Roy Ladurie, *Paris-Montpellier: P.C.-P.S.U., 1945-1963* (Paris, 1982), pp. 21, 74-75。

22　*JO Déb*, 21 July 1954, pp. 3498-3501.

23　For an overview, see Centre d'étude des relations sociales de l'Université d'Aix-Marseilles,

*Sécurité sociale et conflits des classes* (Paris, 1962), ch. 5. See also Roger Montagne, "La loi du 13 décembre 1960 relative à l'assurance maladie des exploitants agricoles," *Droit social*, 24, 4 (April 1961).

24 支持有利于南方安排的组织有全国青年农民中心（CNJA）和盖雷特委员会（Comité de Gueret），见 *JO Doc*, 557, 26 April 1960, pp. 20-23。

25 1951年11月，全国农民工会联盟的主席René Blondelle告诉中央农业共同基金会社的主席Alexandre Bonjean，全国农民工会联盟的大多数人赞成强制参与农业健康保险。为什么会有这种变化不大清楚。See *Bulletin d'information de la mutualité agricole*, 104 (January 1961), 3424.

26 Michel Debatisse, *Le projet paysan* (Paris, 1983), pp. 73-75. On relations between the FNSEA and the CNJA, see Louis Lauga, *Centre national des jeunes agriculteurs* (Paris, 1971) pp. 97ff; Pierre Muller, "Comment les idées deviennent-elles politiques? La naissance d'une nouvelle idéologic paysanne en France, 1945-1965," *Revue françaisede science politique*, 32, 1 (February 1982), 99-103; Pierre Muller, *Le technocrate et le paysan: Essai sur la politique française de modernisation de l'agriculture, de 194s à nos jours* (Paris, 1984), ch. 3; and John T. S. Keeler, *The Politics ofNeocorporatism in France: Farmers, the State, and Agricultural Policy-Making in the Fifth Republic* (New York, 1987), chs. 1, 2.

27 *JO Doc*, 557, 26 April 1960, p. 22; Michel Debatisse, *La révolution silencieuse: Le combat des paysans* (Paris, 1963), pp. 165-71.

28 *Informations sociales agricoles - Bulletin mensuel*, 10 (24 October 1958). 这本书和农业党出版社收集的大量有关这一主题的其他资料收藏在UCCMA Archives, Paris, A 1200/9787。

29 *JO Doc*, 557, 26 April 1960, pp. 23-26.

30 *JO Doc*, 560, 26 April 1960, pp. 32-33.

31 *JO Doc*, 605, 6 May 1960, pp. 141-43. 有关这一系统的概述，见L.P. Delestrée, *l'assurance maladie obligatoire des exploitants agricoles* (Paris, 1966)。

32 See Chapter 3 for the 1948 legislation.

33 Chambre de commerce de Paris, *Les régimes sociaux des commerçants et industriels indépendants: Evolution et réforme* (Paris, 1979), vol. 1, pp.24-25; Roger Millot, "La position des travailleurs indépendants face aux problemes de l'assurance-maladie avant l'adaption de la loi du 12 juillet 1966," *Droit social*, 3 (March 1970).

34 *Les informations confédérates*, 448 (March 1965), 8-9.

35 在这场争战中双方关系的概述见François Gresle, "Les travailleurs indépendants et la protection sociale," *Droit social*, 4 (April 1983)。

36 *Le bâtiment artisanal*, 7, 61 (April 1959); 9, 79 (February 1961); 9, 81 (April 1961); 11, 107 (December 1963); 13, 118 (January 1965).

37 20世纪50年代末期首次讨论，国家团结基金会（The Fonds national de solidarite）旨在提供税收资助的养老福利，保证所有法国人至少有最低保障的福利。1962年拉罗克报告

*Politique de la vieillesse: Rapport de la commission d'étude des problèmes de la vieillesse* 建议类似的措施，政府在1963年表示，它可能会将某些社会政策措施财政化。

38　尤见于 Jacques Hébert of the UNR-UDT, *JO Doc*, 1058, 30 June 1964, 在下文讨论。

39　CAPEB Archives, Issy-les-Moulineaux, Commission administrative confédérate, minutes, 10 October 1964.

40　手工艺联合会领导人回应基层要求变革的压力的方式，从该组织的会议记录中可以明显看出其新立场成为了政策，见 CAPEB Archives, Assemblée générale, 8-9 March 1965, minutes, esp. pp. 69-126; *Inter-CAPEB: Bulletin deliaison des militants*, 14; *Le bâtiment artisanal*, 14, 133 (June 1966)。

41　*Le bâtiment artisanal*, 17, 165 (September-October 1969).

42　CAPEB Archives, Assemblée générale, 8-9 March 1965, minutes, p. 122, Lecœur.

43　*Le bâtiment artisanal*, 13, 118 (January 1965); 13, 121 (April 1965).

44　*Les informations confédérate*, 449 (April 1965), 13-14.

45　*L'année politique*, 1962, p. 253. 蓬皮杜后来对社会政策进行反思，认为这是对日渐衰落的独立经营者和白领群体的一种恩惠，参见他所著的 *Le nœud gordien* (Paris, 1974), pp. 151, 162-63。

46　*JO Doc*, 1895, 3 June 1966, pp. 1216-17; *Le monde*, 7 August 1965; Note by Grandval on his position, 30 April 1965, *Inter-CAPEB*, 14.

47　*JO Doc*, 1895, 3 June 1966, p. 1218.

48　同时进行的改革以减少“一般制度”的赤字，并迫使工薪阶层为之承担更多的开支，这使得政府不太可能同情地回应为非/非人士提供补贴的呼吁。

49　因此，悬在两个社会保险类别之间的农村工匠们，足够精明地看到自己的最大优势所在，选择加入农业体系；见 Assemblée nationale, Archives, Commission des affaires culturelles, familiales et sociales, minutes, 9 June 1966。

50　即使是这种程度的团结也被质疑为过分了。Assemblée nationale, Archives, Commission des affaires culturelles, familiales et sociales, minutes, 31 May 1966.

51　*JO Déb*, 9 June 1966, pp. 1824-80.

52　不过，考虑到即将举行的选举，社会民主党人拟投票支持这项法案，并承诺在执政时改进法律。See FNSP, Groupe parlementaire socialiste, minutes, 21 June 1966. The law was that of 12 July 1966.

53　The National Fund was the CANAM: Caisse nationale d'assurance maladie et maternité des travailleurs non salariés des professions non agricoles.

54　For the background see François Gresle, *Indépendants et petits patrons: Péerennité et transformations d'une classe sociale* (Lille, 1980), vol. 2, pp. 752-801; André Bonnet, "Un nouveau groupe de pression: Le CID—UNaTI," *Revue politique et parlementaire*, 75, 843 (June-July 1973); Georges Lefranc, *Les organisations patronales en France* (Paris, 1976); Roger Eatwell, "Poujadism and Neo-Poujadism: From Revolt to Reconciliation," in Philip and G. Cerny (ed.), *Social Movements and Protest in France* (London, 1982).

55  Maurice Roy, *Les commerçants: Entre la révoke et le modernisation* (Paris, 1971), pp. 75-84. See also Jean Cluzel, *Les boutiques en colère* (n.p., 1975).

56  Gérard Nicoud, *Les dernières libertés: Menottes aux mains: Les premières années du CIDUNATI, 1969-1971* (Paris, 1972), p. 52; Suzanne Berger, "Regime and Interest Representation: The French Traditional Middle Classes," in Berger (ed.), *Organizing Interests in Western Europe: Pluralism, Corporatism and the Transformation of Politics* (Cambridge, 1981); Suzanne Berger, "D'une boutique à l'autre: Changes of Organization of the Traditional Middle Classes from the Fourth to Fifth Republics," *Comparative Politics*, 10, 1 (October 1977).

57  关于其中一个更富有想象力的店主抗议活动——"死城"运动的细节，见*Dernières nouvelles d'Alsace*, 8 November 1970。

58  Nicoud, *Les dernières libertés*, pp. 26, 82.

59  A comparison between the undiluted verbal vitriol with which Nicoud poisoned opponents in writing and speech and Lecoeur's supple response reveals the difference: For Nicoud, the independents' traditional leaders were mandarins, Poujade was a jackass, CANCAVA was GESTAPO, and government policies towards small independents were genocide; see *L'objectify*, 1 (August 1970); Nicoud, *Les dernières libertés*, p. 52; and interview with Nicoud, *Lui* (November 1971), 16.

60  For example, "Nicoud parle!," supplement to *Vie des métiers*, 286 (September 1970).

61  "Assurance vieillesse: Notre position," attached to a letter from Georges Vignal of the CIDUNaTI to Robert Boulin, Minister of Social Security, 24 November 1971, in the collection of material on the CIDUNaTI gathered at CANAM, Paris, to which the organization's director, Jean Grob, kindly gave access. Even at this point, however, the CIDUNaTI suffered internal disagreement on the issue: at Boulin's 1969 round tables, UNaTI was for integration in the General Regime; see *Le monde*, 7 August 1969.

62  CANAM, CIDUNaTI to the President and Administrators of the Caisses retraites des commercants, 3 June 1971; Deprez to Vignal with attached minutes of the Rhône administrative council meeting, 30 October 1973, 12 November 1973.

63  CANAM, "Assurance vieillesse: Notre position"; CIDUNaTI to the Caisses retraites des commerçants, 3 June 1971; Nicoud, *Les dernières libertés*, pp. 69ff, 75-76, 117-18.

64  Roy, *Commerçants*, pp. 68-70. Generally, see François Gresle, "Indépendance professionnelle et protection sociale: Practiques de classe et fluctuations idéologiques du petit patronat," *Revue française de sociologies* 18, 4 (October-December 1977).

65  The law of 6 January 1970.

66  Dumont, *La sécurité sociale*, p. 123.

67  Louis Allione, *L'assurance maladie obligatoire des travailleurs indépéndents* (Paris, 1969),

p. 51.

68 *JO Doc*, 893, 15 November 1969, p. 949; 915, 2.8 November 1969, pp. 1002-06.

69 *JO Déb*, 2 December 1969, pp. 4460-4507.

70 手工艺联合会拒绝的一项措施，因为仅限于工匠的补充安排可能与他们的基本制度一样危险。职业排他主义的彻底崩溃可以通过与20年前立场的比较来证明，当时工匠领导人曾考虑建立一个补充计划。See CAPEB, Commission administrative confédérate, minutes, 21-22 July 1972; *Le bâtiment artisanal*, 7 (December 1953).

71 The law of 3 July 1972; see *JO Doc*, 2228, 25 April 1972; 2300, 10 May 1972.

72 *JO Déb*, 16 May 1972, pp. 1529-32.

73 Berger, "Regime and Interest Representation"; John T. S. Keeler, "Corporatist Decentralization and Commercial Modernization in France: The Royer Law's Impact on Shopkeepers, Supermarkets and the State," in Philip G. Cerny and Martin A. Schain (eds.), *Socialism, the State and Public Policy in France* (New York, 1985).

74 On Nazi social policy, see Marie-Luise Recker, *Nationalsozialistische Sozialpolitik im Zweiten Weltkrieg* (Munich, 1985); Wolfgang Scheur, "Entwicklung und Massnahmen der sozialen Sicherheit in der Zeitdes Nationalsozialismus," diss., Univ. of Cologne, 1967; Karl Teppe, "Zur Sozialpolitik des Dritten Reiches am Beispiel der Sozial versicherung," *Archiv für Sozialgeschichte*, 17 (1977); Heinz Lampert, "Staatliche Sozialpolitik im Dritten Reich," in Karl Dietrich Bracher et al. (eds.), *Nationalsozialistische Diktatur, 1933-1945: Eine Bilanz* (Düsseldorf, 1983); Rüdiger vom Bruch, *"WederKommunismus noch Kapitalismus": Bürgerliche sozialreform in Deutschland vom Vormärz bis zur Ära Adenauer* (Munich, 1985); and Stephan Leibfried, "Bedarfsprinzip und Existenzminimum unter dem NS-Regime: Zu Aufstieg und Fall der Regelsätze in der Fürsorge," in Hans-Uwe Otto and Heinz Sünker (eds.), *Soziale Arbeit und Faschismus: Volkspflege und Pädagogik im Nationalsozialismus* (Bielefeld, 1986). Timothy W. Mason 所 著 的 *Sozialpolitik im Dritten Reich: Arbeiterklasse und Volksgemeinschaft* (Opladen, 1977) 尽管书名中有"社会政策"，除了最广泛的意义外，不涉及社会政策。

75 深入的研究（但从工匠的角度看有偏见）见 Walther Heyn, "Der Wandel der Handwerkerversicherung bis zum Gesetz vom 8.September 1960: Ein Beitrag zur Versicherungspflicht von Selbständigen," *Zeitschrift für die gesamte Versicherungswissenschaft*, 49, 3/4 (1960). See also the relevant sections of Klaus Guderjahn, *Die Fragedes sozialen Versicherungsschutzes für selbständig Erwerbstätige vom Entstehen der deutschen Sozialversicherung bis zur Gegenwart* (Bonn-Bad Godesberg, 1971)。

76 Arthur Schweitzer, *Big Business in the Third Reich* (Bloomington, 1964), p. 385.

77 Friedrich-Bernhard Haussmann, *Das Handwerk im Haushalt der Sozialversicherung* (Göttingen, 1962), pp. 83-92.

78 "Memorandum zur Begriindung von Änderungen des geltenden Rechts der

Handwerkerversicherung," in Zentralamt für Arbeit in der britischen Zone, *Vorläufiger Referentenentwurf eines Gesetzes über die Neuordnung der gesetzlichen Rentenversicherung im Vereinigten Wirtschaftsgebiet nebst vorläufigen Kurzbegründung und sonstigen Materialen* (Lemgo, July 1948), copy in the DGB Archives, Düsseldorf.

79  Walther Heyn, *Die Handwerkerversicherung in den westlichen Zonen Deutschlands*, 2nd edn (Bremen-Horn, 1949).

80  1952年和1956年的法律在一定程度上改善了这一不利情况，使私人保险应得权益的转换率提高。

81  Höffner, *Die Handwerkerversicherung,* pp.54-61.

82  Günter Elo, "Die Altersversorgung im selästandigen Handwerk," diss., Univ. of Freiburg, n.d., pp. 73-74.

83  Heyn, "Wandel der Handwerkerversicherung," pp. 336-37.

84  例如，基督教民主联盟、劳工部长斯托奇（Storch）和社会民主党在议会讨论中的立场，见Bundestag (BT), *Stenographische Berichte*, 1/199, 19 March 1952, pp. 8527-32。

85  BT, Drucksache 1/3598, 9 July 1952.

86  Deutscher Bundestag, Parlamentsarchiv, Bonn, Ausschuss für Sozialpolitik, minutes, 1/154, 10 October 1952.

87  Heinz Büsch, "Der Gedanke der Altersvorsorge im deutschen Handwerk," diss., Univ. of Cologne, 1959, pp. 60-61.

88  Deutscher Bundestag, Ausschuss für Sozialpolitik, minutes, 2/174, 2 February 1956; BT, Drucksache 2/1479, 21 June 1955; 2/2486, 4 June 1956; *Stenographische Berichte*, 2/154, 27 June 1956, pp. 8388-89.

89  Büsch, "Altersvorsorge," pp. 71-73; Heyn, "Wandel der Handwerkerversicherung," pp.346-56.

90  *Sozialer Fortschritty,* 5, 7/8 (1956), 157.

91  Bundesarchiv, Zwischenarchiv (BA/Zw), St. Augustin, B149/464, note by Ministerialrat Dr. Meier on "Neuregelung der Handwerkerversorgung,"18 February 1957; Regierungsrat Dieter Schewe report Gs-6521-604/57, April 1957; Meier note GS-6521-601/57, 4 July 1957.

92  On the Sozialausschüsse, see Rolf Ebbinghausen, "Arbeiterinteressen in der CDU? Zur Rolle der Sozialausschüsse," in Jürgen Dittbergner and R. Ebbinghausen (eds.) *Parteiensystem in der Legitimationskrise* (Opladen, 1973); and Ferdinand Breidback and Rüdiger May (eds.), *Das soziale Feigenblatt? Die Sozialausschüsse in der Union* (Düsseldorf, 1975).

93  BT, *Stenographische Berichte*, 3/3, 29 October 1957, p.19.

94  BA/Zw, B149/464, note by Schewe, GS-6521-139/58, 21 January 1958; GS-6521-2345/58, 1 December 195S.

95  BA/Zw, B 149/464, note by Schewe, Gs-6521-139/58, 21 January 1958.

96 BA/Zw, B149/464, note by Schewe, GS 11/3-6521-2180/58, 12 November 1958.

97 这个法案是 BT, Drucksache 3/634, 7 November 1958。同样，社会政策只是战后其他受到威胁的社会团体所争取的令人惊讶的让步的一个例子；见 Heinrich August Winkler, "Stabilisierung durch Schrumpfung: Der gewerbliche Mittelstand in der Bundesrepublik," in Werner Conze and M. Rainer Lepsius (eds.), *Sozialgeschichte der Bundesrepublik Deutschland* (Stuttgart, 1983)。

98 Heyn, "Wandel der Handwerkerversicherung," p. 366.

99 Deutscher Bundestag, Ausschuss für Sozialpolitik, minutes, 3/34, 29 April 1959.

100 BT, Drucksache 3/1379, 29 October 1959.

101 BT, *Stenographische Berichte*, 3/121, 29 June 1960, pp. 6966-7018; 3/123, 1 July 1960, pp. 7113-18.

102 BT, *Stenographische Berichte*, 3/3, 29 October 1957, p.19; TheodorBlank, "Arbeitund Sozialordnung," *Sozialer Fortschritt*, 7, 1 (January 1958).

103 Excellent accounts are to be found in Guderjahn, *Frage des sozialen Versicherungsschutzes*, and Wilfried Bertram, "Die Alterssicherung der selbständigen Landwirte unter besonderer Berücksichtigung des Strukturwandels in der Landwirtschaft der Bundesrepublik Deutschland," diss., Univ. of Cologne, 1970.

104 论给予农场主的优惠待遇，见 Günther Schmitt and Harald von Witzke, *Zielund Mittelkonflikte sektorspezifischer Systeme sozialer Sicherung* (Berlin, 1975), pp. 28-38。

105 Guderjahn, *Frage des sozialen V ersicherungsschutzes*, pp.229-30. This was the position taken by the Hauptgemeinschaft des Deutschen Einzelhandels (HDE) in 1964.

106 Günter Dax, "Die Selbständigen vor der Entscheidung," *Die Angestelltenversicherutrg*, 15, 4 (April 1968), 121; Günter Dax, "Altersversorgung auch fur den Einzelhandelskaufmann," *ID: Informationsdienst der HDE*, 10/11 (October-November 1967), 135-39; HDE Archives, Cologne, Günter Dax office, "Ergebnisprotokoll der Sitzung der ad-hoc-Kommission Altersversorgung der Selbständigen [of the CDU Mittelstandsvereinigung] am 11.11.1970," Dax.

107 Conversation with Günter Dax, HDE, Cologne, 24 November 1983.

108 Theo Schwerfel, "Probleme der Absplitterung freier Berufe von der allgemeinen Versicherungswirtschaft," diss., Univ. of Cologne, 1956, p. 52.

109 Deutscher Bundestag, Ausschuss für Sozialpolitik, minutes, 1/8, 27 January 1950; 1/9, 1 February 1950; BT, *Stenographische Berichte*, 1/40, 23 February 1950, pp. 1362-65.

110 Dierk Hahn, *Die öffentlich-rechtliche Alterssicherung der verkammerten freien Berufe* (Berlin, 1974), pp. 36-40.

111 *Anwaltsblatt*, 1 (1957), reprinted in Max Richter (ed.), *Die Sozialreform* (Bonn, n.d.), H vii 3a; "Der Entwurf eines Rechtanwaltsversicherungsgesetzes," *Sozialer Fortschritt*, 10, 3 (March 1961), 56.

112  Hahn, *Alterssicherung*, pp. 111-13; Deutscher Bundestag, Ausschuss für Sozialpolitik, minutes, 3/112, 21 June 1961.

113  "Rentenversicherung für die freien Berufe," *Sozialer Fortschritt*, 6, 4 (April 1957), 88; Deutscher Bundestag, Ausschuss für Sozialpolitik, minutes, 5/43, 11 May 1967, Stockhausen.

114  Hans Günter Hockerts, *Sozialpolitische Entscheidungen im Nachkriegsdeutschland* (Stuttgart, 1980), pp. 167-68; DGB, *Geschäftsberichty 1962-65*, pp. 172-75.

115  Deutscher Bundestag, Ausschuss fur Sozialpolitik, minutes, 4/93, 7 October 1964.

116  Hartmut Hensen, "Zur Geschichte der Rentenfinanzen," in Reinhart Bartholomäi et al. (eds.), *Sozialpolitik nach 1945: Geschichte und Analysen* (Bonn-Bad Godesberg, 1977). 工人们也试图在医疗保险中得到雇员的补偿；见 IG Metall, *Geschäftsbericht, 1977-79*, pp. 362-63; 1980-82, pp. 371-72; IG Metall, *Gewerkschaft stag Protokoll*, 1977, pp. 428ff; and IG Metall, *Entschliessungen, Anträge, Materialen*, 1977, pp. 335-38.

117  这在1973年6月6日的集体协议中正式确定，见 Pierre Begault et al., "Le financement du régime général de sécurité sociale," *Revue française des affaires sociales*, 30 (July-September 1976), 50-51。

118  概括论述见 Guderjahn, *Frage des Versicherungsschutzes*, pp. 234-44。

119  *Soziale Sicherung in der Bundesrepublik Deutschland: Bericht der Sozialenquête Kommission* (Stuttgart, n.d.).

120  IG Metall, *Geschäftsbericht*, 1962-64, pp. 243-44.

121  例如，论点的逻辑见 SPD, *Sozialplan für Deutschland* (Berlin, 1957), pp.109-10。

122  历史悠久而艰辛的变革，见 Horst Heimann and Thomas Meyer (eds.), *Reformsozialismus und Sozialdemokratie: Zur Theoriediskussion des demokratischen Sozialismus in der Weimarer Republik* (Berlin, 1982), pt. 4。

123  SPD, *Parteitag Protokoll*, 1959, pp. 250-53, 594-95.

124  AdsD, 01988, Sozialpolitischer Ausschuss, minutes, 25/26 March 1960; 01989, minutes, 26 May 1960; SPD, *Parteitag Protokoll*, 1964, pp. 141, 521-22; Alexander Rü stow et al., *Das Problem der Rentenreform*, Aktionsgemeinschartsoziale Marktwirtschart, Tagungsprotokoll 6, 26 June 1956 (Ludwigsburg, 1956), pp. 101-02.

125  The Plan is in Richter, *Die Sozialreform*, G II 16. See also Reinhart Bartholomäi, "Der Volksversicherungsplan der SPD," in Bartholomäi, *Sozialpolitik nach 1945*, pp. 161ff.

126  Deutscher Bundestag, *Ausschuss für Sozialpolitik*, minutes, 5/37, 8 March 1967; 5/38, 9 March 1967; 5/43, 11 May 1967.

127  For example, SPD, *Parteitag Protokoll*, 1968, p. 402.

128  Deutscher Bundestag, Ausschuss für Arbeit und Sozialordnung, minutes, 6/80, 17 January 1972.

129  For a good overview, see Dieter Schewe, "Ursprung und Entstehung des

Rentenreformgesetzes," *Bundesarbeitsblatt*, 24, 3/4 (March-April 1973); and Dieter Schewe, "Von der ersten zur zweiten Rentenreform, 1957-1976," in Bartholomäi, *Sozialpolitik nach* 1945.

130 For numbers, see BT, Drucksache 6/2916.

131 Deutscher Bundestag, Ausschuss für Arbeit und Sozialordnung, minutes, 6/83, 20 January 1972; Gerd Muhr, "Leise durch die Hintertür," *Welt der Arbeit*, 12 February 1971; Hans Katzbach, "Die Angestelltenversicherung ist keihe Volksversicherung!" *Die Angestelltenversicherungy* 15, 2 (February 1968), 41-42.

132 因此，基督教民主联盟的中产阶级认为，他们可以征用自雇者作为工薪阶层（在他们转变成独立经营者之前）缴纳的保费。这项提议几乎未超出该党的中产阶级圈子，它被否决了，通过放弃要求这些保费来帮助消除工会对自雇者赤字的批评，以有利于整个风险社群。见 HDE Archives, Ad-hoc Kommission "Öffnung der Rentenversicherung für Selbständige" of the CDU/CSU Mittelstandsvereinigung, minutes, 21 January 1971, 9 February 1971; *Der Mittelstandsbrief* (January 1971), 5。

133 Deutscher Bundestag, Ausschuss für Arbeit und Sozialordnung, minutes, 6/83, 20 January 1972, Muhr, Schupeta.

134 For the DGB, see Deutscher Bundestag, Ausschuss für Sozialpolitik, minutes, 2/93, 5 September 1956, Lepinski.

135 BT, *Stenographische Berichte*, 6/139, 1 October 1971, p. 8052.

136 Deutscher Bundestag, Ausschuss für Arbeit und Sozialordnung, minutes, 6/83, 20 January 1972, Wassmann; BT, zu Drucksache 6/3767. The government bill is BT, Drucksache 6/2916, the CDU bill, 6/2153.

137 在某些情况下，能够负担补缴4.5万德国马克的律师将在不到四年内收回投资，而私人安排中获得同样福利的开支将是这一数额的三倍。See Jürgen R. Koch, "Die Alters- und Hinterbliebenenversorgung des Rechtsanwalts nach einem Jahr Erfahrung mit dem Rentenreformgesetz," speech held at the Hauptversammlung der Bundesrechtsanwaltskammer, 27 October 1973, printed copy at BRAK.

138 DGB, *Geschäftsbericht*, 1972-74, p. 47; DGB, Bundeskongress, *Protokoll*, 1975, pp. 57-58.

139 *JO Doc*, p. 1177, 2 October 1974. 清晰的概述见 Michel Chabanon et al., "L'harmonisation des régimes français de sécurité sociale: Application de la loi du 24 décembre 1974," in *Revue française des affaires sociales*, 30 (July-September 1976)。

140 *JO Doc*, 1227, 10 October 1974.

141 Jean-François Chadelat, "La compensation," *Droit social*, 9/10 (September-October 1978).

142 医疗保险的作用是将资金从工薪阶层和非/非人士转移到农业部门。在养老金方面，除自由职业者外，所有独立经营者的安排都从工薪阶层获得资金。See Ministère des affaires sociales et de la solidarité nationale, *Livre blanc sur la protection sociale* (Paris, 1983), pp.66-68.

143 还有人认为，通过"一般制度"提供国家补贴可以消除直接从国家领取救济的耻辱，从而取悦传统的中产阶级；见 *JO Déb*, 15 October 1974, p. 5062。

144 酒精税在委员会里受到严厉的批评，但还是通过了；见 Assemblée nationale, Archives, Commission des affaires culturelles, familiales et sociales, minutes, 8 October 1974。

145 *JO Déb*, 15 October 1974, pp. 5048-64, Gau, Leenhardt, Andrieux. For the orthodox PCF view, see Jean-Louis Archail, "Les projets du gouvernement contre la sécurité sociale et les salariés," *Economie et politique*, 232 (November 1973), 52-53.

146 Laws of 4 July 1975 and 2 January 1978.

147 *JO Déb*, 29 April 1975, p. 2207.

148 *JO Déb*, 15 October 1974, p. 5057; 16 October 1974, p. 5122; 29 April 1975, p. 2207; 6 December 1977, pp. 8315-17.

149 Jean-Jacques Dupeyroux, *Evolution et tendances des systèmes de sécurité sociale des pays membres des communautes européennes et de la Grande-Bretagne* (Luxemburg, 1966), p. 59; Jean-Jacques Dupeyroux, "L'évolution des systèmes et la théorie générale de la sécurité sociale," *Droit social*, 28, 2 (February 1966).

## 结语

1 Conveniently summarized in William Doyle, *Origins of the French Revolution*, 2nd edn (Oxford, 1988) and the introduction to Lynn Hunt, *Politics, Culture and Class in the French Revolution* (Berkeley, 1984). 更笼统但夸张的论述，见 William M. Reddy, *Money and Liberty in Europe: A Critique of Historical Understanding* (Cambridge, 1987), ch. 1。有关另一个进行类似方法修订的领域的概述，见 Baldwin, "Social Interpretations of Nazism: Renewing a Tradition," *Journal of Contemporary History*, 25, 1 (January 1990)。

2 相反，如果有充分的自由主义意识形态，要求国家为中产阶级复制他们可在市场上获得的普惠主义社会福利，实际上可能会鼓励私人服务的回归而削弱自身。因此，效果取决于意识形态。See Neil Gilbert, *Capitalism and the Welfare State: Dilemmas of Social Benevolence* (New Haven, 1983), pp. 72-74.

3 Robert E. Goodin and Julian Le Grand (eds.), *Not Only the Poor: The Middle Classes and the Welfare State* (London, 1987), chs. 8, 9; Ramesh Mishra, *The Welfare State in Crisis: Social Thought and Social Change* (Brighton, 1984), pp. 50-51.

4 因此，更多"剩余式制度"的改革者，比如在美国，那里的大部分社会政策仍然针对穷人并受到普通公民的鄙视，已经建议让中产阶级直接参与分享福利。See William Julius Wilson, *The Truly Disadvantaged: The Inner City, the Underclass and Public Policy* (Chicago, 1987), pp. 118-24, 152-57. See also Margaret Weir et al. (eds.), *The Politics of Social Policy in the United States* (Princeton, 1988), chs. 7, 8, 12. For a less sophisticated approach, see Alfred J. Kahn and Sheila B. Kamerman, *Not for the Poor Alone: European Social Services* (Philadelphia, 1975). In the same spirit, see Robert Kuttner, *The Economic Illusion: False*

*Choices between Prosperity and Social Justice* (Boston, 1984), ch. 6; and Kirsten A. Grönbjerg, *Mass Society and the Extension of Welfare, 1960-1970* (Chicago, 1977).

5　这不仅是来自左翼的批评。右翼也会拒绝所谓团结式社会政策，认为它对于中产阶级是一种未被承认的浪费，中产阶级应当自力更生。See Gordon Tullock, "Income Testing and Politics: A Theoretical Model," in Irwin Garfinkel (ed.), *Income-Tested Transfer Programs: The Case For and Against* (New York, 1982); and F. A. Hayek, *The Mirage of Social Justice* (Chicago, 1976), p. 141. From the liberalist left, see David G. Green, *The Welfare State: For Rich or for Poor?*, Institute of Economic Affairs, Occasional Paper 63 (London, 1982).

参考文献

## ARCHIVAL SOURCES

### Denmark

**Rigsarkivet (RA/D), Copenhagen**
Fattigkommissionen af 28.5.1869
Arbejderkommissionen af 1875
Folkeforsikringskommissionen
Tillægspensionsudvalget af 1964
Udvalget vedr. Folkepensionskommissionen af 1961
Socialreformkommissionen
Det Radikale Venstre
　Landsmøder
　Rigsdagsgrupperne, Korrespondance m.m., 1949–1953
　Partikontoret/sekretariatet
　Rejsesekretær Nic. Hurup 1948–1963, Korrespondance og indberetninger 1953
　1980 Aflevering/2
Venstre
　Folketingsgruppen
　Venstres Landsorganisation

**Folketingets Bibliotek, Copenhagen**
Socialdemokratisk Folketingsgruppe
Forsikringsvæsen, 1901–1956

**Arbejderbevægelsens Bibliotek og Arkiv (ABA), Copenhagen**
Socialdemokratiets Arkiv
　Aldersrentespørgsmålet
　Programkommissionen
　Funktionær- og Tjenstemandsudvalget
Kaj Bundvad papers
　Socialdemokratisk Socialpolitisk Udvalg

**ATPs Arkiv, Hillerød**
Tillægspensionsudvalget af 1963

**Venstres Landsorganisations Arkiv, Søllerød**
Miscellaneous records

## France

**Archives nationales (AN), Paris**
Commission chargée d'étudier les modifications à apporter à l'ordonnance du 19
  octobre 1945
Commission sur le projet de loi relatif à la reconduction de l'allocation temporaire
  aux vieux
Commission chargée d'étudier les modifications à apporter à la loi du 22 mai 1946
  portant généralisation de la sécurité sociale

**Assemblée nationale, Archives, Paris**
Commission du travail
Commission des finances
Commission des affaires culturelles, familiales et sociales

**Ministère des affaires sociales et de la solidarité nationale, Sous-direction de
l'assurance vieillesse, Bureau v4.569, Paris**
Commission nationale paritaire d'étude des régimes complémentaires de sécurité
  sociale

**Archives nationales/Fondation nationale des sciences politiques (AN/FNSP),
Paris**
MRP archives
  Commission des professions indépendantes
  Commission de politique sociale et familiale

**Office universitaire de recherche socialiste, Paris**
Comité directeur de la SFIO

**Fondation nationale des sciences politiques (FNSP), Paris**
Groupe parlementaire socialiste
Daniel Mayer Archives

**Chambre de commerce et d'industrie de Paris/Bony Archives, Paris**
"Sécurité sociale des employeurs, 1946–1947"
Assemblée des présidents des chambres de commerce de France, "La généralisation
  de l'assurance vieillesse," 23 December 1946

**Chambre de commerce de Paris, Archives, Paris**
Commission du travail et des questions sociales

**Organisation autonome nationale des industriels et commerçants/Pierre Bony
Archives (ORGANIC/Bony), Paris**
Sous-commission commerce et industrie de la Commission d'application de la loi
du 17 janvier 1948

**Union des caisses centrales de la mutualité agricole (UCCMA), Paris**
Press cuttings on agricultural social policy (A1200/9787)

**Confédération de l'artisanat et des petites entreprises du bâtiment (CAPEB), Issy-les-Moulineaux**
Commission administrative confédérale
Assemblée générale, 8–9 March 1965

**Caisse nationale d'assurance maladie et maternité (CANAM), Paris**
Miscellaneous materials on the CIDUNaTI

**Houghton Library, Harvard University, Cambridge, Mass.**
André Marty Archive

### Germany

**Bundesarchiv (BA), Koblenz**
Zentralamt für Arbeit in der britischen Zone, Bizonale Arbeitsgemeinschaft für
 Sozialversicherung
Miscellaneous materials on the occupation (z40 series)

**Bundesarchiv/Zwischenarchiv (BA/Zw), St. Augustin**
Bundesministerium für Arbeit und Sozialordnung, materials on artisanal social
 policy

**Deutscher Bundestag, Parlamentsarchiv, Bonn**
Ausschuss für Sozialpolitik
Ausschuss für Arbeit und Sozialordnung

**Archiv der sozialen Demokratie (AdsD), Bonn**
Walther Auerbach papers
 Various materials
 Ausschuss für Arbeit des Länderrates
Kurt Schumacher papers
SPD, Sozialpolitischer Ausschuss

**Deutscher Gewerkschaftsbund Archives (DGB), Düsseldorf**
Länderrat [of the US zone], Unterausschuss Sozialversicherung
Sozialpolitischer Ausschuss der Gewerkschaften in der britischen Zone
Zonenbeirat
Zonenbeirat, Sozialpolitischer Ausschuss
Folder, "Britische Zone. Zonenbeirat. Ausschuss für Sozialpolitik"

**Archiv für Christlich Demokratische Politik (ACDP), St. Augustin**
CDU, Bundesausschuss für Sozialpolitik

Hauptgemeinschaft des Deutschen Einzelhandels, Günter Dax office (HDE), Cologne
CDU/CSU Mittelstandsvereinigung, ad-hoc commission on the "Öffnung der Rentenversicherung für Selbständige"

## Great Britain

### Public Record Office (PRO), Kew
Overseas Planning Committee (Special Issues Sub-Committee)
Government Actuary
Official Committee on the Beveridge Report
Ministry of National Insurance
Cabinet
  Committee on Social Insurance and Allied Services
  Cabinet minutes and papers
  Committee on Reconstruction Priorities
  Social Services Committee
  Overseas Reconstruction Committee
Treasury papers
Prime Minister's papers
Foreign Office
  Allied Manpower Directorate
  Coordinating Committee
  Allied Finance Directorate
  Zonal Advisory Committee (British Zone)
  Control Council

### London School of Economics (LSE)
Beveridge papers
Titmuss papers, Acton Files
Parliamentary Labour Party (microfilm)

### Trades Union Congress (TUC), London
Joint Social Insurance and Workman's Compensation and Factories Committee
Social Insurance and Industrial Welfare Committee

### Labour Party Archives, London
Research papers, series RDR, Re, R, RD
National Executive Committee
Social Services Sub-Committee
Study Group on Security and Old Age
Home Policy Sub-Committee

### Conservative Party Archives, Conservative Research Department (CRD), Oxford
National Insurance Policy Sub-Committee
Health and Social Security Committee
Policy Committee on the Future of the Social Services

## Sweden

**Riksarkivet (RA/S), Stockholm**
Ålderdomsförsäkringskommittén
Nya arbetareförsäkringskomitén
Socialvårdskommittén
Moderata samlingspartiets Deposition
  Partirådet
  Representantskapet
  Partistyrelsen
  Överstyrelsen
  Riksstämmorna
  Partiledarna
    Fritjöf Domö
Igor Holmstedts Samling om Högerpartiet
Bondeförbundet-Centerpartiets Arkiv
  Partistyrelsen
  Riksstämmorna

**Folkpartiet, Riksdagsgruppens Arkiv, Stockholm**
Riksdagsgruppen

**Arbetarrörelsens Arkiv (ARA), Stockholm**
SAP, Partistyrelsen
SAP, Riksdagsgruppen
SAP, Riksdagsgruppens förtroenderåd
Tage Erlanders Arkiv
Per Albin Hanssons Arkiv
Bernhard Erikssons Arkiv

**Tjänstemannarörelsens Arkiv, Bergendal**
TCO:s representantskap
Other records on superannuation

**Landsorganisationens Arkiv (LO), Stockholm**
Landssekretariatet
Arbetsmarknadskommittén

## PRINTED PARLIAMENTARY MINUTES AND DOCUMENTS

*Folketingstidende*
*Journal officiel, Assemblée nationale*
*Verhandlungen des Deutschen Bundestages: Stenographische Berichte*
*Verhandlungen des Reichstags: Stenographische Berichte*
*Hansard*
*Riksdagens protokoll*
*Rigsdagstidende*

## PUBLISHED OFFICIAL RECORDS

*Statsrådets forhandlinger, 1872–1912*, vol. 12, Copenhagen, 1976
*Akten zur Vorgeschichte der Bundesrepublik Deutschland 1945–1949*, 3 vols., Munich, 1976–82
Magistrat der Stadt Berlin, minutes, 18 June 1945, in *Berlin: Quellen und Dokumente, 1945–1951*, Berlin, 1964

## PERIODICALS AND NEWSPAPERS

*Aktuel orientering*
*L'année politique*
*Assurandøren*
*Le bâtiment artisanal*
*Bondeförbundets medlemsblad*
*Bulletin d'information de la mutualité agricole*
*Bulletin mensuel* (Chambre de Commerce de Paris)
*Cahiers français d'information*
*Le creuset*
*Dansk forsikrings tidende*
*Dernières nouvelles d'Alsace*
*Fællesrådet*
*Le figaro*
*Funktionær tidende*
*Fyns venstreblad*
*HK-bladet*
*Husmandshjemmet*
*ID: Informationsdienst der HDE*
*Les informations confédérales*
*Informations sociales agricoles – Bulletin mensuel*
*Inter-CAPEB: Bulletin de liaison des militants*
*Langelands folkeblad*
*Lui*
*Der Mittelstandsbrief*
*Le monde*
*Notes documentaires et études*
*L'objectif*
*Politiken*
*Politisk månedsnyt*
*Le rond-point indépendant*
*SACO-tidningen*
*Socialdemokraten*
*Ugens politik*
*Venstres månedsblad*
*Versicherungswissenschaft und Versicherungspraxis*
*Vie des métiers*

## OFFICIAL GOVERNMENT REPORTS

### Denmark

*Betænkning, afgiven af den ved de allerhøieste Resolutioner af 28de Mai og 11te Juni 1869 til at tage Fattigvæsenets Ordning m.m. under Overveielse nedsatte Kommission,* Copenhagen, 1871

*Betænkning afgiven af den ifølge Kgl. Resolution af 20de September 1875 til Undersøgelse af Arbejderforholdene i Danmark nedsatte Kommission,* Copenhagen, 1878

*Betænkning afgiven af den af Indenrigsministeriet d. 4 Juli 1885 til Overvejelse af Spørgsmaalene om Sygekassernes Ordning og om Arbejdernes Sikring mod Følgerne af Ulykkestilfælde under Arbejdet nedsatte Kommission,* Copenhagen, 1887

*Betænkning angående udvidet adgang til at oppebære indtægt ved siden af aldersrenten,* Copenhagen, 1945

*Betænkning vedrørende en forsikringsmæssig overbygning på aldersrenten, afgivet af det under 20 August 1946 nedsatte Aldersrenteudvalg,* Copenhagen, 1951

*Betænkning om folkepension,* Betænkning 123/1955

*Betænkning om almindelig folkepension,* Betænkning 324/1963

*Arbejdsmarkedets tillægspension,* Betænkning 341/1963

*Betænkning om en udvidelse af Arbejdsmarkedets tillægspension til også at omfatte selvstændige erhvervsdrivende,* Betænkning 373/1965

*Betænkning om principperne for en almindelig tillægspension,* Betænkning 452/1967

*Det sociale tryghedssystem: Struktur og dagpenge,* Betænkning 543/1969

*Det sociale tryghedssystem: Service og bistand,* Betænkning 664/1972

*Principper for en reform af de sociale pensioner,* Betænkning 799/1977

### France

*Politique de la vieillesse: Rapport de la commission d'étude des problèmes de la vieillesse,* Paris, 1972

Ministère des affaires sociales et de la solidarité nationale, *Livre blanc sur la protection sociale,* Paris, 1983

### Germany

"Memorandum zur Begründung von Änderungen des geltenden Rechts der Handwerkerversicherung," in Zentralamt für Arbeit in der britischen Zone, *Vorläufiger Referentenentwurf eines Gesetzes über die Neuordnung der gesetzlichen Rentenversicherung im Vereinigten Wirtschaftsgebiet nebst vorläufigen Kurzbegründung und sonstigen Materialen,* Lemgo, July 1948

*Soziale Sicherung in der Bundesrepublik Deutschland: Bericht der Sozialenquête-Kommission,* Stuttgart, n.d.

### Great Britain

*Social Insurance and Allied Services*, Cmd. 6404
*Social Insurance and Allied Services: Memoranda from Organizations*, Cmd. 6405
*Social Insurance: Part I*, Cmd. 6550
*Provision for Old Age: The Future Development of the National Insurance Scheme*, Cmnd. 538 (October 1958)
*National Superannuation and Social Insurance: Proposals for Earnings-Related Social Security*, Cmnd. 3883 (January 1969)
*Strategy for Pensions: The Future Development of State and Occupational Provision*, Cmnd. 4755 (September 1971)
*Better Pensions Fully Protected against Inflation: Proposals for a New Pension Scheme*, Cmnd 5713 (September 1974)


### Sweden

*Arbetareförsäkringskomiténs betänkande*, Stockholm, 1889
*Nya arbetareförsäkringskomiténs betänkande*, Stockholm, 1893
*Betänkande och förslag angående allmän pensionsförsäkring*, Stockholm, 1912
*Utredning och förslag angående lag om allmän sjukförsäkring*, SOU 1944: 15
*Betänkande angående dyrortsgrupperingen*, SOU 1945: 32
*Utredning och förslag angående lag om folkpensionering*, SOU 1945: 46
*Allmän pensionsförsäkring*, SOU 1950: 33
*Sjukförsäkring och yrkesskadeförsäkring*, SOU 1952: 39
*Allmän pensionsförsäkring*, SOU 1955: 32
*Remissyttranden över pensionsutredningens slutliga förslag till allmän pensionsförsäkring*, SOU 1956: 31
*Förbättrad pensionering*, SOU 1957: 7
*Remissyttranden över Allmänna pensionsberedningens betänkande om förbättrad pensionering*, SOU 1957: 16


## PUBLICATIONS BY PARTIES, INTEREST GROUPS, ETC.

### Denmark

P. Knudsen, *Sygeforsikring og Alderdomsforsørgelse: Betænkning afgiven af det paa de københavnske og frederiksbergske Sygekassers Fællesmøde den 29de og 30te August 1883 nedsatte Udvalg*, Copenhagen, 1888
*Protokoll for den 24. socialdemokratiske partikongres i København den 19.–22. August 1945*
*Fremtidens Danmark*, n.p., 1945
LO, *Protokoll*
Det Radikale Venstres Rigsdagsgruppe, *Efterkrigstidens samfund*, Odense, n.d. [1945]
Det Radikale Venstre, *Socialliberale tanker i dansk politik*, Copenhagen, 1950

Det Radikale Venstre, *Politisk årbog og almanak*
Venstres Landsorganisation, *Social tryghed i et moderne samfund*, n.p., 1964

### France

Assemblée des présidents des chambres de commerce de l'union française, *Compte rendu in extenso de la réunion, Paris 19 octobre 1948*, Paris, 1948
CFTC, *70 Jahre Sécurité Sociale in Elsass und Lothringen: Verdienst der Christlichen-Sozialen Bewegung, Versagen der Marxisten*, Strasbourg, 1955

### Germany

*Protokoll der Gewerkschaftskonferenz der britischen Zone vom 21. bis. 23. August 1946 in Bielefeld*
*Protokoll der ersten Gewerkschaftskonferenz der britischen Zone vom 12. bis 14. März 1946*
*Erster ordentlicher Kongress der Landesgewerkschaften Bayerns: Protokoll* (27–29 March 1947)
*Gründungs-Kongress des DGB. 1. Bundes-Kongress des Deutschen Gewerkschaftsbundes der britischen Zone vom 22.–25. April 1947 in Bielefeld: Protokoll*
*Zweiter ordentlicher Bundestag des Bayerischen Gewerkschafts-Bundes: Protokoll* (23–26 August 1948)
*Erster ordentlicher Kongress der Landesgewerkschaften Bayerns: Protokoll* (27–29 March 1949)
*Die Gewerkschaftsbewegung in der britischen Besatzungszone: Geschäftsbericht des Deutschen Gewerkschafts-Bundes (britische Besatzungszone) 1947–1949*, Cologne, n.d.
*Protokoll des Gewerkschaftstages der Angestellten-Gewerkschaften der amerikanischen und der britischen Zone am 12. und 13. April 1949*
DAG, *Tätigkeitsbericht*
SPD, *Parteitag Protokoll*
SPD, *Sozialplan für Deutschland*, Berlin, 1957
DGB, *Geschäftsbericht*
DGB, Bundeskongress, *Protokoll*
IG Metall, *Geschäftsbericht*
IG Metall, *Gewerkschaftstag Protokoll*
IG Metall, *Entschliessungen, Anträge, Materialen*

### Great Britain

*National Superannuation*, 1957
TUC, *Annual Report*
Labour Party, *Annual Conference*
Conservative Party, *Annual Conference*

## Sweden

*Arbetarrörelsens efterkrigsprogram*, Stockholm, 1944
LO, *Berättelse*
LO, *Kongressprotokoll*
SAP, *Protokoll*
Högerns Riksorganisation, *Frihet och framsteg: Kommentar till Högerns hand-lingsprogram*, Stockholm, 1946
Högerns Riksorganisation, *Politisk valhandbok*, 1946

### OTHER PRINTED SOURCES

Aaron, Henry, "Social Security: International Comparisons," in Otto Eckstein (ed.), *Studies in the Economics of Income Maintenance*, Washington, DC, 1967

Åsgard, Erik, *LO och löntagarfondsfrågan*, Uppsala, 1978

Abel-Smith, Brian, "Whose Welfare State?" in Norman MacKenzie (ed.), *Conviction*, London, 1958

Abel-Smith, Brian, "The Welfare State: Breaking the Post-War Consensus," *Political Quarterly*, 51, 1 (January–March 1980)

Abel-Smith, Brian and Titmuss, Kay (eds.), *The Philosophy of Welfare: Selected Writings of Richard M. Titmuss*, London, 1987

Abenroth, Wolfgang, "Soziale Sicherheit nach dem zweiten Weltkrieg: Die sozial-geschichtlichen Ursachen der Extension der sozialen Sicherheit," in Frank Benseler (ed.), *Festschrift zum achtzigsten Geburtstag von Georg Lukács*, Neuwied, 1965

Achinger, Hans, *Soziale Sicherheit: Eine historisch-soziologische Untersuchung neuer Hilfsmethoden*, Stuttgart, 1953

Achinger, Hans, *Sozialpolitik als Gesellschaftspolitik: Von der Arbeiterfrage zum Wohlfahrtsstaat*, 2nd edn, Frankfurt, 1971

Adam, Gérard, *La CFTC, 1940–1958: Histoire politique et idéologique*, Paris, 1964

Addison, Paul, *The Road to 1945*, London, 1977

Adler, Max, *Die solidarische Gesellschaft, Soziologie des Marxismus*, vol. 3, Vienna, 1964

Alber, Jens, "Die Entwicklung sozialer Sicherungssysteme im Licht empirischer Analysen," in Hans F. Zacher (ed.), *Bedingungen für die Entstehung und Entwicklung von Sozialversicherung*, Berlin, 1979

Alber, Jens, *Vom Armenhaus zum Wohlfahrtsstaat: Analysen zur Entwicklung der Sozialversicherung in Westeuropa*, Frankfurt, 1982

Alestalo, Matti, *Structural Change, Classes and the State: Finland in an Historical and Comparative Perspective*, University of Helsinki, Research Group for Comparative Sociology, Research Reports 33 (1986)

Alestalo, Matti and Uusitalo, Hannu, "Finland," in Peter Flora (ed.), *Growth to Limits: The Western European Welfare States since World War II*, vol. 1, Berlin, 1986

Alestalo, Matti et al., "Structure and Politics in the Making of the Welfare State:

Finland in Comparative Perspective," in Risto Alapuro et al. (eds.), *Small States in Comparative Perspective: Essays for Erik Allardt*, n.p., 1985

Alexandersen, Jørgen et al., *Den private alderdomssikring*, Copenhagen, 1965

Alford, Robert R. and Friedland, Roger, *Powers of Theory: Capitalism, the State and Democracy*, Cambridge, 1985

Allardt, Erik, "The Civic Conception of the Welfare State in Scandinavia," in Richard Rose and Rei Shiratori (eds.), *The Welfare State East and West*, New York, 1986

Allione, Louis, *L'assurance maladie obligatoire des travailleurs indépéndants*, Paris, 1969

Altvater, Elmar, "Some Problems of State Interventionism: The 'Particularization' of the State in Bourgeois Society," in John Holloway and Sol Picciotto (eds.), *State and Capital: A Marxist Debate*, London, 1978.

Alvin, Louis, *Salarie et sécurité sociale*, Paris, 1947

Amenta, Edwin and Skocpol, Theda, "Redefining the New Deal: World War II and the Development of Social Provision in the United States," in Margaret Weir et al. (eds.), *The Politics of Social Policy in the United States*, Princeton, 1988

Andersen, Bent Rold, *Grundprincipper i socialpolitikken*, Albertslund, 1971

Andersen, Bent Rold, *Social Policy in Scandinavia in the Postwar Years: Has it Met its Objectives?*, Copenhagen, 1979

Andersen, Bent Rold, "Rationality and Irrationality of the Nordic Welfare State," in Stephen R. Graubard (ed.), *Norden: The Passion for Equality*, Oslo, 1986

Andersen, Ernst, "Venstre og den sociale tryghed," *Venstres månedsblad*, 16, 5 (October 1963)

Andersen, H. Vitting, "Den mislykkede tillægspensionsordning," *Sammenslutningen*, 17, 8 (August 1964)

Anderson, Ivar, *Från det nära förflutna: Människor och händelser, 1940–1955*, Stockholm, 1969

Anderson, Malcolm, *Conservative Politics in France*, London, 1974

Antonelli, E., *Comment furent votées les assurances sociales*, Paris, 1933

Archail, Jean-Louis, "Les projets du gouvernement contre la sécurité sociale et les salariés," *Economie et politique*, 232 (November 1973)

Aron, Raymond, "Problèmes de la sécurité sociale," *Le figaro*, 9 June 1948

Arrow, Kenneth J., "Uncertainty and the Welfare Economics of Medical Care," in Kenneth J. Arrow (ed.), *Essays in the Theory of Risk-Bearing*, Amsterdam, 1971

Arrow, Kenneth J., "Gifts and Exchanges," in Edmund S. Phelps (ed.), *Altruism, Morality and Economic Theory*, New York, 1975

Ashford, Douglas E., *British Dogmatism and French Pragmatism: Central–Local Policymaking in the Welfare State*, London, 1982

Ashford, Douglas E., *Policy and Politics in France*, Philadelphia, 1982

Ashford, Douglas E., *The Emergence of the Welfare States*, Oxford, 1986

Association de l'histoire de la sécurité sociale, *Histoire de la sécurité sociale par les textes*, forthcoming.

Axelrod, Robert, *The Evolution of Cooperation*, New York, 1984

Bain, George Sayers, *The Growth of White-Collar Unionism*, Oxford, 1970

Baldwin, Peter, "The Social Bases of the European Welfare State: Class, Interest and the Debate over a Universalist Social Policy, 1875–1975," diss., Harvard Univ., 1986

Baldwin, Peter, "Class, Interest and the Welfare State: A Reply to Sven E. Olsson," *International Review of Social History*, 34, 3 (1989)

Baldwin, Peter, "Social Interpretations of Nazism: Renewing a Tradition," *Journal of Contemporary History*, 25, 1 (January 1990)

Banting, Keith G., *Poverty, Politics and Policy: Britain in the 1960s*, London, 1979

Barker, Paul (ed.), *Founders of the Welfare State*, London, 1984

Barnett, Correlli, *The Audit of War: The Illusion and Reality of Britain as a Great Nation*, London, 1986

Bartholomäi, Reinhart et al. (eds.), *Sozialpolitik nach 1945: Geschichte und Analysen*, Bonn-Bad Godesberg, 1977

Bastid-Burdeau, Geneviève, *La genèse de l'initiative législative: Un cas: L'agriculture 1958–1968*, Paris, 1973

Baudus de Fransures, Pierre de, *L'évolution du régime de retraites et de prévoyance des cadres de 1947 à 1969*, Paris, n.d.

Baumol, William, *Welfare Economics and the Theory of the State*, 2nd edn, Cambridge, Mass., 1965

Begault, Pierre et al., "Le financement du régime général de sécurité sociale," *Revue française des affaires sociales*, 30 (July–September 1976)

Behrendt, Albert, *Die Interzonenkonferenzen der deutschen Gewerkschaften*, Berlin, 1959

Bellescize, Diane de, "Le Comité général d'études de la résistance," diss., Univ. of Paris II, 1974

Belorgey, Jean-Michel, *La politique sociale*, Paris, 1976

Bendix, Reinhard, *Nation-Building and Citizenship*, New York, 1964

Benguigui, Georges and Montjardet, Dominique, "The CGC and the Ambiguous Position of the Middle Strata," in Mark Kesselman (ed.), *The French Workers' Movement: Economic Crisis and Political Change*, London, 1984

Benöhr, Hans-Peter, "Soziale Frage, Sozialversicherung und Sozialdemokratische Reichstagsfraktion (1881–1889)," *Zeitschrift der Savigny-Stiftung für Rechtsgeschichte*, Germanische Abteilung, 98 (1981)

Berben, Theo et al., "Stelsels van sociale zekerheid: Na-oorlogse regelingen in West-Europa," *Res Publica: Belgian Journal for Political Science*, 28, 1 (1986)

Berger, Suzanne, "D'une boutique à l'autre: Changes of Organization of the Traditional Middle Classes from the Fourth to the Fifth Republics," *Comparative Politics*, 10, 1 (October 1977)

Berger, Suzanne, "Regime and Interest Representation: The French Traditional Middle Classes," in Suzanne Berger (ed.), *Organizing Interests in Western Europe: Pluralism, Corporatism and the Transformation of Politics*, Cambridge, 1981

Berger, Suzanne and Piore, Michael J., *Dualism and Discontinuity in Industrial Societies*, Cambridge, 1980

Berggren, Håken, "För rättvisa och trygghet: En studie i S.A. Hedins socialpolitiska verksamhet til mitten av åttiotalet," in Håkan Berggren and Göran B. Nilsson (eds.), *Liberal socialpolitik, 1853–1884*, Stockholm, 1965

Bertram, Wilfried, "Die Alterssicherung der selbständigen Landwirte unter besonderer Berücksichtigung des Strukturwandels in der Landwirtschaft der Bundesrepublik Deutschland," diss., Univ. of Cologne, 1970

Beveridge, Janet, *Beveridge and his Plan*, London, 1954

Beveridge, William, *Insurance for All and Everything*, London, 1924

Beveridge, William, *Power and Influence*, London, 1953

Billis, David, *Welfare Bureaucracies: Their Design and Change in Response to Social Problems*, London, 1984

Bindslev, Alfred, *Konservatismens Historie i Danmark*, Odense, 1936

Birck, L. V., *Told og Accise*, Copenhagen, 1920

BIT, *Sécurité sociale: Ses principes, les problèmes qui se posent à la suite de la guerre*, Montreal, 1944

Björlin, Lars, "Jordfrågan i svensk arbetarrörelse 1890–1920," in *Arbetarrörelsens årsbok*, 1974

Björn, Lars, "Labor Parties, Economic Growth and the Redistribution of Income in Five Capitalist Democracies," *Comparative Social Research*, 2 (1979)

Blackbourn, David and Eley, Geoff, *The Peculiarities of German History: Bourgeois Society and Politics in Nineteenth-Century Germany*, Oxford, 1984

Blank, Theodor, "Arbeit und Sozialordnung," *Sozialer Fortschritt*, 7, 1 (January 1958)

Bogason, Peter, "Capacity for Welfare: Local Governments in Scandinavia and the Welfare State," *Scandinavian Studies*, 59, 2 (Spring 1987)

Bojsen, Frede, *Lovgivningsværket 1890–95 og dets Følger*, Copenhagen, 1898

Bojsen, Frede, *Frede Bojsens politiske erindringer*, ed. Kristian Hvidt, Copenhagen, 1963

Boltanski, Luc, *The Making of a Class: Cadres in French Society*, Cambridge, 1987

Bonham, John, *The Middle Class Vote*, London, n.d. [1954]

Bonnet, André, "Un nouveau groupe de pression: Le CID-UNATI," *Revue politique et parlementaire*, 75, 843 (June–July 1973)

Boulding, Kenneth, E., "Notes on a Theory of Philanthropy", in Frank G. Dickenson (ed.), *Philanthropy and Public Policy*, New York, 1962

Boulding, Kenneth, E. and Pfaff, Martin (eds.), *Redistribution to the Rich and the Poor*, Belmont, Calif., 1972

Bourgeois, Léon, *Solidarité*, Paris, 1902

Bourquin, Irène, *"Vie ouvrière" und Sozialpolitik: Die Einführung der "Retraites ouvrières" in Frankreich um 1910*, Bern, 1977

Bovet, Arthur, *Les assurances ouvrières obligatoires et leur rôle social*, Bern, 1901

Boyd-Carpenter, John, *Way of Life*, London, 1980

Bramsen, Ludvig, *Arbejderes Forsikring imod Ulykkestilfælde*, Copenhagen, 1884

Bramsen, Ludvig, *Englands og Tydsklands Lovgivning for Arbejdere i Industri og Haandværk*, Copenhagen, 1889

Bramsen, Ludvig, *Lovforslaget om Arbejderes Sikring imod Følgerne af Ulykkestilfælde og dets Forhold til den tydske saakaldte "Socialreform"*, Copenhagen, 1889

Bramsen, Ludvig, *Hvilke Fordringer bør der stilles til en Lov om Arbejdsgivernes Pligt til at forsørge tilskadekomne og forulykkede Arbejdere og deres Efterladte?*, Copenhagen, 1890

Bramsen, Ludvig, "Socialreform og Arbejderulykkesforsikring," in *Nationaløkonomisk Forenings Festskrift i Anledning af Foreningens femogtyve-aarige Bestaaen*, Copenhagen, 1897

Brandes, Edvard, *Fra 85 til 91: En politisk Oversigt*, Copenhagen, 1891

Branting, Hjalmar, "Industriarbetarparti eller folkparti?," in Hjalmar Branting, *Tal och skrifter*, vol. 8, Stockholm, 1929

Braun, Heinrich, *Motive sozialer Hilfeleistungen*, Frankfurt, 1955

Breger, Monika, *Die Haltung der industriellen Unternehmer zur staatlichen Sozialpolitik in den Jahren 1878–1891*, Frankfurt, 1982

Breidback, Ferdinand and May, Rüdiger (eds.), *Das soziale Feigenblatt? Die Sozialausschüsse in der Union*, Düsseldorf, 1975

Bremme, Gabrielle, *Freiheit und soziale Sicherheit: Motive und Prinzipien sozialer Sicherung dargestellt an England und Frankreich*, Stuttgart, 1959

Breuilly, John, *Nationalism and the State*, Chicago, 1982

Briggs, Asa, "The Welfare State in Historical Perspective," *Archives européennes de sociologie*, 2, 2 (1961)

Bright, Charles and Harding, Susan (eds.), *Statemaking and Social Movements*, Ann Arbor, 1984

Broberg, Rolf, *Så formades tryggheten: Socialförsäkringshistoria, 1946–1972*, n.p., 1973

Broszat, Martin, "Plea for a Historicization of National Socialism," in Peter Baldwin (ed.), *Reworking the Past: Hitler, the Holocaust and the Historians' Debate*, Boston, 1990

Bruce, Maurice, *The Coming of the Welfare State*, 4th edn, London, 1968

Bruch, Rüdiger vom (ed.), *"Weder Kommunismus noch Kapitalismus": Bürgerliche Sozialreform in Deutschland vom Vormärz bis zur Ära Adenauer*, Munich, 1985

Brunet-Jailly, J., "Note sur les effets redistributifs de l'assurance-maladie," *Revue d'économie politique*, 86, 5 (September–October 1976)

Buchanan, James M. and Tullock, Gordon, *The Calculus of Consent: Logical Foundations of Constitutional Democracy*, Ann Arbor, 1962

Büsch, Heinz, "Der Gedanke der Altersvorsorge im deutschen Handwerk," diss., Univ. of Cologne, 1959

Bullock, Alan, *The Life and Times of Ernest Bevin*, 3 vols., London, 1967

Bundvad, Kaj, *Folkepension*, Copenhagen, 1953

Burns, Eveline M., "Social Security in Evolution: Toward What?," *Social Service Review*, 39, 2 (June 1965)

Cairncross, Alec, *Years of Recovery: British Economic Policy 1945–51*, London, 1985

Callebat, Georges, *Le régime vieillesse des exploitants et artisans ruraux*, Lons-le-Saunier, 1955

Cannan, Edwin, "The Stigma of Pauperism," *Economic Review*, 5, 3 (July 1895)

Carlsson, Sten, *Lantmannapolitiken och industrialismen: Partigruppering och opinionsförskjutningar i svensk politik, 1890–1902*, Stockholm, 1953

Carnoy, Martin, *The State and Political Theory*, Princeton, 1984

Casati, Roger, *L'organisation d'un régime de prévoyance et de retraites en faveur des cadres de l'industrie*, Paris, 1938

Castle, Barbara, *The Castle Diaries, 1964–70*, London, 1984

Castles, Francis G., *The Social Democratic Image of Society: A Study of the Achievements and Origins of Scandinavian Social Democracy in Comparative Perspective*, London, 1978

Castles, Francis G., "The Impact of Parties on Public Expenditure," in Francis G. Castles (ed.), *The Impact of Parties: Politics and Policies in Democratic Capitalist States*, London, 1982

Castles, Francis G. and McKinlay, R. D., "Does Politics Matter? An Analysis of the Public Welfare Commitment in Advanced Democratic States," *European Journal of Political Research*, 7, 2 (June 1979)

Castles, Francis G. and McKinlay, R. D., "Public Welfare Provision, Scandinavia and the Sheer Futility of the Sociological Approach to Politics," *British Journal of Political Science*, 9, 2 (1979)

Cates, Jerry R., *Insuring Inequality: Administrative Leadership in Social Security, 1935–54*, Ann Arbor, 1983

Cawson, Alan, *Corporatism and Welfare: Social Policy and State Intervention in Britain*, London, 1982

Ceccaldi, Dominique, *Histoire des prestations familiales en France*, Paris, 1957

Centre d'étude des relations sociales de l'Université d'Aix-Marseilles, *Sécurité sociale et conflits des classes*, Paris, 1962

Chabanon, Michel et al., "L'harmonisation des régimes français de sécurité sociale: Application de la loi du 24 décembre 1974," *Revue française des affaires sociales*, 30 (July–September 1976)

Chadelat, Jean-François, "La compensation," *Droit social*, 9/10 (September–October 1978)

Chambre de commerce de Paris, *Les régimes sociaux des commerçants et industriels indépendants: Evolution et réforme*, 2 vols., Paris, 1979

Chapuis, B. A., "Les groupements professionnels et la sécurité sociale," mémoire, Faculté de droit et des sciences économiques de Dijon, 3 November 1961

Childs, Marquis, *Sweden: The Middle Way*, New Haven, 1936

Christensen, Thomas, "Hvorfor folkepension og hvordan?" *Husmandshjemmet*, 6, 15/16 (24 April 1956)

Christiansen, Terkel, *Synspunkter på 1970'ernes social-reform*, Odense, 1974

Christoffersen, Henrik, *Det offentlige og samfundsudviklingen*, Copenhagen, 1978

Christoph, Klaus, *Solidarität*, Baden-Baden, 1979

Clarke, John et al., *Ideologies of Welfare: From Dreams to Disillusion*, London, 1987

Clarke, Peter, *Liberals and Social Democrats*, Cambridge, 1978

Clausager, A., "Godsernes Beskatningsforhold," in Therkel Mathiassen (ed.), *Herregaardene og Samfundet*, Copenhagen, 1943

Cloward, Roger A. and Piven, Frances Fox, "Moral Economy and the Welfare

State," in David Robbins et al. (eds.), *Rethinking Social Inequality*, Aldershot, 1982

Cluzel, Jean, *Les boutiques en colère*, n.p., 1975

Cobban, Alfred, *The Social Interpretation of the French Revolution*, Cambridge, 1964

Cocks, Geoffrey, *Psychotherapy in the Third Reich: The Göring Institute*, New York, 1985

Collard, David, *Altruism and Economy: A Study in Non-Selfish Economics*, Oxford, 1978

Collier, David and Messick, Richard, "Prerequisites versus Diffusion: Testing Alternative Explanations of Social Security Adoption," *American Political Science Review*, 69 (1975)

Collini, Stefan, *Liberalism and Sociology: L. T. Hobhouse and Political Argument in England, 1880–1914*, Cambridge, 1979

Collins, Doreen, "The Introduction of Old Age Pensions in Great Britain," *Historical Journal*, 8, 2 (1965)

Colozzi, Ivo, "Il modello scandinavo di *Welfare State*," in G. Rossi and P. Donati (eds.), *Welfare State: Problemi e alternative*, 2nd edn, Milan, 1983

Communauté économique européene, *Les régimes complémentaires de sécurité sociale dans les pays de la CEE*, Brussels, 1967

Coughlin, Richard M., *Ideology, Public Opinion and Welfare Policy: Attitudes towards Taxes and Spending in Industrialized Societies*, Berkeley, 1980

Cranston, Maurice, "Human Rights, Real and Supposed," in D. D. Raphael (ed.), *Political Theory and the Rights of Man*, London, 1967

Cronin, James E., *Labour and Society in Britain, 1918–1979*, London, 1984

Crosby, Travis, L., *The Impact of Civilian Evacuation in the Second World War*, London, 1986

Crosland, Anthony, "Socialism Now," in Anthony Crosland (ed.), *Socialism Now and Other Essays*, London, 1974

Crosland, C. A. R., "The Transition from Capitalism," in R. H. S. Crossman et al. (eds.), *New Fabian Essays*, London, 1952

Crosland, C. A. R., *The Future of Socialism*, London, 1956

Crossman, R. H. S., "The Lessons of 1945," in R. H. S. Crossman (ed.), *Planning for Freedom*, London, 1965

Crossman, Richard, *The Politics of Pensions*, Liverpool, 1972

Crossman, Richard, *The Diaries of a Cabinet Minister*, 3 vols., London, 1977

Crossman, Richard, *The Backbench Diaries of Richard Crossman*, ed. Janet Morgan, London, 1981

Culyer, A. J., *The Political Economy of Social Policy*, Oxford, 1980

Curschmann, Fritz, *Jedermann und die Sozialreform*, Nürnberg-Mimberg, 1947

Cutler, Tony et al., *Keynes, Beveridge and Beyond*, London, 1986

Cutwright, Philipps, "Political Structure, Economic Development, and National Security Programs," *American Journal of Sociology*, 70 (1965)

Cutwright, Philipps, "Income Redistribution: A Cross-National Analysis," *Social Forces*, 46 (1967)

Dada, Nadine and Proutière, Anne (eds.), *Bibliographie pour servir à l'histoire de la sécurité sociale, de l'assistance et de la mutualité en France, de 1789 à nos jours*, 2 vols., Bordeaux, 1980–83

*Danmarks Sociallovgivning*, Copenhagen, 1918–20

David, Marcel, *La solidarité comme contrat et comme éthique*, Paris, 1982

Davidson, Kerry, "The French Socialist Party and Parliamentary Efforts to Achieve Social Reform, 1906–1914," diss., Tulane Univ., 1970

Dax, Günter, "Altersversorgung auch für den Einzelhandelskaufmann," *ID: Informationsdienst der HDE*, 10/11 (October–November 1967)

Dax, Günter, "Die Selbständigen vor der Entscheidung," *Die Angestelltenversicherung*, 15, 4 (April 1968)

De Alessi, Louis, "The Utility of Disasters," *Kyklos*, 21, 3 (1968)

De Alessi, Louis, "Towards an Analysis of Postdisaster Cooperation," *American Economic Review*, 65, 1 (March 1975)

De Gaulle, Georges, *Discours et messages*, Paris, 1970

Deacon, Alan, "An End to the Means Test? Social Security and the Attlee Government," *Journal of Social Policy*, 11, 3 (July 1982)

Deacon, Alan and Bradshaw, Jonathan, *Reserved for the Poor: The Means Test in British Social Policy*, Oxford, 1983

Debatisse, Michel, *La révolution silencieuse: Le combat des paysans*, Paris, 1963

Debatisse, Michel, *Le projet paysan*, Paris, 1983

Deleeck, Herman, "Social zekerheid en inkomensverdeling," in Herman Deleeck (ed.), *Ongelijkheden in de welvaartsstaat*, Antwerp, 1977

Deleeck, Herman, "L'effet Mathieu: De la répartition inégale des biens et services collectifs," *Recherches sociologiques*, 9, 3 (1978)

Delestrée, L.-P., *L'assurance maladie obligatoire des exploitants agricoles*, Paris, 1966

DeViney, Stanley, "Characteristics of the State and the Expansion of Public Social Expenditures," *Comparative Social Research*, 6 (1983)

Dich, Jørgen S., "Folkepensioneringen," *Nationaløkonomisk tidsskrift*, 91, 6 (1953)

Dich, Jørgen S., "Udviklingen af skatte- og tilskudspolitikken siden 1939: Et bidrag til forklaring af de politiske kræfter in Danmark," *Økonomi og politik*, 39, 3 (1965)

Dich, Jørgen S., "Kompendium i socialpolitikkens historie: 1. Udviklingen indtil 2. Verdenskrig," unpubl. MS, 2nd edn, n.p., 1967

Dich, Jørgen S., *Den herskende klasse: En kritisk analyse af social udbytning og midlerne imod den*, 4th edn, Copenhagen, 1973

Dickinson, James, "Spiking Socialist Guns: The Introduction of Social Insurance in Germany and Britain," *Comparative Social Research*, 9 (1986)

Dobbernack, Wilhelm, "Zur Neuordnung der deutschen Sozialversicherung: Reformen und Reformpläne," *Arbeitsblatt für die britische Zone*, 1, 3 (March 1947)

Dolléans, Edouard and Dehove, Gérard, *Histoire du travail en France: Mouvement ouvrier et législation sociale*, Paris, 1955

Donner, A. M., *Over de term "Welvaartsstaat"*, Amsterdam, 1957

Donnison, David, "Social Policy since Titmuss," *Journal of Social Policy*, 8, 2 (April 1979)

Donoughue, Bernhard and Jones, G. W., *Herbert Morrison: Portrait of a Politician*, London, 1973

Donzelot, Jacques, *L'invention du social: Essai sur le déclin des passions politiques*, Paris, 1984

Dorendor, Annelies, *Der Zonenbeirat der britisch besetzten Zone: Ein Rückblick auf seine Tätigkeit*, Göttingen, 1953

Dorgères, Henri, *Au XXᵉ siècle: 10 ans de jacquerie*, Paris, 1959

Doucy, Arthur, *La sécurité sociale en Belgique: Le plan van Acker*, Paris, 1946

Douglas, Mary, *Risk Acceptability according to the Social Sciences*, New York, 1985

Douglas, Mary and Wildavsky, Aaron, *Risk and Culture: An Essay on the Selection of Technical and Environmental Dangers*, Berkeley, 1982

Downs, Anthony, *An Economic Theory of Democracy*, New York, 1957

Doyle, William, *Origins of the French Revolution*, 2nd edn, Oxford, 1988

"Dr. Wilhelm Dobbernack zum 80. Geburtstag," *Zeitschrift für Sozialreform*, 28, 8 (August 1982)

Drachmann, G., "Hen imod folkepension: En gennemgang af Folkeforsikringskommissionens betænkning," *Socialt tidsskrift*, 31, 5/6 (May–June 1955)

Dumont, Jean-Pierre, *La sécurité sociale toujours en chantier: Histoire – bilan – perspectives*, Paris, 1981

Dupeyroux, Jean-Jacques, *Evolution et tendances des systèmes de sécurité sociale des pays membres des communautés européennes et de la Grande-Bretagne*, Luxemburg, 1966

Dupeyroux, Jean-Jacques, "L'évolution des systèmes et la théorie générale de la sécurité sociale," *Droit social*, 28, 2 (February 1966)

Dupeyroux, Jean-Jacques, *Droit de la sécurité sociale*, 8th edn, Paris, 1980

Durand, Marc and Frémont, Jean-Paul, *L'artisanat en France*, Paris, 1979

Dybdahl, Vagn, *Partier og erhverv: Studier i partiorganisation og byerhvervenes politiske aktivitet ca. 1880–ca. 1913*, 2 vols., Aarhus, 1969

Dybdahl, Vagn, *Historisk kommentar til nationaløkonomi*, 2nd edn, Copenhagen, 1972

"Dyrtidstilläggen," *Arbetarrörelsens årsbok* (1971)

Dyson, Kenneth H. F., *The State Tradition in Western Europe: A Study of an Idea and Institution*, New York, 1980

Eatwell, Roger, "Poujadism and Neo-Poujadism: From Revolt to Reconciliation," in Philip G. Cerny (ed.), *Social Movements and Protest in France*, London, 1982

Ebbinghausen, Rolf, "Arbeiterinteressen in der CDU? Zur Rolle der Sozialausschüsse," in Jürgen Dittbergner and R. Ebbinghausen (eds.), *Parteiensystem in der Legitimationskrise*, Opladen, 1973

Eckert, J., *Öffentliche Meinung zur Reform der Sozialversicherung*, Schliersee, n.d. [1948?]

Eckhoff, Torstein, *Justice: Its Determinants in Social Interaction*, Rotterdam, 1974

Eckstein, Harry, *The English Health Service: Its Origins, Structure and Achievements*, Cambridge, Mass., 1958

Eckstein, Harry, *Division and Cohesion in Democracy: A Study of Norway*, Princeton, 1966

Edenman, Ragnar, *Socialdemokratiska riksdagsgruppen 1903–1920*, Uppsala, 1946

Eisenstadt, S. N. and Ahimeir, Ora (eds.), *The Welfare State and its Aftermath*, Totowa, 1985

Elder, Neil et al., *The Consensual Democracies? The Government and Politics of the Scandinavian States*, Oxford, 1982

Elmér, Åke, "Danmark i den svenska folkpensionsdebatten," in *Festskrift til Frederik Zeuthen*, Copenhagen, 1958

Elmér, Åke, *Folkpensioneringen i Sverige: Med särskild hänsyn till ålderspensioneringen*, Lund, 1960

Elmér, Åke, *Från fattigsverige till välfärdsstaten: Sociala förhållanden och socialpolitik i Sverige under nittonhundratalet*, 7th edn, Stockholm, 1975

Elmér, Åke, *Svensk socialpolitik*, Malmö, 1983

Elo, Günter, "Die Altersversorgung im selbständigen Handwerk," diss., Univ. of Freiburg, n.d.

Elvander, Nils, *Harald Hjärne och konservatismen: Konservativ idédebatt i Sverige 1865–1922*, Uppsala, 1961

Elvander, Nils, *Svensk skattepolitik, 1945–1970: En studie i partiers och organisationers funktion*, Stockholm, 1972

Elvander, Nils, *Scandinavian Social Democracy: Its Strength and Weakness*, Uppsala, 1979

Elvander, Nils, *Skandinavisk arbetarrörelse*, Stockholm, 1980

Elwitt, Sanford, *The Third Republic Defended: Bourgeois Reform in France, 1880–1914*, Baton Rouge, 1986

Engelstoft, Povl and Jensen, Hans (eds.), *Sociale Studier i dansk Historie efter 1857*, Copenhagen, 1930

Engelstoft, Povl and Jensen, Hans (eds.), *Bidrag til Arbejderklassens og Arbejderspørgsmaalets Historie i Danmark fra 1864 til 1900*, Copenhagen, 1931

Engelstoft, Povl and Jensen, Hans (eds.), *Mænd og Meninger i dansk Socialpolitik, 1866–1901*, Copenhagen, 1933

Englund, Karl, *Arbetarförsäkringsfrågan i svensk politik, 1884–1901*, Uppsala, 1976

Enochsson, Jorma and Petersson, Roland, *Gunnar Hedlund*, Stockholm, 1973

"Der Entwurf eines Rechtsanwaltsversicherungsgesetzes," *Sozialer Fortschritt*, 10, 3 (March 1961)

Erikson, Robert et al. (eds.), *The Scandinavian Model: Welfare States and Welfare Research*, Armonk, 1987

Eriksson, Bernhard, *Vår framtida socialvård*, Stockholm, 1943

Eriksson, Bernhard, "Beveridgeplanen och socialförsäkring i Sverige," *Svensk sjukkassetidning*, 38, 2 (February 1945)

Erlander, Tage, *1940–1949*, Stockholm, 1973

Erlander, Tage, *1955–1960*, Stockholm, 1976

Esping-Andersen, Gøsta, "Social Class, Social Democracy, and the State," *Comparative Politics*, 11, 1 (October 1978)

Esping-Andersen, Gøsta, "The Political Limits of Social Democracy: State Policy and Party Decomposition in Denmark and Sweden," in Maurice Zeitlin (ed.), *Classes, Class Conflict, and the State*, Cambridge, Mass., 1980

Esping-Andersen, Gøsta, *Social Class, Social Democracy and State Policy: Party Policy and Party Decomposition in Denmark and Sweden*, Copenhagen, 1980

Esping-Andersen, Gøsta, *Politics against Markets: The Social Democratic Road to Power*, Princeton, 1985

Esping-Andersen, Gøsta, "Politische Macht und wohlfahrtsstaatliche Regulation," in Frieder Naschold (ed.), *Arbeit und Politik: Gesellschaftliche Regulierung der Arbeit und der sozialen Sicherung*, Frankfurt, 1985

Esping-Andersen, Gøsta, "Power and Distributional Regimes," *Politics and Society*, 14, 2 (1985)

Esping-Andersen, Gøsta, "Citizenship and Socialism: De-Commodification and Solidarity in the Welfare State," in Martin Rein et al. (eds.), *Stagnation and Renewal in Social Policy*, Armonk, 1987

Esping-Andersen, Gøsta and Korpi, Walter, "Social Policy as Class Politics in Post-War Capitalism: Scandinavia, Austria and Germany," in John H. Goldthorpe (ed.), *Order and Conflict in Contemporary Capitalism*, Oxford, 1984

Esping-Andersen, Gøsta and Korpi, Walter, "From Poor Relief to Institutional Welfare States: The Development of Scandinavian Social Policy," in Robert Erikson et al. (eds.), *The Scandinavian Model: Welfare States and Welfare Research* Armonk, 1987

Evans, Eric J. (ed.), *Social Policy 1830–1914: Individualism, Collectivism and the Origins of the Welfare State*, London, 1978

Evans, Peter B. et al. (eds.), *Bringing the State Back In*, Cambridge, 1985

Even, Peter, "Sozialversicherung für alle?" *Blätter für Steuerrecht, Sozialversicherung und Arbeitsrecht*, 2, 17/18 (September 1947)

Evers, Anton, *Solidarität und Interesse: Die deutschen Gewerkschaften im Spannungsfeld von Anspruch und Wirklichkeit*, Frankfurt, 1979

Ewald, François, *L'état providence*, Paris, 1986

Faure, B., "Généralisation de l'assurance vieillesse à l'ensemble de la population," *Droit social*, 12, 1 (January 1949)

Felfe, Edeltraut, *Das Dilemma der Theorie vom "Wohlfahrtsstaat": Eine Analyse des "schwedischen Modells"*, Berlin, 1979

Field, Frank et al., *To Him Who Hath: A Study of Poverty and Taxation*, Harmondsworth, 1977

Fink, Troels, *Estruptidens politiske historie, 1875–1894*, 2 vols., Odense, 1986

Flora, Peter, "On the History and Current Problems of the Welfare State," in S. N. Eisenstadt and Ora Ahimeir (eds.), *The Welfare State and its Aftermath*, Totowa, 1985

Flora, Peter and Alber, Jens, "Modernization, Democratization and the Development of Welfare States in Western Europe," in Peter Flora and Arnold J. Heidenheimer (eds.), *The Development of Welfare States in Europe and America*, New Brunswick, 1981

Flora, Peter and Heidenheimer, Arnold J. (eds.), *The Development of Welfare States in Europe and America*, New Brunswick, 1981

Flora, Peter et al. (eds.), *State, Economy and Society in Western Europe, 1815–1975*, Frankfurt, 1983

Flora, Peter et al., "Zur Entwicklung der westeuropäischen Wohlfahrtsstaaten," *Politische Vierteljahresschrift*, 18 (1977)

Fogtmann, Christian P., *På frihedens vilkår*, Copenhagen, 1970

"Folkepensionens indførelse," *Socialt tidsskrift*, 37, 3 (March 1960)

Foot, Michael, *Aneurin Bevan*, 2 vols., London, 1973

Ford, P., *Social Theory and Social Practice*, Shannon, 1968

Foucault, Michel, "Un système fini face à une demande infinie: Entretien avec Michel Foucault," in Robert Bono (ed.), *Sécurité sociale: L'enjeu*, Paris, 1983

Fournier, Jacques and Questiaux, Nicole, *Traité du social: Situations, luttes, politiques, institutions*, 2nd edn, Paris, 1978

*Från Palm till Palme: Den svenska socialdemokratins program, 1882–1960*, Stockholm, 1972

Fraser, Derek, *The Evolution of the British Welfare State*, London, 1973

Freeden, Michael, *The New Liberalism: An Ideology of Social Reform*, Oxford, 1978

Freeman, Gary P., "Voters, Bureaucrats and the State: On the Autonomy of Social Security Policymaking," in Gerald D. Nash et al. (eds.), *Social Security: The First Half Century*, Albuquerque, 1988

Friedman, Kathi V., *Legitimation of Social Rights and the Western Welfare State: A Weberian Perspective*, Chapel Hill, 1981

Friis, Henning et al., *Omkring tillægspensionen*, Copenhagen, 1963

Fry, Brian R. and Winters, Richard F., "The Politics of Redistribution," *American Political Science Review*, 64, 2 (June 1970)

Fry, John (ed.), *Limits of the Welfare State: Critical Views on Post-War Sweden*, Westmead, 1979

Furniss, Norman and Tilton, Timothy, *The Case for the Welfare State: From Social Security to Social Equality*, Bloomington, 1977

Gårestad, Peter, "Jordskatteförändringar under industrialiseringsperioden 1861–1914," *Historisk tidskrift* (Stockholm), 4 (1982)

Galant, Henry C., *Histoire politique de la sécurité sociale française 1945–1952*, Paris, 1955

Garheden, Lennart, *Folkpartiet och arbetarna*, Stockholm, 1974

Geiger, Theodor, *On Social Order and Mass Society: Selected Papers*, ed. Renate Mayntz, Chicago, 1969

George, Vic, *Social Security: Beveridge and After*, London, 1968

George, Vic, *Social Security and Society*, London, 1973

George, Vic, and Wilding, Paul, *The Impact of Social Policy*, London, 1984

Gerschenkron, Alexander, *Bread and Democracy in Germany*, Berkeley, 1943

Gilbert, Bentley B., "The Decay of Nineteenth-Century Provident Institutions and the Coming of Old Age Pensions in Great Britain," *Economic History Review*, 17, 2nd series, 3 (1965)

Gilbert, Neil, *Capitalism and the Welfare State: Dilemmas of Social Benevolence*, New Haven, 1983

Ginsburg, Norman, *Class, Capital and Social Policy*, London, 1979

Goldman, Solange, "L'allocation de vieillesse agricole: La loi du 10 juillet 1952 à travers la presse agricole et les réactions de la profession," unpubl. MS to appear in Comité d'histoire de la sécurité sociale, *Colloque sur l'histoire de la sécurité sociale*

Goodin, Robert E., *Protecting the Vulnerable: A Reanalysis of Our Social Responsibilities*, Chicago, 1985

Goodin, Robert E., *Reasons for Welfare: The Political Theory of the Welfare State*, Princeton, 1988

Goodin, Robert E. and Dryzek, John, "Risk-Sharing and Social Justice: The Motivational Foundations of the Post-War Welfare State," in Robert E. Goodin and Julian Le Grand (eds.), *Not Only the Poor: The Middle Classes and the Welfare State*, London, 1987

Goodin, Robert E. and Le Grand, Julian (eds.), *Not Only the Poor: The Middle Classes and the Welfare State*, London, 1987

Gosden, P. H. J. H., *Self-Help: Voluntary Associations in the 19th Century*, London, 1973

Gough, Ian, "State Expenditures in Advanced Capitalism," *New Left Review*, 92 (1975)

Gough, Ian, *The Political Economy of the Welfare State*, London, 1979

Gould, Arthur, "The Salaried Middle Class in the Corporatist Welfare State," *Policy and Politics*, 9, 4 (October 1981)

Gould, Arthur, "The Salaried Middle Class and the Welfare State in Sweden and Japan," *Policy and Politics*, 10, 4 (October 1982)

Gould, F. and Roweth, B., "Politics and Public Spending," *Political Quarterly*, 49, 2 (April–June 1978)

Graham, B. D., *The French Socialists and Tripartism, 1944–1947*, London, 1965

Graubard, Stephen R. (ed.), *Norden: The Passion for Equality*, Oslo, 1986

Green, David G., *The Welfare State: For Rich or for Poor?*, Institute of Economic Affairs, Occasional Paper 63, London, 1982

Gregg, Pauline, *The Welfare State: An Economic and Social History of Great Britain from 1945 to the Present Day*, London, 1967

Grelle, Henning, *Socialdemokratiet i det danske landbrugssamfund, 1871–ca. 1903*, Copenhagen, 1978.

Gresle, François, "Indépendance professionnelle et protection sociale: Practiques de classe et fluctuations idéologiques du petit patronat," *Revue française de sociologie*, 18, 4 (October–December 1977)

Gresle, François, *Indépendants et petits patrons: Pérennité et transformations d'une classe sociale*, Lille, 1980

Gresle, François, "Les travailleurs indépendants et la protection sociale," *Droit social*, 4 (April 1983)

Grevet, Patrice, *Besoins populaires et financement public*, Paris 1976

Grevisse, Suzanne et al., *Succès et faiblesses de l'effort social français*, Paris, 1961

Griffiths, James, *Pages from Memory*, London, 1969

Grimm, Dieter, *Solidarität als Rechtsprinzip: Die Rechts- und Staatslehre Léon Duguits in ihrer Zeit*, Frankfurt, 1973

Grønbjerg, Kirsten A., *Mass Society and the Extension of Welfare, 1960–1970*, Chicago, 1977

Gruner, Erich, "Soziale Bedingungen und sozialpolitische Konzeptionen der Sozialversicherung aus der Sicht der Sozialgeschichte," in Hans F. Zacher (ed.), *Bedingungen für die Entstehung und Entwicklung von Sozialversicherung*, Berlin, 1979

Guderjahn, Klaus, *Die Frage des sozialen Versicherungsschutzes für selbständig Erwerbstätige vom Entstehen der deutschen Sozialversicherung bis zur Gegenwart*, Bonn-Bad Godesberg, 1971

Guérin, Michel et al., "La réforme du minimum vieillesse," *Revue française des affaires sociales*, 34, 4 (October–December 1980)

Guillemard, Anne-Marie, *La retraite: Une mort sociale: Sociologie des conduites en situation de retraite*, Paris, 1972

Guillemard, Anne-Marie, *La vieillesse et l'état*, Paris, 1980

Guillemard, Anne-Marie, *Le déclin du social: Formation et crise des politiques de la vieillesse*, Paris, 1986

Guldimann, Tim et al., *Sozialpolitik als soziale Kontrolle*, Frankfurt, 1978

Gunsteren, Herman van and Rein, Martin, "The Dialectic of Public and Private Pensions," *Journal of Social Policy*, 14, 2 (April 1985)

Gurvitch, Georges, *The Bill of Social Rights*, New York, 1946

Håstad, Elis, *En activ medelklasspolitik*, Stockholm, 1944

Hadenius, Stig, "Partiers beslutprocess och tjänstepensionsfrågan," *Statsvetenskaplig tidskrift*, 69, 4 (1965)

Hadenius, Stig et al., *Sverige efter 1900*, Stockholm, 1967

Hagård, Birger, "Den politiska bonderörelsens framväxande – organisationssträvanden före 1910," *Statsvetenskaplig tidskrift*, 64, 1 (1982)

Hage, Jerald and Hanneman, Robert A., "The Growth of the Welfare State in Britain, France, Germany and Italy: A Comparison of Three Paradigms," *Comparative Social Research*, 3 (1980)

Hage, Jerald et al., *State Responsiveness and State Activism*, London, 1989

Hagenaars, Aldi J. M., *The Perception of Poverty*, Amsterdam, 1986

Hahn, Dierk, *Die öffentlich-rechtliche Alterssicherung der verkammerten freien Berufe*, Berlin, 1974

Halck, Niels and Østergård, Frede, *Omkring den almindelige folkepension*, Copenhagen, 1964

Halévy, Elie, *Imperialism and the Rise of Labour*, London, 1951

Hamilton, Hugo, *Dagböcker 1911–1916*, Stockholm, 1955

Hammarström, Ingrid, "Ideology and Social Policy in the Mid-Nineteenth Century," *Scandinavian Journal of History*, 4, 2 (1979)

Hannah, Leslie, *Inventing Retirement: The Development of Occupational Pensions in Britain*, Cambridge, 1986

Hansen, Bent, *Velstand uden velfærd: En kritik af det danske klassesamfund*, Copenhagen, 1973

Hansen, Svend Aage, *Økonomisk vækst i Danmark*, Copenhagen, 1972

Harris, José, *Unemployment and Politics: A Study in British Social Politics 1886-1914*, Oxford, 1972

Harris, José, "Social Planning in War-Time: Some Aspects of the Beveridge Report," in J. M. Winter (ed.), *War and Economic Development*, Cambridge, 1975

Harris, José, *William Beveridge: A Biography*, Oxford, 1977

Harris, José, "Some Aspects of Social Policy in Britain during the Second World War," in Wolfgang J. Mommsen (ed.), *Emergence of the Welfare State in Britain and Germany, 1850–1950*, London, 1981

Harris, José, "Did British Workers Want the Welfare State? G. D. H. Cole's Survey of 1942," in Jay Winter (ed.), *The Working Class in Modern British History*, Cambridge, 1983

Harris, Kenneth, *Attlee*, London, 1982

Harris, Nigel, *Competition and the Corporate Society: British Conservatives, the State and Industry 1945–1964*, London, 1972

Hartmann, Jürgen, "Social Policy in Sweden (1950–80)," in Roger Girod et al. (eds.), *Social Policy in Western Europe and the USA, 1950–80*, New York, 1985

Haseler, Stephen, *The Gaitskellites: Revisionism in the British Labour Party, 1951–64*, London, 1969

Haskel, Barbara, "Paying for the Welfare State: Creating Political Durability," *Scandinavian Studies*, 59, 2 (Spring 1987)

Haskell, Thomas L., "Capitalism and the Origins of the Humanitarian Sensibility," *American Historical Review*, 90, 2 (April 1985) and 90, 3 (June 1985)

Hatfield, Michael, *The House the Left Built: Inside Labour Policy-Making, 1970–75*, London, 1978

Hatje, Ann-Katrin, *Befolkningsfrågan och välfärden: Debatten om familjepolitik och nativitetsökning under 1930- och 1940-talen*, Stockholm, 1974

Hatland, Aksel, *The Future of Norwegian Social Insurance*, Oslo, 1984

Hatzfeld, Henri, *Du paupérisme à la sécurité sociale: Essai sur les origines de la sécurité sociale en France, 1850–1940*, Paris, 1971

Haussmann, Friedrich-Bernhard, *Das Handwerk im Haushalt der Sozialversicherung*, Göttingen, 1962

Hay, J. R., *The Origins of the Liberal Welfare Reforms 1906–1914*, London, 1975

Hay, J. R., "Employers' Attitude to Social Policy and the Concept of 'Social Control,' 1900–1920," in Pat Thane (ed.), *The Origins of British Social Policy*, London, 1978

Hay, J. R., "The British Business Community, Social Insurance and the German Example," in Wolfgang J. Mommsen (ed.), *The Emergence of the Welfare State in Britain and Germany, 1850–1950*, London, 1981

Hay, J. R., "Employers and Social Policy in Britain: The Evolution of Welfare Legislation, 1905–1914," in Pat Thane and Anthony Sutcliffe (eds.), *Essays in Social History*, vol. 2, Oxford, 1986

Hayek, F. A., *The Mirage of Social Justice*, Chicago, 1976

Hayward, J. E. S., "Solidarity: The Social History of an Idea in Nineteenth Century France," *International Review of Social History*, 4, 2 (1959)

Hechter, Michael, *Principles of Group Solidarity*, Berkeley, 1987

Heckscher, Gunnar, "Konservativ socialpolitik," in his *Unghögern: Politiska essayer*, Stockholm, 1934

Heckscher, Gunnar, *The Welfare State and Beyond: Success and Problems in Scandinavia*, Minneapolis, 1984

Heclo, Hugh, *Modern Social Politics in Britain and Sweden: From Relief to Income Maintenance*, New Haven, 1974

Heclo, Hugh and Madsen, Henrik, *Policy and Politics in Sweden*, Philadelphia, 1987

Hedborg, Anna and Meidner, Rudolf, *Folkhemsmodellen*, n.p., 1984

Heimann, Horst and Meyer, Thomas (ed.), *Reformsozialismus und Sozialdemokratie: Zur Theoriediskussion des demokratischen Sozialismus in der Weimarer Republik*, Berlin, 1982

Henderson, Hubert Douglas, "The Principles of the Beveridge Plan," in Hubert Henderson, *The Inter-War Years and Other Papers*, Oxford, 1955

Henningsen, Bernd, *Die Politik des Einzelnen: Studien zur Genese der skandinavischen Ziviltheologie: Ludvig Holberg, Søren Kierkegaard, N. F. S. Grundtvig*, Göttingen, 1977

Henningsen, Bernd, *Der Wohlfahrtsstaat Schweden*, Baden-Baden, 1986

Henningsen, H. C., "Beskatningsproblemet i nutiden," in Evan Marstrand et al. (eds.), *Den danske Stat*, Copenhagen, 1929

Hennock, E. P., "The Origins of British National Insurance and the German Precedent, 1880–1914," in Wolfgang J. Mommsen (ed.), *The Emergence of the Welfare State in Britain and Germany, 1850–1950*, London, 1981

Hennock, E. P., *British Social Reform and the German Precedent: The Case of Social Insurance, 1880–1914*, Oxford, 1987

Henriksen, Ole Bus and Ølgaard, Anders, *Danmarks udenrigshandel, 1874–1958*, Copenhagen, 1960

Hensen, Hartmut, "Zur Geschichte der Rentenfinanzen," in Reinhart Bartolomäi et al. (eds.), *Sozialpolitik nach 1945: Geschichte und Analysen*, Bonn-Bad Godesberg, 1973

Hentilä, Seppo, "The Origins of the *Folkhem* Ideology in Swedish Social Democracy," *Scandinavian Journal of History*, 3, 4 (1978)

Hentilä, Seppo, *Den svenska arbetarklassen och reformismens genombrott inom SAP före 1914*, Helsinki, 1979

Hentschel, Volker, "Das System der sozialen Sicherheit in historischer Licht 1880 bis 1975," *Archiv für Sozialgeschichte*, 28 (1978)

Hernes, Helga M., "Scandinavian Citizenship," *Acta Sociologica*, 31, 3 (1988)

Hess, J., "The Social Policy of the Attlee Government," in Wolfgang J. Mommsen (ed.), *The Emergence of the Welfare State in Britain and Germany, 1850–1950*, London, 1981

Hewitt, Christopher, "The Effect of Political Democracy and Social Democracy on Equality in Industrial Societies: A Cross-National Comparison," *American Sociological Review*, 42, 3 (June 1977)

Heyn, Walther, *Die Handwerkerversicherung in den westlichen Zonen Deutschlands*, 2nd edn, Bremen-Horn, 1949

Heyn, Walther, "Der Wandel der Handwerkerversicherung bis zum Gesetz vom 8.

September 1960: Ein Beitrag zur Versicherungspflicht von Selbständigen,"
   *Zeitschrift für die gesamte Versicherungswissenschaft*, 49, 3/4 (1960)
Heyn, Walther, "Die Sozialpolitik in Adenauers Memoiren," *Deutsche Versicher-
   ungszeitschrift*, 8/9 (August–September 1966)
Himmelstrand, Ulf et al., *Beyond Welfare Capitalism*, London, 1981
Hirschman, Albert O., "Rival Views of Market Society," in Albert O. Hirschman,
   *Rival Views of Market Society and Other Recent Essays*, New York, 1986
Hochman, Harold M., "Contractarian Theories of Income Redistribution," in
   Elhanan Helpman et al. (eds.), *Social Policy Evaluation: An Economic
   Perspective*, New York, 1983
Hochman, Harold M. and Rogers, J. D., "Pareto Optimal Redistribution,"
   *American Economic Review*, 59, 4 (September 1969)
Hockerts, Hans Günter, "Sozialpolitische Reformbestrebungen in der frühen
   Bundesrepublik," *Vierteljahrshefte für Zeitgeschichte*, 25, 3 (July 1977)
Hockerts, Hans Günter, "Konrad Adenauer und die Rentenreform von 1957," in
   Konrad Repgen (ed.), *Die dynamische Rente in der Ära Adenauers und heute*,
   Stuttgart, 1978
Hockerts, Hans Günter, "Anton Storch (1892–1975)," in Jürgen Aretz et al. (eds.),
   *Zeitgeschichte in Lebensbildern*, vol. 4, Mainz, 1980
Hockerts, Hans Günter, *Sozialpolitische Entscheidungen im Nachkriegsdeutsch-
   land: Alliierte und deutsche Sozialversicherungspolitik 1945 bis 1957*, Stutt-
   gart, 1980
Hockerts, Hans Günter, "German Post-War Social Policies against the Background
   of the Beveridge Plan," in Wolfgang J. Mommsen (ed.), *The Emergence of the
   Welfare State in Britain and Germany, 1850–1950*, London, 1981
Hockerts, Hans Günter, "Die Entwicklung vom Zweiten Weltkrieg bis zur
   Gegenwart," in Peter A. Köhler and Hans F. Zacher (eds.), *Beiträge zu
   Geschichte und aktueller Situation der Sozialversicherung*, Berlin, 1983
Hockerts, Hans Günter, "Sicherung im Alter: Kontinuität und Wandel der
   gesetzlichen Rentenversicherung 1889–1979," in Werner Conze and M. Rainer
   Lepsius (eds.), *Sozialgeschichte der Bundesrepublik Deutschland*, Stuttgart,
   1983
Hockerts, Hans Günter, "Ausblick: Bürgerliche Sozialreform nach 1945," in
   Rüdiger vom Bruch (ed.), *"Weder Kommunismus noch Kapitalismus:" Bür-
   gerliche Sozialreform in Deutschland vom Vormärz bis zur Ära Adenauer*,
   Munich, 1985
Hockerts, Hans Günter, "Integration der Gesellschaft: Gründungskrise und Sozial-
   politik in der frühen Bundesrepublik," *Zeitschrift für Sozialreform*, 32, 1
   (January 1986)
Höffner, Joseph, *Sozialpolitik im deutschen Bergbau*, Münster, 1956
Höffner, Joseph, *Die Handwerkerversicherung im Hinblick auf die berufsständi-
   sche Eigenart des Handwerks*, Stuttgart, 1959
Høgh, Erik and Nyholm, Mogens (eds.), *Funktionærene 1964 – hvor står de?*,
   Copenhagen, 1964
Højsteen, Arne and Mogensen, Gunnar Viby, "Demokrati, socialpolitik og fordel-
   ingspolitik," *Socialt tidsskrift*, 49, 11 (1973)

Hoffman, J. D., *The Conservative Party in Opposition 1945–51*, London, 1964

Holst-Jensen, Jørgen, "Smørkrigen," *Jyske Samlinger*, row 5, vol. 7, Aarhus, 1946–47

Hostache, René, *Le conseil national de la résistance*, Paris, 1958

Howell, David, *British Social Democracy: A Study of Development and Decay*, New York, 1980

Hufford, Larry, *Sweden's Power Elite*, Washington, DC, 1977

Hultqvist, Per, *Försvar och skatter: Studier i svensk riksdagspolitik från representationsreformen till kompromissen 1873*, Göteborg, 1955

Hultqvist, Per, *Försvarsorganisationen, värnplikten och skatterna i svensk riksdagspolitik 1867–1878*, Göteborg, 1959

Hunt, Lynn, *Politics, Culture and Class in the French Revolution*, Berkeley, 1984

Huntford, Roland, *The New Totalitarians*, London, 1971

Hvidt, Kristian (ed.), *Frede Bojsens politiske erindringer*, Copenhagen, 1963

ILO, *Approaches to Social Security: An International Survey*, Montreal, 1942

Inglis, Fred, *Radical Earnestness: English Social Theory, 1880–1980*, Oxford, 1982

Institut de science économique appliquée, *La sécurité sociale*, Paris, 1945

Irving, R. E. M., *Christian Democracy in France*, London, 1973

Jackman, Robert W., *Politics and Social Equality: A Comparative Analysis*, New York, 1975

Jackman, Robert W., "Socialist Parties and Income Inequality in Western Industrial Societies," *The Journal of Politics*, 42 (1980)

Jallade, Jean-Pierre, "Redistribution and the Welfare State: An Assessment of the French Socialists' Performance," *Government and Opposition*, 20, 3 (Summer 1985)

Jambu-Merlin, Roger, "Le problème de la sécurité sociale des travailleurs non salariés aux lendemains de la libération," *Droit social*, 3 (March 1970)

Jay, Douglas, *Change and Fortune: A Political Record*, London, 1980

Jeffreys, Kevin, "British Politics and Social Policy during the Second World War," *Historical Journal*, 30, 1 (1987)

Jensen, Carsten Vesterø, *Det tvedelte pensionssystem i Danmark*, Roskilde, 1982

Jensen, Hans, "Landarbejderspørgsmålets udvikling i Danmark fra ca. 1870 til ca. 1900," in Povl Engelstoft and Hans Jensen (eds.), *Bidrag til Arbejderklassens og Arbejderspørgsmaalets Historie i Danmark fra 1864 til 1900*, Copenhagen, 1931

Jepsen, Gunnar Thorlund, "Alderspensionering i Danmark," *Nationaløkonomisk tidsskrift*, 102, 1/2 (1964)

Jepsen, Gunnar Thorlund, *Skatterne før, nu og i 1985*, Albertslund, 1975

Jessop, Bob, "The Transformation of the State in Post-War Britain," in Richard Scase (ed.), *The State in Western Europe*, London, 1980

Jörberg, Lennart, *Growth and Fluctuation of Swedish Industry, 1869–1912*, Lund, 1961

Jörberg, Lennart, *The Industrial Revolution in Scandinavia, 1850–1914*, London, 1970

Jörberg, Lennart, "The Industrial Revolution in the Nordic Countries," *The Fontana Economic History of Europe*, vol. 4, pt. 2, New York, 1976–77

Jørgensen, Harald, *Studier over det offentlige Fattigvæsens historiske Udvikling i Danmark i det 19. Aarhundrede*, Copenhagen, 1940

Johansen, Lars Nørby, "Denmark," in Peter Flora (ed.), *Growth to Limits: The Western European Welfare States since World War II*, Berlin, 1986

Johansen, Lars Nørby, "Welfare State Regression in Scandinavia? The Development of the Scandinavian Welfare States from 1970 to 1980," in Else Øyen (ed.), *Comparing Welfare States and their Futures*, Aldershot, 1986

Johansen, Lars Nørby and Kolberg, Jon Eivind, "Welfare State Regression in Scandinavia? The Development of the Scandinavian Welfare States from 1970 to 1980," in S. N. Eisenstadt and Ora Ahimeir (eds.), *The Welfare State and its Aftermath*, Totowa, 1985

Jonasson, Gustav, *Per Edvin Sköld, 1946–1951*, Uppsala, 1976

Jonasson, Gustav, *I väntan på uppbrott? Bondeförbundet/Centerpartiet i regeringskoalitionens slutskede 1956–1957*, Uppsala, 1981

Jones, Catherine, *Patterns of Social Policy: An Introduction to Comparative Analysis*, London, 1985

Jones, Kathleen et al., *Issues in Social Policy*, London, 1978

Jonnergård, Gustaf, *Så blev det Centerpartiet: Bondeförbunds- och Centeridéerna från fyrtiotalet fram till 1960*, Stockholm, 1984

Jordan, Bill, *Freedom and the Welfare State*, London, 1976

K., "Hvorledes fordele Skatterne i Danmark sig paa de forskellige Samfundsklasser?," *Nationaløkonomisk Tidsskrift*, 32 (1894)

Kahn, Alfred J. and Kamerman, Sheila K., *Not for the Poor Alone: European Social Services*, Philadelphia, 1975

Kangas, Olli, *Politik och ekonomi i pensionsförsäkringen: Det finska pensionssystemet i ett jämförande perspektiv*, Institutet för socialforskning (Stockholm), *Meddelande*, 5 (1988)

Katzbach, Hans, "Die Angestelltenversicherung ist keine Volksversicherung!" *Die Angestelltenversicherung*, 15, 2 (February 1968)

Katzenstein, Peter J., *Small States in World Markets: Industrial Policy in Europe*, Ithaca, 1985

Kaufmann, Franz-Xaver, *Sicherheit als soziologisches und sozialpolitisches Problem: Untersuchungen zu einer Wertidee hochdifferenzierter Gesellschaften*, Stuttgart, 1970

Keeler, John T. S., "Corporatist Decentralization and Commercial Modernization in France: The Royer Law's Impact on Shopkeepers, Supermarkets and the State," in Philip G. Cerny and Martin A. Schain (eds.), *Socialism, the State and Public Policy in France*, New York, 1985

Keeler, John T. S., *The Politics of Neocorporatism in France: Farmers, the State, and Agricultural Policy-Making in the Fifth Republic*, New York, 1987

Kellgren, Nils, "LO i ATP-striden," in *Steg för steg: 1945–1973*, Stockholm, 1973

Kershaw, Ian, *Popular Opinion and Political Dissent in the Third Reich: Bavaria 1933–1945*, Oxford, 1983

Keynes, J. M., *Activities, 1940–1946, Collected Writings*, vol. 27, London, 1980

Kierkegaard, Poul, "Frede Bojsen som Socialpolitiker," in Poul Engelstoft and Hans

Jensen, *Mænd og Meninger i dansk Socialpolitik, 1866–1901*, Copenhagen, 1933

Kihlberg, Leif, *Folktribunen Adolf Hedin*, Stockholm, 1972

Kincaid, J. C., *Poverty and Equality in Britain*, Harmondsworth, 1973

Kindleberger, Charles, P., "Group Behavior and International Trade," in Charles Kindleberger (ed.), *Economic Response: Comparative Studies in Trade, Finance and Growth*, Cambridge, Mass., 1978

Kirchberger, Petra, "Die Stellung der Juden in der deutschen Rentenversicherung," in *Sozialpolitik und Judenvernichtung: Gibt es eine Ökonomie der Endlösung?, Beiträge zur nationalsozialistischen Gesundsheits- und Sozialpolitik*, 5 (1983)

Kjærgaard, Thorkild, "The Farmer Interpretation of Danish History," *Scandinavian Journal of History*, 10, 2 (1985)

Koch, Jürgen R., "Die Alters- und Hinterbliebenenversorgung des Rechtsanwalts nach einem Jahr Erfahrung mit dem Rentenreformgesetz," speech held at the Hauptversammlung der Bundesrechtsanwaltskammer, 27 October 1973, printed copy at BRAK

Kocka, Jürgen and Prinz, Michael, "Von 'neuen Mittelstand' zum angestellten Arbeitnehmer: Kontinuität und Wandel der deutschen Angestellten seit der Weimarer Republik," in Werner Conze and M. Rainer Lepsius (eds.), *Sozialgeschichte der Bundesrepublik Deutschland*, Stuttgart, 1983

Koefoed, Michael, "Hartkornet som Maalestock for Landbrugsproduktionen og Landbrugsskatterne," *Nationaløkonomisk Tidsskrift*, 37, 3/4 (1899)

Koefoed, Michael, "Skatterne i Danmark 1870–1900," *Nationaløkonomisk Tidsskrift*, 40 (1902)

Koefoed, Michael, "Skattesystemerne af 1802 og 1903," *Nationaløkonomisk Tidsskrift*, 41 (1903)

Köhler, Peter A., "Entstehung von Sozialversicherungen: Ein Zwischenbericht," in Hans F. Zacher (ed.), *Bedingungen für die Entstehung und Entwicklung von Sozialversicherung*, Berlin, 1979

König, René, "Strukturwandlungen unserer Gesellschaft – Ausgangspunkt für die Begründung der sozialen Sicherheit," in *Sozialer Ordnungsauftrag im letzten Drittel unserers Jahrhunderts*, Bielefeld, 1967

Königson, Ture, *ATP-striden: Ett tioårsminne*, Jakobsberg, 1968

Kohl, Jürgen, *Staatsausgaben in Westeuropa*, Frankfurt, 1985

Kolberg, Jon Eivind and Pettersen, Per Arnt, "Om velferdsstatens politiske basis," *Tidsskrift for samfunnsforskning*, 22, 2/3 (1981)

Kopsch, Hartmut, "The Approach of the Conservative Party to Social Policy during World War II," diss, Univ. of London, 1970

Korpi, Walter, *The Working Class in Welfare Capitalism: Work, Unions and Politics in Sweden*, London, 1978

Korpi, Walter, "Social Policy and Distributional Conflict in the Capitalist Democracies: A Preliminary Comparative Framework," *West European Politics*, 3, 3 (October 1980)

Korpi, Walter, *Från undersåte till medborgare: Om fonder och ekonomisk demokrati*, Stockholm, 1982

Korpi, Walter, *The Democratic Class Struggle*, London, 1983

Korpi, Walter, "Power, Politics and State Autonomy in the Development of Social Citizenship: Social Rights during Sickness in Eighteen OECD Countries since 1930," *American Sociological Review*, 54, 3 (June 1989)

Krag, J. O. and Andersen, K. B., *Kamp og fornyelse: Socialdemokratiets indsats i dansk politik 1955–1971*, Copenhagen, 1971

Kruse, Agnete and Ståhlberg, Ann-Charlotte, *Effekter av ATP: En samhällsekonomisk studie*, Lund, 1977

Kuhnle, Stein, "The Beginnings of the Nordic Welfare States: Similarities and Differences," *Acta Sociologica*, 21, supplement (1978)

Kuhnle, Stein, *Velferdsstatens utvikling: Norge i komparativt perspektiv*, Bergen, 1983

Kurz, Mordecai, "Altruistic Equilibrium," in Bela Balassa and Richard Nelson (eds.), *Economic Progress, Private Values and Public Policy*, Amsterdam, 1977

Kuttner, Robert, *The Economic Illusion: False Choices between Prosperity and Social Justice*, Boston, 1984

Kuuse, Jan, "Mechanisation, Commercialisation and the Protectionist Movement in Swedish Agriculture, 1860–1910," *Scandinavian Economic History Review*, 19, 1 (1971)

Lahme, Hans-Norbert, *Sozialdemokratie und Landarbeiter in Dänemark (1871–1900)*, Odense, 1982

Lampert, Heinz, "Staatliche Sozialpolitik im Dritten Reich," in Karl Dietrich Bracher et al. (eds.), *Nationalsozialistische Diktatur, 1933–1945: Eine Bilanz*, Düsseldorf, 1983

Laroque, Pierre, "Le plan français de sécurité sociale," *Cahiers français d'information*, 51 (February 1946)

Laroque, Pierre, "Le plan français de sécurité sociale," *Revue française du travail*, 1, 1 (April 1946)

Laroque, Pierre, "Social Security Reform in France," *International Labour Review*, 53, 1/2 (January–February 1946)

Laroque, Pierre, "From Social Insurance to Social Security: Evolution in France," *International Labour Review*, 57, 6 (June 1948)

Laroque, Pierre, "Social Security in France," in Shirley Jenkins (ed.), *Social Security in International Perspective*, New York, 1969

Laroque, Pierre, "Le plan français de sécurité sociale: Sa conception, ses dix premières années," in Association régionale pour l'étude de l'histoire de la sécurité sociale, *1er colloque régional: "Vingt ans de sécurité sociale,"* 1945–1965, Nancy, 1979

Larsen, Knud et al., *Venstre: 50 år for folkestyret*, Holte, 1979

Larsson, Hans Albin, *Partireformationen: Från bondeförbund till centerparti*, Lund, 1980

Laski, Harold J., *Reflections on the Revolution of our Time*, New York, 1943

Lauga, Louis, *Centre national des jeunes agriculteurs*, Paris, 1971

Laurent, André, "La sécurité sociale et l'évolution des sociétés," *Droit social*, 4 (April 1967)

Lavielle, Romain, *Histoire de la mutualité: Sa place dans le régime français de sécurité sociale*, Paris, 1964

Lee, J. M., *The Churchill Coalition*, Hamden, Conn., 1980

Lefranc, Georges, *Les expériences syndicales en France de 1939 à 1950*, Paris, 1950

Lefranc, Georges, *Le mouvement syndical de la libération aux événements de mai-juin 1968*, Paris, 1969

Lefranc, Georges, *Les organisations patronales en France*, Paris, 1976

Le Grand, Julian, *The Strategy of Equality: Redistribution and the Social Services*, London, 1982

Leibfried, Stephan, "Sozialpolitik und Existenzminimum: Anmerkungen zur Geschichte der englischen Entwicklung," *Zeitschrift für Sozialreform*, 29, 12 (December 1983)

Leibfried, Stephan, "Bedarfsprinzip und Existenzminimum unter dem NS-Regime: Zu Aufstieg und Fall der Regelsätze in der Fürsorge," in Hans-Uwe Otto and Heinz Sünker (eds.), *Soziale Arbeit und Faschismus: Volkspflege und Pädagogik im Nationalsozialismus*, Bielefeld, 1986

Lenski, Gerhard, *Power and Privilege: A Theory of Social Stratification*, New York, 1966

Le Roy Ladurie, Emmanuel, *Paris–Montpellier: P.C.–P.S.U., 1945–1963*, Paris, 1982

Levine, Daniel, "Conservatism and Tradition in Danish Social Welfare Legislation, 1890–1933: A Comparative View," *Comparative Studies in Society and History*, 20, 1 (January 1978)

Levine, Daniel, "The Danish Connection: A Note on the Making of British Old Age Pensions," *Albion*, 17, 2 (Summer 1985)

Levine, Daniel, *Poverty and Society: The Growth of the American Welfare State in International Comparison*, New Brunswick, 1988

Lewin, Leif, *Planhushållningsdebatten*, Stockholm, 1967

Lewin, Leif, *Ideology and Strategy: A Century of Swedish Politics*, Cambridge, 1988

Lewin, Leif et al., *The Swedish Electorate, 1887–1968*, Stockholm, 1972

Lidtke, Vernon L., *The Outlawed Party: Social Democracy in Germany, 1878–1890*, Princeton, 1966

Liebetrau, Henrik, *Dansk socialpolitik, 1974–1982*, Copenhagen, 1983

Liedstrand, Emil, "Behovsprövning inom folkpensioneringen," *Hantverk och småindustri*, 1 (1946)

Liedstrand, Emil, "Behovsprövningen inom folkpensioneringen och närgränsande delar av den svenska socialvården," *Nordisk försäkringstidskrift*, 26, 1 (1 January 1946)

Lijphart, Arend, *Democracy in Plural Societies: A Comparative Exploration*, New Haven, 1977

Lijphart, Arend, *Democracies: Patterns of Majoritarian and Consensus Government in Twenty-One Countries*, New Haven, 1984

Lindblad, Ingemar, "Socialdemokratien i medelklassamhället," in Tage Erlander et al. (eds.), *Idé och handling*, Stockholm, 1960

Lindgren, John, *Det socialdemokratiska arbetarpartiets uppkomst i Sverige 1881–1889*, Stockholm, 1927

Lindskog, Gösta, *Med Högern för Sveriges framtid*, Stockholm, 1954

Lindsted, Anders, *Förslaget till lag om allmän pensionsförsäkring*, Stockholm, 1913

Lindström, Ulla, *I regeringen: Ur min politiska dagbok, 1954–1959*, Stockholm, 1969

Lion, Henry, *Régime de retraites et de prévoyance des cadres*, Paris, 1955

Lion, Henry, "La convention du 14 mars 1947 et son évolution," *Droit social*, 25, 7/8 (July–August 1962)

Lloyd, T. O., *Empire to Welfare State: English History 1906–1967*, Oxford, 1970

Lösche, Peter and Schöling, Michael, "Sozialdemokratie als Solidargemeinschaft," in Richard Saage (ed.), *Solidargemeinschaft und Klassenkampf: Politische Konzeptionen der Sozialdemokratie zwischen den Weltkriegen*, Frankfurt, 1986

Logue, John, "Social Welfare, Equality and the Labor Movement in Denmark and Sweden," *Comparative Social Research*, 6 (1983)

Logue, William, *From Philosophy to Sociology: The Evolution of French Liberalism, 1870–1914*, Dekalb, Ill., 1983

Lory, Bernard, *La politique d'action sociale*, Toulouse, 1975

Luhmann, Niklas, "Die Differenzierung von Interaktion und Gesellschaft: Probleme der sozialen Solidarität," in Robert Kopp (ed.), *Solidarität in der Welt der 8oer Jahre: Leistungsgesellschaft und Sozialstaat*, Basel, 1984

Lund, Michael S., "The Politics of a National Minimum Income: The Poor Law Coalition in Postwar Britain," in Douglas E. Ashford and E. W. Kelley (eds.), *Nationalizing Social Security in Europe and America*, Greenwich, Conn., 1986

Lykketoft, Mogens, *Kravet om lighed*, Copenhagen, 1973

Lynes, Tony, *French Pensions*, London, 1967

Lynes, Tony, *Labour's Pension Plan*, Fabian Tract 396, London, 1969

Machtan, Lothar, "Workers' Insurance versus Protection of the Workers: State Social Policy in Imperial Germany," in Paul Weindling (ed.), *The Social History of Occupational Health*, London, 1985

Macleod, Iain and Powell, Enoch, *The Social Services: Needs and Means*, London, 1951

Macmillan, Harold, *War Diaries: Politics and War in the Mediterranean, January 1943–May 1945*, London, 1984

Madsen, Henrik Jess, "Social Democracy in Postwar Scandinavia: Macroeconomic Management, Electoral Support and the Fading Legacy of Prosperity," diss., Harvard Univ., 1984

Malterre, André, *La confédération générale des cadres: La révolte des mal aimés*, Paris, 1972

Mann, Michael, "State and Society, 1130–1815: An Analysis of English State Finances," *Political Power and Social Theory*, 1 (1980)

Manning, Nick, "Constructing Social Problems," in Nick Manning (ed.), *Social Problems and Welfare Ideology*, Aldershot, 1985

Mannio, Niilo A., "Trends of Social Security in Nordic Countries," *Bulletin of the ISSA*, 5, 1 (January 1952)

March, James G. and Olsen, Johan P., "The New Institutionalism: Organizational Factors in Political Life," *American Political Science Review*, 78, 3 (September 1984)

Marsh, D. C., *The Welfare State: Concept and Development*, London, 1980

Marshall, T. H., *Class, Citizenship and Social Development*, Chicago, 1963

Marshall, T. H., *Social Policy*, London, 1965

Marwick, Arthur, "Middle Opinion in the Thirties: Planning, Progress and Political 'Agreement'," *English Historical Review*, 79, 311 (April 1964)

Marwick, Arthur, "The Labour Party and the Welfare State in Britain, 1900–1948," *American Historical Review*, 73, 2 (December 1967)

Marwick, Arthur, *Britain in the Century of Total War*, Boston, 1968

Marwick, Arthur, *Class, Image and Reality in Britain, France and the USA since 1930*, New York, 1980

Marwick, Arthur, "Problems and Consequences of Organizing Society for Total War," in N. F. Dreiziger (ed.), *Mobilization for Total War*, Waterloo, 1981

Marwick, Arthur, *British Society since 1945*, London, 1982

Marwick, Arthur (ed.), *Total War and Social Change*, London, 1988

Marx, Karl, *Contribution to the Critique of Hegel's Philosophy of Law*, in Karl Marx and Friedrich Engels, *Collected Works*, vol. 3, New York, 1975

Masferrer, Alberto, "El mínimum vital," in Alberto Masferrer (ed.), *El mínimum vital y otras obras de carácter sociológico*, Guatemala, 1950

Mason, Timothy W., *Sozialpolitik im Dritten Reich: Arbeiterklasse und Volksgemeinschaft*, Opladen, 1977

Mathiassen, Therkel, *Herregaardene og Samfundet*, Copenhagen, 1943

Mauss, Marcel, *The Gift: Forms and Functions of Exchange in Archaic Societies*, Glencoe, Ill., 1954

Mayer, Daniel, *Les socialistes dans la résistance*, Paris, 1968

McKay, Angus, "Charity and the Welfare State," in Noel Timms and David Watson (eds.), *Philosophy in Social Work*, London, 1978

McLennan, Gregor et al. (eds.), *State and Society in Contemporary Britain*, Cambridge, 1984

Menegazzi, Guido, *I fondamenti del solidarismo*, Milan, 1964

Mensing, Hans Peter, "Erscheinungsformen schwedischer Sozialpolitik im ausgehenden 19. Jahrhundert: Adolf Hedin, das Arbeiterversicherungskomitee und die Gewerbeaufsicht nach 1890," diss., Univ. of Kiel, 1979

Menzel, Ulrich, *Auswege aus der Abhängigkeit: Die entwicklungspolitische Aktualität Europas*, Frankfurt, 1988

Michel, Henri, *Les courants de pensée de la résistance*, Paris, 1962

Michel, Henri and Mirkine-Guetzévitch, Boris, *Les idées politiques et sociales de la résistance*, Paris, 1954

Miller, David, *Social Justice*, Oxford, 1976

Miller, David, "Altruism and the Welfare State," in J. Donald Moon (ed.), *Responsibility, Rights and Welfare: The Theory of the Welfare State*, Boulder, 1988

Millot, Roger, "La position des travailleurs indépendants face aux problèmes de l'assurance-maladie avant l'adaption de la loi du 12 juillet 1966," *Droit social*, 3 (March 1970)

Millward, Roy, *Scandinavian Lands*, London, 1964

Mishra, Ramesh, "Marx and Welfare," *Sociological Review*, 23, 2 (May 1975)

Mishra, Ramesh, *Society and Social Policy: Theoretical Perspectives on Welfare*, 2nd edn, London, 1981

Mishra, Ramesh, *The Welfare State in Crisis: Social Thought and Social Change*, Brighton, 1984

Mitchell, Neil J., "Ideology or the Iron Laws of Industrialism: The Case of Pension Policy in Britain and the Soviet Union," *Comparative Politics*, 15, 2 (January 1983)

Möller, Gustav, *Från Fattighus-Sverige till Social-Sverige*, Stockholm, 1948

Möller, Gustav, "Hågkomster," *Arbetarrörelsens årsbok*, 1971

Møller, Iver Hornemann, *Klassekamp og sociallovgivning 1850–1970*, Copenhagen, 1981

Møller, Poul, *Politik på vrangen*, n.p., 1974

Møller, Poul, *Gennembrudsår: Dansk politik i 50'erne*, Copenhagen, 1977

Molin, Björn, *Tjänstepensionsfrågan: En studie i svensk partipolitik*, Göteborg, 1965

Molin, Björn, "Folkpartiet och ATP-frågan," in *Liberal ideologi och politik 1934–1984*, n.p., 1984

Mommsen, Wolfgang J. (ed.), *The Emergence of the Welfare State in Britain and Germany, 1850–1950*, London, 1981

Monin, René, *Problèmes de la retraite: Débat capitalisation–répartition*, Paris, 1958

Montagne, Roger, "La loi du 13 décembre 1960 relative à l'assurance maladie des exploitants agricoles," *Droit social*, 24, 4 (April 1961)

Montgomery, Arthur, *Svensk tullpolitik 1816–1911*, Stockholm, 1921

Montgomery, Arthur, *Svensk socialpolitik under 1800-talet*, 2nd edn, Stockholm, 1951

Montgomery, G. A., *The Rise of Modern Industry in Sweden*, London, 1939

Moon, J. Donald, "The Moral Basis of the Democratic Welfare State," in Amy Gutmann (ed.), *Democracy and the Welfare State*, Princeton, 1988

Morgan, Janet (ed.), *The Backbench Diaries of Richard Crossman*, London, 1981

Morgan, Kenneth O., *Labour in Power, 1945–1951*, Oxford, 1984

Mowat, C. L., "The Approach to the Welfare State in Great Britain," *American Historical Review*, 58, 1 (October 1952)

Muhr, Gerd, "Leise durch die Hintertür," *Welt der Arbeit*, 12 February 1971

Muller, Pierre, "Comment les idées deviennent-elles politiques? La naissance d'une nouvelle idéologie paysanne en France, 1945–1965," *Revue française de science politique*, 32, 1 (February 1982)

Muller, Pierre, *Le technocrate et le paysan: Essai sur la politique française de modernisation de l'agriculture, de 1945 à nos jours*, Paris, 1984

Musy, Louis, *Les incidences économiques de la sécurité sociale*, Fribourg, 1954

Myles, John, "Comparative Public Policies for the Elderly: Frameworks and Resources for Analysis," in Anne-Marie Guillemard (ed.), *Old Age in the Welfare State*, London, 1983

Myles, John, *Old Age in the Welfare State: The Political Economy of Public Pensions*, Boston, 1984

Myrdal, Alva, "Internationell och svensk socialpolitik," in *Ett genombrott: Den svenska socialpolitiken: Utvecklingslinjer och framtidsmål*, Stockholm, 1944

Myrdal, Alva and Myrdal, Gunnar, *Kris i befolkningsfrågan*, Stockholm, 1934

Myrdal, Gunnar, "The Relation between Social Theory and Social Policy," *British Journal of Sociology*, 4, 3 (September 1953)

Nagel, Thomas, *The Possibility of Altruism*, Oxford, 1970

Nedelmann, Birgitta, *Rentenpolitik in Schweden: Ein Beitrag zur Dynamisierung soziologischer Konfliktanalyse*, Frankfurt, 1982

Neergaard, N., *Erindringer*, Copenhagen, 1935

Nelson, George R., *ATPs historie 1964–83 i hovedtræk*, Hillerød, 1984

Netter, Francis, "La sécurité sociale en France," *Notes documentaires et études*, 451 (25 October 1946)

Netter, Francis, "Les retraites en France au cours de la période 1895–1945," *Droit social*, 9/10 (September–October 1965)

Netter, Francis, "L'élaboration de la convention collective nationale du 14 mars 1947," in AGIRC, *Le régime de retraites des cadres: 25ᵉ anniversaire 1947/ 1972*, Paris, n.d.

Nevéus, Torgny, *Ett betryggande försvar: Värnplikten och arméorganisationen i svensk politik 1880–1885*, Stockholm, 1965

Nicoud, Gérard, *Les dernières libertés: Menottes aux mains: Les premières années du CIDUNATI, 1969–1971*, Paris, 1972

Nielsen, Helge and Thalbitzer, Victor, *Skatter og Skatteforvaltning i ældre Tider*, Copenhagen, 1948

Niléhn, Lars, "Agrar intressepolitik: Från bondeförbund till centerparti," *Scandia*, 46, 2 (1980)

Nilstein, Arne H., "White-Collar Unionism in Sweden," in Adolf Sturmthal (ed.), *White-Collar Trade Unions*, Urbana, 1966

Nørregaard, Georg and Jensen, Hans, "Organisationsforsøg blandt Landarbejderne," in Povl Engelstoft and Hans Jensen (eds.), *Bidrag til Arbejderklassens og Arbejderspørgsmaalets Historie i Danmark fra 1864 til 1900*, Copenhagen, 1931

Nordlinger, Eric A., *On the Autonomy of the Democratic State*, Cambridge, Mass., 1981

Nordström, G. Hilding, *Sveriges socialdemokratiska arbetareparti under genombrottsåren 1889–1894*, Stockholm, 1938

O'Connor, James, *The Fiscal Crisis of the State*, New York, 1973

Öhman, Berndt, *Fonder i en marknadsekonomi*, Stockholm, 1982

Østerud, Øyvind, "The Transformation of Scandinavian Agrarianism," *Scandinavian Journal of History*, 1, 3/4 (1976)

Offe, Claus, "Advanced Capitalism and the Welfare State," *Politics and Society*, 2 (1972)

Offe, Claus, *Contradictions of the Welfare State*, London, 1984

Offe, Claus, "Democracy against the Welfare State? Structural Foundations of Neoconservative Political Opportunities," in J. Donald Moon (ed.), *Responsibility, Rights and Welfare: The Theory of the Welfare State*, Boulder, 1988

Ogus, A. I., "Great Britain," in Peter A. Köhler et al. (eds.), *The Evolution of Social Insurance, 1881–1981*, London, 1982

Ohlin, Bertil, *Bertil Ohlins memoarer, 1940–1951*, Stockholm, 1975

Olsson, Sven E., "Working Class Power and the 1946 Pension Reform in Sweden: A Respectful *Festschrift* Contribution," *International Review of Social History*, 34, 2 (1989)

Orloff, Ann Shola and Skocpol, Theda, "Why Not Equal Protection? Explaining the Politics of Public Social Spending in Britain, 1900–1911, and the United States, 1880–1920," *American Sociological Review*, 49, 6 (December 1984)

Ory, Pascal, "Le Dorgèrisme: Institution et discours d'une colère paysanne (1929–1939)," *Revue d'histoire moderne et contemporaine*, 22 (April–June 1975)

Paavonen, Tapani, "Reformist Programmes in the Planning for Post-War Economic Policy during World War II," *Scandinavian Economic History Review*, 31, 3 (1983)

Paci, Massimo, "Long Waves in the Development of Welfare Systems," in Charles S. Maier (ed.), *Changing Boundaries of the Political*, Cambridge, 1987

Parker, Julia, *Social Policy and Citizenship*, London, 1975

Paterson, William E. and Thomas, Alastair H. (eds.), *The Future of Social Democratic Parties in Western Europe*, Oxford 1986

Peacock, Alan T., *The Economics of National Insurance*, Edinburgh, 1952

Peacock, A. T. and Wiseman, J. V. *The Growth of Public Expenditure in the United Kingdom*, 2nd edn, London, 1967

Pedersen, Søren Rishøj, 'Det offentliges udgifter til sociale formål," in Søren Rishøj Pedersen (ed.), *Fagbevægelsen og socialpolitikken*, Copenhagen, 1976

Pelling, Henry, "The Working Class and the Origins of the Welfare State," in Henry Pelling (ed.), *Popular Politics and Society in Late Victorian Britain*, 2nd edn, London, 1979

Pelling, Henry, *The Labour Governments, 1945–51*, London, 1984

Perrin, Guy, "La sécurité sociale comme mythe et comme réalité," *Revue belge de sécurité sociale*, 8, 10 (October 1966)

Perrin, Guy, "Pour une théorie sociologique de la sécurité sociale dans les sociétés industrielles," *Revue française de sociologie*, 8, 3 (July–September 1967)

Perrin, Guy, "L'assurance – ses particularités – son rôle dans le passé, le présent et l'avenir," in Peter A. Köhler and Hans F. Zacher (eds.), *Beiträge zu Geschichte und aktueller Situation der Sozialversicherung*, Berlin, 1983

Pers, Henrik, *Velfærdstatens gennembrud i Danmark: Den politiske debat omkring folkepensionens indførelse*, Copenhagen, 1981

Peschke, Paul, *Geschichte der deutschen Sozialversicherung: Der Kampf der unterdruckten Klassen um soziale Sicherung*, East Berlin, 1962

Peters, Guy, "Economic and Political Effects on the Development of Social Expenditures in France, Sweden and the United Kingdom," *Midwest Journal of Political Science*, 16 (1972)

Petersen, Jørn Henrik, "Den danske alderdomsforsørgelseslovgivnings udvikling: Bind I. Oprindelsen," diss., Univ. of Odense, 1985.

Petit, Claude, *La sécurité sociale en Grande-Bretagne (Le plan Beveridge)*, Paris, 1953

Philip, Kjeld, *Staten og fattigdommen: Fem kapitler af dansk kulturpolitik*, Copenhagen, 1947

Philip, Kjeld, "Social Legislation and Political Power," *Zeitschrift für die gesamte Staatswissenschaft*, 106, 1 (1950)

Phillipson, Chris, *Capitalism and the Construction of Old Age*, London, 1982

Pianchaud, David, "Social Security," in Nick Bosanquet and Peter Townsend (eds.), *Labour and Equality*, London, 1980

Pimlott, Ben, *Hugh Dalton*, London, 1985

Pinder, John (ed.), *Fifty Years of Political and Economic Planning*, London, 1981

Pinker, Robert, *Social Theory and Social Policy*, London, 1971

Pinker, Robert, "Social Policy and Social Justice," *Journal of Social Policy*, 3, 1 (1974)

Pinker, Robert, "Egoism and Altruism: A Critique of the Divergence," in Robert Pinker (ed.), *The Idea of Welfare*, London, 1979

Piven, Frances Fox and Cloward, Richard A., *Regulating the Poor: The Functions of Public Welfare*, New York, 1971

Plant, Raymond, "Community: Concept, Conception and Ideology," *Politics and Society*, 8, 1 (1978)

Plant, Raymond et al., *Political Philosophy and Social Welfare: Essays on the Normative Basis of Welfare Provision*, London, 1980

Pompidou, Georges, *Le nœud gordien*, Paris, 1974

Pope, Rex et al. (eds.), *Social Welfare in Britain, 1885–1985*, London, 1986

Preller, Ludwig, *Sozialpolitik: Kernfrage des Aufbaus*, 2nd edn, Stuttgart, 1947

Preller, Ludwig, *Sozialpolitik in der Weimarer Republik*, Kronberg, 1978

Prinz, Michael, *Vom neuen Mittelstand zum Volksgenossen: Die Entwicklung des sozialen Status der Angestellten von der Weimarer Republik bis zum Ende der NS-Zeit*, Munich, 1986

Pritt, D. N., *The Labour Government 1945–51*, London, 1963

Prost, Antoine, "Jalons pour une histoire des retraites et des retraités (1914–1939)," *Revue d'histoire moderne et contemporaine*, 11 (October–December 1964)

Pugh, Martin, *The Making of Modern British Politics 1867–1939*, New York, 1982

Quandt, Otto, *Die Anfänge der Bismarckschen Sozialgesetzgebung und die Haltung der Parteien (Das Unfallversicherungsgesetz 1881–1884)*, Berlin, 1938

Rappaport, Leon, *ATP-Svеket: Determinantiva och ekonomiska aspekter*, Stockholm, 1980

Rasmussen, Else, "Socialdemokraternes Stilling til de sociale Spørgsmaal paa Rigsdagen, 1884–1890," in Povl Engelstoft and Hans Jensen (eds.), *Mænd og Meninger i dansk Socialpolitik, 1866–1901*, Copenhagen, 1933

Rasmussen, K. S., "Højres Stilling til den sociale Lovgivning, belyst ved Fattigloven og Alderdomsforsørgelsen, 1870–91," in Povl Engelstoft and Hans Jensen, *Mænd og Meninger i dansk Socialpolitik, 1866–1901*, Copenhagen, 1933

Rausing, Lisbet, "The Population Question: The Debate over Family Welfare Reforms in Sweden, 1930–38," *Europäische Zeitschrift für politische Ökonomie*, 2, 4 (1986)

Rawls, John, *A Theory of Justice*, Cambridge, Mass., 1971

Recker, Marie-Luise, *Nationalsozialistische Sozialpolitik im Zweiten Weltkrieg*, Munich, 1985

Reddin, Mike, "Taxation and Pensions," in Cedric Sandford et al. (eds.), *Taxation and Social Policy*, London, 1980

Reddy, William M., *Money and Liberty in Europe: A Critique of Historical Understanding*, Cambridge, 1987

Regnier, J. and Sailly, J.-Cl., *France, pays des inégalités?*, Toulouse, 1980

Rehn, Gösta, "The Wages of Success," in Stephen R. Graubard (ed.), *Norden: The Passion for Equality*, Oslo, 1986

Reidegeld, Eckart, *Die Sozialversicherung zwischen Neuordnung und Restauration: Soziale Kräfte, Reformen und Reformpläne unter besonderer Berücksichtigung der Versicherungsanstalt Berlin (VAB)*, Frankfurt, 1982

Reidegeld, Eckart, "Die 'klassische Sozialversicherung' in der Entscheidung: Deutsche und alliierte Kräfte und Interessen vor und nach 1945," *Zeitschrift für Sozialreform*, 30, 11 and 12 (November and December 1984)

Reisman, David A., *Richard Titmuss: Welfare and Society*, London, 1977

"Rentenversicherung für die freien Berufe," *Sozialer Fortschritt*, 6, 4 (April 1957)

"Report of a Commission on National Pensions in Denmark," *International Labour Review*, 75, 4 (April 1957)

Rerup, Lorenz (ed.), *Marcus Rubins brevveksling 1870–1922*, Copenhagen, 1963

Ribas, Jean-Jacques, "Sécurité sociale et classes sociales en France," *Droit social*, 15, 7 (July–August 1952)

Richter, Max (ed.), *Die Sozialreform*, Bonn, n.d.

Ringen, Stein, *The Possibility of Politics: A Study in the Political Economy of the Welfare State*, Oxford, 1987

Rimensberger, E. F., *Qu'est-ce que le plan Beveridge?*, Neuchâtel, 1943

Rimlinger, Gaston V., *Welfare Policy and Industrialization in Europe, America and Russia*, New York, 1971

Rimlinger, Gaston V., "Capitalism and Human Rights," *Daedalus*, 112, 4 (Fall 1983)

Ritter, Gerhard A., "Entstehung und Entwicklung des Sozialstaates in vergleichender Perspektive," *Historische Zeitschrift*, 243, 1 (August 1986)

Ritter, Gerhard A., *Social Welfare in Germany and Britain: Origins and Developments*, Leamington Spa, 1986

Roberts, David, *The Victorian Origins of the British Welfare State*, New Haven, 1960

Rodriguez, Enrique, *Offentlig inkomstexpansion: En analys av drivkrafterna bakom de offentliga inkomsternas utveckling i Sverige under 1900-talet*, Uppsala, 1980

Rodriguez, Enrique, *Den svenska skattehistorien*, Lund, 1981

Rodriguez, Enrique, "Den progressiva inkomstbeskattningens historia," *Historisk tidskrift* (Stockholm), 4 (1982)

Roebroek, Joop M., *De politieke toekomst van de sociale zekerheid: Politieke eisen en maatschappelijke krachtsverhoudingen*, Nijmegen, 1986

Røgind, Sven, *Danmarks Stats- og Kommuneskatter*, Copenhagen, 1915

Røgind, Sven, *Alkoholbeskatningen i Nordens Lande*, Copenhagen, 1933

Rosanvallon, Pierre, *La crise de l'état providence*, Paris, 1981

Rosenberry, Sara A., "Social Insurance, Distributive Criteria and the Welfare

Backlash: A Comparative Analysis," *British Journal of Political Science*, 12, 4 (October 1982)

Roseveare, Henry, *The Treasury: The Evolution of a British Institution*, London, 1969

Rossi, G. and Donati, P. (eds.), *Welfare State: Problemi e alternative*, 2nd edn, Milan, 1983

Rothfels, Hans, *Theodor Lohmann und die Kampfjahre der staatlichen Sozialpolitik (1871–1905)*, Berlin, 1927

Rottier, Georges and Albert, Jean François, "The Social Services and Income Redistribution in France," in Alan T. Peacock (ed.), *Income Distribution and Social Policy*, London, 1954

Roy, Maurice, *Les commerçants: Entre la révolte et le modernisation*, Paris, 1971

Rubin, Marcus, "Hvad koster en Alderdomsforsørgelse for de danske Arbejdere?," *Nationaløkonomisk Tidsskrift*, 26 (1888)

Rubin, Marcus, "Alderdomsforsørgelsesforslaget," *Nationaløkonomisk Tidsskrift*, 29 (1891)

Rubin, Marcus, *Om Alderdomsforsørgelsen*, Copenhagen, 1891

Rubin, Marcus, *Nogle Erindringer*, Copenhagen, 1914

Rubin, Marcus, *Marcus Rubins Brevveksling, 1870–1922*, ed. Lorenz Rerup, 3 vols., Copenhagen, 1963

Ruby, Marcel, *Le solidarisme*, Paris, 1971

Rüstow, Alexander et al., *Das Problem der Rentenreform*, Aktionsgemeinschaft soziale Marktwirtschaft, Tagungsprotokoll 6, 26 June 1956, Ludwigsburg, 1956.

Ruin, Olof, *Mellan samlingsregering och tvåpartisystem: Den svenska regeringsfrågan 1945–1960*, Stockholm, 1968.

Ruin, Olof, *I välfärdsstatens tjänst: Tage Erlander 1946–1969*, Stockholm, 1986

Rustow, Dankwart A., *The Politics of Compromise: A Study of Parties and Cabinet Government in Sweden*, Princeton 1955

Ruth, Arne, "The Second New Nation: The Mythology of Modern Sweden," in Stephen R. Graubard (ed.), *Norden: The Passion for Equality*, Oslo, 1986

Särlvik, Bo, "Political Stability and Change in the Swedish Electorate," *Scandinavian Political Studies*, 1 (1966)

Sainsbury, Diane, *Swedish Social Democratic Ideology and Electoral Politics, 1944–1948: A Study of the Functions of Party Ideology*, Stockholm, 1980

Saint-Jours, Yves, "France," in Peter A. Köhler and Hans F. Zacher (eds.), *The Evolution of Social Insurance, 1881–1981*, London, 1982

Saloma III, John Selim, "British Conservatism and the Welfare State: An Analysis of the Policy-Process within the British Conservative Party", diss., Harvard Univ., 1961

"Sammenligning af de sociale udgifter og omfanget af de sociale foranstaltninger i de nordiske lande," *Socialt tidsskrift*, 43, 8/9 (August–September 1967)

Samuelsson, Kurt, *From Great Power to Welfare State: 300 Years of Swedish Social Development*, London, 1968

Samuelsson, Kurt, "The Philosophy of Swedish Welfare Policies," in Steven Koblik (ed.), *Sweden's Development from Poverty to Affluence, 1750–1970*, Minneapolis, 1975

Sandlund, Elisabeth, *Svenska dagbladets historia*, n. p., 1984

Saville, John, "The Welfare State: An Historical Approach," *New Reasoner*, 1, 3 (Winter 1957–58)

Scase, Richard, "Relative Deprivation: A Comparison of English and Swedish Manual Workers," in Dorothy Wedderburn (ed.), *Poverty, Inequality and Class Structure*, Cambridge, 1974

Scase, Richard, "Inequality in Two Industrial Societies: Class, Status and Power in Britain and Sweden," in Scase (ed.), *Readings in the Swedish Class Structure*, Oxford, 1976

Scase, Richard, *Social Democracy in Capitalist Society: Working-Class Politics in Britain and Sweden*, London, 1977

Scharp, Dag W. (ed.), *Frihet och framsteg: En krönika om Högerpartiet*, Nyköping, 1959

Schellenberg, Ernst, "Unser Weg zur Sozialreform," in Max Richter (ed.), *Die Sozialreform*, Bonn, n.d.

Scheur, Wolfgang, "Entwicklung und Massnahmen der sozialen Sicherheit in der Zeit des Nationalsozialismus," diss., Univ. of Cologne, 1967

Schewe, Dieter, "Ursprung und Entstehung des Rentenreformgesetzes," *Bundesarbeitsblatt*, 24, 3/4 (March–April 1973)

Schewe, Dieter, "Von der ersten zur zweiten Rentenreform, 1957–1976," in Reinhart Bartholomäi et al. (eds.), *Sozialpolitik nach 1945: Geschichte und Analysen*, Bonn-Bad Godesberg, 1977

Schieckel, Horst, *Gegenwartsprobleme der Sozialversicherung*, Munich, 1947

Schieckel, Horst, *Material zu den Gegenwartsproblemen der Sozialversicherung*, Munich, 1948

Schmid, Felix, *Sozialrecht und Recht der sozialen Sicherheit: Die Begriffsbildung in Deutschland, Frankreich und der Schweiz*, Berlin, 1981

Schmidt, Folke, *Allmänna och privata pensioner: Mål och medel*, Stockholm, 1974

Schmidt, Manfred, "The Role of Parties in Shaping Macro Economic Policy," in Francis G. Castles (ed.), *The Impact of Parties: Politics and Policies in Democratic Capitalist States*, London, 1982

Schmidt, Manfred, *Wohlfahrtsstaatliche Politik unter bürgerlichen und sozialdemokratischen Regierungen*, Frankfurt, 1982

Schmitt, Günter and Witzke, Harald von, *Ziel- und Mittelkonflikte sektorspezifischer Systeme sozialer Sicherung*, Berlin, 1975

Schneer, Jonathan, *Labour's Conscience: The Labour Left 1945–51*, Boston, 1988

Schweitzer, Arthur, *Big Business in the Third Reich*, Bloomington, 1964

Schwerfel, Theo, "Probleme der Absplitterung freier Berufe von der allgemeinen Versicherungswirtschaft," diss., Univ. of Cologne, 1956

Seierstad, Ståle, "The Norwegian Economy," in Natalie Rogoff Ramsøy (ed.), *Norwegian Society*, Oslo, 1981

Seip, Anne-Lise, *Om velferdsstatens framvekst*, Oslo, 1981

Sellier, François, *Dynamique des besoins sociaux*, Paris, 1970

Semmel, Bernard, *Imperialism and Social Reform*, London, 1960

Sen, Amartya, "Rational Fools: A Critique of the Behavioural Foundations of Economic Theory," in Amartya Sen (ed.), *Choice, Welfare and Measurement*, Oxford, 1987

Senghaas, Dieter, *The European Experience: A Historical Critique of Development Theory*, Leamington Spa, 1985

Shalev, Michael, "Class Politics and the Western Welfare State," in Shimon E. Spiro and Ephraim Yuchtman-Yaar (eds.), *Evaluating the Welfare State*, New York, 1983

Shalev, Michael, "The Social Democratic Model and Beyond: Two 'Generations' of Comparative Research on the Welfare State," *Comparative Social Research*, 6 (1983)

Shinwell, Emanuel, *I've Lived through it All*, London, 1973

Shragge, Eric, *Pensions Policy in Britain: A Socialist Analysis*, London, 1984

Silburn, Richard, "Social Assistance and Social Welfare: The Legacy of the Poor Law," in Philip Bean and Stewart MacPherson (eds.), *Approaches to Welfare*, London, 1983

Simonsen, Birger, *Socialdemokratin och maktövertagandet: SAP:s politiska strategi 1889–1911*, Göteborg, 1985

Sires, Ronald V., "The Beginnings of British Legislation for Old-Age Pensions," *Journal of Economic History*, 14, 3 (Summer 1954)

Sked, Alan and Cook, Chris, *Post-War Britain: A Political History*, 2nd edn, Harmondsworth, 1984

Skocpol, Theda, *States and Social Revolutions*, Cambridge, 1979

Smith, Harold L. (ed.), *War and Social Change: British Society in the Second World War*, Manchester, 1986

"Social Insurance Measures in France," *International Labour Review*, 52, 1 (July 1945)

Sørensen, Aage, "Om Alderdomsunderstøttelse i Danmark, Australien med Ny Zeland og England," *Tidsskrift for Arbejderforsikring*, 5 (1909–10)

Sørensen, J., *L'organisation du cadastre en Danemark et son développement depuis le moyen âge jusqu'en 1910*, Copenhagen, 1910

Sørensen, Torben Berg, *Arbejderklassens organisering og socialpolitikkens dannelse*, Copenhagen, 1978

Sokoloff, Sally, "Rural Change and Farming Politics: A Terminal Peasantry," in Philip G. Cerny and Martin A. Schain (eds.), *French Politics and Public Policy*, New York, 1980

Spector, Malcolm and Kitsuse, John I., *Constructing Social Problems*, New York, 1987

Spitaels, Guy and Klaric, Danilo, *Le salaire indirect et la couverture des besoins sociaux: Sécurité sociale et opinions des groupes professionnels*, Brussels, 1969

Ståhl, Ingemar, "Sweden," in Jean-Jacques Rosa (ed.), *The World Crisis in Social Security*, Paris, 1982

Steen, Anton, "The Farmers, the State and the Social Democrats," *Scandinavian Political Studies*, 8, 1/2 (June 1985)

Stein, Bruno, "Funding Social Security on a Current Basis: The 1939 Policy Change in the United States," in Douglas E. Ashford and E. W. Kelley (eds.), *Nationalizing Social Security in Europe and America*, Greenwich, Conn., 1986

Stephens, Evelyne Huber and Stephens, John D., "The Labor Movement, Political

Power and Workers' Participation in Western Europe," *Political Power and Social Theory*, 3 (1982)

Stephens, John D., *The Transition from Capitalism to Socialism*, London, 1979

Stevenson, John, *British Society, 1914–1945*, London, 1984

Stigler, George J., "Director's Law of Public Income Redistribution," *Journal of Law and Economics*, 13, 1 (April 1970)

Stone, Judith F., *The Search for Social Peace: Reform Legislation in France, 1890–1914*, Albany, 1985

Stone, Judith F., "The Radicals and the Interventionist State: Attitudes, Ambiguities and Transformations, 1880–1910," *French History*, 2, 2 (June 1988)

Storch, Anton, "Was erwarten die Arbeitnehmer von der Neuordnung der deutschen Sozialversicherung?" *Arbeitsblatt für die britische Zone*, 1, 4 (April 1947)

Suet, Philippe, *La retraite complémentaire des salariés non cadres*, Paris, 1966

Sugden, Robert, "On the Economics of Philanthropy," *Economic Journal*, 92, 366 (June 1982)

Sugden, Robert, *Who Cares? An Economic and Ethical Analysis of Private Charity and the Welfare State*, Institute of Economic Affairs, Occasional Paper 67, London, 1983

Sullivan, Michael, *Sociology and Social Welfare*, London, 1987

Sumner, William Graham, *What Social Classes Owe to Each Other*, New York 1883

Sundberg, Per, *Ministärerna Bildt och Åkerhielm: En studie i den svenska parlamentarismens förgårdar*, Stockholm, 1961

Svensson, Jörn, *Jordbruk och depression 1870–1900: En kritik av statistikens utvecklingsbild*, Malmö, 1965

Swaan, Abram de, *In Care of the State: Health Care, Education and Welfare in Europe and the USA in the Modern Era*, Cambridge, 1988

Sweets, John F., *The Politics of Resistance in France, 1940–1944*, Dekalb, Ill., 1976

Sydow, Björn von, *Kan vi lita på politikerna? Offentlig och intern politik i socialdemokratins ledning, 1955–60*, Stockholm, 1978

Taira, Koji and Kilby, Peter, "Differences in Social Security Development in Selected Countries," *International Social Security Review*, 2 (1969)

Tampke, Jürgen, "Bismarck's Social Legislation: A Genuine Breakthrough?" in Wolfgang J. Mommsen (ed.), *The Emergence of the Welfare State in Britain and Germany, 1850–1950*, London, 1981

Tardy, Marcel, "Plan français et plan britannique de sécurité sociale," *Le monde*, 24/25 June 1945

Tarrow, Sidney, *Between Center and Periphery: Grassroots Politicians in Italy and France*, New Haven, 1977

Tawney, R. H., *Equality*, 3rd edn, London, 1938

Taylor-Gooby, Peter, "The Distributional Compulsion and the Moral Order of the Welfare State," in Adrian Ellis and Krishan Kumar (eds.), *Dilemmas of Liberal Democracies*, London, 1983

Tennstedt, Florian, *Vom Proleten zum Industriearbeiter: Arbeiterbewegung und Sozialpolitik in Deutschland 1800 bis 1914*, Cologne, 1983

Tennstedt, Florian, *Geschichte der Selbstverwaltung in der Krankenversicherung von der Mitte des 19. Jahrhunderts bis zur Gründung der Bundesrepublik Deutschland*, Bonn, n.d.

Teppe, Karl, "Zur Sozialpolitik des Dritten Reiches am Beispiel der Sozialversicherung," *Archiv für Sozialgeschichte*, 17 (1977)

Terrill, Ross, R. H. *Tawney and his Times: Socialism as Fellowship*, Cambridge, Mass., 1973

Tessier, Gaston, "La confédération française des travailleurs chrétiens et le plan actuel de sécurité sociale," *Droit social*, 9, 5 (May 1946)

Thane, Pat (ed.), *The Origins of British Social Policy*, London, 1978

Thane, Pat, *Foundations of the Welfare State*, London, 1982

Thane, Pat, "The Working Class and State 'Welfare' in Britain, 1880–1914," *Historical Journal*, 27, 4 (1984)

Therborn, Göran, "Classes and States: Welfare State Developments, 1881–1981," *Studies in Political Economy*, 14 (Summer 1984)

Therborn, Göran, "Neo-Marxist, Pluralist, Corporatist, Statist Theories and the Welfare State," in Ali Kazancigil (ed.), *The State in Global Perspective*, Paris, 1986

Therborn, Göran, "The Working Class and the Welfare State," in Pauli Kettunen (ed.), *Det nordiska i den nordiska arbetarrörelsen*, Helsinki, 1986

Thermænius, Edvard, *Lantmannapartiet: Dess uppkomst, organisation och tidigare utveckling*, Uppsala, 1928

Thermænius, Edvard, *Rigsdagspartierna*, *Sveriges Riksdag*, vol. 17, Stockholm, 1935

Thorsen, Svend, *De danske ministerier, 1848–1901*, Copenhagen, 1967

"Tillægspension til alle?," *Arbejdsmændenes og specialarbejdernes fagblad*, 68, 23 (16 December 1963)

Tilton, Timothy A., "Why Don't the Swedish Social Democrats Nationalize Industry?" *Scandinavian Studies*, 59, 2 (Spring 1987)

Tingsten, Herbert, *Mitt liv: Tio år 1953–1963*, Stockholm, 1964

Tingsten, Herbert, *The Swedish Social Democrats: Their Ideological Development*, Totowa, N.J., 1973

Titmuss, Richard, *Problems of Social Policy*, London, 1950

Titmuss, Richard, *The Irresponsible Society*, Fabian Tract 232, April 1960, reprinted in Brian Abel-Smith and Kay Titmuss (eds.), *The Philosophy of Welfare: Selected Writings of Richard M. Titmuss*, London, 1987

Titmuss, Richard, *Income Distribution and Social Change*, London, 1962

Titmuss, Richard, *Essays on 'The Welfare State'*, 2nd edn, London, 1963

Titmuss, Richard, *Commitment to Welfare*, London, 1968

Titmuss, Richard, *The Gift Relationship*, London, 1971

Titmuss, Richard, "Welfare 'Rights': Law and Discretion," *Political Quarterly*, 42, 2 (April–June 1971)

Titmuss, Richard, *Social Policy: An Introduction*, London, 1974

Torstendahl, Rolf, *Mellan nykonservatism och liberalism: Idébrytningar inom Högern och Bondepartierna 1918–1934*, Uppsala, 1969

Tracy, Michael, *Agriculture in Western Europe*, New York, 1964

Trap, Cordt, *Om Statens Stilling til Ubemidledes Alderdomsforsørgelse i flere europæiske Lande*, Copenhagen, 1892

Trattner, Walter I., *Social Welfare or Social Control? Some Historical Reflections on* Regulating the Poor, Knoxville, 1983

Treble, James H., "The Attitudes of Friendly Societies towards the Movement in Great Britain for State Pensions, 1878–1908," *International Review of Social History*, 15, 2 (1970)

Trivers, Robert L., "The Evolution of Reciprocal Altruism," *Quarterly Review of Biology*, 46, 1 (March 1971)

Tucker, Robert C., "Marx and Distributive Justice," in Carl J. Friedrich and John W. Chapman (eds.), *Nomos VI: Justice*, New York, 1963

Tullock, Gordon, "The Charity of the Uncharitable," *Western Economic Journal*, 9, 4 (December 1971)

Tullock, Gordon, "Income Testing and Politics: A Theoretical Model," in Irwin Garfinkel (ed.), *Income-Tested Transfer Programs: The Case For and Against*, New York, 1982

Ullmann, Hans-Peter, "Industrielle Interessen und die Entstehung der deutschen Sozialversicherung1880–1889," *HistorischeZeitschrift*,229,3(December1979)

Ullmann, Hans-Peter, "German Industry and Bismarck's Social Security System," in Wolfgang J. Mommsen (ed.), *The Emergence of the Welfare State in Britain and Germany 1850–1950*, London, 1981

Uusitalo, Hannu, "Comparative Research on the Determinants of the Welfare State: The State of the Art," *European Journal of Political Research*, 12, 4 (December 1984)

Uusitalo, Hannu, "Redistribution and Equality in the Welfare State," *European Sociological Review*, 1, 2 (September 1985)

Verba, Sidney et al., *Elites and the Idea of Equality*, Cambridge, Mass., 1987

Verney, Douglas, *Parliamentary Reform in Sweden, 1866–1921*, Oxford, 1957

Viatte, Charles, *La sécurité sociale*, n.p., 1947

Vincent, Andrew and Plant, Raymond, *Philosophy, Politics and Citizenship: The Life and Thought of the British Idealists*, Oxford, 1984

Vogel, Walter, *Bismarcks Arbeiterversicherung: Ihre Entstehung im Kräftespiel der Zeit*, Brunswick, 1951

"Wage Increases in Liberated France," *International Labour Review*, 50, 5 (May 1945)

Walters, Vivienne, *Class Inequality and Health Care: The Origins and Impact of the National Health Service*, London, 1980

Warde, Alan, *Consensus and Beyond: The Development of Labour Party Strategy since the Second World War*, Manchester, 1982

Warmdahl, G., "Statens Stilling til Arbejderspørgsmaalet i Halvfjerdserne: Arbejderkommissionen af 1875," in Povl Engelstoft and Hans Jensen, *Sociale Studier i dansk Historie efter 1857*, Copenhagen, 1930

Watson, David, "Welfare Rights and Human Rights," *Journal of Social Policy*, 6, 1 (January 1977)

Watson, David, "Richard Titmuss: Social Policy and Social Life," in Noel Timms (ed.), *Social Welfare: Why and How?*, London, 1980

Webb, Adrian L. and Sieve, Jack E. B., *Income Redistribution and the Welfare State*, London, 1971

Webber, Carolyn and Wildavsky, Aaron, *A History of Taxation and Expenditure in the Western World*, New York, 1986

Weir, Margaret et al. (eds.), *The Politics of Social Policy in the United States*, Princeton, 1988

Wetta, J., *Etude sur la sécurité sociale en Allemagne*, Haut Commissariat de la République Française en Allemagne, Direction générale des affaires politiques, Division travail, n.p., 1951

Wheeler, Christopher, *White-Collar Power: Changing Patterns of Interest Group Behavior in Sweden*, Urbana, 1975

Wieth-Knudsen, K. A., *Dansk Skattepolitik og Finansvæsen*, Copenhagen, 1928

Wigforss, Ernst, *Minnen*, 3 vols., Stockholm, 1950–54

Wilensky, Harold L., *The Welfare State and Equality: Structural and Ideological Roots of Public Expenditure*, Berkeley, 1975

Wilensky, Harold L., *The "New Corporatism," Centralization and the Welfare State*, London, 1976

Wilensky, Harold L., "Leftism, Catholicism and Democratic Corporatism: The Role of Political Parties in Recent Welfare State Development," in Peter Flora and Arnold J. Heidenheimer (eds.), *The Development of Welfare States in Europe and America*, New Brunswick, 1981

Wilensky, Harold L. and Lebaux, Charles N., *Industrial Society and Social Welfare*, New York, 1965

Wilhelm, Preben and Reich, Ebbe, "Ulighederne skal bevares: Interview med H. C. Seirup," *Politisk revy*, 3, 61 (26 August 1966)

Williams, Karel and Williams, John, *A Beveridge Reader*, London, 1987

Williams, Patricia Mary, "The Development of Old Age Pensions Policy in Great Britain, 1878–1925," diss., Univ. of London, 1970

Williams, Philip M., *Hugh Gaitskell*, London, 1979

Williams, Philip M. (ed.), *The Diary of Hugh Gaitskell, 1945–1956*, London, 1983

Wilson, Harold, *The Final Term: The Labour Government 1974–1976*, London, 1979

Wilson, Thomas (ed.), *Pensions, Inflation and Growth: A Comparative Study of the Elderly in the Welfare State*, London, 1974

Wilson, William Julius, *The Truly Disadvantaged: The Inner City, the Underclass and Public Policy*, Chicago, 1987

Winkler, Heinrich August, "Stabilisierung durch Schrumpfung: Der gewerbliche Mittelstand in der Bundesrepublik," in Werner Conze and M. Rainer Lepsius (eds.), *Sozialgeschichte der Bundesrepublik Deutschland*, Stuttgart, 1983

Wissell, Rudolf, *Zur Gestaltung der Sozialversicherung*, Hamburg, 1947

Wolff, Hertha, *Die Stellung der Sozialdemokratie zur deutschen Arbeiterversicherungsgesetzgebung von ihrer Entstehung an bis zur Reichsversicherungsordnung*, Berlin, 1933

Wootton, Barbara, "The Labour Party and Social Services," *The Political Quarterly*, 24, 1 (January–March 1953)

Worre, Torben, "Forandringer i det danske partisystems sociale grundlag," in Mogens Pedersen (ed.), *Dansk politik i 1970'erne*, Copenhagen, 1979

Wright, Gordon, *The Reshaping of French Democracy*, Boston, 1948

Wright, Gordon, *Rural Revolution in France*, Stanford, 1964

Wulff, Jul., *Om Haandværkerpolitik*, speech 5 August 1895, printed transcript in the Royal Library, Copenhagen

Wulff, Jul., *Faa vi en Næringsskat i Stedet for en Ulykkesforsikring? Nogle Ord til Overvejelse for danske Haandværkere og Industridrivende*, n.p., 1896

Zacher, Hans F. (ed.), *Bedingungen für die Entstehung und Entwicklung von Sozialversicherung*, Berlin, 1979

Zahorsky, Anton, *Der Solidarismus: Eine Kritik der Lehre vom Consensus in der Gesellschaft*, Munich, 1930

Zdatny, Steven M., "The Artisanat in France: An Economic Portrait, 1900–1956," *French Historical Studies*, 13, 3 (Spring 1984)

Zeckhauser, Richard, "Risk Spreading and Distribution," in Harold M. Hochman and George E. Peterson (eds.), *Redistribution through Public Choice*, New York, 1974

Zetterberg, Kent, *Liberalism i kris*, Stockholm, 1975

Zeuthen, Frederik, *Social Sikring*, Copenhagen, 1948

Ziegler, Hans, *Versicherungs- und Solidaritätsprinzip im schweizerischen und im französischen Sozialrecht*, Geneva, 1958

Zocher, Paul, *Neuaufbau und Leistung der Berliner Sozialversicherung*, Berlin, 1948

Zöllner, Detlev, *Öffentliche Sozialleistungen und wirtschaftliche Entwicklung*, Berlin, 1963

Zöllner, Detlev, "Landesbericht Deutschland," in Peter A. Köhler and Hans F. Zacher (eds.), *Ein Jahrhundert Sozialversicherung*, Berlin, 1981